MICHAEL COLLINS PIPER

JUICIO FINAL

El eslabón perdido del asesinato de Kennedy

Volumen II

Michael Collins Piper (1960-2015)

Michael Collins Piper fue un escritor político y presentador de radio estadounidense. Nació en 1960 en Pensilvania, Estados Unidos. Fue colaborador habitual de *The Spotlight* y su sucesor, *American Free Press*, periódicos apoyados por Willis Carto. Falleció en 2015 en Coeur d'Alene, Idaho, Estados Unidos.

Final Judgment
The Missing Link in the JFK Assassination Conspiracy
Primera edición (1993) The Wolfe Press
Sexta edición (2005) American Free Press
de la que procede esta traducción.

Juicio Final
El eslabón perdido del asesinato de Kennedy
Volumen II

Traducido del americano y publicado por
Omnia Veritas Ltd

OmniaVeritas.
www.omnia-veritas.com

© Omnia Veritas Ltd – 2025

Reservados todos los derechos. Ninguna parte de esta publicación puede ser reproducida, distribuida o transmitida en forma alguna ni por ningún medio, incluidos el fotocopiado, la grabación u otros medios electrónicos o mecánicos, sin el permiso previo por escrito del editor, salvo breves citas en reseñas críticas y otros usos no comerciales permitidos por la legislación sobre derechos de autor.

ANEXO 1 .... **13**

¿DÓNDE ESTABA GEORGE BUSH, LA CIA Y EL ASESINATO DE KENNEDY? ¿ESTUVO GHWB IMPLICADO EN EL ASESINATO DE JFK? 13

INICIACIÓN *14*
¿EL PRIMER TRABAJO DE GEORGE EN LA CIA? *15*
LOS DOS GEORGES *15*
OPERACIONES ANTICASTRISTAS *16*
LA CONEXIÓN MOSSAD *17*
OCULTACIÓN *18*
¿UNA AMENAZA CONTRA JFK? *19*
ISRAEL ENCORE *19*
ADL ENCORE *20*
¿DÓNDE ESTABA GEORGE? *21*

ANEXO 2 .... **22**

LA CONEXIÓN "NAZI" DE LEE HARVEY LOS VÍNCULOS POCO CONOCIDOS ENTRE EL PRESUNTO ASESINO Y LOS AGENTES SECRETOS DE LA RED NEONAZI 22

FRANKHAUSER Y OSWALD *27*
VAN LOMAN Y LA CONEXIÓN JIM HARRIS *30*

ANEXO 3 .... **32**

COMUNISTAS CON LAS MANOS ENSANGRENTADAS GUY BANISTER Y KENT Y PHOEBE COURTNEY LÍDERES DE LA CAMARILLA DERECHISTA PRO-ISRAEL DE NUEVA ORLEANS 32

LAS CONEXIONES DE OSWALD CON LA ADL Y EL FBI *34*
JACK RUBY Y SUS VÍNCULOS CON LA ADL Y EL FBI *35*
LOS TRIBUNALES E ISRAEL *36*
GUARNICIÓN Y EL "DERECHO *38*
EL ATAQUE AL JUICIO FINAL *39*
¿OTRA CONEXIÓN con "ISRAEL"? *40*
LA CONEXIÓN CON BARRY SEAL *41*
VISIÓN GENERAL DE NUEVA ORLEANS "THE BIG EASY *42*

ANEXO 4 .... **43**

AGENTES DE INFLUENCIA, UN TEMA PROBLEMÁTICO LA PRESENCIA JUDÍA EN LA COMISIÓN WARREN 43

ABOGADOS JUDÍOS *45*
LOS DEMÁS *47*
LA CONEXIÓN DE GERALD FORD CON EL MOSSAD Y LANSKY *51*
FISHER, ROSENBAUM Y LOS BAJOS FONDOS *52*
LA CONEXIÓN BILDERBERG *55*
JOHN McCLOY *57*
ALGUNAS CONCLUSIONES *57*

ANEXO 5 .... **58**

LOS BILLETES VERDES DE LA VERDAD SOBRE LA CONEXIÓN DE LA RESERVA FEDERAL. UN POCO DE VERDAD Y MUCHA DESINFORMACIÓN 58

LO QUE DIJO MARRS *59*
INFORMACIÓN ERRÓNEA *59*
Y AHORA LOS HECHOS... .... *60*
ACLARAR LAS COSAS *61*
LA "DERECHA" Y LA RESERVA FEDERAL *62*
LAS PRUEBAS REFUTAN EL MITO... .... *64*

ANEXO 6 65

¿REPRESALIAS ¿ESTABAN LAS EXTRAÑAS MUERTES DE WILLIAM COLBY Y JOHN PAISLEY RELACIONADAS CON EL ASESINATO DE JFK? 65

ISRAEL, FUENTE DE FRICCIONES 65
UNA MENTE RETORCIDA... 66
COLBY contra ISRAEL 66
UN GRAVE CONTRATIEMPO 67
COLBY Y LOS ÁRABES 68
EL LOBBY ISRAELÍ SE APODERA DE LA CIA 68
¿QUIÉN MATÓ A COLBY? 69
OTRA MUERTE EXTRAÑA 70
PAISLEY Y OSWALD 71
PAISLEY Y ANGLETON 71
PAISLEY contra ISRAEL 72
EQUIPO A contra EQUIPO B 72
PAISLEY contra L'EQUIPE-B 73
DESINFORMACIÓN ISRAELÍ 73
LA CAMPAÑA DE UN HOMBRE 74
INMAN Y PAISLEY 74
OTRA CRÍTICA A ISRAEL 75
CONEXIONES DE CASEY 75
DAÑOS COLATERALES 76
LA CONEXIÓN CON ANGLETON 77

ANEXO 7 78

"GARGANTA PROFUNDA" DALLAS Y WATERGATE JAMES JESUS ANGLETON, ISRAEL Y LA CAÍDA DE RICHARD M. NIXON 78

NIXON: "TRAEDME LOS ARCHIVOS..." 78
NIXON SE REÚNE CON LOS ISRAELÍES 80
"LAS MISMAS FUERZAS" SE OPUSIERON A JFK Y A NIXON 81
CONEXIÓN DE VESCO AL PERMINDEX 82
NIXON Y EL ASESINATO DE JFK 83
¿LOS LADRONES DE ANGLETON? 85
"DEBUT DE "GARGANTA PROFUNDA 85
ANGLETON Y EL WASHINGTON POST 86
¿MOSSAD EN LA CASA BLANCA? 88
UNA OPERACIÓN DE CONTRAESPIONAJE 90
LA VERDADERA "CONEXIÓN DALLAS Y WATERGATE 92
EL COMPLOT PARA HACERSE CON LA PIEL DE AGNEW 93
AGNUEVO E ISRAEL 94
EL ASESINATO DE JOHN CONNALLY 95
OTRO ASESINATO MÁS... 96
DOS PRESIDENTES, DOS GOLPES DE ESTADO - LOS MISMOS CONSPIRADORES 97

ANEXO 8 98

LA BATALLA DE LOS LIBROS UN COMENTARIO SOBRE LAS PRINCIPALES OBRAS PUBLICADAS SOBRE EL ASESINATO DE JFK 98

LA HISTORIA "OFICIAL 99
MARK LANE 99
UNA VISIÓN GENERAL DE LAS PRUEBAS 99
EL ENFOQUE "FICTICIO 101
ESTUDIOS DEL CASO GARRISON 102
OFFBEAT" FUNCIONA 104
¿FUE REALMENTE UN "ERROR FATAL"? 104

FLETCHER PROUTY..*106*
LA POLÍTICA DE JFK EN ORIENTE MEDIO *106*
"LA MAFIA MATÓ A JFK" *106*
ROBERT MORROW *107*
HUGH McDONALD..*108*
LA IMAGINACIÓN DE HARRISON LIVINGSTONE *108*
EL CASO GÉRALD POSNER..*109*
LAS CONTRADICCIONES DE POSNER *110*
LOS INSULTOS DE POSNER *110*
LAS DISTORSIONES DE LA VERDAD DE POSNER *111*
EL MAYOR FRAUDE DE POSNER *112*
SEYMOUR HERSH...*113*
HAGA SU PROPIO JUICIO FINAL *114*

ANEXO 9 ....**116**

¿QUIPROQUO LA CONEXIÓN DE PEKÍN CON LA CONSPIRACIÓN DEL ASESINATO DE JFK - LA ALIANZA NUCLEAR SECRETA DE ISRAEL CON LA CHINA COMUNISTA. 116

ISRAEL Y CHINA ROJA: LA CONEXIÓN NUCLEAR *117*
EL PLAN DE JFK PARA ATACAR CHINA *117*
DEBUT NUCLEAR DE CHINA - ¿Y DE ISRAEL?..*120*
LA GRAN PREGUNTA (SIN RESPUESTA)...*121*
EL SUEÑO DE BEN-GURION..*122*
LA ALIANZA NUCLEAR SECRETA..*124*
EL COMPLOT CHINO CONTRA ISRAEL *124*
MOSSAD Y CHINA..*126*
CONEXIÓN CON EL PERMINDEX..*126*
LA CONEXIÓN FRANCESA DE EISENBERG..*128*
LA VERDAD AFLORA *129*
EL LOBBY ISRAELÍ REACCIONA...*130*
EL SUEÑO DE BEN-GURION HECHO REALIDAD...*131*

ANEXO 10 ....**133**

"EL LADO OSCURO DE ISRAEL ¿PARTICIPÓ LA INTELIGENCIA ISRAELÍ EN EL ASESINATO DE ISAAC RABIN? 133

JOHN F. KENNEDY Jr. HABLA *134*
EL ASESINATO COMO ARMA POLÍTICA *135*

EPÍLOGO **138**

CAMUFLAJE PERMANENTE 138

MARWELL Y EL MOSSAD..*139*
LA CONEXIÓN CON POSNER *141*
PUBLICACIÓN DE LAS DEFORMACIONES *142*
EL LOBBY ISRAELÍ RESPONDE *143*
¿QUÉ HAY DE LOS "INVESTIGADORES" QUE TRABAJAN EN EL CASO JFK?...............*146*
PISTAS QUE CONDUCEN A ISRAEL..*148*
CONCLUSIONES SIMILARES...*149*
RESPONDER A LA PREGUNTA "¿POR QUÉ?...*150*
¿QUÉ PASA CON LA FAMILIA DE KENNEDY?...*150*
EL "JUICIO FINAL" DE LOS MEDIOS..*153*
SOLICITUD DE DEBATE...*154*
LAS "PRUEBAS" DE PRITIKIN *156*
"CIERTOS DOGMAS DE FE" *156*
¿LA "VERDADERA HISTORIA" DEL ASESINATO DE JFK?..............................*159*
ALGUNAS OBSERVACIONES FINALES..*160*

POSDATA	**162**
BIBLIOGRAFÍA	**165**
FUENTES	**175**
SENTENCIA EN REBELDÍA	**176**
PREGUNTAS, RESPUESTAS Y REFLEXIONES SOBRE EL CRIMEN DEL SIGLO	176
NOTA INTRODUCTORIA DE MICHAEL COLLINS PIPER	*176*
¿LA ÚLTIMA PALABRA?	**263**
EL LIBRO QUE INTENTARON PROHIBIR REFLEXIONES SOBRE EL PASADO, PRESENTE Y FUTURO DE *JUICIO* FINAL Y SU CONTROVERTIDA TESIS	263
"LA TIERRA OCULTA	*264*
UN "INVESTIGADOR" LUCHA CONTRA LA INVESTIGACIÓN	*265*
CAMBIAR EL RUMBO DEL DEBATE	*266*
"¡EL PEQUEÑO ISRAEL NO HARÍA ESO!".	*267*
Y AQUÍ VIENEN LOS NAZIS DE NUEVO	*268*
EL PROBLEMA DE ISRAEL CON PERMINDEX	*269*
"EL CUSTODIO FRENTE AL AUTOR	*270*
¿HA LEÍDO SHERMAN EL LIBRO?	*270*
LA GRAN ARTILLERÍA FALLA	*271*
CLAY SHAW - MÁS MOSSAD QUE CIA	*272*
UNA VEZ MÁS, LA PEQUEÑA E INDEFENSA ISRAEL	*273*
DISCUTIR LO QUE EL LIBRO NO DICE	*274*
UNA REVISIÓN DECENTE.	*274*
ALGUNAS CRÍTICAS AMISTOSAS	*275*
GUARNICIÓN SIGUE SIENDO DENIGRADA.	*277*
TODA LA NUEVA DESINFORMACIÓN, AL ESTILO CIA-MOSSAD	*279*
¿DÓNDE ESTÁ ANGLETON? ¿DÓNDE ESTÁ ISRAEL?	*280*
EL PLACER DE LOS GIROS	*282*
LA REACCIÓN MEDIÁTICA ACTUAL	*284*
LOS KENNEDYS, ESOS ENFANTS TERRIBLES...	*287*
LA VERSIÓN OFICIAL	*289*
EL CASO SCHAUMBURG	*289*
LA ADL, UNA VEZ MÁS	*290*
MÉTODOS DEL ESTADO POLICIAL	*292*
ISRAEL "AMENAZADO" POR JFK	*296*
JFK SE CENTRÓ EN ISRAEL...	*299*
CONTINÚA LA PRESIÓN DE JFK SOBRE ISRAEL	*300*
"SI KENNEDY HUBIERA VIVIDO..."	*301*
BIBLIOTECARIOS MENTIROSOS	*302*
ISRAEL Y LA BOMBA: DE JFK A LBJ	*304*
LAS MENTES NO CORROMPIDAS PESAN EN LA BALANZA	*305*
BILL CLINTON OPINA - AL ESTILO JFK	*306*
EL CASO LEWINSKY	*307*
¿CUÁL ES SU "DERECHO"?	*308*
PRESIÓN MEDIÁTICA SOBRE CLINTON	*309*
¿CHANTAJE DEL MOSSAD?	*310*
¿LA NAVAJA DE HILLARY?	*311*
EL MENTOR DE CLINTON	*311*
EL RABINO contra EL GENERAL	*312*
EL ÚLTIMO HERMANO...	*312*
EL LIBRO QUE NO DESAPARECERÁ	*313*
ACTIVISTA PACIFISTA JUDÍO ISRAELÍ APRUEBA EL *JUICIO FINAL*	315
¿POR QUÉ RECHAZA EL LOBBY ISRAELÍ CUARENTA AÑOS DE INVESTIGACIONES BIEN INTENCIONADAS POR LOS INVESTIGADORES DEL ASESINATO DE JFK?	316

¿"OTRA COINCIDENCIA" QUE INVOLUCRA A ISRAEL? EL RABINO DE JACK RUBY Y LA COMISIÓN WARREN. 317

CÓMO EL MOSSAD SE ESCONDIÓ HÁBILMENTE A PLENA VISTA: "LA HUELLA INELUDIBLE" EN EL COMPLOT JFK 318

¿FUE EL EFÍMERO GRUPO DE EXILIADOS CUBANOS UNA TAPADERA DEL MOSSAD? LA EXTRAÑA HISTORIA DE PAULINO SIERRA Y PETER DALE SCOTT..320

LA RELACIÓN DEL MOSSAD CON LOS SERVICIOS DE INTELIGENCIA DE NUEVA ORLEANS; LA HISTORIA LARGAMENTE OCULTADA DE FRED (EFRAIM) O'SULLIVAN 323

PENN JONES, UN INVESTIGADOR EXPERIMENTADO Y RESPETADO, DIJO: MOSSAD "UN TEMA COMPLETAMENTE DESCUIDADO" EN EL ASUNTO JFK..325

UN RETO PARA LOS LECTORES..327
OTRAS PUBLICACIONES 333

Ilustraciones de portada
Meyer Lansky (izquierda), James Jesus Angleton (derecha).

ANEXO 1

¿Dónde estaba George Bush, la CIA y el asesinato de Kennedy? ¿Estuvo GHWB implicado en el asesinato de JFK?

Cuando el senador Edward M. Kennedy preguntó cínicamente: "¿Dónde estaba George?" durante un encendido discurso en la Convención Nacional Demócrata de 1988, ¿estaba el senador sugiriendo, quizás, que sabía algo que nosotros no sabíamos? ¿Realmente preguntaba Kennedy: "Dónde estaba George Herbert Walker Bush el 22 de noviembre de 1963"?

Nuevas pruebas recientes sugieren con fuerza no sólo que George Bush ha sido agente de la CIA durante la mayor parte de su vida adulta -desde sus años de instituto, de hecho-, sino que también tenía vínculos particularmente estrechos con las circunstancias que rodearon el asesinato de JFK y el encubrimiento de alto nivel que le siguió.

En su bestseller *Plausible Denial*, el autor Mark Lane ha prestado un gran servicio al público estadounidense al volver a publicar, como apéndices, dos importantes artículos aparecidos en la revista *The Nation*, pero que habían recibido poca atención fuera de los círculos elitistas que leen el periódico.

Como resultado, cientos de miles de estadounidenses se han enterado de algo que de otro modo no habrían sabido: la prueba irrefutable de que George Herbert Walker Bush era agente de la CIA el 23 de noviembre de 1963.

Los artículos de Richard McBride en *The Nation* (publicados en los números del 16 al 23 de julio y del 13 al 20 de agosto de 1988) tomaban nota de un memorando desclasificado del FBI fechado el 29 de noviembre de 1963. El memorándum, del director del FBI J. Edgar Hoover, estaba dirigido al director de la Oficina de Inteligencia e Investigación del Departamento de Estado. El asunto era "Asesinato del presidente John F. Kennedy - 22 de noviembre de 1963". El memo decía lo siguiente:

Nuestra oficina en Miami, Florida, el 23 de noviembre de 1963, informó que la oficina del Coordinador de Asuntos Cubanos en Miami había indicado que el Departamento de Estado creía que un grupo anticastrista equivocado podría aprovecharse de la situación actual y emprender una incursión no autorizada contra Cuba, creyendo que el asesinato del presidente John F. Kennedy podría anunciar un cambio en la política de Estados Unidos, lo cual no era cierto.

Nuestras fuentes e informantes, que conocen bien los asuntos cubanos en el área de Miami, nos informan que el sentimiento general en la comunidad cubana anticastrista es de asombro e, incluso entre aquellos que no estaban totalmente de acuerdo con la política del Presidente sobre Cuba, el

sentimiento es que la muerte del Presidente representa una gran pérdida no sólo para los Estados Unidos, sino para toda América Latina. Estas fuentes no conocen ningún plan de acción no autorizada contra Cuba.

Un informante que ha proporcionado información fiable en el pasado y que está próximo a un pequeño grupo procastrista de Miami ha indicado que estas personas temen que el asesinato del Presidente dé lugar a fuertes medidas represivas contra ellos y, aunque son procastristas, lamentan el asesinato.

La mayor parte de la información anterior fue facilitada oralmente a George Bush, de la CIA, y al capitán William Edwards, de la Agencia de Inteligencia de Defensa, el 23 de noviembre de 1963, por el Sr. W. T. Forsyth, de dicha Oficina.[1]

Se distribuyeron copias del memorándum de Hoover a varias personas, entre ellas el Director de la CIA (John McCone), y se pusieron en conocimiento del "Director Adjunto de Planes". (Se trataba de Richard Helms).

Huelga decir que la existencia de este memorando planteó un problema a George Bush, que había afirmado no haber trabajado nunca para la CIA antes de su nombramiento como director de la agencia en 1976. Sin embargo, los portavoces de Bush sugirieron que debía de haber otro "George Bush" trabajando para la CIA en la época en cuestión y que era el mencionado en el polémico memorándum de Hoover.

Richard McBride, el autor de los artículos de *Nation*, hizo algunas comprobaciones para descubrir que efectivamente había un George William Bush que había trabajado para la CIA en aquella época -por muy poco tiempo- y sólo como investigador y analista junior. George William Bush dijo a McBride que nunca había participado en una reunión informativa interinstitucional y que no conocía a ninguna de las personas mencionadas en el memorando. En resumen, este George Bush no era el George Bush del memorándum.[2]

INICIACIÓN

¿Dónde estaba George Herbert Walker Bush el 23 de noviembre de 1963? Evidentemente, estaba trabajando como lo había hecho durante algún tiempo, como agente de la CIA. Nuevas investigaciones sugieren que Bush ya trabajaba para la CIA durante sus años universitarios en Yale.

Anthony Kimery, un periodista de investigación que ha estudiado la relación de George Bush con la CIA, señala: "El reclutador pagado a tiempo completo de la CIA en Yale era el entrenador Allen" Skip "Waltz, un antiguo oficial de inteligencia naval que tenía una buena visión de Bush. Como miembro de la Asociación Atlética Universitaria de Yale y del Consejo de Diáconos Universitarios, Bush debió de trabajar estrechamente con Waltz en los programas atléticos de la universidad, donde el entrenador seleccionaba a la mayoría de los hombres que dirigía en la CIA. Es

---

[1] *Washington Post*, 18 de mayo de 1999. El caso en cuestión era Globe International contra Khawar, 98-1491.
[2] Mark Lane. *Rush to Judgment*. (Nueva York: Thunder's Mouth Press, 1992), pp. XXV-XXVI.

inconcebible que Waltz no intentara reclutar a Bush, dicen ex funcionarios de la Agencia reclutados en Yale".[3]

Fue durante su época de estudiante en Yale cuando Bush fue miembro de la fraternidad secreta Skull and Bones, conocida desde hace muchos años como lugar de reclutamiento de la CIA.

(Uno de los compañeros de "fraternidad" de Bush era el estudiante de Yale William F. Buckley Jr, a su vez antiguo miembro de la CIA, cuyos vínculos particulares con actores clave en el complot del asesinato de JFK se analizaron en el capítulo 9).

¿EL PRIMER TRABAJO DE GEORGE EN LA CIA?

Además, fue otro miembro de la fraternidad, Henry Neil Mallon, antiguo presidente de Dresser Industries, con sede en Houston, quien dio a Bush su primer empleo en la industria petrolera. Mallon, compañero de clase y amigo íntimo del padre de Bush, el senador Prescott Bush, colocó al joven Bush como vendedor en International Derrick and Equipment Company (IDECO), filial de Dresser.

Sin embargo, como señala Anthony Kimery, "el trabajo de Bush de vender los servicios de IDECO, incluso detrás del Telón de Acero, era una curiosa responsabilidad, dada la inexperiencia de Bush en la industria del petróleo o en las relaciones internacionales."[4] Todo esto, por supuesto, sugiere que Bush, de hecho, trabajaba como agente de la CIA bajo la tapadera de Dresser Industries, que, según las fuentes de Kimery, "servía rutinariamente como tapadera de la CIA."[5]

LOS DOS GEORGES

Al parecer, fue Henry Mallon quien presentó a Bush a un ingeniero petrolero internacional que más tarde se reveló como uno de los verdaderos "hombres misteriosos" en el asesinato de JFK: el amigo de Lee Harvey Oswald, George De Mohrenschildt, cuyos vínculos con la CIA estudiamos en el capítulo 9, y de quien se sospechaba que era un agente de la CIA.

De hecho, los dos Georges se conocían tan bien que la agenda de De Mohrenschildt incluía no sólo la dirección y el número de teléfono de la casa de Bush en Midland, Texas, donde Bush vivió de 1953 a 1959, sino también el apodo de la infancia del petrolero, "Poppy". Kimery dice que sus fuentes afirman que Bush y De Mohrenschildt siguieron viéndose en secreto en Houston después de que Bush dejara Midland para establecer la oficina de Houston de su Zapata Off-Shore Oil Company.

(Kimery señala que en su declaración ante la Comisión Warren, De Mohrenschildt admitió que había realizado frecuentes viajes a Houston desde finales de los años 50, pero dio vagas explicaciones sobre el propósito de los mismos).

La investigación de Kimery sugiere que la relación entre Bush y De Mohrenschildt surgió no sólo de sus intereses comunes en el sector petrolero, sino también de sus experiencias mutuas en el campo de la inteligencia.

---

[3] Mark Lane. *Plausible Denial* (Nueva York: Thunder's Mouth Press, 1991), p. 331.
[4] *Covert Action Information Bulletin*, verano de 1992.
[5] *Ibid.*

Según Kimery, De Mohrenschildt formaba parte de la red del espía (y más tarde director de la CIA) Allen Dulles dirigida desde dentro de la comunidad de inteligencia nazi y más tarde empezó a trabajar para la CIA "operando bajo la apariencia de un geólogo petrolero consultor especializado en transacciones entre empresas estadounidenses y las naciones del Bloque del Este con las que [De Mohrenschildt] estaba notablemente bien relacionado".[6]

Por eso no es de extrañar que George Bush y George De Mohrenschildt, agentes de la CIA que trabajaban en el bloque del Este en el sector petrolero, acabaran trabajando juntos. Según el ex agente de la CIA Victor Marchetti (especializado en asuntos soviéticos para la CIA), "es inconcebible que la CIA no interrogara a Bush después de cada reunión [que Bush mantenía con representantes del bloque del Este]".[7] "Los hombres de negocios como [Bush] eran interrogados regularmente".

Todos estos intercambios entre Bush y De Mohrenschildt parecerían inocentes travesuras llevadas a cabo en secreto entre dos espías llamados George si no fuera porque cuanto más rastreamos las conexiones de Bush, más descubrimos que el agente de la CIA está aún más profundamente enredado en las circunstancias que rodearon el asesinato de John F. Kennedy.

OPERACIONES ANTICASTRISTAS

De hecho, las pruebas sugieren claramente que Bush fue un actor importante en la lucha de la CIA para destruir a Fidel Castro. Según Anthony Kimery, "los veteranos de la CIA que participaron en la guerra contra Castro afirman que Bush no sólo dejó que la CIA utilizara Zapata como tapadera para llevar a cabo algunas de sus operaciones (incluido el uso de varias plataformas de perforación en alta mar), sino que sostienen que Bush sirvió personalmente de conducto a través del cual la Agencia financió los servicios contratados."[8]

Kimery argumenta que tenía varias fuentes que sostienen independientemente que Bush estaba de hecho profundamente implicado en las operaciones de la CIA, particularmente en el Caribe y en la campaña contra Castro.[9] Esto parece ir de la mano de la información proporcionada por el coronel Fletcher Prouty, quien señala que no sólo el nombre en clave ultrasecreto de la CIA para la invasión de Bahía de Cochinos era "Operación Zapata" (como la compañía de Bush), sino que además dos de los barcos utilizados en la operación se llamaban *Houston* (base de operaciones de Bush) y *Barbara* (nombre de la esposa de Bush).

Los vínculos de Bush con las operaciones de la CIA contra Castro, sin embargo, van incluso más allá. Según Kimery, "existen pruebas de que, antes de su nombramiento como director de la CIA en 1976, Bush conocía bien al legendario espía Theodore George 'Ted' Shackley, que se incorporó a la Agencia en 1951. Cuando Bush llegó a Langley, estaba claro para antiguos conocedores de la Agencia

---

[6] *Ibid.*
[7] *Ibid.*
[8] *Ibid.*
[9] *Ibid.*

que existía una conexión entre estos dos hombres que se remontaba a muchos años atrás."[10]

Se trata, por supuesto, del mismo Theodore Shackley que conocimos en el capítulo 8 como amigo del programa secreto de desarrollo nuclear de Israel. Shackley era jefe de la oficina de la CIA en Miami, en aquel momento la principal oficina de la CIA en el mundo y la base de las operaciones de la CIA contra Castro codirigidas con el sindicato de secuaces de Meyer Lansky.

(Cabe señalar, aunque sólo sea de pasada, que el Mossad israelí mantuvo durante mucho tiempo una de sus mayores bases norteamericanas en Miami, cuartel general de Meyer Lansky).[11]

Sabemos por la ex agente Marita Lorenz (capítulos 9 y 16) que fue desde la base de la CIA en Miami desde donde se envió a Dallas un convoy de dos coches con cubanos anticastristas y varias figuras de la CIA, que llegó justo antes del asesinato del presidente John F. Kennedy.

Kimery cita a un ex agente de la CIA que participó en operaciones anticastristas: "Tienes al viejo y querido George ayudando en la operación de la Compañía (la CIA) contra Castro y a Shackley, jefe de la estación de Miami dirigiendo el espectáculo. ¿Cómo crees que se conocen, amigo mío? Era una relación muy estrecha, todavía lo es".[12]

Y, como señalamos en el capítulo 12, fue Shackley, de nuevo, el jefe de la oficina de la CIA en Laos durante la guerra de Vietnam, en un momento en que la CIA y el sindicato de Lansky dirigían conjuntamente lucrativas operaciones de narcotráfico.

Kimery señala que en 1976, poco después de convertirse en Director de la CIA, sin pedir consejo, Bush ascendió a Shackley a Subdirector Adjunto de Operaciones. En este puesto, era el segundo al mando del [Director Adjunto de Operaciones], el tercer cargo más poderoso de la CIA y uno de los más importantes de todo el gobierno".[13]

LA CONEXIÓN MOSSAD

Tras abandonar la CIA, como señalamos en el capítulo 12, Shackley, amigo de Bush, se dedicó al comercio internacional de armas y trabajó estrechamente con la Aviation Trade and Service Company, una creación de Shaul Eisenberg, figura del Mossad israelí.

Bush también desarrolló estrechos vínculos con Israel, vínculos que, por supuesto, se habían consolidado durante su servicio como Director de la CIA. En 1979, Bush, entonces candidato republicano, asistió a la Conferencia de Jerusalén sobre Terrorismo Internacional, organizada por el gobierno israelí y a la que asistieron la mayoría de los altos cargos de los servicios de inteligencia de Israel. Los delegados estadounidenses en la conferencia eran todos amigos incondicionales de Israel, demócratas y republicanos por igual.[14]

---

[10] Mark Lane. *Plausible Denial*. pp. 32-33.
[11] Boletín informativo sobre medidas secretas.
[12] *The Spotlight*, 22 de marzo de 1982.
[13] Boletín informativo sobre medidas secretas.
[14] *Ibid*.

Acompañaban a Bush el general de división George Keegan, antiguo jefe de inteligencia de las Fuerzas Aéreas estadounidenses, y el profesor de Harvard Richard Pipes. [15]Keegan y Pipes formaban parte de un grupo de élite formado por Bush cuando era director de la CIA y que operaba bajo el nombre de "Equipo B".

El Equipo B de Bush era un nuevo órgano secreto de supervisión de la CIA, encargado de reevaluar, criticar o rechazar los informes de inteligencia de la CIA. Sin embargo, es importante señalar que el Equipo B estaba compuesto por una camarilla de altos funcionarios vinculados entre sí principalmente por su devoción a la defensa de los intereses de Israel.

Entre los miembros más destacados se encontraban Richard Perle, que acabó convirtiéndose en Subsecretario de Defensa para Política de Seguridad Internacional, y Stephen Bryen, antiguo colaborador de Perle en el Senado que se vio obligado a dimitir de su cargo tras descubrirse que había pasado secretos de defensa estadounidenses al Mossad israelí.[16]

El hecho de que Bush haya estado tan estrechamente asociado con este pequeño grupo de devotos de Israel es fascinante, sobre todo teniendo en cuenta los posteriores conflictos de Bush con el Mossad israelí, que exploramos por primera vez en el capítulo 2.

OCULTACIÓN

Por su parte, fue mientras Bush era director de la CIA que el Comité de Inteligencia del Senado examinaba los vínculos entre Jack Ruby, Lee Harvey Oswald, la CIA, el crimen organizado y las operaciones anticastristas llevadas a cabo por la CIA y sus colaboradores mafiosos. Como comenta Anthony Kimery: "Al estar relacionado con esas operaciones, Bush era ahora responsable de lo que la CIA revelaría y lo que no".

"Como director de la CIA [Bush] obstruyó las peticiones del investigador del Comité de información específica en los archivos de la Agencia sobre Oswald y Ruby y restó importancia a las revelaciones de la implicación de la CIA. Los memorandos escritos por Bush sobre la investigación del Comité de Inteligencia de los vínculos de Oswald y Ruby con la CIA y el crimen organizado muestran que estaba particularmente interesado en la investigación del Comité no sólo de lo que la CIA sabía sobre los sucesos de Dallas que no había comunicado a la Comisión Warren, sino también hasta qué punto, si lo hubo, la Agencia fue cómplice en el asesinato de Kennedy."[17]

Kimery cita a un ex agente de la CIA y veterano de Bahía de Cochinos que afirma haber estado asociado con Bush en las operaciones anticastristas de la CIA a principios de los años 60: "Bush estaba preocupado por algo durante esas investigaciones cuando era Director de la CIA, de acuerdo. Le preocupaba que se descubriera que trabajaba para la Compañía (la CIA) y que estaba relacionado con todo el lío de la CIA a finales de los 50 y principios de los 60".[18]

---

[15] Boletín de información sobre medidas secretas. Invierno de 1990.
[16] *Ibid.*
[17] *The Spotlight*, 21 de junio de 1982.
[18] Boletín informativo sobre medidas secretas. Verano de 1992.

En la revista *Spy*, David Robb señala que cuando en enero de 1992 le preguntaron a Bush si había investigado o no el asesinato de JFK cuando era director de la CIA, Bush respondió: "No, no tenía ningún interés en hacerlo..."[19] Sin embargo, Robb identificó un memorándum del 15 de septiembre de 1976 dirigido al Director Adjunto de la Central de Inteligencia, en el que se lee:

"Un reciente artículo de Jack Anderson hacía referencia a un telegrama de la CIA fechado en noviembre de 1963 (?), cuyo asunto era la observación por parte de un periodista británico de la visita de Jack Ruby a [Santo] Trafficante en prisión. ¿Existe ese telegrama? Si es así, me gustaría verlo. Es el mismo telegrama que Mike Hadigan, consejero de la minoría del SSC [Comité Selecto del Senado] había solicitado".[20]

El memorándum estaba firmado "GB" sobre el nombre mecanografiado "George Bush". Está claro que George Bush sentía más curiosidad por las investigaciones sobre JFK de lo que nos quiere hacer creer.

¿UNA AMENAZA CONTRA JFK?

Y, curiosamente, existe esta interesante pieza de información desenterrada *por* la revista Spy que sugiere que Bush tenía un interés desmesurado en el bienestar de John F. Kennedy. *Según Spy*: "Notas internas del FBI indican que el 22 de noviembre de 1963, 'el prominente hombre de negocios George H. W. Bush indicó por teléfono que quería contar algunos rumores que había oído en las últimas semanas, fecha y fuente desconocidas. Dijo que un hombre llamado James Parrott había hablado de matar al presidente cuando vino a Houston".[21]

Parrott era un republicano de 24 años que se manifestaba regularmente contra los funcionarios de la administración Kennedy cuando venían a Houston. El FBI también supo que el Servicio Secreto había sido advertido -en 1961- de que Parrott había dicho que "mataría al presidente Kennedy si se le acercaba". Parrott niega las acusaciones. El espía se pregunta -no muy satíricamente- "¿Era Bush un inútil equivocado? ¿O estaba intentando despistar al FBI?".[22]

ISRAEL ENCORE...

Fue después de que George Bush abandonara la CIA en 1977 cuando siguió manteniendo estrechos vínculos con intereses económicos que, a su vez, mantenían estrechos vínculos con Israel y su lobby en nuestro país.

De vuelta en Houston, Bush fue nombrado Presidente del Comité Ejecutivo del First International Bank of Houston, la empresa familiar de los herederos del multimillonario tejano H. L. Hunt.

La familia Hunt poseía una participación mayoritaria del 15% en Gulf Resources and Chemical Corporation, una empresa con sede en Houston que controlaba la

---

[19] *Ibid.*
[20] *Spy*, agosto de 1992.
[21] *Ibid.*
[22] *Ibid.*

mitad del suministro mundial de litio, un componente esencial en la producción de bombas de hidrógeno.

Entre los miembros del consejo de Gulf Resources estaba George A. Butler, presidente del Post Oak Bank de Houston, controlado por un tal W. S. Farish, III, descrito a menudo como uno de los confidentes más cercanos de Bush.

Unos años antes, Gulf Resources había adquirido Lithium Corporation of America como filial al 100%. Entre los directores de Gulf Resources y Lithium Corporation se encontraba John Roger Menke, que también era director del Instituto Técnico Hebreo de Israel.

Todo esto es importante porque fue durante este periodo cuando Israel continuó su desarrollo secreto de armas nucleares, el mayor problema en el conflicto entre John F. Kennedy y el primer ministro israelí David Ben-Gurion, tratado en detalle en el capítulo 5.[23]

ADL ENCORE

Por eso no es de extrañar que Robert Allen, presidente de Gulf Resources -un goy sin reputación de contribuir a causas judías- recibiera el premio "Antorcha de la Libertad" de la Liga Antidifamación (ADL) de B'nai B'rith, la llamada organización de "derechos civiles" que actúa como brazo de inteligencia estadounidense del Mossad israelí.

(Fue en el capítulo 8 donde conocimos por primera vez a otro beneficiario de la Antorcha de la Libertad, el mafioso Morris Dalitz, antiguo socio destacado de Meyer Lansky e inversor en la empresa Permindex que, como vimos en el capítulo 15, desempeñó un papel central en el complot para asesinar a JFK.

También hay que señalar que otro director de Gulf Resources and Lithium Corp. era Samuel H. Rogers, quien, a su vez, era director de Archer Daniel Midland Corp, propiedad del industrial Dwayne Andreas.[24]

Da la casualidad de que el mencionado Andreas había sido un importante colaborador financiero de la ADL durante muchos años y estaba estrechamente relacionado con dos altos cargos nacionales de la ADL, Burton Joseph, Presidente Nacional de 1976 a 1978, y Max M. Kampelman, Vicepresidente Nacional Honorario de la ADL.[25]

En conjunto, estos elementos sitúan a George Bush en el centro de una vasta red de empresas internacionales con vínculos de larga data con Israel y sus principales financiadores, incluida una empresa con especial interés en el desarrollo de armas nucleares.

El vínculo con Hunt, que cierra el círculo de todas las interacciones, también es interesante en el sentido de que, durante años, los investigadores encargados del asesinato de JFK han intentado, sin éxito, identificar al difunto H. L. Hunt como el cerebro detrás del asesinato de JFK, presumiblemente impulsado por su firme

---

[23] *Ibid.*
[24] Webster Griffin Tarpley y Anton Chaitkin. *George Bush: The Unauthorized Biography* [Washington, D.C.: Executive Intelligence Review, 1992], pp. 247-248.
[25] *Ibid.*

oposición conservadora a las posiciones progresistas de Kennedy en política interior y exterior.

Sin embargo, lo que no han hecho quienes han señalado con el dedo a Hunt es rastrear la conexión de Hunt con Gulf Resources Corp. y sus estrechos vínculos con Israel.

Estos hechos no prueban ni refutan el papel desempeñado por H. L. Hunt o George Bush, solos o juntos, en el complot para asesinar a JFK. Sin embargo, sí ponen de relieve el extraño y poco notado papel desempeñado por Israel y sus partidarios de alto rango en los círculos siempre convergentes que rodean el complot para asesinar a JFK. Para que conste, merece la pena destacarlos.

¿DÓNDE ESTABA GEORGE?

En cualquier caso, los colaboradores más cercanos de Bush durante sus años en la CIA, como hemos visto, y sus actividades, todos han vinculado repetidamente a Bush con circunstancias que vinculan a la CIA y al Sindicato del Crimen Organizado de Meyer Lansky en empresas conjuntas, no sólo en los complots de asesinato contra Castro a principios de los años 60, sino también en las operaciones conjuntas de narcotráfico de la CIA y Lansky en el sudeste asiático. Los vínculos de Bush con el lobby israelí consolidan así el círculo.

La evidencia que hemos revisado aquí sugiere que George Bush puede saber más sobre el asesinato de John F. Kennedy de lo que está dispuesto a admitir. Si Bush tiene la intención de revelar lo que sabe es otra cuestión completamente distinta.

ANEXO 2

La conexión "nazi" de Lee Harvey
Los vínculos poco conocidos entre el presunto asesino y los agentes secretos de la red neonazi

Entre las personas cuyos nombres aparecían en la libreta de direcciones de Lee Harvey Oswald había un tal Daniel Burros. En 1963, Burros era Secretario Nacional del Partido Nazi Americano de George Lincoln Rockwell. Sólo dos años después del asesinato de JFK, Burros murió misteriosamente de múltiples heridas de bala. Sin embargo, a pesar de las extrañas circunstancias de la muerte de Burros, se le consideró suicida.

La extraña muerte de Burros tuvo lugar en casa de su estrecho colaborador, el enigmático y ubicuo Roy Frankhauser, agente federal encubierto durante mucho tiempo para los Minutemen, el Ku Klux Klan y el Partido Comunista de Estados Unidos. Frankhauser afirma haber estado asociado con Lee Harvey Oswald antes del asesinato de John F. Kennedy.

La historia del posible vínculo entre Lee Harvey Oswald y Daniel Burros nunca ha sido explorada en ningún otro libro sobre el asesinato de JFK. Sin embargo, las pruebas, como veremos, sugieren que la conexión entre Oswald y Burros es mucho más compleja de lo que podríamos pensar.

Aunque los investigadores llevan mucho tiempo recopilando, recompilando, editando y volviendo a publicar listas de "muertes misteriosas" de personas con vínculos -reales y a veces imaginarios- con el asesinato de JFK, el nombre de Burros nunca aparece.

Las circunstancias de la muerte de Dan Burros parecen extrañas. Justo un día antes de la muerte del líder "nazi", en octubre de 1965, el *New York Times* reveló que había nacido de padres judíos. Esta revelación fue el desencadenante ostensible que llevó a Burros a "suicidarse" en Reading, Pensilvania, en casa de su compañero "nazi", Roy Frankhauser.

Aunque la muerte de Burros fue anunciada a bombo y platillo en los medios de comunicación como la historia de un buen chico judío que había perdido la cabeza, lo cierto es que algunos miembros de la resistencia nazi estadounidense creían desde hacía tiempo que Burros no era un apóstata judío, sino un informador y agente provocador de la Liga Antidifamación (ADL) de B'nai B'rith que operaba en las filas de la llamada "derecha racista".

Durante su corta carrera en el submundo político, Dan Burros era conocido por haber estado estrechamente relacionado con los informadores encubiertos de la ADL y puede que él mismo fuera uno de ellos, aunque es poco probable que lleguemos a saber la verdad.

Lo que se sabe, sin embargo, es que Burros era una figura clave del Partido Nacional del Renacimiento, un pequeño grupo neonazi fundado por el difunto James

H. Madole y con sede en Nueva York. Aunque Madole era aparentemente un nazi empedernido, es un hecho probado que su organización estaba infiltrada, en parte financiada y manipulada por agentes de la red de espionaje ADL.

El agente de la ADL en el PNR era un tal Emmanuel Trujillo, que también se hacía llamar Mana Truhill. Truhill trabajaba en estrecha colaboración con Sanford Griffith, el jefe de espionaje de la ADL en aquella época.

Dos activistas "de derechas" de la década de 1950 -el escritor Eustace Mullins y el empresario DeWest Hooker (citado en el capítulo 4)- confirmaron al autor que la ADL desempeñó efectivamente un papel activo en la "infiltración" de los grupos de derechas de la época y que el mencionado Griffith era una figura conocida que gravitaba hacia la derecha en aquella época.

En el apogeo de la organización de Madole, manipulada por la ADL, el famoso editor neoyorquino Lyle Stuart acusó públicamente a la ADL de financiar a grupos nazis estadounidenses -como el equipo de Madole- con fines insidiosos. Curiosamente, el propio Daniel Burros formaba parte integrante de este círculo especial manipulado por la ADL. Pero hay mucho más que decir sobre la conexión entre Oswald y Burros.

Algunos investigadores se han centrado en los vínculos del detective privado de Nueva Orleans y agente de la CIA Guy Banister con Robert De Pugh y el grupo paramilitar conocido como los Minutemen como prueba de que "extremistas de derechas" pudieron estar detrás del asesinato de JFK. Sin embargo, como señalamos en detalle en el capítulo 15, hay pruebas contundentes que sugieren que Banister también estaba siendo utilizado por la Liga Antidifamación (ADL) de B'nai B'rith en sus propias operaciones de investigación contra grupos de izquierda defensores de los derechos civiles.

Las pruebas sobre los Minutemen, sin embargo, sugieren que los Minutemen eran, a todos los efectos, un grupo de extremistas de derechas infiltrados por el gobierno - quizá incluso controlados por el gobierno. Es el vínculo de los Minutemen, en la conexión con Oswald y Burros, lo que abre la puerta a algunos hechos muy inusuales sobre un extraño individuo llamado Roy Frankhauser que parece estar asociado tanto con Oswald como con Burros.

John George y Laird Wilcox, en *Nazis, Communists, Klansmen, and Others on the Fringe*, nos han proporcionado abundante información sobre las operaciones de Frankhauser, en particular dentro de los Minutemen. He aquí lo que George y Wilcox escribieron sobre la infiltración de los Minutemen por parte del gobierno y el papel de Roy Frankhauser. La versión más larga de la cita directa de George y Wilcox es la siguiente:

"Los Minutemen, de hecho, estaban entre los más infiltrados de los grupos de extrema derecha. Según Eric Norden, en su largo ensayo sobre la derecha paramilitar que apareció en el número de junio de 1969 de la revista *Playboy*, casi todos los casos de los Minutemen se resolvieron con la ayuda de espías e informadores del gobierno.

"Uno de estos informantes era una pesadilla llamada Roy Frankhauser, un topo del gobierno cuya alianza con [Robert] De Pugh [de los Minutemen] había comenzado a principios de los sesenta, poco después de que se formara la organización. Frankhauser era bien conocido por invocar la Quinta Enmienda treinta y tres veces cuando fue interrogado sobre su participación en el Ku Klux

Klan por el Comité de Actividades Antiamericanas en 1965. Sin conocer el papel de Frankhauser, Norden le entrevistó en profundidad para su artículo. Frankhauser, a quien De Pugh había nombrado coordinador regional, describió a los Minutemen de Norden como una organización neonazi a la que había que temer y con la que había que contar:

"Hitler tenía a los judíos, nosotros tenemos a los negros. Por supuesto, debemos hacer hincapié en la cuestión de los negros, porque es lo que preocupa a las masas, pero no olvidamos a los judíos. Si los judíos supieran lo que se avecina -y créanme, se avecina tan seguro como el amanecer- se darían cuenta de que lo que va a ocurrir en Estados Unidos hará que la Alemania nazi parezca un picnic de domingo. Vamos a construir mejores cámaras de gas, en mayor número, y esta vez no habrá refugiados".

"Norden señala que Frankhauser, después de hacer esta declaración, "hizo una pausa y pareció pensar durante unos segundos", luego continuó: "Por supuesto que hay buenos judíos, ya sabes, judíos como Dan Burros, que era un amigo. Algunos de mis mejores amigos son judíos. Dan Burros es uno de los estadounidenses más patriotas y entregados que uno haya conocido en su vida".

"Norden comentó: 'Frankhauser permaneció en silencio. Burros era un fanático nazi americano que había servido como lugarteniente de [George Lincoln] Rockwell [en el Partido Nazi Americano] durante años, luego dimitió en 1962 para editar una revista llamada *Kill* y finalmente se convirtió en líder del Ku Klux Klan. En octubre de 1965 entró corriendo en casa de Frankhauser blandiendo un número del *New York Times* que exponía su ascendencia judía, cogió una pistola cargada de la pared y le voló los sesos".

"Lo que Norden no dijo es que algunos aficionados a las conspiraciones creen que Frankhauser tuvo algo más que ver en el asesinato, aunque nunca se tomó una decisión al respecto y la muerte se consideró suicida. Otra teoría, tampoco confirmada, es que Frankhauser podría haber alentado el suicidio de Burros al haberse descubierto su tapadera. Burros murió de tres heridas de bala, lo que no es habitual en un verdadero suicidio. De Pugh, que examinó el arma, dijo que era poco probable que Burros se hubiera suicidado.

"Otros asociados de Frankhauser han aventurado opiniones relacionadas. Lo que también es posible es que en 1965 Frankhauser estuviera trabajando como informante del Gobierno, al igual que Dan Burros, tal vez bajo la dirección de Frankhauser. En el momento de escribir estas líneas, Frankhauser sigue residiendo en la casa de Reading, Pensilvania, donde se produjo la muerte; todavía hay manchas de sangre incrustadas en el techo.

"Pero, ¿fue Frankhauser un informante del gobierno y agente provocador tan pronto en su carrera? Frankhauser lo niega, pero sus antecedentes en el ejército estadounidense sugieren lo contrario. Durante una larga entrevista bajo juramento que tuvo lugar del 13 al 18 de julio de 1957, los registros del Ejército revelan lo siguiente:

"(FRANKHAUSER) tomó la decisión de infiltrarse en organizaciones como el Partido Neonazi, el Partido Comunista y el Ku Klux Klan, para determinar sus motivos, identificar a los dirigentes y comunicar esta información a la agencia de inteligencia apropiada del Gobierno de los Estados Unidos en caso de que sus objetivos se consideraran contrarios a los intereses de los Estados Unidos.

FRANKHAUSER declaró que había creado una tapadera que incluía hacer creer a la gente que era un verdadero comunista o nazi y la creación de una organización que debía ser una unidad grande y bien organizada, pero que consistía en un solo hombre: FRANKHAUSER. El objetivo de FRANKHAUSER en Fort Bragg era unir a los klan del Norte con los del Sur para dar al Gobierno de los Estados Unidos la oportunidad de destruir estas organizaciones".

"Durante la década de 1960, los Minutemen estuvieron implicados en tres importantes actos terroristas en los que Frankhauser fue el posible informante, directo o indirecto, que avisó al FBI.

"En 1973, tras la liberación de De Pugh, Frankhauser se convirtió en jefe del Servicio Secreto de los Minutemen... En octubre de 1973, De Pugh fue el orador principal en la reunión anual del consejo de Liberty Lobby en Kansas City, Missouri. Había salido de la cárcel seis meses antes. Frankhauser, como Director de Seguridad, era su compañero constante y había vivido con la familia De Pugh en Norborne [Missouri] durante varias semanas, todo ello mientras trabajaba para la ATF ("Oficina de Alcohol, Tabaco, Armas de Fuego y Explosivos") como informante encubierto.

"El pasado de Roy Frankhauser es mucho más complejo. Según documentos del Ejército de EE.UU. publicados en 1988 en virtud de la Ley de Libertad de Información, Frankhauser se vio envuelto en graves problemas personales mucho antes de alistarse en el Ejército. Víctima de un hogar desestructurado y de una madre alcohólica, considerado emocionalmente inestable y poco fiable por las autoridades escolares y varios empleadores, se alistó en el ejército estadounidense el 6 de noviembre de 1956. Coleccionista de objetos nazis durante mucho tiempo y simpatizante del Ku Klux Klan en su juventud, se vio envuelto en una serie de conspiraciones desagradables que inmediatamente llamaron la atención de las autoridades del Ejército.

"Los informes militares afirmaban que Frankhauser se había alistado en el ejército y se había presentado voluntario para ser destinado a Alemania. Ideó un plan para que se le declarara oficialmente muerto, a fin de poder abandonar el ejército y unirse al movimiento neonazi, con la esperanza de obtener un puesto de alta responsabilidad.

"El 2 de julio de 1957, Frankhauser declaró que tenía la intención de desertar del ejército estadounidense y unirse a las fuerzas revolucionarias en Cuba. De hecho, desertó y llegó a Miami, Florida, el 5 de julio de 1957. Poco después, fue puesto en prisión preventiva y devuelto a su unidad militar. Los registros del ejército indican que Frankhauser fue dado de baja el 18 de noviembre de 1957 en virtud de las disposiciones del AR-635209 (no apto para el servicio militar).

"El increíble papel de Frankhauser como informador del gobierno ha sido ampliamente documentado. Apareció por primera vez en julio de 1975 cuando el *Washington Star* informó sobre su papel en una operación encubierta en Canadá autorizada por el Consejo de Seguridad Nacional, Frankhauser tenía la misión de infiltrarse en la organización terrorista "Septiembre Negro". El 28 de julio de 1975, el *CBS Evening News* informó sobre Frankhauser, durante el cual el presentador Fred Graham comentó:

"Testimonios jurados de agentes federales [afirman] que Frankhauser llevó a cabo una serie de misiones encubiertas para el gobierno, incluida una aprobada por el Consejo de Seguridad Nacional de la Casa Blanca.

Una fuente gubernamental dijo que Frankhauser tenía una increíble habilidad para infiltrarse en grupos de derecha e izquierda, que aún podría ayudar a condenar a quienes suministraron los explosivos que hicieron estallar autobuses escolares en Pontiac, Michigan, en 1971."

"Frankhauser acabó chocando con sus superiores de la ATF ("Oficina de Alcohol, Tabaco, Armas de Fuego y Explosivos") al ir demasiado lejos con sus planes de trampas sin la aprobación previa de la ATF. El 28 de febrero de 1974 fue finalmente acusado de robo de explosivos, y utilizó su relación con la agencia para defenderse. Finalmente fue declarado culpable y condenado a un periodo de libertad condicional, al final del cual la ATF consiguió aumentar su cooperación y frenar su comportamiento errático (o eso creían). Un télex del FBI fechado el 17 de junio de 1974 revelaba que :

"Frankhauser ha propuesto, a través de su abogado, que si se le permite declararse culpable y recibir la libertad condicional por los cargos actuales de atentado, presentará a los agentes federales a las personas que se pusieron en contacto con él para hablar de sus actividades.

Según el *Washington Star*, "Edward N. Slamon, supervisor de Frankhauser en la ATF, había escrito varios memorandos internos en los que describía a Frankhauser como "un excelente agente de penetración y soplón".

"La participación de Roy Frankhauser como agente provocador e infiltrado en el gobierno comenzó en los años sesenta y continuó episódicamente hasta 1986, cuando fue acusado junto con Lyndon LaRouche y varios otros acusados en el caso Boston LaRouche de fraude con tarjetas de crédito y otros cargos. Frankhauser, que tuvo su primer contacto con la organización LaRouche en 1975, ¡se había convertido en su Director de Seguridad! [26] El 10 de diciembre de 1987, Frankhauser fue condenado por conspirar para obstaculizar una investigación federal sobre el grupo."

[FIN DE LA CITA]

Todo lo relacionado con esta trama es, por supuesto, interesante. Igualmente interesante es el hecho de que Dan Burros muriera en circunstancias misteriosas en la casa de un agente encubierto desde hace mucho tiempo.

Probablemente sea pertinente señalar que Peter Dale Scott, ha argumentado durante mucho tiempo que Lee Harvey Oswald "trabajando para un investigador privado contratado por el gobierno federal, estaba investigando el uso de correos interestatales para la venta ilegal de armas [y había señalado que] "...el Partido Nazi Americano, en 1963, estaba siendo investigado por el gobierno de EE.UU... por su compra de armas por correo."[27]

A la relevancia del argumento de Scott hay que añadir el hecho de que Oswald pudo haber estado en contacto con Burros (y ha habido rumores infundados de que

---

[26] *Executive Intelligence Review*. Dope, Inc (edición de 1992), p. 608.
[27] John George y Laird Wilcox. *Nazis, Communists, Klansmen and Others on the Fringe* (Nueva York: Prometheus Books, 1992), pp. 285-290.

el propio Oswald pudo haber estado en la zona de Washington, D.C. -particularmente en Arlington, Virginia, donde Burros y el Partido Nazi Americano tenían su sede) y que Burros, a su vez, estaba estrechamente relacionado con un informante encubierto de la BATF. Sin embargo, como señalamos en el capítulo 15, es más que probable que Oswald estuviera de hecho interviniendo -a través de la oficina de Guy Banister- en nombre de la ADL, que a su vez informaba regularmente al FBI y a otras agencias gubernamentales.

Sabemos por documentos oficiales del Departamento de Justicia publicados en virtud de la Ley de Libertad de Información que las actividades encubiertas de Frankhauser patrocinadas por el gobierno -al menos en un caso- fueron financiadas por una organización comunitaria judía. En este caso, el Centro Comunitario Judío de Reading, Pensilvania.[28] Por lo tanto, es muy probable que la ADL también desempeñara un papel en las actividades de Frankhauser. Pero la trama se complica. Existe un vínculo aún más explosivo entre Frankhauser y el asesinato de JFK.

FRANKHAUSER Y OSWALD

Lo que ningún investigador ha comunicado nunca, salvo una excepción, es que el mismo Roy Frankhauser afirmó haberse reunido en varias ocasiones no sólo con Lee Harvey Oswald, sino también con John y Ruth Paine, el matrimonio tejano que desempeñó un papel clave en los últimos meses de la vida de Lee Harvey Oswald.

Un artículo sobre la conexión de Frankhauser con Oswald, escrito por Scott M. Thompson y publicado en el número del 20 de noviembre de 1975 de la revista *New Solidarity*, se vuelve a publicar aquí en su parte pertinente.

La inclusión de estos datos por parte del autor de *Juicio Final* no pretende en modo alguno servir de aval a la información vinculada a la misma, sino simplemente proporcionar un registro lo más completo posible de todos los aspectos poco conocidos de la investigación sobre el complot del asesinato de JFK que pueden ser examinados por personas independientes que estén realmente interesadas en descubrir la verdad. El artículo (del que ésta es una versión más larga de la cita) dice lo siguiente:

"En una serie de entrevistas exclusivas con IPS (International Security Company) durante el mes pasado, el ex agente del Consejo de Seguridad Nacional Roy Frankhauser ha proporcionado información que demuestra de forma concluyente que el Consejo de Seguridad Nacional planeó y coordinó el asesinato del presidente John F. Kennedy en noviembre de 1963. Frankhauser proporcionó detalles de numerosos equipos de asesinato organizados para los Kennedy y otras operaciones de conocidos agentes de la CIA y el FBI en grupos que van desde el izquierdista Partido Socialista de los Trabajadores (SWP) y el Partido Comunista (EE.UU.) hasta grupos de derechas como los paramilitares Minutemen.

"En los preparativos del asesinato también participaron grupos de exiliados cubanos (Gusanos), el Partido Nazi Americano y agentes de la CIA como G. Gordon Liddy, Frank Sturgis y E. Howard Hunt, el ladrón convicto del Watergate

---

[28] Peter Dale Scott. *Deep Politics and the Death of JFK* (Berkley, California: University of California Press, 1993), pp. 248-250.

y estrecho colaborador de William F. Buckley. A principios de 1963, Frankhauser declaró a IPS: "Llegó la orden de matar a Kennedy y empezaron a aparecer equipos dirigidos por agentes por todas partes".

"Frankhauser confirma que dos agentes de la periferia del Partido Socialista de los Trabajadores (SWP), que también tenía estrechos vínculos con el Partido Comunista de los EE.UU., estuvieron directamente implicados en la operación Kennedy. Frankhauser conoció a ambos, Ruth y John Paine, en 1960, cuando estaba infiltrado en el SWP en Nueva York como agente del Consejo de Ciudadanos Blancos de Mississippi y del gobernador Patterson de Mississippi. Los Paines estaban ambos estrechamente vinculados a Lee Harvey Oswald (que se describió a sí mismo como el "chivo expiatorio" del asesinato de Kennedy momentos antes de morir tiroteado en la prisión de Dallas) a través de la Comisión Warren y de investigadores independientes del asesinato.

"En los meses previos al asesinato, los Paine vivían con Marina y Lee Harvey Oswald en Dallas. Fue Ruth Paine quien ideó la tapadera 'radical' de Oswald. Fue ella quien llevó a Oswald a Ciudad de México para que pudiera ser fotografiado por la CIA frente a la embajada soviética. También llevó a Oswald a Nueva Orleans, donde juntos abrieron una franquicia del SWP, Fair Play for Cuba, con la aprobación de la dirección nacional del SWP.

En Nueva York, los Paines habían reclutado a Frankhauser para una organización paramilitar secreta "de izquierdas" tras varias reuniones ocasionales del SWP. Le dijeron a Frankhauser que el grupo tenía tres objetivos: 1) sacar a Martin Luther King de la cárcel si era detenido; 2) matar al sheriff de Alabama "Bull" Connor, en aquel momento un notorio opositor a la integración; y 3) asesinar al presidente Eisenhower si no se podía fomentar la revolución "legalmente". Los Paines pidieron a Frankhauser que estudiara intensamente el documento *Militant* del SWP para "aprender la jerga de la izquierda".

"El entrenamiento militar real de este grupo tuvo lugar en Camp Midvale, en las montañas Ramapo del norte de Nueva Jersey. En aquella época, Midvale era un campamento controlado por el Partido Comunista de EE.UU.". Aunque todos los informes de Frankhauser sobre esta operación fueron entregados por la oficina del gobernador Patterson al FBI de Mississippi, no se efectuó ninguna detención.

"Fue durante este mismo periodo cuando Frankhauser conoció por primera vez a Oswald en una reunión de la Internacional Científica Socialista en Nueva York a la que le habían llevado los Paines.

"El segundo encuentro de Frankhauser con Oswald tuvo lugar en un campo de entrenamiento de la CIA cerca del lago Ponchartrain en Luisiana.

"A partir de 1961, agentes del Consejo de Seguridad Nacional (NCS) lanzaron una operación dentro de los derechistas Minutemen, fundados un año antes para preparar la "guerra de guerrillas" contra [lo que los Minutemen creían que era] una toma del poder comunista en Estados Unidos. [Esto] transformó a la organización en un centro clave del NCS para reclutar y coordinar a la franja psicótica de los grupos de derechas en un enjambre de equipos de asesinos, algunos de los cuales fueron especialmente seleccionados y entrenados para el asesinato de Kennedy.

"Esta toma de control de los Minutemen se llevó a cabo bajo los auspicios de la Operación COINTELPRO del FBI y la Operación Escorpión de la CIA, y en poco tiempo todo el comité ejecutivo nacional de los Minutemen estaba formado por agentes, con la excepción del fundador de la organización, Robert De Pugh, que ha seguido siendo un chivo expiatorio bajo el control del FBI desde entonces.

"Frankhauser, entonces corresponsal de la CIA, fue desplegado con los Minutemen, llegando a ser Director de Inteligencia de la Costa Este y Director de Contrainteligencia Nacional.

"Frankhauser dijo que entre las figuras clave del lado de los Minutemen en la operación del asesinato de Kennedy estaba Ken Duggan, que fue subdirector de contrainteligencia de los Minutemen bajo Frankhauser. También corresponsal de la CIA, Duggan trabajó en la red de terroristas fascistas católicos de la familia Buckley, reclutando a Gusanos para la frustrada invasión de Bahía de Cochinos. Duggan también reclutó y entrenó a varios equipos para preparar el asesinato de Kennedy.

"Duggan, que más tarde denunció a los Buckley, fue asesinado en la prisión de Rikers Island, en Nueva York, hace aproximadamente un mes. Fue encarcelado a raíz de una acusación de intento de asesinato presentada por un tal George Wilkie, protegido de los jefes de operaciones del Partido Conservador de los Buckley.

"Dos agentes de los Minutemen de Connecticut, Vincent De Palma y Eugene Tabbett, también participaron en la elaboración de perfiles y selección de miembros del equipo de asesinato de Kennedy, así como de otros equipos de asesinato. De Palma había sido uno de los principales expertos en asesinatos de la CIA en América Latina antes de ser asignado al FBI. El FBI, a su vez, lo utilizó en los Minutemen, donde rápidamente se convirtió en una figura nacional. Tabbett había trabajado para el FBI en la Oficina de Inteligencia del Ku Klux Klan antes de unirse a De Palma en Connecticut.

"La citación de Frankhauser en 1964 para testificar ante la Comisión Warren fue anulada por el FBI por razones de 'seguridad nacional'. En aquel momento, Frankhauser fue amenazado por dos agentes del FBI con base en Reading, Pennsylvania, Kaufman y Davis, que le dijeron que 'si divulga información sobre los Paines a la Comisión, tendrá serios problemas con el FBI'. Un día antes de su visita, Frankhauser estuvo a punto de ser alcanzado por dos balas disparadas a través de la ventana de su casa de Reading."[29] **[FIN DE LA CITA]**

Cuánto de lo que dice Frankhauser es cierto está fuera del alcance de este libro. Sin embargo, los investigadores que se han pisado a sí mismos al investigar la vida de Lee Harvey Oswald han sido particularmente deficientes al ignorar deliberadamente las conexiones de Frankhauser y Frankhauser & Burros con Lee Harvey Oswald. Es evidente que contribuirían a su propia investigación y a la búsqueda de la verdad si se ocuparan de estas cuestiones, si es que estos investigadores buscan la verdad.

Es interesante señalar, y no sólo de pasada, las conexiones del mencionado Ken Duggan, que según Frankhauser tenía vínculos con ciertos aspectos del complot para

---

[29] Carta de Robert Curran, fiscal del distrito este de Pensilvania, a Roy Frankhauser, 21 de noviembre de 1973.

asesinar a JFK. Entre las personas con las que Ken Duggan estaba relacionado se encontraban nada menos que los dos hermanos cubanos, Guillermo e Ignacio Novo.

En los capítulos 9 y 16 nos enteramos del viaje de los hermanos Novo a Dallas, Texas, en compañía de la agente de la CIA Marita Lorenz y de Frank Sturgis, un antiguo agente de la CIA y agente del Mossad. A su llegada a Dallas, un día antes del asesinato del Presidente, los Novo y sus socios se habían reunido no sólo con E. Howard Hunt, agente de la CIA, sino también a Jack Ruby, que mató a Lee Harvey Oswald.

Los hermanos Novo no sólo estuvieron implicados de alguna manera en las circunstancias que rodearon la conspiración de JFK, sino que más tarde fueron condenados por el asesinato del diplomático chileno Orlando Letelier. Como vimos en el capítulo 9, Michael Townley, su socio en el crimen, había sido agente de Investors Overseas Service. IOS, por supuesto, estaba dirigida por el financiero Bernard Cornfeld, secuaz del veterano representante del Mossad Tibor Rosenbaum, una de las figuras clave de Permindex, la oscura corporación vinculada a todas las principales fuerzas detrás del asesinato de JFK.

Además, como señalamos en el capítulo 9, fue en el despacho de James L. Buckley, entonces senador por Nueva York (hermano de William F. Buckley, Jr.), donde los Novos habían tramado el asesinato de Letelier.

Como señalamos en el capítulo 16, parece probable que hubiera al menos varios equipos de asesinos en el lugar o cerca de Dealey Plaza antes y durante el asesinato de JFK, todos ellos parte de una operación de "bandera falsa" de varios niveles. De hecho, las alegaciones de Frankhauser son totalmente coherentes con las conclusiones *del Juicio Final*.

VAN LOMAN Y LA CONEXIÓN JIM HARRIS

El autor está en deuda con Van Loman, que me llamó la atención sobre el alcance de la poco conocida relación entre Oswald y Burros. Loman tenía una conexión particular con el mundo de la inteligencia. De adolescente, Loman adoptó como figura paterna y mentor al escurridizo y avispado Jim Harris, de Cincinnati, un manitas nacido en Ohio cuya brillante carrera terminó con su muerte en diciembre de 1994.

Aunque Harris se hizo pasar públicamente por el Gran Dragón del Ohio Klux Klan, en realidad fue durante mucho tiempo informante del FBI de J. Edgar Hoover y se autodenominó agente de la CIA, colaborando activamente en complots de la CIA y la Mafia contra Castro, si no más. Entre los principales asociados de Harris se encontraba nada menos que Roy Frankhauser, su compañero agente de inteligencia. Fue a través de Harris que Loman conoció a Roy Frankhauser hace muchos años. Gracias a Van Loman por señalar la importancia de la conexión con Oswald y Burros.

Si ahondamos demasiado en esta cuestión poco explorada, inevitablemente empezaremos a desenterrar piedras bajo las que se esconden los tentáculos de la ADL y sus colaboradores de los servicios de inteligencia estadounidenses. Tal vez esto explique por qué algunos investigadores han evitado por completo este desagradable misterio.

El autor cree que el vínculo con Oswald y Burros es, de hecho, otra vía que los investigadores encargados del caso JFK deberían explorar más a fondo y que, en última instancia, añade más pruebas convincentes que consolidan los cimientos en los que se basa nuestro juicio final.

ANEXO 3

Comunistas con las manos ensangrentadas
Guy Banister y Kent y Phoebe Courtney
Líderes de la camarilla derechista pro-Israel
de Nueva Orleans

No cabe la menor duda. El ex agente del FBI y agente de la CIA Guy Banister era un virulento anticomunista y un auténtico derechista. Todo el mundo lo sabe. Lo que la mayoría de la gente no sabe es que los socios más conocidos de Banister, Kent y Phoebe Courtney, eran fervientes partidarios de Israel y ampliamente sospechosos de ser agentes de la Liga Antidifamación (ADL) de B'nai B'rith. La verdad sobre los Courtney arroja nueva luz sobre el vínculo entre Banister y el complot para asesinar a JFK. Hay mucho más que decir sobre la parte de Nueva Orleans de la conspiración.

Los investigadores del asesinato de JFK (en particular los de lo que podría llamarse "la banda liberal") han dedicado mucho tiempo y energía a "detectar" las conexiones de "extrema derecha" de varias partes (culpables e inocentes) que estaban vinculadas al complot del asesinato de JFK de una forma u otra. A los investigadores que están de acuerdo en que el ex agente del FBI y agente de la CIA Guy Banister, de Nueva Orleans, desempeñó un papel especial en tender una trampa a Lee Harvey Oswald como "chivo expiatorio" del asesinato, les gusta citar las conexiones de "extrema derecha" de Banister.

La conexión más señalada es la de Banister con una extravagante pareja -activos anticomunistas- Kent y Phoebe Courtney, fundadores de una organización conocida como la Sociedad Conservadora de América. Se dice incluso que la señora Courtney pedía sus filetes "rojo sangre comunista", y a ella agradecemos el título de este apéndice.

[30]Al parecer, los Courtney afirmaron después del asesinato que Oswald había intentado conseguir trabajo en su periódico, *The Independent American,* durante su estancia en Nueva Orleans el verano anterior al asesinato. Sin embargo, lo que más destacan los investigadores liberales que tratan de encontrar una "conspiración de derechas" detrás del asesinato de JFK es que, tras la muerte de Banister, al menos algunos de sus archivos personales pasaron a manos de Kent Courtney.[31]

De hecho, es bastante importante, aunque los estudiosos "liberales" seguramente no entenderían por qué, en la medida en que su evidente parcialidad y su falta de comprensión de la dinámica de los laberintos políticos del "derecho" estadounidense les impiden verlo con claridad. Dicho esto, ¿por qué entonces es importante la

---

[30] *Nuevo periódico Solidaridad,* 20 de noviembre de 1975.
[31] Dick Russell. *The Man Who Knew Too Much* (Nueva York: Carroll & Graf, 1992), p. 397.

recepción de Courtney de los expedientes de Banister a la luz de la tesis presentada en las páginas de *Juicio Final*?

El hecho es que durante varios años antes del asesinato del presidente Kennedy (y hasta el día de hoy) muchos veteranos de la "derecha" estadounidense creyeron que Kent y Phoebe Courtney eran agentes "encubiertos" de derechas, pagados por la Liga Antidifamación (ADL) de B'nai B'rith, la rama estadounidense del Mossad israelí.

Aunque los Courtney eran opositores comunistas, habían causado mucha desconfianza y disensión entre sus colegas "conservadores" al oponerse activamente y atacar a figuras "de derechas" que habían sido acusadas de "antisemitismo" por la ADL.

Quizá el ejemplo más notable y fácilmente demostrable de ello se produjo en 1960, cuando un nutrido grupo de conservadores estadounidenses se disponía a formar un tercer partido para concurrir a las elecciones presidenciales de 1960. Antes de esta reunión, la Sra. Courtney envió cartas a una treintena de personas y organizaciones informándoles de que no eran bienvenidos a la reunión del llamado "Nuevo Partido".

Todas las personas y organizaciones a las que se dirigía la Sra. Courtney eran personas y organizaciones que habían sido clasificadas como "antisemitas" por la ADL. Ni que decir tiene que la actuación de la Sra. Courtney provocó una considerable controversia en los círculos conservadores y, en el número de febrero de 1960 de *Right*, un centro de información y opiniones sobre el movimiento "de derechas", Verne P. Kaub, Presidente del American Council on Christian Laymen, publicó una "Carta abierta a Phoebe Courtney" en respuesta a su acusación de que "enemigos" -o eso afirmaba la Sra. Courtney- se habían "infiltrado en organizaciones patrióticas con el propósito de crear disensión".[32]

Kaub respondió a la Sra. Courtney: "Es exactamente lo contrario. Estas personas no son el enemigo. Los infiltrados son representantes de organizaciones e influencias comunistas y sionistas. Son estas fuerzas del engaño y la disensión... las que lanzan el falso grito de antisemitismo, recurriendo así a la peor forma posible de fanatismo.

"Francamente", dijo Kaub a la Sra. Courtney, "pensé que era usted demasiado inteligente para creer que podía engañar a los patriotas estadounidenses aceptando la mentira como verdad al 'dar la vuelta completamente al cuadro' e intentar hacer creer que la ADL, por ejemplo, es una organización de patriotas blancos como la nieve, cuando, como usted bien sabe, la ADL... etiqueta a todos los verdaderos patriotas cristianos de nazis y antisemitas."

Por su parte, editorialmente la *Derecha* añadió: "Está claro que los Courtney están bajo control kosher". Courtney admitió que iba a coger "todo el dinero que pudiera" de "fuentes judías de izquierdas". Es más, se acusa a la editorial neoyorquina Simon & Schuster de contribuir a los Courtney, y Phoebe no niega la acusación. Este equipo es rojo como el infierno, y una fachada para la Liga Antidifamación. Cuando la ADL paga los violines, puede elegir la música "[33]

De hecho, había rumores generalizados dentro de la "derecha" de que no sólo los Courtney estaban financiados por la familia Stern de Nueva Orleans, sino también de que la señora Courtney estaba emparentada con los Stern. Paquita De Shishmareff,

---

[32] *Derecha*, febrero de 1960.
[33] *Ibid*.

una antigua dirigente de, estaba entre los que creían que esto era cierto, pero había muchos otros.[34] En cualquier caso, los rumores reflejan la percepción general de la "derecha" de donde procedían los Courtney.

LAS CONEXIONES DE OSWALD CON LA ADL Y EL FBI

En el capítulo 15 hablamos de la estrecha asociación de Guy Banister con A. I. (Bee) Botnick, que dirigía la oficina de la ADL en Nueva Orleans, financiada por el autodenominado "supercazador de comunistas", la familia Stern. También hemos investigado la posibilidad muy real de que las actividades de Lee Harvey Oswald en Nueva Orleans fueran de hecho parte de una investigación de la ADL confiada a la agencia de detectives privados de Banister. En este contexto, vale la pena recordar otros detalles interesantes que se han perdido en el debate sobre quién manipulaba a Lee Harvey Oswald antes del asesinato del presidente Kennedy.

En 1962, Ned Touchstone, editor de Bossier Press en Bossier City, Luisiana, investigó el atentado contra una logia masónica negra en Luisiana. Mientras el resto de los medios de comunicación presentaban el crimen como un acto del KKK, Touchstone pensaba que, dado que la mayoría de los líderes del KKK de la zona eran masones, era poco probable que hubieran destruido una logia masónica. [35]Aunque el FBI trató de intimidarle para que abandonara su investigación, Touchstone había oído hablar del "piloto de pelo torcido" (más tarde identificado como David Ferrie, socio de Banister) que había aterrizado un avión en la zona antes de la explosión.

Así pues, un año antes del asesinato de JFK, Touchstone llegó a la conclusión de que Ferrie había estado trabajando como agente de COINTELPRO, el programa de contrainteligencia del FBI, en asociación con Botnick, el contacto de Banister en la ADL, que efectivamente colaboraba estrechamente con el FBI en el atentado.

[36]Sin embargo, el 15 de marzo de 1964, Touchstone había identificado de forma independiente el vínculo entre Ferrie y el asesinato de JFK, lo que era aún más relevante dados sus vínculos con Oswald y Banister.

Aunque los detractores de la conspiración, como Gerald Posner (autor de *Caso cerrado*), vinculado a la CIA, han intentado negar que Oswald tuviera vínculos con el agente de la CIA David Ferrie, existen pruebas fotográficas que refutan a Posner y a los detractores. Recientemente se descubrió una fotografía de 1955 de un joven Oswald con Ferrie, entonces oficial al mando de Oswald en la Patrulla Aérea Civil.[37]

Sin embargo, los hallazgos de Touchstone no se mencionaron precisamente (o, al menos en parte) porque apuntaban directamente a los vínculos de la ADL con aquellas figuras clave en la conspiración del asesinato de JFK que, a su vez, también estaban vinculadas a la conspiración del FBI y la CIA al mismo tiempo.

[38]Y aunque se habló de la posibilidad de que Oswald fuera algún tipo de informante del FBI y de su relación con el agente del FBI de Dallas James Hosty, Ray

---

[34] Entrevista con Tony Blizzard. Marzo de 1997.
[35] *El Consejero*, 16 de agosto de 1975.
[36] *Ibid*, 15 de abril de 1978.
[37] Ray y Mary LaFontaine. *Oswald Talked* (Gretna, Louisiana: Pelican Press, 1996), p. 54.
[38] *Ibid*. p. 143.

y Mary LaFontaine, autores de *Oswald Talked*, informaron finalmente de que Hosty era "un investigador de grupúsculos de extrema derecha" y "agitadores de derechas".[39]

Así que no hay duda de que Hosty, de hecho, trabajó estrechamente con la Liga Antidifamación, una de las "fuentes" más valoradas por el FBI de "extremistas de derechas" y "agitadores de derechas". La ADL habría sido sin duda uno de los principales contactos de Hosty.

Así que no sólo tenemos a Guy Banister y David Ferrie, ambos estrechamente vinculados a la ADL, trabajando con Oswald en Nueva Orleans antes del asesinato, sino que también tenemos a un agente del FBI vinculado a la ADL en Dallas (Hosty) involucrado en algún tipo de conspiración con Oswald, cuyos detalles reales probablemente nunca se conocerán.

Así que, en este sentido, podemos decir con razón que, de un modo u otro, Lee Harvey Oswald tenía efectivamente una "conexión con la ADL" y, por tanto, una "conexión israelí".

La gran pregunta, entonces, es ¿qué sabía la ADL sobre Lee Harvey Oswald y cuándo lo supo? ¿Qué información obtuvo Oswald de Guy Banister? ¿Qué información obtuvo Oswald de Hosty? ¿Estaba Banister realmente utilizando a Oswald como parte de una investigación de la ADL?

¿O nos atrevemos a decir que Oswald fue contratado por la ADL desde el principio? ¿Fue la ADL la que financió las actividades de Oswald en nombre de Banister y/o Hosty? ¿Explica esto por qué no hay documentos que "prueben" que Oswald fue contratado por el FBI? De nuevo, son sólo preguntas.

JACK RUBY Y SUS VÍNCULOS CON LA ADL Y EL FBI

También hay que señalar que mientras muchos investigadores miran a los "grupos de odio de extrema derecha" como posible fuente del complot contra JFK, esos mismos investigadores no recuerdan que esos mismos grupos estaban fuertemente infiltrados por la operación COINTELPRO del FBI. Por ejemplo, William Sullivan, el funcionario del FBI que dirigía COINTELPRO, estimó que por cada 25 miembros del Ku Klux Klan, había 3 agentes de COINTELPRO entre ellos. Tomemos el caso de Jack Ruby, el gerente del club nocturno de Dallas que mató a Lee Harvey Oswald.

Los investigadores afirman que Ruby conocía a cerca de la mitad de los 1.200 miembros de la policía de Dallas y que a menudo recibía en su club a grupos de más de 30 personas a la vez. Los investigadores afirman que el 50% de los policías de Dallas eran miembros del KKK, los Minutemen u otros grupos de extrema derecha. Basándonos en las cifras presentadas por Sullivan y los investigadores, no debería sorprendernos que muchos de los contactos de "extrema derecha" de Ruby en el cuerpo de policía de Dallas fueran en realidad agentes de COINTELPRO. Y si eran agentes de COINTELPRO, sin duda tenían estrechos vínculos con la ADL.

Pero volviendo a los infames "socios de extrema derecha" de Guy Banister -Kent y Phoebe Courtney-, podemos concluir de la estrecha asociación de Banister con "Bee" Botnick, de la oficina de la ADL en Nueva Orleans, que no se puede descartar

---

[39] *Ibid*, p. 175.

que los buenos amigos de Banister, Kent y Phoebe Courtney, también estuvieran recibiendo ayuda secreta -quizás financiación- de la ADL.

De hecho, con sus acciones, los Courtney estaban sofocando las tendencias "antisemitas" dentro de la "derecha" estadounidense, precisamente lo que la ADL había intentado hacer desde su creación. Así que, a todos los efectos, los Courtney actuaban como agentes de la ADL. Y es muy poco probable que se hubieran asociado tan estrechamente con Guy Banister si lo hubieran percibido como uno de los "detractores" a los que se oponían con tanta firmeza.

Los Courtney eran fervientes partidarios del antiguo jefe de Guy Banister en el FBI, J. Edgar Hoover, y sin duda tomaron nota de la declaración de Hoover en su obra magna anticomunista de 1958, *Masters of Deceit*, de que "parte de la oposición más eficaz al comunismo en Estados Unidos ha venido de organizaciones judías como... la Liga Antidifamación y una serie de otros grupos judíos".[40] Esta es la razón por la que la ADL habría estado en buena gracia de Kent y Phoebe Courtney en todos los sentidos (En el capítulo 7 discutimos en detalle las conexiones entre la ADL y Hoover).

LOS TRIBUNALES E ISRAEL

Sin embargo, hay otro aspecto importante a tener en cuenta: Kent y Phoebe Courtney, eran de hecho devotos partidarios de Israel. Su percepción del estado de Oriente Próximo era notablemente similar a la de James Angleton, de la CIA, y otros que tenían esta forma de pensar que proclamaba a Israel como una especie de baluarte contra la agresión soviética -una teoría que perdió gran parte de su brillo tras la caída de la Unión Soviética como objetivo percibido de la Guerra Fría para los anticomunistas estadounidenses.

En cualquier caso, Kent Courtney expuso esta teoría en un editorial para otra de sus revistas, *The Patriot Tribune*, que publicaba en Pineville, Luisiana. En un editorial del 28 de mayo de 1970 titulado "Israel puede detener la expansión rusa", Courtney disipó cualquier duda sobre su apoyo a la causa sionista. Escribió, en parte:

"Israel -la patria histórica e ideológica de los judíos- es también el santuario de todos los cristianos. Hoy, Israel está rodeado de enemigos que sufrieron una impresionante derrota en junio de 1967. Israel se encuentra en la tradicional encrucijada de la historia, y si Israel se derrumba, todo lo que tenga que ver con la historia cristiana en Israel será destruido por los vengativos árabes, y los comunistas ateos y nihilistas se deleitarán satánicamente con la destrucción de todos los símbolos y santuarios del cristianismo...".

"Israel está ahora de espaldas al mar y rodeado de enemigos, y los árabes se han prometido entre sí y al mundo que arrojarán a todos los judíos al mar en una guerra de aniquilación. Y los rusos comunistas, que a su vez persiguen continuamente a los judíos dentro de la Unión Soviética, suministran ahora los cañones antiaéreos, aviones de combate, bombarderos, tanques, artillería, pilotos y técnicos que los árabes sin entrenamiento ni control no pueden utilizar eficazmente."[41]

---

[40] J. Edgar Hoover. *Masters of Deceit* (Nueva York: Henry Holt & Company, 1958), pp. 238-239.
[41] *Patriot Tribune*, Pineville, Luisiana, 28 de mayo de 1970.

El objetivo de la Unión Soviética, declaró Courtney, era conquistar el mundo sin comprometer a sus propias tropas en un enfrentamiento directo con Estados Unidos. Según Courtney, el entonces presidente Richard Nixon podría :
"Preservar la civilización occidental proporcionando las armas de la defensa, de hecho las armas de la salvación, a las indomables, valientes y altamente cualificadas fuerzas de defensa de Israel...".

"Si el Sr. Nixon desea establecer la paz durante nuestra vida, proporcionará armas, municiones y fuerza moral a todos los países anticomunistas dispuestos a luchar contra la agresión imperialista comunista rusa. Y el lugar donde el Presidente Nixon debe comenzar es Israel".[42]

Éstas fueron las palabras de Kent Courtney, el "ultraderechista", que algunos investigadores señalan como prueba de los vínculos de Guy Banister con el "ultraderechista". Sin embargo, es evidente que también podemos argumentar, basándonos en la afinidad ideológica de Courtney con Israel, que las pruebas de que Courtney (y su amigo Banister) simpatizaban con la causa sionista son igualmente lógicas.

Esto no quiere decir que Banister fuera consciente de la existencia de un vínculo con el Mossad detrás del complot del asesinato de JFK. Ni mucho menos (aunque podría haberlo estado).

Lo que sí sugiere, sin embargo, es que Banister se movía muy claramente en círculos favorables a los intereses de Israel. Y a la luz del cuadro clásico presentado por los investigadores en relación con Banister (y los Courtney), los datos que acabamos de analizar presentan un cuadro realmente muy diferente, nunca visto en ningún estudio sobre el complot del asesinato de JFK.

La teoría de Courtney sobre Israel (que refleja la de James Angleton en la CIA) fue adoptada por muchos en la "derecha" de Estados Unidos y fue -como vimos en nuestro apéndice sobre George Bush y sus aliados pro-israelíes en el "equipo B" de la CIA- la teoría rectora detrás de gran parte de la proliferación de armas en Estados Unidos durante la era Reagan de la década de 1980.

Es irrelevante si los Courtney eran realmente informadores o agentes de la ADL, porque no hay duda (como hemos visto) de que comparten la misma visión del mundo que la ADL.

También es irrelevante si la Sra. Courtney (como se afirma) estaba relacionada de algún modo con la familia Stern de Nueva Orleans. El hecho es que se movían en los mismos círculos, mucho más de lo que la mayoría de la gente cree.

Al final, hay que preguntarse si Edgar y Edith Stern de Nueva Orleans eran realmente tan "liberales" después de todo.

Como vimos en los capítulos 15 y 17, fue WDSU, el imperio de radio y televisión, la voz mediática de Stern en Nueva Orleans, la que desempeñó un papel crucial en la promoción de la teoría en el verano de 1963 (y más tarde, después del asesinato) de que Lee Harvey Oswald era un "agitador procastrista".[43] Por otra parte, ahora resulta

---

[42] *Ibid.*
[43] Edward T. Haslam. *Mary, Ferrie & the Monkey Virus* (Albuquerque, Nuevo México: Wordsworth Communications, 1995), p. 184 (citando a Arthur Carpenter, *"Social Origins of Anticommunism: The Information Council of the Americas"*, Louisiana History, primavera de 1989, p. 129).

que los Sterns eran miembros -así como importantes patrocinadores financieros- del Consejo de Información de las Américas de Nueva Orleans, dirigido por el notorio anticomunista Alton Ochsner Sr., que durante mucho tiempo había mantenido estrechos vínculos con la comunidad de inteligencia. [44]El propio Ochsner había formado parte de la junta directiva de la New Orleans Foreign Policy Association con Clay Shaw, amigo íntimo de Stern, que también formaba parte de la junta directiva de Permindex, que en realidad estaba en el centro del complot para asesinar a JFK.

Así que, aunque es poco probable que Edith Stern hubiera pedido -como Phoebe Courtney- sus filetes "rojo sangre comunista", sí parece que Edith y Phoebe tenían algunos intereses en común, uno de los cuales era un fuerte apoyo a la causa sionista. Y definitivamente arroja nueva luz sobre la conexión Courtney, aunque no sea algo que encaje con la percepción común de Kent y Phoebe Courtney.

GUARNICIÓN Y EL "DERECHO

Y lo que es particularmente interesante de notar es algo que los investigadores "liberales" tienen problemas para explicar cuando tratan de sugerir que "extremistas de derecha" estuvieron detrás del asesinato de JFK : [45]De hecho, fue nada menos que *The Councilor*, una revista francamente antisemita y antisionista publicada por Ned Touchstone, la que de hecho estuvo detrás de gran parte de los primeros trabajos que descubrieron los vínculos entre David Ferrie y Lee Harvey Oswald antes del asesinato de JFK, lo que proporcionó mucho apoyo a la investigación de Jim Garrison que condujo a la acusación de Clay Shaw, un amigo de la familia Stern vinculado al Mossad.

Aunque muchos relatos de la investigación de Garrison sugieren que éste consideraba la conspiración de JFK como una especie de conspiración de "derechas", lo rechazó cuando dijo a Paris Flammonde: "No es realmente de derechas... es casi una especie de cosa centrista. Es un poder que se ha desarrollado dentro del gobierno".[46] "Una de las cosas que realmente me ayudó a verlo fue cuando empecé a darme cuenta de que recibíamos ayuda de personas que eran Minutemen y miembros de la John Birch Society. Cuando vi eso, me di cuenta de que los aspectos de la conspiración de derechas eran más en apariencia que en realidad. Seguimos investigando y acabamos en un compartimento de la CIA".[47]

[48]Garrison añadió que, de hecho, la CIA había penetrado en muchos grupos y los había utilizado con fines nefastos en la conspiración del asesinato, aunque Garrison, cabe señalar, podría haber dicho igualmente que el Mossad israelí -a través de la ADL- había hecho lo mismo. Si Garrison hubiera sido entonces consciente de la cantidad de factores ocultos de la época documentados en *Juicio Final*, podría haber descubierto

---

[44] *Ibid*, p. 183.
[45] James Di Eugenio. *Destiny Betrayed* (Nueva York: Sheridan Square Press, 1992), p. 206. Véase también *Touchstone's Councilor* 1964, también 1 de junio de 1967, 12 de septiembre - 3 de octubre de 1973, 12 de septiembre de 1968, 1 de enero de 1974, etc.
[46] París Flammonde. *The Kennedy Conspiracy* (Nueva York: Meredith Press, 1969), p. 280.
[47] *Ibid*.
[48] *Ibid*.

los vínculos con el Mossad que hemos desvelado aquí y que (por supuesto) detectó posteriormente por sí mismo.

EL ATAQUE AL JUICIO FINAL

Lo que resulta interesante (pero, como veremos, no sorprendente) es que los mismos individuos -Ellen Ray y Bill Schaap- cuyas memorias de Garrison, *Tras la pista de los asesinos*, fueron publicadas por Sheridan Square Press, se encuentran entre los que han intentado desacreditar *Juicio Final*, a pesar de que coincide con las conclusiones básicas de Garrison.

El número de otoño de 1994 de *Covert Action Quarterly* (editado por Ray y Schaap) incluía un ataque en toda regla contra The *Spotlight*, el semanario nacional para el que trabajé durante unos veintiún años. Lo que resultaba especialmente interesante del artículo era que el ataque del CAQ llevó a The *Spotlight* a publicitar a bombo y platillo la publicación *de Juicio Final* en enero de 1994, con el resultado, cabría añadir, de la venta de casi 8.000 ejemplares en dos semanas.

Aunque el CAQ incluye muchos datos útiles y se presenta a sí mismo como una voz "independiente" crítica con la CIA y sus fechorías (y, de hecho, se le cita en las páginas de *Juicio Final*), el CAQ se cuida de no mencionar nunca (más que de pasada) la relación incestuosa de la CIA con el Mossad, incluso cuando el Mossad ha estado íntimamente implicado junto a la CIA en muchos de los casos que el CAQ afirma estar diseccionando en nombre de la CIA.

Aunque el QAC mencionó que Mark Lane, el más conocido investigador del asesinato de JFK, en absoluto un "extremista de derechas" como todo el mundo estará de acuerdo, había representado a The *Spotlight*, el QAC no mencionó ni una sola vez la deslumbrante destrucción del agente E. Howard Hunt por Lane en el caso de difamación de Hunt contra The *Spotlight* (analizado en los capítulos 9 y 16 de *Juicio Final*).

De hecho, los resultados del trabajo de Lane en este caso nunca se mencionaron en el QAC. Esto es inusual, por no decir otra cosa, dado el supuesto papel del QAC como vigilante de la CIA.

Entonces, ¿qué explica la parcialidad de CAQ contra The *Spotlight* y contra *Juicio Final* en particular? Tal vez tenga algo que ver con el hecho de que el Institute for Media Analysis (un organismo de control de los medios de comunicación también patrocinado por Ellen Ray y Bill Schaap) ha recibido importantes fondos de una influyente fundación conocida como Stern Family Fund, financiada por la misma familia Stern de la que tanto hemos oído hablar en este libro.[49]

Se ha sugerido que Ray y Schaap, los editores de QAC, se sintieron obligados a publicar el ataque contra The *Spotlight* porque muchos de sus lectores judíos estaban disgustados por un informe anterior de QAC sobre el escándalo de espionaje de la ADL en San Francisco en 1993.[50] Al atacar a The *Spotlight*, el CAQ pudo asegurar a sus lectores que no estaba adoptando una postura hacia la ADL similar a la de The *Spotlight*, que había sido pionero en la cobertura de las operaciones de espionaje de la

---

[49] *American Journalism Review*, abril de 1993.
[50] *Covert Action Quarterly*, verano de 1993.

ADL. De hecho, el CAQ no podía ignorar el escándalo de espionaje de la ADL, ya que incluso los medios de comunicación "convencionales" (incluida la revista *Editor & Publisher*) habían informado sobre el escándalo.

Es más, como muchos grupos e individuos autodenominados "progresistas" habían descubierto que, por ser objeto de las operaciones de espionaje de la ADL, el CAQ -en virtud de su pretensión de ser la voz de esos mismos progresistas- estaba obligado a comentar el asunto.

Sin embargo, como ya se ha mencionado, el CAQ es reacio a atreverse a criticar al Mossad. En consecuencia, los esfuerzos del CAQ por desacreditar *Spotlight* y su publicidad sobre *Juicio Final* no son realmente sorprendentes, especialmente dado el apoyo financiero que los editores del CAQ han recibido de la familia Stern, central en la conspiración de Nueva Orleans documentada en ese libro.

Los Stern no sólo parecen estar presentes en la "derecha" de Nueva Orleans, a través de su asociación con el CNIB, sino que también están presentes en la "izquierda" a través de su financiación del Instituto para el Análisis de los Medios de Comunicación asociado al CAQ. Es interesante observar que los Stern están íntimamente ligados, en muchos aspectos, a las circunstancias que rodearon el asesinato de John F. Kennedy.

(NOTA FINAL SOBRE EL CAQ: Desde que se escribió este libro, el CAQ ha cambiado de dirección y se ha vuelto más abiertamente crítico con Israel y las conspiraciones del Mossad. Por lo tanto, debemos dar crédito a quien lo merece).

¿OTRA CONEXIÓN con "ISRAEL"?

Aunque los detalles de la estancia de Lee Harvey Oswald en Nueva Orleans, en la esfera de influencia Banister-Courtney-Shaw-Stern, han sido bien documentados, todavía quedan algunos misterios. Por ejemplo, cuando Oswald pidió una habitación en Nueva Orleans, dijo lo que la autora Priscilla McMillan, relacionada con la CIA, describe un tanto gratuitamente en su libro sobre Oswald como "otra de sus divertidas mentiras sin sentido".[51]

Según McMillan, Oswald dijo que "trabajaba para la Leon Israel Company de 300 Magazine Street".[52] Según McMillan, "la empresa existía, pero no fue la empresa que le contrató".[53] Lo que sí sabemos es que la Leon Israel Company se dedicaba a la importación de café. Lo que no sabemos es por qué Lee Harvey Oswald dijo que trabajaba allí. Otra cosa que no sabemos es por qué los investigadores no han dedicado más tiempo y energía a explorar la historia y los antecedentes de esta empresa. Aunque se han esforzado mucho en estudiar prácticamente cualquier otro detalle insignificante sobre los acontecimientos que rodearon la estancia de Oswald en Nueva Orleans, poco o nada se ha contado sobre esta empresa Leon Israel.

Las pruebas sugieren que la figura principal detrás de la Leon Israel Company, Samuel Israel Jr, estaba de hecho vinculado a Clay Shaw y al International Trade Mart

---

[51] Priscilla Johnson McMillan. *Marina and Lee* (Nueva York: Harper & Row Publishers, 1977), p. 385.
[52] *Ibid.*
[53] *Ibid.*

en el período que rodeó el asesinato de JFK - y posiblemente durante mucho más tiempo.

Según *Who's Who in America* (edición de 1964-65), Israel era algo más que un importador de café. [54]Israel no sólo fue vicepresidente de la Junta de Comisionados del Puerto de Nueva Orleans y de la Junta de Intereses Portuarios del Bajo Mississippi (lo que sin duda le situaría en la esfera de asociación inmediata de Clay Shaw), sino que, de forma igualmente intrigante, ganó la Medalla al Mérito francesa por su servicio en el Cuerpo de Transporte del Ejército estadounidense en Europa.

Esto habría ocurrido en una época en la que el propio Shaw estaba destinado en Francia, donde recibió condecoraciones de los franceses por su servicio. Por tanto, cabe afirmar que Shaw e Israel se conocían bien y que su relación podría remontarse a la Segunda Guerra Mundial.

¿Es posible que a Oswald se le prometiera un trabajo en la Leon Israel Company -arreglado por el propio Clay Shaw- o que, a diferencia de McMillan, Oswald estuviera de hecho empleado (en cierto sentido) por la Leon Israel Company? Si es así, ¿en qué trabajaba?

¿Jugaba esta empresa un papel aún desconocido en la manipulación de las actividades de Oswald en Nueva Orleans? Éstas son sólo algunas de las interesantes preguntas que necesitan respuesta.

LA CONEXIÓN CON BARRY SEAL

Hay una última cuestión relacionada con la conexión de Nueva Orleans que merece la pena mencionar. En la primavera de 2000, el productor independiente Dan Hopsicker publicó un vídeo extraordinario, *In Search of the American Drug Lords:* [55]*Barry and the Boys - from Dallas to Mena*, centrado en la investigación de tres años de Hopsicker sobre el piloto de la CIA y narcotraficante Barry Seal, más conocido por su papel en las operaciones de blanqueo de dinero y drogas de la CIA desde el pequeño aeropuerto de Mena, en Arkansas, en la década de 1980, como parte de las tristemente célebres operaciones de blanqueo de dinero Irán-Contra (muy poco conocidas por el público estadounidense), en las que participaron Israel y el Mossad.[56]

En su película, Hopsicker demuestra no sólo que Lee Harvey Oswald tenía vínculos de larga data con David Ferrie (a pesar de los esfuerzos por desmentir este hecho), sino también que fue Ferrie quien había reclutado a Seal para el complot de la CIA, ya que Ferrie tenía vínculos de inteligencia de alto nivel que se remontaban a su servicio como piloto en la Segunda Guerra Mundial.

Además, Hopsicker ha descubierto nueva información que sugiere que Seal pudo haber sido piloto de huida de uno o más de los asesinos de JFK. Así pues, es posible que el propio Ferrie no fuera un piloto de huida propiamente dicho (como se

---

[54] *Quién es quién en América* (edición 1964-1965)
[55] Hopsicker también tenía un manuscrito inédito, *Barry and the Boys*, sobre la carrera de Barry Seal, que Hopsicker puso a disposición de Michael Collins Piper a principios de 2000. El libro se ha publicado desde entonces. Para más detalles, véase www.madcowprod.com.
[56] El vínculo entre Israel e *Irán-Contra* se describe detalladamente en la obra de Samuel Segev *The Iranian Triangle: The Untold Story of Israel's Role in the Iran-Contra Affair*. (Nueva York: The Free Press, 1988)

sospechaba desde hacía tiempo), sino que coordinara el papel de Seal en este sentido, un papel que explicaría la famosa carrera alocada de Ferrie a través de Luisiana hasta Texas inmediatamente después del asesinato.

Y aunque Hopsicker no explora la conexión con el Mossad, lo cierto es que la CIA y el Mossad colaboraron estrechamente en el tráfico mundial de drogas, utilizando sus recursos para financiar sus operaciones internacionales conjuntas. Es concebible, por tanto, que esto permita establecer otro vínculo aún indeterminado con el Mossad en relación con las actividades de David Ferrie.

VISIÓN GENERAL DE NUEVA ORLEANS "THE BIG EASY

Estos son los tipos de detalles -tomados en conjunto- que pintan un cuadro perfectamente consistente con la tesis *del Juicio Final* y demuestran que la conexión de Nueva Orleans es esencial para entender las fuerzas detrás de la conspiración que rodea a Lee Harvey Oswald antes del asesinato del Presidente Kennedy. Contrariamente a lo que podrían sostener algunos investigadores, las pruebas no apuntan en absoluto a una conspiración "de derechas", sino más bien a una conspiración con múltiples vínculos con la CIA y el Mossad israelí.

ANEXO 4

Agentes de influencia, un tema problemático
La presencia judía en la Comisión Warren

Los hechos son los hechos: de los 22 abogados de la Comisión Warren, nueve eran judíos. Uno estaba casado con una judía. Varios otros tenían vínculos con el lobby israelí. Es más, uno de los miembros más activos de la Comisión -Gerald R. Ford- era el protector de una figura vinculada desde hacía tiempo al Mossad y al Sindicato del Crimen de Lansky. Otro miembro de la Comisión, John McCloy, estaba íntimamente asociado con algunas de las familias más poderosas de la élite judía. Si la Comisión Warren hubiera sido sincera en su investigación de la conspiración de JFK - y si hubiera descubierto una conexión israelí - la enorme "presencia judía" en la Comisión podría haber proporcionado los medios para ocultar esa conexión.

Aunque la Comisión Warren ha sido condenada a los cuatro vientos durante casi cuarenta años, pocos saben quién movía realmente los hilos entre bastidores mientras este ahora infame órgano deliberativo llevaba a cabo su supuesta investigación sobre el asesinato de John F. Kennedy - o cuándo se encuentran los verdaderos orígenes de la Comisión.

El 22 de noviembre de 1964, el *Washington Post* publicó un elogioso respaldo al informe de la Comisión Warren escrito por Eugene Rostow, entonces decano de la Facultad de Derecho de Yale. Pero lo que ni el *Post* ni Rostow mencionaron en esta farsa a los lectores fue *que ¡fue el propio Rostow la primera persona que sugirió al presidente Johnson la creación de una comisión como la Comisión Warren!*

Rostow y el *Post* pudieron salirse con la suya porque la verdad es que el papel central de Rostow en la creación de la comisión no se detalló públicamente hasta treinta años después del asesinato de JFK. Durante esos treinta años, la "idea" de la comisión había sido atribuida a otros. Sin embargo, en 1993 se publicaron por primera vez las transcripciones de las conversaciones telefónicas grabadas en la Casa Blanca.

[57]Según el investigador Donald Gibson, las transcripciones revelan que "la idea de una comisión presidencial para dar cuenta del asesinato del presidente Kennedy fue sugerida por primera vez por Eugene Rostow en una llamada telefónica a Bill Moyers, ayudante de LBJ en la tarde del 24 de noviembre", minutos después del asesinato de Lee Harvey Oswald por Jack Ruby.

Aunque muchos estudiosos señalan los vínculos de Rostow con la "política exterior de la clase dominante", no mencionan la política exterior específica que interesó especialmente a Rostow a lo largo de su carrera.

De hecho, la principal preocupación de Rostow en materia de política exterior han sido los intereses de Israel, hasta el punto de que Rostow ha sido incluso miembro

---

[57] Donald Gibson. *La creación de la Comisión Warren"*. Poll, mayo-junio de 1996.

del consejo del Instituto Judío para Asuntos de Seguridad Nacional, que ha sido descrito como "dirigido por personas estrechamente vinculadas a los intereses israelíes y puede considerarse como una cuasi organización de presión para el Estado de Israel".[58]

Así pues, lo cierto es que, desde su creación, los orígenes de la Comisión Warren estuvieron vinculados a las presiones de una figura influyente dentro de la élite dirigente del lobby israelí, un pequeño detalle muy interesante por cierto.

[59]Y como ahora sabemos que después del asesinato circularon documentos "ultrasecretos" de los servicios de inteligencia estadounidenses que indicaban que la prensa árabe afirmaba que "los sionistas" estaban detrás del asesinato del Presidente -citando, por ejemplo, el hecho de que Jack Ruby era judío-, podemos suponer con razón que se trataba de "rumores desagradables" de la prensa extranjera que la Comisión Warren se creó para suprimir.

Lo que pocos investigadores se han molestado en examinar -o al menos en debatir públicamente- son los antecedentes de los 22 abogados que estuvieron realmente a cargo de la investigación diaria y de la preparación del informe final, y que filtraron los datos entre bastidores hasta los grandes nombres que pusieron su firma en el informe.

Los hechos demuestran que había una importante "presencia judía" en este nivel de personal que podría haber tenido un impacto sustancial en el manejo de cualquier prueba de la participación del Mossad o de los vínculos de los individuos del Mossad que fueron objeto de escrutinio en el curso de la investigación, suponiendo que la declaración de la Liga Antidifamación (ADL) de B'nai B'rith de que -los judíos estadounidenses son "sensibles" a las preocupaciones del Estado de Israel- fuera cierta.

Para que conste, este autor no cree en la teoría de que todos los judíos estadounidenses sean necesariamente partidarios de Israel o estén obligados a serlo. De hecho, para reiterar lo que ya se ha dicho aquí, algunos de los críticos más abiertos de Israel y sus males han sido estadounidenses de origen judío.

Sin embargo, en la medida en que la ADL, que ha atacado sistemáticamente *Juicio Final*, afirma hablar en nombre de las preocupaciones de la comunidad judía y afirma que la tesis de este libro es "ofensiva" para la comunidad judía, aceptaremos por tanto la afirmación de la ADL de que los judíos estadounidenses son sensibles a las preocupaciones de Israel. Por lo tanto, no es ilógico afirmar que si salieran a la luz pruebas que relacionan al Mossad israelí con el asesinato de JFK, los judíos estadounidenses del personal de la Comisión estarían constitucionalmente inclinados a ocultar cualquier prueba que pudiera haber salido a la luz.

Dicho todo esto, examinemos -a falta de una forma mejor de describirlo- la "presencia judía" particularmente omnipresente entre el personal de la Comisión Warren a nivel de investigación.

Para ello, comenzaremos con la edición del 28 de noviembre de 1988 del *National Law Journal*, en la que David A. Kaplan publicó un artículo de portada titulado "The JFK Inquiry - 25 Years Later". El artículo incluía resúmenes biográficos de los

---

[58] Edward Herman. *The Terrorism* Industry (Nueva York: Random House, 1989), p. 89.
[59] Diversos documentos publicados por la Comisión para la Revisión de los Expedientes de Asesinato en 1997 y disponibles en Internet en nsa. govidocs/efoidreleasedijfichtml.

abogados de la Comisión Warren, describiendo a los 22 abogados del personal de la Comisión como "los mejores y más brillantes de su generación".[60]

¿Quiénes eran? ¿Cuáles eran sus conexiones políticas? ¿Cómo llegaron a formar parte del personal de la Comisión? Kaplan responde a algunas de estas preguntas, pero no a todas. Lo que sigue es un resumen de los detalles de Kaplan y otra información de dominio público. Uno sólo puede preguntarse qué más queda por decir.

ABOGADOS JUDÍOS

En primer lugar, un breve vistazo a las estadísticas básicas: de los catorce viceconsejeros, cinco eran judíos. Otro estaba casado con una judía. De los siete "otros miembros del personal" (abogados y asistentes jurídicos) mencionados en el artículo de Kaplan, cuatro eran judíos. Esto significa que de los 22 abogados en cuestión, casi la mitad de ellos (incluido el miembro del personal cuya esposa era judía) podría describirse como constituyendo una "presencia judía" en la Comisión. Sin embargo, como veremos, las conexiones políticas de otros abogados del personal sugieren que la "presencia judía" era aún mayor. Estos son los abogados judíos de la Comisión Warren:

Norman Redlich. Adjunto del primer consejero jefe de la Comisión, J. Lee Rankin, Redlich es el autor del último documento dudoso conocido como Informe de la Comisión Warren. Estuvo involucrado a alto nivel en asuntos de la comunidad judía antes de incorporarse a la Comisión Warren, habiendo sido contratado como miembro del Comité de Derecho y Acción Social del Congreso Judío Americano en 1962 y posteriormente formó parte del Consejo de Administración del Seminario Teológico Judío. De 1966 a 1974, trabajó en la oficina del Consejo de la Corporación de la Ciudad de Nueva York. En 1974, Redlich sucedió a su padrino, el consejero de la Corporación J. Lee Rankin (anteriormente el primer consejero de la Comisión Warren, más sobre esto más adelante).

Melvin Aron Eisenberg. Antes y después de la investigación de la Comisión Warren, Eisenberg era socio del bufete de abogados neoyorquino Kaye, Scholer, Fierman, Hays & Handler, que tiene una historia estrechamente asociada a cuestiones judías y, en general, puede describirse como un bufete "judío". El bufete representó en su día a John Rees, un oscuro agente conservador conocido por sus vínculos con el servicio secreto israelí. En la Comisión Warren, Eisenberg fue ayudante de Norman Redlich y también se encargó de analizar las pruebas científicas de balística. Los entusiastas de JFK que pasan interminables horas reexaminando cuestiones como "de dónde procedían los disparos" pueden agradecer a Eisenberg su contribución a su debate, aunque Eisenberg ha sido envuelto en la infamia por su colega de la Comisión Warren Arlen Specter.

---

[60] David Kaplan, *"The JFK Probe-25 Years Later"*. *The National Law Journal*, 28 de noviembre de 1988.

Arlen Specter. Specter fue fiscal adjunto demócrata de EE.UU. durante cinco años antes de saltar a la fama nacional como creador inventivo (junto con Redlich) de la denostada y descabellada teoría de la "bala única", que sostiene que una bala disparada por Lee Harvey Oswald logró dar algunas volteretas balísticas particularmente notables al pasar por John F. Kennedy y el gobernador John Connally de Texas, y luego salió impoluta. En la actualidad, Specter no sólo es un ferviente partidario del informe de la Comisión Warren, sino también uno de los principales estrategas legislativos del lobby israelí en el Congreso. Specter viaja con frecuencia, a expensas de los contribuyentes estadounidenses, en "misión oficial" a Israel, donde reside su hermana, nacida en Estados Unidos.

(Nota interesante: Antes de reconocer toda la importancia del escandaloso comportamiento de Specter en la Comisión Warren, el autor -como estudiante universitario- contribuyó en pequeña medida al éxito de la campaña senatorial de Specter en 1980 en Pensilvania y, más tarde, -para mi sorpresa- fui invitado [sin haberlo pedido] a presentar mi currículum para un posible empleo en el personal de Specter en Washington, oferta que sabiamente rechacé).

David W. Belin. Hasta su reciente fallecimiento, Belin seguía siendo posiblemente el antiguo miembro del personal que defendió con más vehemencia a la Comisión Warren. [61]Descrito como un "respetado abogado republicano del Medio Oeste que añadió diversidad geográfica al personal", socio del prestigioso bufete de abogados Des Moines antes de incorporarse a la Comisión, Belin apareció en 1975 como director administrativo de la llamada "Comisión Rockefeller", instituida por el antiguo socio de Belin en la Comisión Warren, el Presidente Gerald Ford. Ostensiblemente encargado de investigar las irregularidades cometidas por la CIA, Belin demostró ser un valioso defensor de los intereses de la CIA. En la investigación de 1975, una de las principales preocupaciones de Belin, según James Di Eugenio, investigador que trabajó en el caso JFK, fue refutar la idea de que E. Howard Hunt, de la CIA, estuviera vinculado a los sucesos de Dallas.[62] Al hacerlo, Belin suprimió efectivamente la implicación de Hunt en Dallas con Frank Sturgis, un conocido agente de la CIA y del Mossad que afirmaba haber desempeñado un papel en el asesinato.

Samuel A. Stern. Como antiguo asistente jurídico del Presidente de la Comisión Earl Warren de 1955-1956, Stern estaba bien situado para influir en el jefe de la Comisión en privado. Abogado del bufete estadounidense Wilmer, Cutler & Pickering en Washington y posteriormente de Dickstein, Shapiro & Morin, Stern tenía "una amplia práctica internacional, particularmente en el área de finanzas corporativas en mercados emergentes".[63] "Como resultado, Stern casi siempre tuvo vínculos con la comunidad de inteligencia como parte de sus actividades internacionales. (El Mossad, que conste, también actúa en "países emergentes").

---

[61] *Ibid.*
[62] James Di Eugenio. *Destiny Betrayed* (Nueva York: Sheridan Square Press, 1992), p. 349.
[63] Kaplan. *Ibid.*

Murray J. Laulicht. Este joven abogado, miembro subalterno del personal, llegó a la Comisión Warren sólo unas horas después de licenciarse en Derecho por la Universidad de Columbia. Fue recomendado por un amigo de la infancia, el fiscal federal Nathan Lewin, que entonces era asistente especial en la oficina del Procurador General de los Estados Unidos. Los dos hombres habían "ido juntos al campamento de verano".[64] En los años siguientes, el padrino de Laulicht, Lewin, se convirtió en abogado en Washington, conocido por su estrecha relación con el lobby israelí.

Richard M. Mosk. Mosk era hijo del juez del Tribunal Supremo de California Stanley Mosk, uno de los miembros más destacados de la poderosa comunidad judía de Los Ángeles. Más tarde miembro de dos bufetes de abogados "judíos", Mosk sirvió de 1981 a 1984 como miembro del Tribunal de Reclamaciones Irán-Estados Unidos en La Haya, adjudicando reclamaciones contra el crítico islámico fundamentalista más feroz de Israel tras la caída del Sha de Irán, que como vimos en el capítulo 18 era un estrecho aliado del Mossad y la CIA que crearon conjuntamente el temido SAVAK del Sha.

Stuart R. Pollak. Ex asistente jurídico del presidente del Tribunal Supremo Warren, Pollak pasó a trabajar en el Departamento de Justicia y como abogado en un bufete privado de San Francisco, que según Sherman Skolnick, el famoso luchador judío contra la corrupción, era una "oficina" estadounidense clave para el Mossad israelí. En 1993, la unidad de inteligencia y propaganda del Mossad -la ADL- reveló que dirigía desde San Francisco a su principal informante encubierto, Roy Edward Bullock (el autor fue quien desenmascaró por primera vez a Bullock en 1986 como agente de la ADL, para consternación de ésta).

Lloyd L. Weinreb. Tras trabajar para el juez del Tribunal Supremo John M. Harlan de 1963 a 1964, antes de incorporarse al personal de la Comisión Warren, Weinreb ayudó a Norman Redlich en la revisión y preparación final del informe de la Comisión. Tras un breve paso por la División Penal del Departamento de Justicia, Weinreb se convirtió en profesor de Derecho en Harvard.

LOS DEMÁS

Los otros abogados de la Comisión Warren que no eran judíos tenían, sin embargo, en muchos casos, vínculos muy claros con intereses políticos e individuos que, a su vez, estaban en línea con los intereses del poderoso lobby israelí. Echémosles un vistazo.

J. Lee Rankin. Rankin, el abogado jefe de la Comisión Warren, conocía a Warren desde que Rankin era Procurador General de los Estados Unidos bajo la presidencia de Eisenhower. Antiguo abogado en Lincoln, Nebraska, Rankin se estableció más tarde como abogado en Manhattan y luego ocupó el cargo de Consejero de la Ciudad de Nueva York de 1965 a 1972, un puesto clave en la ciudad estadounidense donde

---

[64] *Ibid.*

el poder y la influencia judíos son supremos. (Fue Rankin quien presentó a su joven colega de la Comisión Warren, el ya mencionado Redlich, a la oficina del Consejero, lo que facilitó su sucesión en el cargo cuando Rankin se jubiló).

Howard P. Willens. [65]Un "niño prodigio" del Departamento de Justicia descrito con Norman Redlich, como - "un empleado sin antecedentes", Willens "ayudó" al Presidente de la Comisión en la contratación del personal de la Comisión y fue "el asistente administrativo clave de la investigación".[66] Aunque no es judío, su esposa lo era, por lo que Willens puede considerarse uno de los miembros de la Comisión sensibles a las preocupaciones judías.

Joseph A. Ball. [67]Según el *National Law Journal*, "uno de los mejores abogados estadounidenses de su generación", Ball era un viejo amigo del Presidente de la Comisión, que conocía a Warren de "los círculos políticos de California". En resumen, Ball era un compinche político del Presidente de la Comisión y, desde luego, no era de los que agitaban el barco. Se suponía que Ball era el "experto" de la Comisión en Lee Harvey Oswald y, en virtud de esa condición, se le puede considerar con razón uno de los grandes creadores de mitos de todos los tiempos.

Albert E. Jenner, Jr. Jenner, un importante miembro de la comunidad jurídica de Chicago, fue reclutado personalmente para la Comisión por Earl Warren. Jenner fue uno de los principales miembros del grupo de la Comisión que elaboró el perfil falso de Lee Harvey Oswald, el "acosador solitario" que no tenía vínculos con la CIA ni con otros servicios de inteligencia. Jenner tenía una interesante conexión propia. En la época en que Jenner fue nombrado miembro de la comisión, era el abogado personal del magnate inmobiliario y de la construcción de Chicago Henry Crown.[68][69]Crown, multimillonario judío, era un importante contribuyente a causas judías, incluido el Instituto Wiezmann de Israel, una fuerza importante en los programas de armas nucleares de Israel (a los que JFK se opuso ferozmente). Aunque muy "reputado" en sus últimos años, Crown adquirió gran parte de su influencia en Chicago a través de sus vínculos con el crimen organizado.[70] Crown invirtió gran parte de su fortuna en contratos de defensa y era uno de los principales accionistas de la General Dynamics Corporation (a la que Jenner también representaba), que estaba siendo investigada por el Departamento de Justicia de Kennedy antes del asesinato de JFK.[71] Y como señalamos en el capítulo 15, la familia Bronfman - patrocinadores de Louis Bloomfield del Permindex del Mossad- eran también importantes accionistas de General Dynamics. Jenner llegó a ser el principal abogado de la oposición en el Comité Judicial de la Cámara de Representantes de Estados Unidos durante el escándalo Watergate, y sin duda estaba plenamente al tanto de la

---

[65] *Ibid.*
[66] *Ibid.*
[67] *Ibid.*
[68] Peter Dale Scott. *Deep Politics and the Death of JFK* (Berkeley, California: University of California Press, 1993), p. 341.
[69] *Momento*, diciembre de 1996.
[70] Ovidio Demaris. *Captive City* (Nueva York: Lyle Stuart, 1969), pp. 214-222.
[71] Scott, *Ibid*, p. 20.

conspiración de la CIA en torno al asunto (que examinaremos en el Apéndice 7). En cualquier caso, está claro que Jenner también puede considerarse -por su asociación con Crown- parte de la "presencia judía" en la Comisión Warren.

Wesley J. Liebeler. Antiguo abogado de Nueva York, Liebeler trabajó estrechamente con Albert Jenner para ocultar los antecedentes de Lee Harvey Oswald dentro de la comunidad de inteligencia, aunque en años posteriores se convirtió en un experto en el campo menos fascinante de la ley antimonopolio (lo que sugiere que el análisis de conspiraciones de inteligencia nunca fue su área de especialización para empezar).

Leon D. Hubert, Jr. antiguo fiscal de Nueva Orleans que podría haber desvelado detalles de la estancia de Lee Harvey Oswald en Nueva Orleans, Hubert fue asignado en cambio a investigar las actividades de Jack Ruby en Dallas. Aunque fue recomendado a la comisión por uno de sus miembros, el representante Hale Boggs, Hubert, al igual que Boggs, tenía dudas sobre muchas de las conclusiones de la comisión. [72]Curiosamente, Boggs, que murió en un accidente aéreo en 1972, fue descrito en una ocasión como "correo" de Edith Stern, amiga íntima de Clay Shaw y conectada con el Mossad, directora del imperio mediático WDSU de Nueva Orleans, que había contribuido a crear la imagen pública de Lee Harvey Oswald como "agitador procastrista". Boggs y Hubert estaban así en condiciones de restringir las investigaciones sobre el montaje Shaw-Banister-Ferrie en Nueva Orleans, estrechamente vinculado a las operaciones de entrenamiento de exiliados cubanos en el lago Ponchartrain por Frank Sturgis, agente de la CIA y del Mossad.

Burt W. Griffin. Joven recluta de la comisión de Leon Hubert que investigaba los antecedentes of Jack Ruby, Griffin fue ayudante del fiscal federal y abogado en ejercicio en Cleveland. Más tarde juez de primera instancia en Cleveland, Griffin, al igual que Hubert, llegó a expresar dudas sobre las conclusiones de la comisión, pero nunca expresó sus reservas.

William T. Coleman, Jr. En el momento de su nombramiento para la Comisión, Coleman era uno de los abogados negros más destacados del país, asociado al bufete "político" Dilworth, Paxon, Kalish, Levy & Coleman, dirigido por el ex alcalde demócrata de Filadelfia Richardson Dilworth. Coleman ascendió gradualmente en el escalafón político y jurídico trabajando entre 1948 y 1949 para el juez del Tribunal Supremo Felix Frankfurter, uno de los líderes más fervientes de la comunidad judía de Estados Unidos. La pasantía de Coleman coincidió con la creación del Estado de Israel. [73]En la Comisión Warren, Coleman fue el miembro principal de un equipo que examinaba las "posibles conspiraciones extranjeras" detrás del asesinato del presidente Kennedy. No reveló tal conspiración.

W. David Slawson. Graduado en Princeton con un máster en física teórica, Slawson trabajó esencialmente como ayudante de William Coleman - once años

---

[72] *El Consejero.* 1 de junio de 1967.
[73] *The National Law Journal, Ibid.*

mayor que él - en la "investigación de teorías conspirativas".[74] Huelga decir que se trataba de un puesto muy improbable, por no decir otra cosa, para que un joven con formación en física investigara las conspiraciones extranjeras que podrían haber estado detrás del magnicidio. Slawson abandonó su estudio de la conspiración internacional después de dejar la Comisión Warren y se especializó en las áreas mucho menos teóricas y altamente acientíficas de los contratos y la defensa de la competencia como profesor de derecho en la Universidad del Sur de California.

Francis W.H. Adams. Ex comisario de policía de Nueva York de 1954 a 1955, Adams probablemente debería haber sido uno de los principales investigadores de la comisión. Sin embargo, parece que Adams no era más que una tapadera. [75]Se suponía que Adams iba a formar equipo con Arlen Specter para seguir las actividades del presidente Kennedy en Dallas e investigar la caravana, pero según el *National Law Journal* Adams estuvo "raramente presente" hasta el punto de que Warren, el presidente de la Comisión lo confundió con un médico forense que testificaba ante la Comisión.

Recomendado para la comisión por Robert Wagner, alcalde de Nueva York, conocido desde hace tiempo por sus estrechas relaciones con la comunidad judía de Nueva York, se podría sugerir con razón que Adams estaría especialmente en sintonía con las preocupaciones políticas judías, dado su prestigioso pasado como comisario de policía de Nueva York.

Alfredda Scobey. La única mujer de la comisión era probablemente la menos conocida de todo el personal. Empleada jurídica del sobrino del senador Richard Russell (demócrata de Georgia), juez de Georgia y miembro de la Comisión Warren, la Sra. Scobey, que entonces tenía 51 años y era bastante mayor que casi todos sus colegas, había sido nombrada miembro del personal por recomendación de Russell. Era su "representante", ya que el senador no asistía a muchas de las reuniones del Comité. Dado que Russell fue identificado más tarde como uno de los "disidentes" de la Comisión Warren, Scobey tuvo que ser muy cuidadosa en sus comentarios. De todo el personal de la Comisión -y quizás precisamente por su vigilancia- Scobey nunca llegó a destacar, volviendo a trabajar como asistente jurídica hasta su jubilación.

Charles N. Shaffer, Jr. También casi olvidado como miembro del personal de la Comisión Warren, Shaffer ejerció como fiscal adjunto de EE.UU. antes y después de la Comisión Warren. Shaffer debe su hora de gloria a su cliente más famoso, John Dean, la figura del Watergate que ayudó a derribar la administración Nixon. Por último, como veremos en el Apéndice 7, el escándalo Watergate fue mucho más importante de lo que podríamos pensar y, de hecho, está vinculado al asesinato de Kennedy, pero no de la manera que tantos investigadores parecen creer. La reaparición de Shaffer en el Watergate puede no ser una coincidencia.

John Hart Ely. Otro de los poco conocidos miembros del personal subalterno - sólo tenía 24 años en aquel momento-, este graduado de Yale fue recompensado por

---

[74] *Ibid.*
[75] *Ibid.*

sus servicios a la Comisión Warren tras realizar unas prácticas a las órdenes del presidente de la comisión, Warren, después de que ésta desapareciera. Ely llegó a ser decano de la prestigiosa Facultad de Derecho de Stanford.

Claramente, había una "presencia judía" definida en el personal de la Comisión Warren en casi todos los aspectos clave de sus investigaciones. E incluso cuando un miembro del personal de la Warren no era necesariamente judío, muchos de esos empleados tenían otras conexiones que los hacían "sensibles" a las preocupaciones judías. No es un tema agradable, y sin duda provoca acusaciones de "antisemitismo", pero es un tema que vale la pena examinar, especialmente a la luz de lo que se sugiere en *Juicio Final*.

LA CONEXIÓN DE GERALD FORD CON EL MOSSAD Y LANSKY

Sin embargo, la "presencia judía" en la Comisión Warren tiene otra faceta interesante, que, por lo que sabe el autor, nunca se ha explorado en ningún otro lugar.

Aunque los investigadores no han cejado en su insistencia en que Gerald Ford, miembro de la Comisión Warren (y más tarde presidente de Estados Unidos) y entonces congresista republicano por Michigan, era el informante más reciente de J. Edgar Hoover, que proporcionó datos confidenciales al FBI durante toda la comisión, puede esgrimirse un argumento igualmente convincente en el sentido de que Ford era al menos un intermediario potencial entre el sindicato de Lansky y el Mossad.

A primera vista, esta sorprendente declaración puede parecer un poco extraordinaria para algunos, pero veamos los hechos. En el momento en que Ford fue nombrado miembro de la comisión, uno de sus aliados políticos más cercanos y uno de sus principales apoyos financieros era una figura de Detroit llamada Max Fisher. Justo después de que Ford se convirtiera en Presidente en 1974 -tras el escándalo Watergate-, Fisher fue descrito como uno de los "hombres misteriosos detrás de Gerald Ford", que "le decía al Presidente qué hacer y cuándo hacerlo".[76] Y a la luz de su estatus en los crecientes intereses políticos de Ford, sabemos que en 1963 -cuando Ford fue nombrado miembro de la Comisión Warren- Fisher también estaba en posición de decirle a Ford "qué hacer y cuándo hacerlo".

¿Quién es Max Fisher? Así es como Gerald Ford describió a Fisher en sus memorias. Fisher, dijo, era "un prominente hombre de negocios de Detroit que fue presidente de la Agencia Judía para Israel". Max siempre fue republicano y un amigo íntimo. [77]Había ejercido de embajador no oficial entre Estados Unidos e Israel durante años, y sus contactos en los más altos niveles de ambos gobiernos nos habían ayudado a menudo a superar malentendidos".

El retrato que Edward Tivnan hace de Fisher en *The Lobby: Jewish Political Power and American Foreign Policy* es aún más detallado y muestra el gran papel de Fisher dentro del lobby judío en Estados Unidos. Tivnan describe a Fisher, entre otras cosas,

---

[76] *Boletín Oficial de la Policía Nacional*, diciembre de 1974.
[77] Gerald R. Ford. *A Time to Heal: The Autobiography of Gerald R. Ford* (Nueva York: Harper & Row, 1979), p. 248.

como: "antiguo jefe del Consejo de Federaciones Judías y Fondos de Previsión, presidente de la United Jewish Appeal, miembro del Comité Ejecutivo del Comité Judío Americano, gran donante del Partido Republicano".[78]

En cuanto al estatus de Fisher tanto aquí, en Estados Unidos, como en Israel, Jean Baer escribe admirablemente en su libro, *The Self Chosen*, que Fisher "sirvió como asesor financiero no oficial del gobierno israelí y ha sido llamado 'probablemente el republicano más importante del país'".[79]

Aunque hay muchos socialistas del Partido Republicano que rebaten la afirmación de Baer de que Fisher es "el republicano más destacado del país", el corresponsal israelí Wolf Blitzer probablemente tenía más perspectiva cuando dijo [80]en 1985 que Fisher había sido "durante mucho tiempo el judío más influyente del Partido Republicano" -sin duda un estatus único se mire por donde se mire- y uno de los que, según Blitzer, "sensibilizó a la dirección nacional republicana sobre las preocupaciones de la comunidad judía estadounidense".[81]

En Jewish Power: Inside the American Jewish Establishment, J.J. Goldberg describe al ángel financiero jefe de Ford como uno de los "dos líderes más importantes de la comunidad judía organizada... [y] uno de los hombres más ricos de Estados Unidos... [que] siempre insistió en que no hablaba en su nombre, sino en nombre de la comunidad judía estadounidense y de sus líderes electos". [quien] siempre insistió en que no hablaba por sí mismo, sino por la comunidad judía estadounidense y sus líderes electos".[82] Así que, como podemos ver, Fisher era realmente alguien a quien no había que subestimar, por decirlo suavemente.

[83]Más interesante aún, en el contexto de las luchas de JFK con Israel que discutimos en *Juicio Final*, Goldberg cita a Fisher diciendo que, incluso si los votantes judíos se inclinaran políticamente más por el partido demócrata, "Kennedy no enviaría armas" a Israel (aunque Fisher añade erróneamente que Lyndon Johnson tampoco lo hizo), lo que sugiere que esta poderosa figura de la comunidad judía estadounidense estaba menos que satisfecha con la actitud de JFK hacia la nación extranjera favorita de Fisher.

FISHER, ROSENBAUM Y LOS BAJOS FONDOS

Pero los antecedentes políticos y financieros menos públicos de Fisher -antes de que saltara a la fama- son mucho más interesantes, sobre todo por su acceso a la Comisión Warren a través de Gerald Ford.

En el momento del asesinato de JFK, Fisher era de hecho socio de Tibor Rosenbaum, figura histórica del Mossad e instigador de la empresa Permindex

---

[78] Edward Tivnan: *The Lobby: Jewish Political Power and American Foreign Policy* (Nueva York: Simon & Schuster, 1987), p. 79.
[79] Jean Baer. *The Self Chosen* (Nueva York: Arbor House, 1982), p. 313.
[80] Wolf Blitzer. *Between Washington and Jerusalem* (Nueva York: Oxford University Press, 1985), p. 132.
[81] *Ibid*, p. 157.
[82] J. J. Goldberg. *Jewish Power: Inside the American Jewish Establishment.* (Reading, Massachusetts: Addison-Wesley Publishing Company, Inc., 1996), pp. 169-170.
[83] *Ibid*.

(analizada en detalle en el capítulo 15), que desempeñó un papel central en la conspiración del asesinato.

En 1957, en asociación con el Swiss-Israel Trade Bank de Tibor Rosenbaum, Fisher adquirió una participación mayoritaria en el conglomerado israelí Paz, que durante mucho tiempo había sido propiedad de la familia Rothschild en Europa y que conservaba el monopolio de los intereses petroquímicos y petroleros israelíes.[84]

(Como señalamos en el capítulo 7 -lo que es bastante significativo- uno de los socios de Rosenbaum en el Banco de Comercio Suizo-Israelí era Shaul Eisenberg, una antigua figura del Mossad y uno de los principales instigadores del programa de bombas nucleares de Israel. Pero, como veremos en el Apéndice 9, hay muchos otros aspectos de Eisenberg que se tratarán más adelante.

Sin embargo, los vínculos de Fisher con Israel se remontan mucho más atrás y son mucho más profundos. El mentor de Fisher -en lo que se refiere a su papel en la promoción de los intereses de Israel- no fue otro que el general Julius Klein, antiguo oficial del ejército estadounidense que desempeñó un papel fundamental en la creación del Mossad israelí y más tarde fue presidente del Banco de Comercio Suizo-Israelí. El propio Klein describe a Fisher como "mi protegido al que siempre he... mantenido informado de los asuntos de inteligencia".[85]

A finales de los años 40 y principios de los 50, Fisher viajó a Israel con Klein y participó en la formación de las fuerzas armadas y los servicios de inteligencia israelíes a través de las actividades del Instituto Sonneborn, al que estaba asociado nada menos que el comandante Louis Bloomfield. Más tarde, por supuesto, Bloomfield actuaría como Presidente y Presidente del Consejo de la empresa Permindex de Tibor Rosenbaum.[86]

En el capítulo 8 hablamos del Instituto Sonneborn, creado para proporcionar armas, dinero y otros tipos de ayuda táctica a la resistencia judía en Palestina antes de la creación de Israel en 1948. Como señalamos, el Instituto no sólo tenía considerables conexiones de inteligencia, sino que también mantenía vínculos muy estrechos con el Sindicato Lansky.

Por lo tanto, al lector no le sorprenderá saber que uno de los contactos de Fisher en el contrabando de petróleo y armas a la Haganá judía a través de Sonneborn era Morris Dalitz, una figura ascendente del Sindicato Lansky, entonces parte de la banda Purple de Detroit, y uno de los principales traficantes de excedentes militares del Medio Oeste.[87] El propio Dalitz se convertiría más tarde en un importante inversor en Permindex y en una de las figuras más importantes del sindicato del crimen.

(En el capítulo 10 conocimos por primera vez a Dalitz y analizamos la extraña conexión entre Dalitz y Robert Blakey, jefe del Comité de la Cámara de Representantes. En el capítulo 14, analizamos cómo Blakey, al proclamar que "la Mafia mató a JFK", señalaba con el dedo a figuras italoamericanas del hampa, desviando la atención de los miembros judíos del sindicato de Lansky.

---

[84] *Ibid*, pp. 465-466.
[85] *Executive Intelligence* Review. Dope, Inc (Washington, DC: Executive Intelligence Review, 1992), p. 502.
[86] *Ibid*, p. 505.
[87] *Ibid*, p. 507.

Curiosamente, Fisher y Dalitz debieron de trabajar juntos en aquella época, dado que a principios de los años 30 -casi 20 años antes- Fisher había sido "correo" de la banda Purple de Dalitz en Detroit, transportando las ganancias a los contrabandistas de la familia Bronfman en Canadá como pago por adelantado de los próximos envíos de mercancías ilícitas.[88] La relación entre Fisher y Dalitz cierra el círculo de la historia. Los dos hombres de negocios que habían alcanzado la prosperidad en el siniestro mundo del Sindicato del Crimen de Lansky estaban ahora implicados en actividades encubiertas (y sin duda lucrativas) para promover la causa de Israel.

Las actividades públicas de Fisher en favor de Israel le proporcionaron respetabilidad pública. Hasta entonces, se le conocía simplemente como un hombre próspero, un magnate del petróleo de poca monta. Sin embargo, en 1957, cuando se unió al conglomerado Paz de Israel como socio de Tibor Rosenbaum y Shaul Eisenberg, la fortuna y la influencia política de Fisher crecieron considerablemente.

En 1964 -cuando el congresista por Michigan Gerald Ford era miembro de la Comisión Warren- Max Fisher era el indiscutible ángel financiero de Ford y del Partido Republicano de Michigan.

La fortuna de Fisher siguió creciendo, al igual que su influencia en el Partido Republicano a nivel nacional y en la escena judía internacional. [89]En 1975, el influyente Fisher asumió la presidencia de United Brands, antes United Fruit. (El papel de United Fruit en el golpe de 1954 en Guatemala -trabajando en colaboración con la CIA- es analizado, entre otros, por David Wise y Thomas B. Ross en su libro *El gobierno invisible* -uno de los primeros en denunciar a la CIA-, que se refiere a esta desventura centroamericana como "la guerra del plátano de la CIA."[90]

Max Fisher, el amigo común de Tibor Rosenbaum y Gerald Ford, sigue siendo uno de los hombres más poderosos de Estados Unidos, si no del mundo. Pero Ford y Rosenbaum tenían otro amigo común interesante. Y, como veremos, este amigo común -como Max Fisher- desempeñó un papel fundamental en el avance de la carrera política de Gerald Ford en un momento crucial.

En su interesante biografía de Meyer Lansky, los autores Dennis Eisenberg, Uri Dan y Eli Landau dedican un capítulo entero a Tibor Rosenbaum, socio de Lansky en el Mossad, y hablan de las variopintas y fascinantes conexiones internacionales de Rosenbaum. Destacan sobre Rosembaum

"Otro de sus buenos amigos en las altas esferas era el Príncipe Bernhard, consorte de la Reina de los Países Bajos, que le invitó al Palacio Real de Holanda para dar una conferencia a los principales banqueros holandeses sobre buenas prácticas empresariales. También aquí se produjo un escándalo cuando el Príncipe vendió un castillo, Warmelo, por 400.000 dólares a una empresa de Liechtenstein, Evlyma, Inc. propiedad de Rosenbaum [BCI]. Nunca ha quedado claro por qué se vendió este castillo al banquero suizo por lo que se conoce como un precio ridículamente bajo".[91]

---

[88] *Ibid*, p. 503.
[89] *Ibid*, p. 509.
[90] David Wise y Thomas B. Ross. *El Gobierno Invisible*. (Nueva York: Random House, 1964), pp. 168-171.
[91] Dennis Eisenberg, Uri Dan y Eli Landau. *Meyer Lansky: Mogul of the Mob* (Nueva York: Paddington Press Ltd., 1979), p. 272.

(Huelga decir que los orígenes de este extraño acuerdo entre Bernhard y Rosenbaum dan pábulo a los teóricos de la conspiración. ¿Fue un soborno de Bernhard a Rosenbaum a cambio de un favor, como que Rosenbaum orquestara un asesinato, utilizando sus conexiones con el Mossad, para Bernhard y sus socios?

(¿O fue más bien, quizás, un acuerdo de Bernhard tras el chantaje de Rosenbaum que, con sus fuentes del Mossad, podría haber encontrado información comprometedora sobre el controvertido príncipe, conocido por ser un advenedizo y un traficante de la peor calaña?

Sea como fuere, al mismo tiempo que Bernhard estaba implicado en la trama con Tibor Rosenbaum, también estaba introduciendo a Gerald Ford en los círculos más altos de la élite internacional.

LA CONEXIÓN BILDERBERG

Bernhard, fundador de la reunión privada internacional anual conocida como las reuniones Bilderberg, invitó al congresista de Michigan (recién nombrado miembro de la Comisión Warren) a asistir a la reunión Bilderberg de 1964, celebrada en Williamsburg, Virginia, del 20 al 22 de marzo de ese año. Las reuniones se venían celebrando periódicamente en todo el mundo desde 1954, recibiendo su nombre del Hotel Bilderberg de Holanda, donde se celebró la primera reunión de este tipo.

El 11 de abril de 1964, el senador Jacob Javits (republicano de Nueva York) habló en el pleno del Senado para anunciar que había asistido a la reunión de 1964 en Williamsburg, Virginia. Gerald Ford fue el único otro miembro del Congreso que le acompañó en la reunión, según una lista de asistentes que Javits publicó en el Congressional Record. John J. McCloy, descrito como "abogado y diplomático", también asistió a la reunión".[92] McCloy, junto con Ford, era también miembro de la Comisión Warren en aquella época.

Esta reunión internacional -que concluyó exactamente cuatro meses después de la muerte del presidente Kennedy- no podía dejar de centrarse en el impacto del asesinato de JFK en los asuntos mundiales. Es más, no cabe duda de que también se discutieron las ramificaciones de una posible conspiración para el asesinato, en particular una que emanara de una fuente extranjera (ya fuera la Cuba de Castro, el KGB soviético o el Mossad). Como resultado, es muy poco probable que los dos miembros de la Comisión Warren presentes no discutieran la investigación en curso durante la reunión informal de tres días.

Aunque el tema de Bilderberg y su repercusión en los asuntos mundiales está fuera del alcance de este libro -y ha sido analizado desde una perspectiva mucho mejor en otros lugares (sobre todo en *The Spotlight* y ahora en *American Free Press*)-, no cabe duda de que Bernhard había impulsado a Ford a puestos más altos de los que nunca había ocupado.

Entre los asistentes a las elitistas reuniones de Bilderberg -normalmente no más de 100-120 personas- se encuentran las personas más ricas y poderosas del mundo. Las reuniones de Bilderberg, aunque "dirigidas" por Bernhard, están financiadas conjuntamente por las familias Rockefeller y Rothschild, cuyos representantes están

---

[92] *Actas del Congreso*, 11 de abril de 1964.

muy presentes, así como por un puñado de personalidades políticas de Estados Unidos y Europa Occidental, a las que se unen figuras selectas de importantes fundaciones, el mundo académico y el mundo laboral.

Grandes nombres de los medios de comunicación también estuvieron presentes, aunque juraron guardar el secreto y nunca informar sobre las discusiones privadas que tuvieron lugar durante la conferencia. [93]Por ejemplo: el ex agente de la CIA William F. Buckley Jr. fue invitado a la reunión de Bilderberg en Cesme, Turquía, en 1975, pero la revista "conservadora" de Buckley, *National Review*, siempre aseguró a sus lectores que no había nada "conspirativo" en el grupo Bilderberg.

(Los vínculos de la familia Buckley con los intereses petroleros israelíes, tratados en el capítulo 9, son interesantes, sobre todo porque, como hemos visto, la familia Rothschild dominó primero la industria petrolera israelí y luego vendió importantes intereses en su conglomerado Paz a Tibor Rosenbaum y Max Fisher, benefactor de Gerald Ford en Michigan).

En cualquier caso, el propio Gerald Ford era consciente del gran honor que le había hecho el Príncipe Bernhard al ser invitado a asistir a la reunión. [94]"En realidad no perteneces a la organización; y recibes una invitación del Príncipe", se había jactado Ford en 1965 (quien, en 1966, fue invitado de nuevo por el buen amigo de Tibor Rosenbaum, el Príncipe Bernhard, a asistir a este importante cónclave internacional).[95]

Sin embargo, la primera asistencia de Ford a la reunión de Bilderberg en 1964 no fue en realidad la primera. En 1961, Ford también había sido invitado a asistir a una reunión de Bilderberg en Quebec, pero debido a una gran carga de trabajo y a problemas familiares -sus hijos "sufrían escarlatina"- el joven congresista Ford no pudo asistir a este conciliábulo reservado a la élite.[96]

Así que no hace falta mucha imaginación -ni ningún tipo de "teoría de la conspiración"- para sugerir que fue precisamente por su servicio en la Comisión Warren (unido a su entrada en la élite Bilderberg) por lo que el ascenso de Gerald Ford a cargos más altos estaba asegurado. Otros investigadores también lo han sugerido, pero nunca han explorado los vínculos de Ford como hemos hecho aquí.

Desde este punto de vista, como en otros aspectos relacionados con la trama y el encubrimiento del asesinato de JFK, *Juicio Final* no se anda con rodeos a la hora de examinar el panorama general: la otra cara del rompecabezas.

Sin embargo, los profundos vínculos entre la clase dirigente bancaria internacional y la élite sionista en los asuntos de la Comisión Warren pueden encontrarse en el currículum vitae de otro miembro de la Comisión.

---

[93] Lobby Libertad. *Spotlight on the Bilderbergers*. (Washington, DC: Liberty Lobby, 1997), p. 33.
[94] *The Danbury News-Times*, 21 de junio de 1974.
[95] *Congressional Record*, 15 de septiembre de 1971.
[96] Una carta fechada el 21 de febrero de 1961 de Gerald Ford (firmada "Jerry") a Gabriel Hauge, una antigua figura de las reuniones de Bilderberg, archivada entre los papeles privados de Hauge en la Universidad de Stanford.

JOHN McCLOY

Sería negligente no hablar de las otras conexiones interesantes (y poco conocidas) de John McCloy, colega de Ford en la reunión Bilderberg de 1964 (y miembro de la Comisión Warren). Aunque los estudiosos lo consideran parte del llamado "WASP Establishment", el propio McCloy tenía estrechos vínculos con los miembros más importantes de la élite judía que desempeñaron un papel fundamental en el lobby pro-Israel en Estados Unidos y como mecenas de Israel. [97][98][99][100]McCloy no sólo era director del Empire Trust, una empresa financiera conjunta entre familias judías internacionales tan poderosas como los Lehman, los Loeb y los Bronfman, sino que "su carrera había estado íntimamente ligada a los Warburg desde hacía mucho tiempo", en el sentido de que poseía propiedades en copropiedad con ellos, pero también actuaba como asesor jurídico de miembros de la familia.[101] Su relación con los Warburg era tan estrecha que su madre, que era peluquera, peinaba a Frieda Warburg, una de las grandes de la familia.[102] Los Warburg eran figuras importantes junto a Max Fisher, mentor de Gerald Ford, y su socio comercial, Shaul Eisenberg, en los asuntos financieros de Israel. Y en 1964, su estrecho colaborador John McCloy estaba convenientemente destinado en la Comisión Warren, cuidadosamente colocado para ocultar cualquier vínculo israelí con el asunto JFK que pudiera surgir.

ALGUNAS CONCLUSIONES

Podemos estar seguros, dada la lealtad de Ford a Max Fisher, de que si Fisher y sus amigos de la Mafia y el Mossad querían "pistas" sobre la investigación de la Comisión Warren, Ford estaba dispuesto y era capaz de proporcionarles lo que necesitaban. Se pueden extraer conclusiones similares sobre John McCloy, dados sus estrechos vínculos con la familia Warburg y otros intereses íntimamente ligados al destino del Estado de Israel.

¿Hubo "influencia judía" o "presencia judía" en la Comisión Warren? Sí, sin duda la hubo. ¿Qué significa esto para las conclusiones de la Comisión? Muy sencillo: si la teoría expuesta en *Juicio* Final es correcta, a saber, que el Mossad israelí desempeñó un papel en el asesinato del presidente John F. Kennedy, entonces el mecanismo de encubrimiento estaba en marcha desde el principio. La Comisión Warren nunca podría haber determinado la verdad.

---

[97] Malaquías Martin. *The Keys of This Blood* (Nueva York: Simon & Schuster, 1990), p. 335.
[98] Stephen Birmingham. *Our Crowd* (Nueva York: Harper & Row, 1967), p. 378.
[99] Ron Chernow. *The Warburgs*. (NuevaYork: Vintage Books, 1994), pp.575- 576.
[100] *Ibid*, p. 619.
[101] *Ibid*, p. 576.
[102] *Ibid*.

ANEXO 5

Los billetes verdes de
La verdad sobre la conexión de la Reserva Federal. Un poco de verdad y mucha desinformación

Juicio Final fue el primer libro que documentó el hecho de que la dinastía Kennedy sí pretendía romper el monopolio financiero de la Reserva Federal sobre el sistema monetario estadounidense. Sin embargo, todavía hay quienes -con toda sinceridad- difunden inadvertidamente información errónea sobre el complot del asesinato de JFK al afirmar que JFK -por decreto- reintrodujo los billetes estadounidenses no controlados por la Reserva Federal en la economía de EE.UU. durante su administración. Sí, durante el gobierno de Kennedy se emitieron billetes estadounidenses, de eso no hay duda, pero la historia es mucho más larga.

La historia de que "La Reserva Federal mató a JFK" forma parte de la leyenda de la controversia sobre la conspiración del asesinato de JFK. Al mismo tiempo, sin embargo, hay mucha desinformación por ahí sobre este tema y voy a tratar aquí de abordar la cuestión, aunque estoy seguro de que no importa lo que diga, habrá aquellos "verdaderos creyentes" que no estarán interesados en los hechos, aunque sólo sea porque los hechos contradicen lo que han creído durante mucho tiempo como artículos de fe.

Justo después del lanzamiento de la primera edición de *Juicio* recibí varias cartas de insatisfacción de lectores que básicamente decían lo siguiente:

¿Por qué no afirmas en *Juicio* Final que el presidente Kennedy emitió una orden ejecutiva que introdujo el dinero fiduciario (a veces llamado "billetes verdes") en la economía de EEUU, eludiendo así el monopolio monetario inconstitucional de la Reserva Federal de EEUU, controlada por los bancos internacionales? Al hacerlo, JFK creó una verdadera grieta en la armadura de la Reserva Federal. Esa fue sin duda la razón principal por la que fue asesinado, pero usted menciona la Reserva Federal sólo de pasada. Incluso Jim Marrs habla de ello en su libro *Crossfire*.

Para mi sorpresa, estaba recibiendo quejas de este tipo a pesar de que en el capítulo 4 de *Juicio* Final había demostrado - por primera vez - las intenciones de la familia Kennedy de luchar contra la Fed. Joe Kennedy había hecho este punto en una reunión privada con DeWest Hooker, un viejo amigo íntimo mío, hombre de negocios internacional y líder patriótico de larga data, unos años antes de que JFK fuera elegido Presidente.

Así que no hay duda de que los Kennedy eran cautelosos con los métodos de la Reserva Federal y estaban deseosos de ponerlos en línea cuando podían. Eso es un hecho. Sin embargo, francamente, parece bastante obvio que JFK era lo suficientemente astuto políticamente como para saber que no podía tomar medidas serias contra la Fed durante su primer mandato, cuando se enfrentaba a una dura campaña de reelección. En su segundo mandato, sin embargo, bien podría haber tomado tales iniciativas.

Cuando hablaba de las intenciones de la familia hacia la Fed, Joe Kennedy hablaba a largo plazo. Sabía que sería imposible destronar a la Fed y a sus reguladores en la comunidad bancaria internacional de la noche a la mañana. Por eso el objetivo final de la familia Kennedy era consolidar su poder y desenmascarar a la Fed.

El hecho es que, como señalo en *Juicio Final*, durante la administración Kennedy se emitieron billetes estadounidenses sin intereses. He tenido en mis manos algunos, pero el punto es este: fueron emitidos de acuerdo con una política federal de larga data de emitir regularmente un cierto número de billetes de EE.UU.. Estos billetes se habrían emitido independientemente de quién fuera el presidente en ese momento, a menos, por supuesto, que un presidente populista llegara al poder y dejara completamente atónita a la Reserva Federal. Pero eso no ocurrió.

LO QUE DIJO MARRS...

Ahora, para aquellos que han citado el libro de Marrs como fuente respecto a esta historia, repetiré, palabra por palabra, lo que dijo Marrs (y esto es lo que afirman otros defensores de esta teoría):

"Otro aspecto pasado por alto del intento de Kennedy de reformar la sociedad americana tiene que ver con el dinero. Aparentemente Kennedy pensó que volviendo a la Constitución, que estipula que sólo el Congreso debe acuñar monedas y regular la moneda, la creciente deuda nacional podría reducirse al no pagar intereses a los banqueros de la Reserva Federal, que imprimen papel moneda [y] luego lo prestan al gobierno a tasas de interés.

"Decidió intervenir en esta área el 4 de junio de 1963, firmando la Orden Ejecutiva 11.110, que pedía la emisión de 4.292.893.815 dólares en billetes estadounidenses a través del Tesoro de EE.UU. en lugar de a través del tradicional sistema de la Reserva Federal de EE.UU.". El mismo día, Kennedy firmó un proyecto de ley que modificaba el respaldo en oro de los billetes de uno y dos dólares, añadiendo fuerza a la debilitada moneda estadounidense... En efecto, se emitieron varios "billetes Kennedy" -el autor tiene en su poder un billete de cinco dólares marcado como "United States Note"-, pero fueron retirados rápidamente tras la muerte de Kennedy."[103]

INFORMACIÓN ERRÓNEA

Así que los lectores atentos del libro de Marrs acudirán sin duda a sus notas de referencia para encontrar la fuente de esta información. Lamento informarles de que cita mi antiguo periódico, *The Spotlight*, concretamente su número del 31 de octubre de 1988 (página 2), como fuente de esta información.

---

[103] Jim Marrs, *Crossfire* (Nueva York: Carroll & Graf, 1995), p. 275.

La razón por la que pido disculpas es que en el número siguiente nuestro semanario publicó una corrección de disculpa del director en la que se afirmaba que la información era errónea y nunca debería haberse publicado.

Un redactor junior sin experiencia había insertado un breve artículo en una columna del periódico y había pasado desapercibido para los demás redactores.

La información, de hecho, se basaba en una información errónea que había estado circulando durante algunos años entre una selección de otros boletines que se habían reimpreso palabra por palabra, a ciegas. Nuestro director adjunto había visto la historia, la encontró estimulante y la imprimió.

Ahora, como resultado de lo que hemos informado, la historia ha adquirido una nueva dimensión, especialmente desde que Jim Marrs la citó y miles de personas más han visto la interpretación de Marrs y la han aceptado como un hecho. Desde entonces, Marrs ha sido citado muchas veces, sobre todo en Internet.

Y AHORA LOS HECHOS...

Así que, de hecho, la cuestión es si la Orden Ejecutiva (OE) 11, 110, firmada por JFK el 4 de junio de 1963 y supuestamente derogada por LBJ a las pocas horas de la muerte de JFK, aprobó más de 4.000 millones de dólares en billetes de EE.UU., emitidos directamente por el Tesoro, en lugar de billetes de la Reserva Federal que devengan intereses para los bancos de la Reserva Federal.

De hecho, fue la administración Reagan -no LBJ- la que finalmente derogó el E0 11.110. Y ese E0 se refería a los certificados de plata -no a los "billetes verdes"- cuando Reagan firmó el EO 12.608, que revocaba varios decretos ejecutivos obsoletos.

La OE 11/110 otorgaba al Secretario del Tesoro autoridad para emitir normas y reglamentos que le permitieran actuar sin aprobación presidencial en las ventas de lingotes de plata. Como Presidente, JFK revocó ambas enmiendas con la OE 11, 110.

Repito, la emisión de "billetes verdes" (técnicamente conocidos como United States Notes) ni siquiera fue objeto de la OE 11, 110 de JFK.

Los billetes verdes emitidos bajo la administración Kennedy se emitieron en virtud de una antigua ley federal que exigía que un cierto número de billetes estadounidenses permanecieran en circulación a través del Departamento del Tesoro.

Para quienes no estén familiarizados con los entresijos de las finanzas y la polémica sobre la Reserva Federal, he aquí una breve descripción de los billetes estadounidenses escrita por la difunta Gertrude Coogan, una antigua estudiosa del dinero:

"Los billetes estadounidenses son el tipo de dinero por el que el banquero privado no cobra intereses al contribuyente. Son dinero real y pasan hoy como moneda de curso totalmente legal. Si todo el dinero que se utiliza en este país fuera emitido por el gobierno de Estados Unidos, no habría periodos en los que el volumen de dinero bajara de repente por alguna razón "misteriosa". Los billetes estadounidenses no devengan intereses cuando se crean y no pueden revocarse".[104] En resumen, los

---

[104] *The Spotlight*, 15 de febrero de 1982 y 20 de abril de 1992.

billetes estadounidenses no proporcionan ningún beneficio a los bancos privados, a diferencia de los billetes de la Reserva Federal.

Sin embargo, para que conste, citaremos aquí la explicación exacta de por qué 1) los billetes estadounidenses se emitieron realmente en la era Kennedy y por qué 2) los billetes estadounidenses parecen haber sido ahora "retirados" de la circulación.

El hecho es que una ley del Congreso, aprobada el 31 de mayo de 1878, declaró que el Tesoro de EE.UU. está obligado a mantener 322.539.016 dólares en billetes estadounidenses en circulación en todo momento.

Sin embargo, como Rudy Villareal, entonces director de la División de Divisas del Departamento del Tesoro, admitió en una entrevista de 1982 con *Spotlight*, el propio Tesoro no estaba emitiendo billetes estadounidenses para su puesta en circulación, a pesar de que la legislación del Congreso se lo había ordenado desde hacía tiempo. Dijo que los billetes estadounidenses se depositaban en lo que se conoce como cámara acorazada de emisiones, pero, como señaló *Spotlight*, "parece que, por algún tipo de magia semántica, los burócratas consideran estos billetes inmovilizados como dinero 'circulante'."[105]

De hecho, parece que la última vez que se introdujeron billetes estadounidenses en la economía fue durante el gobierno de JFK, pero, repito, no fue mediante la orden ejecutiva especial del Presidente, que tan a menudo citan los que dicen que "La Reserva Federal mató a JFK".

Por el contrario, la emisión de billetes estadounidenses durante la era Kennedy se hizo al amparo de una ley ya en vigor. Quienes citan una orden ejecutiva de JFK que en realidad se refiere a certificados de plata están cometiendo un grave error y -involuntariamente o no- haciendo un flaco favor a la investigación seria del complot para asesinar a JFK. No puedo insistir lo suficiente en esto.

Spotlight publicó estas historias para tratar de contrarrestar la desinformación que había ayudado a difundir, sólo para descubrir que había tanta gente involucrada en la historia y tan decidida a demostrar que "La Reserva Federal mató a JFK" que se ofendieron por los esfuerzos de *Spotlight* para aclarar las cosas.

ACLARAR LAS COSAS

Baste decir que *Spotlight* no formaba parte de ningún "encubrimiento" de la implicación de la Reserva Federal. Por el contrario, *Spotlight* estaba tratando de llegar a la verdad, cueste lo que cueste, y estaba tratando de evitar que patriotas sinceros y críticos de la Fed se avergonzaran a sí mismos mediante la difusión de información errónea que sólo les haría quedar como tontos y daría a la Fed más munición cuando trata de desacreditar a sus críticos.

Espero que esto deje las cosas claras. No hay duda, como he dicho, de que la futura dinastía Kennedy tenía grandes planes para destruir el monopolio de la Reserva Federal sobre el dinero estadounidense, pero la OT 11.110 definitivamente no formaba parte de ese plan a largo plazo.

---

[105] *Ibid.*

Esta historia sigue resurgiendo a pesar de los esfuerzos de *Spotlight* y otros por aclarar las cosas, esta historia tiene vida propia y realmente me temo que nunca se enterrará.

Para concluir esta visión general del "vínculo" entre la Reserva Federal y el asesinato de JFK, quizás sea apropiado abordar aquí, una vez más, pero desde un ángulo diferente, el fallo fundamental de la teoría (popular entre los investigadores "liberales" del asesinato de JFK) de que la conspiración detrás del asesinato era inherentemente "de derechas".

El libro de Walt Brown *Treachery in Dallas (Traición en Dallas)*, de gran valor informativo, es quizá el mejor ejemplo de lo errónea que es realmente esta teoría (y de cómo la propia teoría se basa en un malentendido de lo que constituye precisamente el pensamiento "de derechas" en Estados Unidos), y es uno de los mejores esfuerzos recientes por comprender el enigma de JFK.

LA "DERECHA" Y LA RESERVA FEDERAL

Aunque Brown parece ser totalmente sincero y ciertamente no está tratando de difundir desinformación, pone de relieve un motivo de "derechas" para el asesinato del presidente Kennedy que simplemente no es un motivo de "derechas". Brown profundiza en la espinosa cuestión de la posición de JFK en relación con el monopolio monetario privado conocido como la Reserva Federal de EE.UU., y repite el mito popular que hemos diseccionado anteriormente.

En *Treachery in Dallas* Brown escribe: "Cuando los 'billetes americanos' aparecieron en 1962, costaron mucho dinero a las grandes empresas, así como a los intereses bancarios, porque el gobierno, y no los bancos, se había convertido en intermediario. Estos 'billetes americanos' desaparecieron, después del 22 de noviembre, tan repentinamente como habían aparecido."[106] Y añade:

"Las altas finanzas" de EEUU tomaron cuidadosa nota del hecho de que Kennedy había notado al principio de la emisión de "billetes de EEUU", la moneda que fue introducida en nuestra economía a medida que surgía la necesidad, que de todos los grupos, el Tesoro de EEUU, era el grupo constitucionalmente obligado a hacerlo. Otros fondos habían sido "transferidos" al sistema por la Reserva Federal, de la que no se hace mención en la Constitución, que guarda silencio sobre las corporaciones privadas que controlan la emisión de moneda estadounidense."[107]

Aunque el análisis básico de Brown sobre el funcionamiento de la Reserva Federal es fundamental (pero objetivamente erróneo en cuanto a los detalles reales de por qué se emitieron billetes estadounidenses), Brown comete un error monumental cuando cita la emisión de billetes estadounidenses como parte de sus pruebas de que había un motivo "derechista" que motivaba el deseo de desalojar a John F. Kennedy de la Casa Blanca.

La cuestión es que la percepción de Brown de lo que constituye la "derecha" frente a la "izquierda" (o cualquier partido, para el caso) en la política estadounidense es obviamente irrelevante, porque si Brown hubiera hecho cualquier tipo de

---

[106] Walt Brown. *Treachery in Dallas* (Nueva York: Carroll & Graf, 1995), p. 85.
[107] Brown, p. 318.

investigación, habría descubierto que era la "derecha" estadounidense la que criticaba tan ferozmente a la Reserva Federal.

Con algunas raras excepciones, como los dos populistas de izquierdas de Texas, el representante Wright Patman y el representante Henry González, así como el representante Jerry Voorhis, el demócrata californiano con el que Richard Nixon se enfrentó para la reelección a la Cámara de Representantes, los críticos más feroces y vociferantes de la Reserva Federal y su manipulación del dinero eran populistas de "derechas", desde el padre Charles Coughlin, el sacerdote radiofónico de los años 30, hasta el coronel James "Bo" Gritz, el héroe de la guerra de Vietnam ampliamente condecorado que se presentó como candidato independiente en las elecciones de 1992. Gritz afirmó que lo primero que haría cuando fuera elegido Presidente sería restablecer el decreto de JFK sobre la emisión de billetes estadounidenses en la economía. Pero, como hemos visto, no hubo tal decreto.

La posición de JFK sobre la Reserva Federal era, por tanto, de "derechas", más que "liberal" o "progresista", sobre todo teniendo en cuenta que -como vimos anteriormente en *Juicio Final*, en el capítulo 4- el padre de JFK le había enseñado todos los rudimentos "derechistas" sobre esta cuestión.

Curiosamente, el ya mencionado Jim Marrs también introduce la teoría de que "la Reserva Federal mató a JFK" - mi descripción del mito, no la suya - en su capítulo de *Crossfire* titulado "Rednecks and Oilmen-Right wing Extremists and Texas Millionaires", como si hubiera alguna relación entre los intereses de los "extremistas de derecha" y los controladores de la Reserva Federal. Una vez más, como hemos visto, esto se basa, en el mejor de los casos, en una percepción errónea y, en el peor, en una mala investigación, pero enturbia aún más las aguas sobre un elemento ya controvertido relativo a un tema general aún más controvertido.

La Reserva Federal tiene ciertamente el poder de manipular a los "extremistas de derecha" para sus propios fines. Sin embargo, como vimos en nuestro apéndice sobre Guy Banister y sus asociados "derechistas", se puede detectar una conexión "derechista" (por así decirlo) con la conspiración del asesinato de JFK, pero ciertamente hay mucho más de lo que Brown, Marrs y otros entienden claramente (o pueden atreverse a decir).

Los intereses bancarios que se benefician del monopolio de la Reserva Federal están, hay que subrayarlo, estrechamente vinculados a la dinastía europea de los Rothschild, como demuestran obras como el monumental estudio de Eustace Mullins, *La conspiración de la Reserva Federal*, que es sin duda la obra más importante sobre el tema y ha sido la piedra angular de todos los escritos posteriores sobre el tema.

Así que, cuando recordamos que la familia Rothschild fue, de hecho, uno de los principales patrocinadores del Estado de Israel, podemos sugerir fácilmente que incluso la teoría de que "la Reserva Federal mató a JFK" tiene su propio anillo legítimo de la verdad, en que el papel del Mossad israelí, en conjunción con la CIA y la mafia de Lansky, apunta a un vínculo entre Rothschild y la Reserva Federal en el complot de asesinato...

LAS PRUEBAS REFUTAN EL MITO...

Merece la pena mencionar un último punto importante: en la sección de fotos de *Juicio* Final hay una ilustración de un billete estadounidense de 1966. He tenido en mis manos este billete estadounidense de 1966. Es auténtico. Está en posesión de un antiguo crítico del Sistema de la Reserva Federal.

El mero hecho de que exista este billete estadounidense de 1966 demuestra que es un mito absoluto que no se emitieran billetes estadounidenses después de 1963. Por lo tanto, es un mito que el Presidente Johnson retirara todos los billetes de EE.UU. de la circulación cuando asumió el cargo tras la muerte de JFK.

A fin de cuentas, los que realmente buscan los hechos sobre el complot del asesinato de JFK no se hacen ningún favor promulgando información falsa sobre el vínculo con la Reserva Federal. Así que me alegro de tener esta oportunidad de intentar aclarar las cosas.

ANEXO 6

¿Represalias
¿Estaban las extrañas muertes de William Colby y John Paisley relacionadas con el asesinato de JFK?

La muerte del ex director de la CIA William Colby en un extraño "accidente" de navegación en la primavera de 1996 ha echado mucha leña al fuego de los teóricos de la conspiración. La muerte de Colby recordó a la igualmente extraña muerte del ex funcionario de la CIA John Paisley en 1978. Tanto Colby como Paisley criticaban abiertamente la influencia israelí dentro de la CIA y Colby se disponía -antes de su muerte- a emprender una labor activa en favor de la causa árabe. De hecho, existen sólidos indicios históricos que sugieren que ambos hombres murieron precisamente por su oposición a Israel. Y, al menos en el caso de Paisley, existe un vínculo particular entre el asesinato de JFK y el de Paisley que es absolutamente necesario investigar.

La edición del 20 de agosto de 1996 de The *Sun*, *un* periódico sensacionalista, publicó un interesante "especial flash" que anunciaba que "La muerte del jefe de la CIA debería finalmente destapar el asesinato de JFK".[108] El tabloide anunciaba que el ex director de la CIA William Colby planeaba sacar a la luz el asesinato del presidente Kennedy. Aunque el tabloide no aportaba pruebas de que así fuera, no cabe duda de que la extraña desaparición de Colby dio que pensar a mucha gente, y no sólo a los llamados "teóricos de la conspiración". De hecho, Colby había hecho algunos comentarios crípticos sobre el asesinato de JFK en una entrevista justo antes de su muerte, así que probablemente haya motivos para desconfiar.

Sin embargo, como veremos más adelante, hay pruebas sólidas que sugieren que, si William Colby tenía realmente un chivatazo sobre el asesinato del presidente Kennedy y sabía que la inteligencia israelí estaba realmente involucrada, Colby habría sido probablemente el ex alto funcionario de inteligencia más propenso a hacer sonar la alarma.

¿Sobre qué base puede hacerse tal afirmación? El hecho es que, mientras era director de la CIA, William Colby era considerado hostil a los intereses de Israel, hasta el punto de que fue Colby quien despidió a James Jesus Angleton, el agente del Mossad que llevaba mucho tiempo en la CIA, y que en *Juicio* Final aparece como el agente clave de la CIA en el complot para asesinar a JFK.

ISRAEL, FUENTE DE FRICCIONES

---

[108] *The Sun*, 20 de agosto de 1996.

Evidentemente, la mayoría de los informes de prensa de la época, que describían el despido de Angleton por Colby, no contaban toda la historia. Sin embargo, según Wolf Blitzer, corresponsal durante muchos años en Washington del *Jerusalem* Post:

> "*CBS News* informó en 1975 que Angleton perdió su trabajo en diciembre de 1974 debido a disputas políticas sobre Israel y no por las afirmaciones de la CIA sobre espionaje doméstico, como se informó originalmente.... También se decía que Angleton había discutido con el director de la CIA, William Colby, sobre cuestiones de política en Oriente Próximo."[109] De hecho, según Blitzer, fue una semana antes de que el *New York Times* publicara por primera vez un artículo de Seymour Hersh en el que se afirmaba que la CIA se dedicaba al espionaje doméstico y que Colby le había dicho a Angleton que ya no podía encargarse de la oficina israelí de la CIA, tras lo cual Angleton dimitió, efectivamente expulsado por Colby.[110]

UNA MENTE RETORCIDA...

En 1967, el comportamiento de Angleton se había vuelto tan extraño que, en uno de sus viajes a Israel, John Denley Walker, jefe de la oficina de la CIA en Israel, creyó que Angleton estaba "al borde de un ataque de nervios".[111] Sin embargo, cuando dejó la CIA en diciembre de 1974, parece que Angleton pudo haber cruzado la línea.

El periodista de *CBS* News Daniel Schorr describió su encuentro con Angleton poco después de ser despedido por Colby. Según Schorr, Angleton "divagaba, la conversación era inconexa. Había estado en Israel treinta veces. Nunca había conocido a Howard Hunt...".[112] (De nuevo, la negativa de Angleton a admitir que conocía a Hunt, comentada en el capítulo 16). Angleton añadió: "Durante veintidós años me ocupé de cuestiones israelíes. Israel era el único país cuerdo de Oriente Medio".[113] Como los delirios de Angleton continuaban, Schorr decidió que Angleton "estaba realmente loco".[114] Schorr dijo que Angleton "seguía hablando como si yo no estuviera allí. Hablaba como si estuviera examinando su propia mente".[115]

Como resultado, el mayor defensor de Israel de la CIA se había vuelto completamente loco - y el nuevo director de la CIA, William Colby, era visto como hostil a los amigos de Angleton en Israel.

COLBY contra ISRAEL

Wolf Blitzer describió cómo muchos altos funcionarios de los servicios de inteligencia estadounidenses no habían compartido el entusiasmo de Angleton por

---

[109] Wolf Blitzer. *Between Washington and Jerusalem* (Nueva York: Oxford University Press, 1985), p. 89.
[110] *Ibid.*
[111] David Wise. *Molehunt* (Nueva York: Avon Books, 1992), p. 257.
[112] *Ibid*, p. 272.
[113] *Ibid.*
[114] *Ibid.*
[115] *Ibid.*

Israel, y citó a Colby como ejemplo concreto: "Muchos [funcionarios de los servicios de inteligencia] estaban mucho más preocupados por la posición de Estados Unidos en el mundo árabe. Su valoración del interés nacional de Estados Unidos coincidía más con la visión arabista tradicional del Departamento de Estado que con el pensamiento de Angleton...

"En 1975, por ejemplo, los funcionarios de inteligencia israelíes estaban cada vez más preocupados por lo que parecía ser una creciente tendencia proárabe entre varios analistas de alto rango de la CIA. El testimonio a puerta cerrada de noviembre de 1975 sobre el equilibrio de armas en Oriente Próximo ofrecido por el director saliente de la CIA, William Colby, fue uno de los primeros indicios de esta actitud.

"Colby, que acababa de ser destituido de su cargo por el presidente Ford, pero que pidió permanecer en él hasta que su sucesor designado, el embajador George Bush, regresara de China y obtuviera la confirmación del Senado, argumentó en su testimonio que el equilibrio de poder en Oriente Medio se estaba inclinando a favor de Israel. Se considera que su testimonio, que rebate las cifras presentadas por funcionarios israelíes, ha socavado la propia petición de la administración al Congreso de 1.500 millones de dólares en ayuda militar para Israel este año fiscal.

UN GRAVE CONTRATIEMPO

"La causa de Israel dentro de la burocracia de la CIA, por supuesto, había sufrido un serio revés a principios de año cuando Colby despidió a Angleton... cuya firme postura contra los soviéticos le había llevado a creer que los intereses nacionales estadounidenses requerirían un Israel fuerte en Oriente Medio para contrarrestar los crecientes avances soviéticos... [y como resultado][... El controvertido testimonio de Colby contra Israel fue otra expresión de las mismas actitudes que habían inspirado a Angleton de la CIA.

"Daniel Schorr, el corresponsal en Washington que trabajó para la CBS en 1975, informó de que había una fuerte facción pro-árabe dentro de la CIA y sólo una pequeña facción pro-Israel, y dijo que este grupo pro-árabe había influido fuertemente en las decisiones...".[116] Así que el Secretario de Estado Henry Kissinger intentó debilitar los argumentos de Colby sobre el equilibrio de armas en Oriente Próximo", citando errores anteriores en las evaluaciones de la CIA sobre Oriente Próximo que se percibían como "pro-árabes" en su posición.

Así, el propio William Colby fue finalmente despedido de la CIA, tras haber huido de Israel y de su grupo de presión en Washington. Por lo tanto, no sorprende a los lectores saber que, poco antes de su muerte "accidental", Colby había iniciado negociaciones para realizar trabajos de consultoría de alto nivel para intereses árabes, un pequeño detalle interesante que parece haberse olvidado en gran parte de la especulación que rodea la muerte de Colby.

---

[116] *Ibid*, pp. 91-92.

COLBY Y LOS ÁRABES

En la primavera de 1996, Colby se puso en contacto con un periodista de alto rango que sabía que respetaba a los más altos cargos diplomáticos, militares y de inteligencia árabes y le pidió que organizara un encuentro entre Colby y un alto cargo árabe.[117]

(El autor de *Juicio final* se enteró de la reunión de Colby con el funcionario árabe después de la desaparición inicial de Colby, pero antes de que el cuerpo de Colby apareciera el 5 de mayo de 1996. La fuente de información del autor fue el periodista que había organizado la reunión).

Según un antiguo administrador federal de seguridad que asistió a una de las reuniones, Colby y su socio árabe "compartían preocupaciones comunes". Ambos sabían que sus respectivos gobiernos estaban siendo infiltrados y manipulados por agentes israelíes. Ambos habían luchado durante mucho tiempo contra este movimiento".[118] Como resultado de estas reuniones, Colby aceptó trabajar como asesor confidencial de los intereses árabes. *Uno sólo puede imaginar la reacción de Israel ante esta decisión de un antiguo director de la CIA de alinearse con los intereses de sus enemigos jurados, los árabes.*

EL LOBBY ISRAELÍ SE APODERA DE LA CIA

También es interesante señalar que la muerte de Colby se produjo en un momento crítico, cuando el lobby israelí en Washington estaba inmerso en un gran esfuerzo entre bastidores para aumentar significativamente el poder de la CIA y de su entonces director, John Deutch, un refugiado judío de origen belga, figura de Washington conocida desde hacía tiempo por sus estrechos vínculos con los servicios secretos israelíes.

Las denominadas medidas de "reforma" -destinadas a aumentar el poder del Director de la CIA- eran de tal naturaleza que un auténtico reformista de la CIA como William Colby habría sido sin duda un crítico muy vocal y destacado de estas propuestas, sobre todo teniendo en cuenta que el lobby israelí estaba trabajando muy claramente entre bastidores.

El 24 de abril de 1996, dos días antes de la desaparición de Colby, la votación de un comité del Senado, que pasó desapercibida, sentó las bases de una propuesta extraña y sin precedentes para reestructurar el sistema de inteligencia civil y militar de Estados Unidos.

El senador Arlen Specter -el infame ex fiscal de la Comisión Warren-, ahora presidente republicano del Comité de Inteligencia del Senado (y gran defensor de Israel en el Congreso), impulsó una medida para ampliar la responsabilidad del director de la CIA de controlar los presupuestos de todos los servicios de inteligencia estadounidenses, la mayoría de los cuales eran entonces responsabilidad de las divisiones militares.

---

[117] Entrevista con el autor realizada por Andrew St. George, periodista que organizó el acto.
[118] *The Spotlight*, 20 de mayo de 1996.

Según la propuesta de Specter (que contaba con el pleno respaldo de Deutch), el director de la CIA también habría podido desempeñar un papel importante en el nombramiento de los directores de las distintas agencias de inteligencia, incluidas las del Pentágono. Esto permitiría a Deutch controlar no sólo la CIA, sino también la Agencia de Seguridad Nacional, la Oficina Nacional de Reconocimiento y la Agencia de Inteligencia para la Defensa, así como los grupos de inteligencia del Ejército, la Armada, las Fuerzas Aéreas y los servicios marítimos.[119]

El 25 de abril, incluso el *Washington Post* se animó a comentar (con razón) que "es probable que un cambio tan radical se enfrente a una fuerte oposición, no sólo de los propios servicios militares, sino también de otros comités del Congreso que supervisan el Pentágono". El Comité de Servicios Armados del Senado ya había enviado una carta a Specter diciendo que quería retrasar cualquier acción sobre reformas que limitaran los poderes del Pentágono, como la propuesta de dar al director de la CIA un papel en el nombramiento de la cúpula de la agencia".[120]

Sin duda, la propuesta era, cuando menos, inusual, pero estaba en plena consonancia con un esfuerzo en curso (en aquel momento) por aumentar la influencia de la CIA y de su actual director, John Deutch.[121]

Tras asumir su cargo en la CIA, Deutch fue recibido por numerosos artículos elogiosos en los principales medios de comunicación que proclamaban que existía -como cantaba la revista *Parade* en un favorable artículo de portada- una "nueva CIA" bajo el control de Deutch. Este análisis era de hecho cierto, en el sentido de que nunca antes (ni siquiera en tiempos de James Angleton) la inteligencia israelí había tenido tanta influencia en todos los niveles de la CIA.[122]

Del mismo modo, la edición del 6 de mayo de 1996 de *Time* (propiedad de la familia Bronfman, grandes mecenas de Israel) incluía un artículo de cuatro páginas sobre "el formidable John Deutch",[123] a quien la revista de Bronfman aclamaba como "el jefe de la CIA más poderoso hasta la fecha", concluyendo que "lo que es bueno para John Deutch es bueno para la CIA".[124]

De hecho, al final, la absorción de la CIA orquestada por simpatizantes israelíes en Washington fue finalmente rechazada, pero mientras tanto, por supuesto, el hombre que habría sido uno de sus oponentes más eficaces, William Colby, había sido eliminado de la escena.

¿QUIÉN MATÓ A COLBY?

[125]Tras el descubrimiento del cuerpo de Colby, uno de sus socios árabes dio su punto de vista sobre la desaparición de Colby: "Busquen a los judíos", comentó. También se afirma que la Sra. Colby no se dejó engañar y pensó que la muerte de su marido había sido un accidente. Sin embargo, como diplomática experimentada que

---

[119] *The Spotlight*, 13 de mayo de 1996.
[120] *The Washington Post*, 25 de abril de 1996.
[121] *Parade*, 19 de noviembre de 1995.
[122] *Time*, 6 de mayo de 1996.
[123] *Ibid*.
[124] *Ibid*.
[125] Entrevista del autor con Andrew St. George, organizador del acto.

conoce los peligrosos caminos del mundo de la inteligencia, no tiene ningún interés en revelar sus sospechas públicamente y probablemente nunca lo hará.

Por lo tanto, es muy poco probable que se hagan públicas las verdaderas opiniones de Colby sobre el asesinato de JFK. Sin embargo, sí conocemos su opinión sobre Israel y su influencia en la política estadounidense.

Probablemente no sea una coincidencia que uno de los protegidos de Colby cuando éste servía en Vietnam para la CIA sea como su mentor: un crítico abierto de la conspiración israelí. John De Camp, un antiguo oficial del ejército en Vietnam que sirvió a las órdenes de Colby y que ahora es un destacado abogado anticonformista en Nebraska, ya había tenido tratos con el lobby israelí durante los años en que (De Camp) sirvió en la legislatura de Nebraska.

De Camp recuerda las palabras de advertencia de Colby, que probablemente merezca la pena destacar aquí, sobre todo a la luz del fallecimiento de Colby: "A veces hay fuerzas y acontecimientos que son tan grandes, tan poderosos, con tanto en juego para determinadas personas o instituciones, que no puedes hacer nada contra ellos, por muy malvados o equivocados que sean y por muy dedicado o sincero que seas o las pruebas que tengas. Es simplemente una de las duras realidades de la vida a las que hay que enfrentarse".[126]

OTRA MUERTE EXTRAÑA

Las palabras de Colby resultan bastante llamativas si se tiene en cuenta que la muerte de Colby en el agua hacía referencia a muchas otras muertes extrañas similares y a una muerte que, de hecho, puede estar realmente relacionada de algún modo con la conspiración del asesinato de JFK e implica otro intento de resistencia al complot israelí en Washington por parte de un funcionario de la CIA.

Nos referimos a la muerte -el asesinato- de John Paisley, ex subdirector durante muchos años de la Oficina de Investigación Estratégica de la CIA, que apareció flotando en la bahía de Chesapeake el 1 de noviembre de 1978, con un disparo en la cabeza. Aunque su muerte fue calificada de "suicidio", pocos lo creyeron entonces y pocos lo creen hoy.

No fueron sólo las circunstancias similares de las muertes de los dos hombres lo que los observadores encontraron tan intrigante. Lo más sorprendente es que Paisley, al igual que Colby, había tratado resueltamente de resistirse al complot israelí de alto nivel. Paisley había descubierto -y tratado de bloquear- una importante operación de penetración israelí dirigida contra la Oficina de Estimaciones Nacionales de la CIA, donde se compilaban los informes de inteligencia de alto nivel que orientaban las decisiones presidenciales estadounidenses.

Es más, no hay duda de que Paisley -quizá incluso más que Colby- tenía buenas razones para estar al tanto de los secretos de inteligencia ocultos durante mucho tiempo en relación con el manejo por parte de la CIA del presunto asesino de JFK, Lee Harvey Oswald. Así que probablemente no sea una coincidencia que Paisley muriera en un momento crítico de la investigación del Comité Selecto de la Cámara de Representantes sobre Asesinatos, justo cuando el comité estaba explorando -o al

---

[126] John De Camp. *The Franklin Cover-Up* (Lincoln, Nebraska: AWT, Inc., 1996), pp. IX-X.

menos fingiendo explorar- los posibles vínculos de la CIA con Lee Harvey Oswald y el asesinato del presidente Kennedy.

PAISLEY Y OSWALD

Aunque el nombre de Paisley nunca se mencionó durante la investigación de la Comisión, uno de sus informes decía que un antiguo empleado de la CIA había revelado que "la CIA guardaba un gran volumen de información sobre la fábrica de radio [soviética] en la que había trabajado Oswald". [127]"La información se guardaba en la Oficina de Investigación e Informes", que habría sido la oficina de Paisley en aquella época. *Así pues, si Oswald era de hecho un agente de la CIA mientras se hacía pasar por "desertor" en la Unión Soviética, como muchos han sugerido, si alguien lo sabía era John Paisley.*

PAISLEY Y ANGLETON

Hay otro detalle sobre la historia de Paisley que probablemente merezca la pena destacar: según el veterano periodista de inteligencia Tad Szulc, Paisley, de 25 años, fue reclutado por la CIA en 1948 cuando fue a Palestina como operador de radio para la misión de mantenimiento de la paz de la ONU. Y según Szulc, fue nada menos que James Angleton, amigo de Israel en la CIA, quien reclutó a Paisley en aquel momento.[128]

Esto es interesante en la medida en que, según el periodista Jim Hougan,[129] "bajo juramento ante el Senado y tomando unas copas con un miembro de la familia de Paisley, Angleton juró que nunca había conocido a Paisley". [130]Sin embargo, como señala Hougan, son muchos los que consideran "increíble" que Angleton y Paisley, ambos oficiales de carrera de la CIA con responsabilidades de contraespionaje relacionadas con la Unión Soviética, nunca se conocieran.

La negativa de Angleton a admitir que conocía a Paisley recuerda a su negativa similar (documentada en el capítulo 16 de *Juicio Final)* a admitir que conocía a E. Howard Hunt cuando todas las pruebas apuntan a lo contrario.

Dick Russell, un antiguo investigador que trabajó en el asesinato de JFK, investigó el caso Paisley. Y aunque Russell tuvo cuidado de nunca plantear la posibilidad de un vínculo israelí con el asesinato de JFK, Russell llegó a la siguiente conclusión sobre la muerte de Paisley: "Lo que Paisley estaba haciendo en sus últimos años, hasta el momento de su desaparición, *aparentemente se remonta a la era Kennedy.* Y no creo que el momento de su desaparición, que ocurrió mientras el Congreso se concentraba en lo

---

[127] Russell, p. 208.
[128] Dick Russell. *The Man Who Knew Too Much* (Nueva York: Carroll & Graf), p. 209. Cita de un artículo de Tad Szulc en el *New York Times Magazine,* 7 de enero de 1979.
[129] Jim Houghan. *Secret Agenda: Watergate, Deep Throat and the CIA* (Nueva York: Random House, 1984), p. 318.
[130] *Ibid.*

que la CIA y los soviéticos sabían sobre Lee Harvey Oswald, sea una coincidencia."[131] (énfasis añadido)

PAISLEY contra ISRAEL

¿En qué estaba metido Paisley justo antes de su muerte? La respuesta a esa pregunta conduce directamente a la resolución de la cuestión de quién mató a Paisley y por qué. Y esto de nuevo se relaciona -precisamente- con las conclusiones a las que llegamos en *Juicio Final* sobre quién mató a John F. Kennedy y por qué.

Aunque la muerte de John Paisley fascinó a los que habían catalogado las guerras secretas entre la CIA y el KGB (entre los que se encontraba James Angleton), es bastante sorprendente que los que han investigado la muerte de Paisley se hayan mostrado reacios, como Dick Russell, a hablar de lo que es muy claramente el vínculo del Mossad con el caso.

En los años que precedieron al fallecimiento de Paisley, las facciones belicistas del gobierno israelí presionaban con fuerza en Washington para obtener más ayuda armamentística e inyecciones de dinero a través del programa de ayuda exterior estadounidense. Partidarios leales de Israel, como el senador Henry Jackson (demócrata de Washington), sostenían que Israel necesitaba más poder militar para proteger a Oriente Medio de la "agresión soviética", un argumento que complacía a los anticomunistas de línea dura de ambos partidos políticos.[132]

Sin embargo, los analistas de inteligencia estadounidenses se burlaron de los gritos alarmistas de Israel. Dirigidos por analistas de alto nivel de la Oficina de Estimaciones Nacionales, aseguraron a la Casa Blanca que, al menos por el momento, los soviéticos no tenían ni la intención ni la capacidad de atacar un objetivo estadounidense importante y vital, como los Estados del Golfo ricos en petróleo.[133]

EQUIPO A contra EQUIPO B

No obstante, los aliados de Israel en Washington intentaron contrarrestar las conclusiones del Consejo Nacional de Inteligencia. Así, bajo presión política, el presidente Gerald Ford accedió, a mediados de 1976 (cuando George Bush era director de la CIA), a instituir una llamada "auditoría" de los datos de inteligencia proporcionados por los propios oficiales de inteligencia interna de la CIA (que pasaron a conocerse como "Equipo A") por parte de un comité de expertos "independientes", conocidos como "Equipo B".[134]

El impulsor de la idea de una auditoría de este tipo fue Leo Cherne, un veterano del lobby israelí que también tenía antiguos vínculos con la familia Bush.

En 1962, Cherne, Prescott Bush padre y Prescott Bush hijo, padre y hermano del futuro director de la CIA, y otro futuro director de la CIA, William Casey, fundaron el Centro Nacional de Inteligencia Estratégica, que servía de centro de distribución

---

[131] *Ibid*, p. 214.
[132] *The Spotlight,* 5 de febrero de 1996.
[133] *Ibid*.
[134] *Ibid*.

de "información" aprobada por la CIA y enviada a unos 300 periódicos de todo el mundo.[135]

Sin embargo, como señalamos en el Apéndice 1 del *Juicio Final*, el Equipo B, el grupo recién formado y supuestamente "independiente" dirigido por el profesor de Harvard Richard Pipes, partidario incondicional de Israel, se ha convertido en un puesto avanzado de la influencia israelí. Y, por supuesto, dado su apego familiar al padrino del Equipo B, Leo Cherne, el director de la CIA George Bush se ha convertido, como era de esperar, en un defensor de las conclusiones del Equipo B.

PAISLEY contra L'EQUIPE-B

Fue a John Paisley, recientemente retirado de la CIA, a quien se encomendó la tarea de enlace y asesoramiento entre el Equipo A interno de la CIA y el Equipo B. Sin embargo, Paisley no estaba entusiasmado con las acciones del Equipo B. Según Meade Rowington, antiguo analista de contraespionaje estadounidense: "Pronto quedó claro para Paisley que estos intelectuales cosmopolitas simplemente intentaban desacreditar las recomendaciones de la CIA y sustituirlas por una visión alarmista de las intenciones soviéticas favorecida por los estimadores israelíes."[136]

Como resultado, durante los dos años siguientes, Paisley lanzó su propia campaña contra el intento de Israel de manipular la política estadounidense. También empezó a hablar con periodistas e investigadores del Congreso en Washington, exponiendo lo que estaba viendo. Según uno de los amigos de Paisley, "se reunió con físicos y otros científicos que sabían que Israel estaba exagerando enormemente las capacidades militares y los planes de guerra soviéticos. Pero le dijeron en privado, repetidamente, que no había nada que pudiéramos hacer al respecto".[137]

A principios de 1978, el Equipo B había completado su revisión de los procedimientos y programas de la CIA y publicado un extenso informe que criticaba severamente casi toda la inteligencia estadounidense descubierta durante los años anteriores sobre el poder militar soviético y sus usos previstos.

DESINFORMACIÓN ISRAELÍ

El informe del Equipo B, influenciado por Israel, afirmaba que los soviéticos estaban desarrollando en secreto la llamada capacidad de "primer ataque", porque la doctrina estratégica soviética suponía que un ataque furtivo de este tipo les convertiría en vencedores en un intercambio nuclear con EEUU. El Equipo B rechazó las estimaciones de analistas como Paisley y otros, según las cuales era improbable que Moscú iniciara un conflicto nuclear a menos que fuera atacado. Al final, por supuesto, prevalecieron las conclusiones del Equipo B y la consecuencia directa fue que se produjo una reanudación virtual de la carrera armamentística y una nueva infusión

---

[135] *George Bush: La biografía no autorizada.* Webster Tarpley y Anton Chaitkin. (Washington, DC: Executive Intelligence Review, 1992), p. 80.
[136] *The Spotlight*, 5 de febrero de 1996.
[137] *Ibid.*

masiva de ayuda militar estadounidense y de otros países a Israel en la década de 1980.[138]

Basado en estimaciones fraudulentas proporcionadas por los servicios de inteligencia israelíes, el informe del Equipo B se basaba en la advertencia de que la Unión Soviética sufría una grave escasez de energía. Como resultado, el Equipo B predijo que a partir de 1980 la producción soviética de petróleo sufriría una grave escasez, obligando a Moscú a importar hasta 4,5 millones de barriles diarios para sus necesidades esenciales. Hambrientos de petróleo -como afirmaba la desinformación israelí- los soviéticos invadirían Irán u otro Estado del Golfo rico en petróleo, aunque ello supusiera un enfrentamiento nuclear con Estados Unidos.[139]

LA CAMPAÑA DE UN HOMBRE

Nada de esto era ni remotamente cierto - y John Paisley y otros lo sabían. Sin embargo, Paisley continuó su campaña personal para rebatir las distorsiones, exageraciones e influencia israelí que había detrás de los argumentos del equipo B. Aunque el informe final del equipo era secreto, con acceso restringido a un puñado de dirigentes gubernamentales, Paisley al parecer se hizo con una copia del informe en el verano de 1978 y se puso manos a la obra para escribir una crítica detallada que habría destruido esta desinformación israelí.[140] Pero Paisley fue asesinado antes de que pudiera completar su tarea.

Según Richard Clement, que dirigió el Comité Interinstitucional de Lucha contra el Terrorismo durante la administración Reagan: "Los israelíes no tuvieron reparos en 'acabar' con funcionarios clave de los servicios de inteligencia estadounidenses que amenazaban con desenmascararlos. Quienes conocemos el caso Paisley sabemos que fue asesinado por el Mossad. Pero nadie, ni siquiera en el Congreso, quiere decirlo públicamente".[141]

INMAN Y PAISLEY

Orlando Trommer, oficial de seguridad federal retirado, dijo: "Por supuesto, Paisley tenía razón".[142] Trommer dijo que cuando escuchó al ex almirante Bobby Ray Inman, ex subdirector de la CIA (y, al igual que Paisley, crítico del equipo B) pedir públicamente que la CIA fuera disuelta y despojada de sus funciones de recopilación de inteligencia, Trommer pensó: "Sé lo que quería decir. Esa es una para ti, John".[143]

Los lectores recordarán que cuando el Presidente Bill Clinton propuso al mencionado Almirante Inman como Secretario de Defensa, el Sr. Inman retiró repentinamente su nombre en una rueda de prensa el 18 de enero de 1994.

---

[138] *Ibid.*
[139] *Ibid.*
[140] *Ibid*, 4 de marzo de 1996.
[141] *Ibid.*
[142] *Ibid*, 5 de febrero de 1996.
[143] *Ibid.*

En ese momento, Inman dijo, en términos inequívocos, que dimitía porque no deseaba someterse a lo que denominó el "nuevo macartismo".[144] En otras palabras, Inman dijo que estaba siendo atacado en los medios de comunicación -en particular por el columnista sindicado William Safire- porque él (Inman) había rechazado a Safire y al lobby israelí años antes.

OTRA CRÍTICA A ISRAEL

Inman explicó cómo, en 1981, cuando los israelíes bombardearon el reactor nuclear iraquí, él (Inman) había descubierto que en 1981 los israelíes habían podido llevar a cabo su acto precisamente porque habían tenido acceso a archivos de alto nivel de reconocimiento por satélite del Pentágono. En aquel momento, Inman, entonces Director en funciones de la CIA durante la ausencia del Director de la CIA William Casey, emitió órdenes limitando el acceso israelí a esta inteligencia estratégica nacional. En respuesta, según Inman: "El ministro de Defensa [israelí], el general Sharon, estaba tan furioso que vino a Estados Unidos para protestar ante Weinberger".[145] Pero Weinberger, él mismo crítico con Israel, había apoyado a Inman.

Después, tras el regreso de Casey el director de la CIA a EE.UU., William Safire -amigo desde hace mucho tiempo y antiguo director de campaña de Casey cuando éste presentó una candidatura fallida al Congreso- se quejó a Casey, quien desautorizó a Inman. Según Inman, "a partir de ese momento, si rastreas la cobertura mediática [de Inman], fue agresiva".[146]

CONEXIONES DE CASEY

Una nota interesante sobre William Casey: como director de la CIA, Casey fue un valioso aliado de Israel en Washington y fue bajo su liderazgo que la CIA se vio envuelta en el infame asunto Irán-Contra, en el que Israel fue un actor clave.

Las conexiones de Casey sugieren de algún modo un antiguo vínculo no sólo con la inteligencia israelí, sino también con otros elementos que salieron a la luz durante las investigaciones sobre el complot del asesinato de JFK. Según el escritor especializado en crimen organizado Dan Moldea, Casey fue fundador, consejero general y miembro del consejo de administración de Multiponics, una empresa agrícola que poseía unos 44.000 acres de tierras de cultivo en varios estados del Sur, entre ellos Luisiana.[147] Uno de los socios de Casey en el negocio era un tal Carl Biehl, a quien Moldea describe como "un asociado de las figuras del hampa de la familia criminal de Carlos Marcello en Nueva Orleans".[148] (En el capítulo 10, por supuesto, analizamos en detalle la conexión entre Marcello y el sindicato de Lansky).

---

[144] Comunicado de prensa de Bobby Ray Inman, 18 de enero de 1994.
[145] *Ibid.*
[146] *Ibid.*
[147] Dan Moldea. *Dark Victory* (Nueva York: Viking Press, 1986), p. 294.
[148] *Ibid.*

¹⁴⁹Lo que es particularmente interesante, sin embargo, es que cuando la empresa Multiponics de Casey y el socio de Marcello quebró en 1971, debía unos 20,6 millones de dólares a varios acreedores, entre ellos nada menos que Bernard Cornfeld, de Investors Overseas Services, de quien descubrimos en el capítulo 7 que desempeñaba un papel destacado en las actividades internacionales de blanqueo de dinero de Tibor Rosenbaum para el Mossad. (Y tenemos que preguntarnos, por supuesto, si el trato de Casey con IOS no era, de hecho, algún tipo de empresa secreta - o incluso el medio para cobrar del Mossad disfrazado de préstamo fallido. Es una especulación, pero da que pensar.

Más tarde, después de que Casey se convirtiera en Director de la CIA, nombró a una figura igualmente interesante para el puesto de Subdirector de Operaciones a cargo de la acción encubierta y la recopilación clandestina de inteligencia en el extranjero (el puesto anteriormente ocupado por James Angleton): un tal Max Hugel, funcionario de la Centronics Data Corporation.

Según Dan Moldea: "Parte de Centronics fue propiedad hasta 1974 de Caesar's World, la empresa de juegos de casino, que se convirtió en objeto de una investigación federal por presunta propiedad oculta de la mafia cuando Brother International Corporation, la antigua empresa de Hugel, compró las acciones de Caesar's World en Centronics. Centronics también tenía una relación de consultoría con el mafioso Moe Dalitz y sus casinos de Las Vegas".¹⁵⁰

En los capítulos 10 y 15, así como en nuestro apéndice sobre la Comisión Warren, examinamos la historia de Moe Dalitz y sus íntimos vínculos con el sindicato de Lansky y el Permindex de Tibor Rosenbaum, vinculado al complot del asesinato de JFK. Ahora encontramos otra conexión de Dalitz en los niveles más altos de la CIA.

DAÑOS COLATERALES

Huelga decir que el Mossad ejercía una influencia muy larga, categórica y decisiva en el seno de la CIA, por lo que podemos comprender por qué, cuando el Director Adjunto de la CIA, el almirante Bobby Ray Inman, tenía razón al cuestionar la influencia del Mossad, fue rechazado por William Casey en más de una ocasión.

Aunque no tuvo (aparentemente) ninguna relación directa con el asesinato de JFK, el conflicto de Bobby Ray Inman con Israel y su poderoso lobby en Washington es un buen ejemplo de lo que puede ocurrirles a los altos funcionarios estadounidenses que atacan a Israel cuestionando su poder e influencia en la elaboración de la política estadounidense. Inman, a su manera, fue tan víctima de las guerras secretas entre bastidores con Israel como sus predecesores William Colby, John Paisley y John F. Kennedy.

Probablemente nunca sabremos si existe una relación directa entre las muertes de Colby y Paisley y la de John F. Kennedy. Pero todos los hechos sobre sus muertes apuntan a una conexión con Israel. Por esa sola razón, vale la pena señalar aquí en *Juicio Final*.

---

¹⁴⁹ *Ibid.*
¹⁵⁰ *Ibid*, p. 295.

LA CONEXIÓN CON ANGLETON

Tenga la seguridad, sin embargo, de que todavía tenemos que ver al último aliado de Israel en la CIA, o a la némesis de Colby, James Angleton, en las páginas de *Juicio Final*. En el Apéndice 7, exploraremos su poco conocido papel en ese otro golpe conocido como "Watergate". Y veremos que, en efecto, existe un vínculo entre el Watergate y el asesinato de JFK, y ese vínculo es Angleton.

ANEXO 7

"Garganta Profunda" Dallas y Watergate James Jesus Angleton, Israel y la caída de Richard M. Nixon

Desde la caída de Richard Nixon en 1974, la conexión con Dallas y Watergate ha sido fuente de una increíble cantidad de desinformación y desinformación. En efecto, existe una conexión con Dallas y Watergate, pero incluso los investigadores más intrépidos parecen haber pasado algo por alto. La conexión real con Dallas y Watergate es el papel oculto durante mucho tiempo de James Jesus Angleton, el hombre de Israel en la CIA - el principal impulsor de la CIA no sólo detrás del asesinato de JFK, sino también detrás de la dimisión forzada de Richard M. Nixon.

Durante años, un amplio abanico de investigadores ha intentado encontrar una "conexión con Dallas y Watergate". Peter Dale Scott y Carl Oglesby han escrito extensamente sobre el tema. Muchos otros también han investigado el tema. Los investigadores parecen centrarse principalmente en una cosa: el hecho de que el "ex" agente de la CIA E. Howard Hunt, líder del equipo que asaltó la sede del Partido Demócrata en el complejo Watergate de Washington, había sido el contacto de la CIA con los exiliados cubanos anticastristas durante los años de los complots de asesinato de la CIA contra Fidel Castro.

Sin embargo, como veremos en este apéndice, hay mucho más en la "conexión Dallas-Watergate" de lo que parece, y a decir verdad, el verdadero vínculo es el papel oculto desempeñado por el aliado de Israel en la CIA, James Jesus Angleton, no sólo en el asesinato del presidente Kennedy, sino también en la intriga del Watergate que llevó a la caída de Richard Nixon.

De hecho, como veremos, Nixon -al igual que JFK- había empezado a atacar a los israelíes y -al igual que JFK- estaba en el punto de mira para ser eliminado.

NIXON: "TRAEDME LOS ARCHIVOS..."

Dado lo que sabemos hoy del amargo conflicto de John F. Kennedy con Israel por su decidida intención de desarrollar un arsenal nuclear, es muy interesante saber, según el periodista Leslie Cockburn, que "cuando Nixon llegó al poder, lo segundo que le pidió a J. Edgar Hoover fue: 'Tráeme los archivos sobre el espionaje nuclear israelí'". [151] Y teniendo en cuenta los estrechos vínculos de Hoover con la Liga Antidifamación (ADL) de B'nai B'rith, el intermediario de la inteligencia estadounidense para el Mossad israelí, uno no puede evitar preguntarse si las noticias

---

[151] Leslie Cockburn en notas de C-SPAN, 1 de septiembre de 1991.

del particular interés de Nixon por este tema no llegaron a la sede del Mossad en Tel Aviv.

Aunque, como Presidente, Richard Nixon era generalmente percibido como amigo de Israel, la comunidad judía estadounidense en general desconfiaba de Nixon. Ganó la presidencia por un estrecho margen en 1968, imponiéndose a Hubert Humphrey, un firme partidario de Israel que gozaba de gran popularidad entre los votantes judíos.

Sin embargo, en 1972, Nixon fue reelegido por abrumadora mayoría en una de las mayores revueltas populares de la historia estadounidense, y en ese momento Nixon decidió evidentemente que tenía un mandato legítimo para empezar a ejercer una influencia real.

De hecho, como escribió el ex jefe de gabinete de la Casa Blanca, H. R. Haldeman, en su libro *The Ends of Power (Los fines del* poder), el presidente pretendía revisar toda la burocracia federal y ponerla bajo el control directo de sus leales, elegidos a dedo, en el círculo íntimo de la Casa Blanca: colegas de confianza de larga trayectoria que no formaban parte de la élite gobernante.

"La reorganización", declaró Haldeman, es la historia secreta del Watergate. Esta reorganización del invierno de 1972 -poco conocida por la opinión pública estadounidense- acabó empujando a los principales bloques de poder de Washington a actuar contra Nixon.

"Cuando el odiado Nixon empezó a controlar más y más el poder ejecutivo de la Casa Blanca, porque tenía el mandato constitucional para hacerlo, todos vieron que era un peligro. Lo que temían era real. Nixon realmente pretendía tomar las riendas del gobierno en sus propias manos, y si los miembros del Congreso hubieran sabido de una conversación presidencial el 15 de septiembre de 1972, habrían temido aún más."[152]

Según Haldeman, Nixon dijo: "Vamos a limpiar la casa. Es hora de un nuevo equipo. Y punto. Voy a [decirle al pueblo americano] que no lo hicimos antes, pero ahora tenemos un mandato. Y uno de los mandatos es hacer la limpieza que no hicimos en 1968".[153] Haldeman describió la limpieza propuesta de la siguiente manera: "No sólo [Nixon] controlaría férreamente todas las riendas del gobierno a través de ocho altos funcionarios en la Casa Blanca, sino que instalaría a sus propios 'agentes' en puestos clave en cada agencia del gobierno".[154]

Estaba claro que Nixon tenía grandes planes: de hecho, iba a imponerse e intentar tomar el control del poder ejecutivo y sus innumerables agencias. Huelga decir que esta medida incomodó a muchos miembros de la comunidad judía estadounidense. Empezaron a circular rumores sobre las "listas" de Nixon de judíos que ocupaban altos cargos en la rama ejecutiva y en las agencias, lo que alimentó las sospechas que ya existían desde hacía tiempo sobre Nixon. Y mientras todo esto ocurría en Estados Unidos, el estallido de acontecimientos en Oriente Próximo daba un nuevo tono a la percepción que Israel tenía del presidente estadounidense.

---

[152] H. R. Haldeman. *The Ends of Power* (Nueva York: Times Books, 1978), pp. 168-169.
[153] *Ibid*, p. 172.
[154] *Ibid*, p. 191.

NIXON SE REÚNE CON LOS ISRAELÍES

Tras su masiva victoria electoral de 1972, Nixon cruzó la línea en cuanto a su apoyo a Israel.

En 1973, la administración Nixon se enteró del ataque planeado contra Israel por Siria y Egipto treinta horas antes de que Estados Unidos informara a Israel.[155]

Según los críticos proisraelíes de Nixon John Loftus y Mark Aarons, el personal de Nixon "tuvo al menos dos días de aviso previo de que un ataque era inminente"... pero nadie en la Casa Blanca de Nixon avisó a los judíos hasta las últimas horas del día del ataque".[156]

Loftus y Aarons afirman: "Aunque nuestras fuentes creen que la incompetencia, y no la malicia, fue la razón para retrasar el aviso, Nixon tenía ciertamente un motivo para vengarse.... Nixon era muy consciente de que, aparte de J. Edgar Hoover, sólo los israelíes sabían lo suficiente sobre su pasado como para causarle un daño político importante.[157]

"Como muestran las cintas del Watergate, Nixon temía terriblemente a los judíos. Hizo listas de sus enemigos y rastreó a los judíos americanos dentro de su administración.... Cualquiera que fuera el motivo, en septiembre y octubre de 1973 la Casa Blanca de Nixon hizo la vista gorda ante los planes de Sadat de atacar por sorpresa a los judíos."[158]

Hay más pruebas de que Nixon intentaba extraoficialmente frustrar el poder y la influencia del lobby israelí, a pesar de la extendida percepción actual de que Nixon era de algún modo "amigo" de Israel.

Por ejemplo, el respetado periodista británico Alan Hart señaló que ya en 1973 el Secretario de Estado de Nixon, Henry Kissinger, había advertido al gobierno israelí de que Nixon probablemente se estaba preparando para dejar fuera a Israel.

La verdad es que, como señaló Hart, Nixon se había alineado activamente (de forma no oficial) con el rey Feisal de Arabia Saudí en un intento de resolver de una vez por todas el conflicto palestino-israelí.

Hart explicó los esfuerzos de Nixon (a través de los buenos oficios del rey Feisal) para comprometer al líder palestino Yasser Arafat en negociaciones encubiertas para un acuerdo global de paz en Oriente Medio. Sin embargo, cuando Kissinger se enteró de las negociaciones (que inicialmente se habían llevado a cabo a sus espaldas), intervino y frenó los esfuerzos de paz de Nixon y Feisal, que obviamente veía como una amenaza para Israel.

Además, Hart había señalado que, según sus fuentes, en un momento dado el propio Nixon había dicho al rey Feisal que si los israelíes y su lobby estadounidense seguían frustrando los esfuerzos de Nixon por resolver el conflicto de Oriente Próximo, él -Nixon- tenía la intención de romper su discurso preparado sobre el Estado de la Unión y acudir a la televisión y la radio nacionales para explicar al pueblo

---

[155] John Loftus y Mark Aarons. *The Secret War Against the Jews* (Nueva York: St. Martins Press, 1994), p. 309.
[156] *Ibid.*
[157] *Ibid.*
[158] *Ibid*, pp. 309-310.

estadounidense cómo Israel y su lobby estadounidense eran el verdadero obstáculo para la paz.

(Para una visión completa de estas cuestiones -y mucho más sobre el complot de Israel- véase el libro de Alan Hart de 1984, *Arafat-Terrorist or Peacemaker?* publicado por Sidgwick & Jackson en Londres)

Evidentemente, hubo muchos más giros entre bastidores durante los fatídicos años de 1973 y 1974, cuando el escándalo Watergate empezó a escalar y acabó derribando a Richard Nixon. Él, al igual que John F. Kennedy antes que él, estaba inmerso en una guerra secreta con Israel y, a medida que se desarrolla este capítulo, veremos precisamente cómo las mismas fuerzas que debilitaron a JFK acabaron por destripar a Nixon.

De hecho, hay pruebas de que los planes de alto nivel para oponerse a Nixon ya estaban en marcha, incluso antes de su gran victoria en la reelección en 1972.

En una entrevista del 24 de marzo de 1974 con Walter Cronkite, de la CBS, el financiero internacional Robert Vesco (que entonces vivía exiliado en Costa Rica, huyendo de la persecución judicial en Estados Unidos) hizo algunas alegaciones interesantes de las que casi nunca se había tomado nota.

La parte pertinente de la transcripción de la entrevista habla por sí sola:

CRONKITE: Sr. Vesco, usted dijo... que seis meses antes de la irrupción en Watergate, los demócratas le presentaron un plan para impugnar al presidente. ¿Puede decirnos cuál era ese plan?

VESCO: Permítame corregirle un momento. No creo haber dicho que los demócratas vinieran a verme. Dije que era un grupo. No creo haber identificado quién. El plan consistía esencialmente, como he dicho antes, en tratar de conseguir acusaciones contra determinados altos funcionarios, utilizándolos como trampolín para poner a la opinión pública a su favor utilizando en gran medida los medios de comunicación. El objetivo era invertir el resultado de las elecciones presidenciales de 1972.[159]

Vesco afirmó que el "grupo" con el que se había reunido incluía a tres personas cuyos nombres eran bien conocidos y que habían ocupado altos cargos en administraciones anteriores que no nombró. Afirmó que los conspiradores se habían puesto en contacto con él porque creían que conocía (o tenía acceso a) más información sobre una contribución secreta en efectivo al Partido Republicano que podría utilizarse para crear un escándalo que podría servir para derrocar a la administración Nixon.

"LAS MISMAS FUERZAS" SE OPUSIERON A JFK Y A NIXON

Lo que es aún más curioso, sobre todo teniendo en cuenta lo que comentaremos más adelante, es que Vesco también dijo (tras la dimisión de Nixon en 1974) que "las fuerzas que me amenazaron son las mismas políticamente que las que eliminaron al

---

[159] Citado por Carl Oglesby en *The Yankee and Cowboy War: Conspiracies From Dallas to Watergate* (Kansas City, Kansas: Sheed, Andrews & McMeel, 1976), pp. 269-270.

presidente Kennedy y luego al presidente Nixon y que quieren eliminar a todos los colaboradores de Nixon".[160]

[161]Aunque en *The Yankee and Cowboy* War, el investigador Carl Oglesby comenta que Vesco "no era muy claro ideológicamente" sugiriendo que las mismas fuerzas que eliminaron a JFK estaban también detrás de la destitución de Nixon, parece por el contrario que Vesco tenía bastante razón. Debido a que Oglesby nunca considera el hecho de que el "demócrata liberal" (Kennedy) y el "republicano conservador" (Nixon) entraron en conflicto con Israel y su lobby estadounidense, y debido a que está cegado por la dicotomía "liberal-conservador", Oglesby por lo tanto no logra comprender el panorama general. Evidentemente, como dijo Vesco, las fuerzas que le amenazaban eran "las mismas políticamente" que asesinaron a John F Kennedy antes de volverse contra Richard Nixon.

CONEXIÓN DE VESCO AL PERMINDEX

Vesco es en realidad una muy buena fuente sobre este aspecto poco comprendido de la "conexión Dallas y Watergate". [162]De hecho, el ascenso de Vesco al poder en el mundo financiero se produjo cuando se hizo con el control de Investors Overseas Service (IOS), propiedad del extravagante financiero Bernard Cornfeld que, como vimos en los capítulos 7 y 15, era parte integrante de la red Permindex vinculada al asesinato de Kennedy y creada por Tibor Rosenbaum, un veterano agente del Mossad.

Y como señalamos en el capítulo 9, fue Michael Townley -que en realidad era agente de la IOS en el momento del asesinato de JFK- quien más tarde fue condenado por el asesinato del diplomático chileno Orlando Letelier. Los co-conspiradores de Townley en este crimen fueron los exiliados cubanos (y agentes de la CIA) Guillermo e Ignacio Novo quienes, como hemos visto, llegaron a Dallas el 21 de noviembre de 1963 y se reunieron con el miembro de la CIA E. Howard Hunt, ellos claramente jugaron un papel con Hunt en las circunstancias que rodearon los eventos en Dallas vinculados a la conspiración del asesinato.

El propio Vesco se enredó con intereses árabes a raíz del posterior escándalo financiero de la IOS, hasta el punto de que el periodista de investigación Jim Hougan comentó irónicamente (y con sabiduría) que Vesco "podría haber convencido fácilmente a los árabes de que la IOS era un instrumento político de Israel, señalando inversiones multimillonarias en bonos y propiedades israelíes, y sus vínculos con sionistas tan reputados como Cornfeld, Rosenbaum, Rothschild...".

"Con unos cuantos profesionales de Madison Avenue de su lado", dijo Hougan, "Vesco podría haber manipulado los sentimientos nacionalistas en Oriente Medio, apareciendo en la opinión árabe como un refugiado político, víctima de una siniestra conspiración sionista. Después de todo, como [Vesco] solía señalar, todos sus problemas podían achacarse a esos "malditos" bastardos judíos (sic) de la SEC (el organismo federal estadounidense regulador y vigilante de los mercados financieros).

---

[160] *Boston Globe*, 6 de diciembre de 1974. Citado en *Oglesby*, p. 270.
[161] *Oglesby*. p. 270.
[162] Robert Hutchison. *Vesco*. (Nueva York: Praeger Publishers, 1974)

¹⁶³Y habría habido algo de justicia inmanente en el caso de que Vesco hubiera tenido éxito con esta estratagema", añadió.

Así pues, dados los estrechos vínculos de Vesco con la red Permindex que estaba detrás del complot para asesinar a JFK, es realmente probable que Vesco estuviera al corriente de los hechos sobre la complicidad del Mossad con la CIA en el asunto JFK y que, por lo tanto, estuviera utilizando su influencia para golpear a quienes intentaban traerle de vuelta a Estados Unidos para ser juzgado.

Con el consentimiento de Fidel Castro, acabó refugiándose en Cuba, un país antisionista, y allí sin duda le contó a Castro lo que él -Vesco- sabía sobre el asunto JFK.

Esto, por supuesto, habría sido de particular interés para Castro, ya que los conspiradores detrás del asesinato de JFK hicieron todo lo posible para "disfrazar" al presunto asesino del presidente, Lee Harvey Oswald, como simpatizante de Castro. Al final, como es natural, Castro acabó enemistándose con Vesco y el famoso "financiero fugitivo" fue encarcelado por su antiguo anfitrión, acusado de estar implicado en el tráfico de drogas.

El destino final de Vesco está por ver, pero no cabe duda de que sus acusaciones de que las fuerzas que estaban detrás del Watergate también estaban detrás del complot para asesinar a JFK son muy relevantes y creíbles, sobre todo porque sabemos que en el momento en que empezó a desarrollarse el escándalo del Watergate, el tema del asesinato de Kennedy parecía preocupar a Richard Nixon.

NIXON Y EL ASESINATO DE JFK

Los investigadores que han estado buscando la tan discutida "conexión entre Dallas y Watergate", a menudo citan las memorias del antiguo Jefe de Gabinete de la Casa Blanca de Nixon, H. R. Haldeman, en las que Haldeman explicaba cómo Nixon había buscado la intervención de la CIA para evitar que el incipiente escándalo Watergate fuera a más. Nixon le dijo a Haldeman cómo él (Haldeman) debía dirigirse a Richard Helms, entonces Director de la CIA, y persuadir a Helms para que cooperara.

Nixon aconsejó a Haldeman que recordara a Helms que E. Howard Hunt, el antiguo hombre de la CIA, era uno de los ladrones del Watergate. "Hunt... revelará mucho", declaró Nixon.

"Si abres este pedazo de mierda, van a salir un montón de cosas... diles que creemos que sería muy perjudicial ir más allá. Involucra a estos cubanos, Hunt, y un montón de chanchullos que no tienen nada que ver con nosotros".¹⁶⁴

Haldeman dijo entonces que no tenía ni idea de lo que "Nixon" quería decir con "trucos sucios". Pero Nixon añadió: "Cuando la gente de la CIA dice: 'El problema es que esto va a reabrir todo el asunto de Bahía de Cochinos. Así que deberían llamar al FBI y, por el bien del país, no seguir con esto. Y punto".¹⁶⁵

Más tarde, en una reunión posterior, Nixon volvió a abordar este misterioso tema, diciendo: "Dígales que si esto sale a la luz, hará quedar mal a la CIA, hará quedar mal

---

¹⁶³ Jim Hougan. *Spooks* (Nueva York: William Morrow & Company, 1978), p. 227.
¹⁶⁴ Haldeman, p. 33.
¹⁶⁵ *Ibid*.

a Hunt, y probablemente hará saltar por los aires toda la Bahía de Cochinos, lo que sería muy desafortunado para la CIA".[166]

De hecho, Haldeman se dirigió a Helms y le transmitió el mensaje. La reacción del director de la CIA asombró a Haldeman, que la explicó en sus memorias: "Agitación en la sala, Helms agarrado a su silla inclinándose hacia delante y gritando: 'Bahía de Cochinos no tiene nada que ver con esto. No me preocupa Bahía de Cochinos". Según Haldeman: "Me quedé allí sentado. Estaba absolutamente conmocionado por la violenta reacción de Helms. [167]Una vez más, me pregunté, ¿qué tenía de dinamita la historia de Bahía de Cochinos?" (énfasis de Haldeman).

Lo interesante es que Haldeman declaró que más tarde, después de haber empezado a hacer coincidir las cosas, llegó a la conclusión de que "parece que en todas estas referencias de Nixon a Bahía de Cochinos, en realidad se estaba refiriendo al asesinato de Kennedy."[168]

(Poco antes de su muerte, y años después de que se publicaran las memorias, Haldeman afirmó que el coautor de sus memorias, Joe DiMona, había insertado la referencia a "Bahía de Cochinos" y al asesinato de Kennedy en sus memorias, que se había publicado sin su conocimiento y que simplemente no era cierta. Sin embargo, Haldeman no ha explicado por qué nunca leyó sus propias memorias antes de la publicación, o por qué nunca desestimó las dudosas -pero a menudo comentadas- afirmaciones de su coautor inmediatamente después de la publicación del libro).

Otros creían que la CIA estaba detrás del escándalo Watergate. Incluso el *Washington Post* (que se convirtió en la principal voz mediática en el asunto Watergate) informó:

> **"Charles W. Colson (uno de los principales asesores de Nixon) hizo una serie de sorprendentes acusaciones sobre los temores de Nixon a la implicación de la CIA en el escándalo Watergate. Colson retrató al Presidente como un prisionero virtual en el Despacho Oval de supuestos conspiradores de alto rango en los círculos de inteligencia, contra los que no se atrevía a actuar por miedo a las repercusiones políticas internacionales y nacionales. Su temor fundamental era que la CIA hubiera planeado las irrupciones del Watergate. El motivo: desacreditar al círculo íntimo de asesores del Presidente.[169]**

De hecho, parece que Nixon estaba chantajeando a la CIA por su implicación en el asesinato de JFK e intentó utilizar esta información contra la CIA para ejercer influencia política una vez iniciado el asunto Watergate. Sin embargo, es muy probable que, desde el primer día, el fallido allanamiento de Watergate fuera en realidad un montaje diseñado para fracasar. Y la CIA estaba detrás de ello.

Muchos investigadores del caso Watergate, entre ellos Carl Oglesby, han llegado a la conclusión de que los ladrones del Watergate estaban infiltrados por un "agente doble" o agentes que se aseguraron deliberadamente de que los ladrones del

---

[166] *Ibid.*
[167] *Ibid*, p. 38.
[168] *Ibid*, p. 39.
[169] Citado en *el Richmond, California Independent-Gazette*, 27 de junio de 1974.

Watergate fueran sorprendidos en el acto: Un trozo de cinta adhesiva colocado "accidentalmente" sobre el pestillo de una puerta -en posición horizontal en lugar de vertical, como se descubrió- alertó a la seguridad del Watergate de que se estaban haciendo travesuras.

¿LOS LADRONES DE ANGLETON?

Aunque se ha sugerido que el propio E. Howard Hunt fue uno de los que ayudaron a "chapucear" el robo -opinión sostenida por G. Gordon Liddy y ciertamente por Eugenio Martínez, dos de los otros ladrones-, James McCord fue probablemente el otro agente doble directamente responsable de la falsificación de la grabación.[170]

Aunque no fue conocido públicamente hasta el escándalo Watergate, McCord no era un "agente de la CIA" cualquiera. [171]No sólo había sido el máximo responsable de seguridad de la CIA en Europa, sino que más tarde también había estado a cargo de la seguridad del cuartel general de la CIA en Langley, cargos nada desdeñables. Sin embargo, aparentemente en su "retiro", el máximo experto en seguridad de la CIA se las arregló para "chapucear" un robo de mala calidad.

[172]El propio McCord dijo más tarde que Nixon había intentado "conseguir el control político de la CIA" y que a él no le gustaba, como tampoco le gustaba a James Angleton, aliado del Mossad y jefe de contrainteligencia de la CIA. [173]De hecho, y esto es muy importante, McCord era amigo íntimo de Angleton y, como antiguo oficial de seguridad de la CIA, McCord trabajaba directamente con Angleton. Además, como cristiano que cita la Biblia, McCord compartía la devoción de Angleton por Israel.

Así que las pruebas no sólo sugieren que la operación Watergate contra Nixon se desencadenó al menos en parte porque Nixon era (como JFK antes que él) una amenaza para Israel, sino que los orígenes de Watergate se remontan directamente a la oficina de Angleton en la CIA.

Además, el hecho de que también encontremos al antiguo agente del Mossad, agente de la CIA Frank Sturgis, y a su antiguo compañero de la CIA E. Howard Hunt, durante el frustrado atraco.

Como ahora veremos, fue Angleton quien orquestó -a través de un agente de la Casa Blanca- las constantes filtraciones al *Washington Post* que desembocaron en el frenesí mediático nacional que ahora se recuerda como "Watergate".

DEBUT DE GARGANTA PROFUNDA

La fuente de la Casa Blanca que proporcionó a los jóvenes periodistas *del Washington Post* Robert Woodward y Carl Bernstein la cuerda que necesitaban para

---

[170] Eugenio Martínez. *"Misión Imposible" en Nixon: An Oliver Stone Film*, editado por Eric Hamburg (Nueva York: Hyperion Books, 1995), véanse pp. 61- 72.
[171] *Oglesby*, pp. 282-284.
[172] Deborah Davis. *Katharine the Great* (Nueva York: Sheridan Square Press, 1991), p. 259.
[173] *George Bush: La biografía no autorizada*. Webster Tarpley y Anton Chaitkin. (Washington, DC: Executive Intelligence Review, 1992), p. 251.

ahorcar a Richard Nixon por el encubrimiento del Watergate ha sido apodada "Garganta Profunda".

Durante años se ha especulado sobre la verdadera identidad de "Garganta Profunda" y uno de los candidatos cuyo nombre se ha mencionado a menudo -aunque él lo niega- es el general Alexander Haig, que era Jefe de Gabinete de la Casa Blanca en el momento del fallecimiento de Nixon.

Entre los que identifican a Haig como "Garganta Profunda" se encuentran los ya mencionados escritores pro-Israel, John Loftus y Aarons. [174]Especulan que en octubre de 1973 Haig (él mismo un ardiente defensor de Israel) se amargó por los arrebatos de ira y agresión antijudíos del presidente Nixon, y aún más enfadado porque Nixon casi había permitido que Israel fuera víctima de un ataque árabe por sorpresa, "cogió el toro por los cuernos" y se convirtió en "Garganta Profunda" con el objetivo de hacérselo a Nixon y obligarle a abandonar el cargo.

Es una teoría interesante, aunque sólo sea porque subraya el hecho de que hubo fuentes proisraelíes que sugirieron que la destrucción de Richard Nixon fue obra de un ardiente sionista muy bien situado en la Casa Blanca: en este caso, Alexander Haig.

Sin embargo, hay pruebas mucho más sólidas que sugieren que deberíamos depositar la corona de honor en la tumba de James Angleton. Si Angleton no era "Garganta Profunda" per se, sin duda era el supervisor de "Garganta Profunda" para la CIA - y por lo tanto fue el responsable último de la destrucción de Richard M. Nixon. Así que echemos un vistazo a las pruebas.

Recurrimos al trabajo de la periodista de investigación Deborah Davis, cuyo impactante libro, *Katharine the Great: Katharine Graham and Her Washington Post Empire*, causó un gran revuelo cuando se publicó por primera vez. El libro era tan incendiario que la Sra. Graham utilizó su inmensa influencia para que se retirara de las librerías y se convirtiera en pasta de papel.

Pero aún más intrigante es el hecho de que el libro de Davis puede haber sido (hasta ahora) la única obra que documenta el vínculo largamente oculto (pero inadvertido y olvidado) de Angleton con el asunto Watergate.

ANGLETON Y EL WASHINGTON POST

Davis comienza describiendo la estrecha y duradera relación de Angleton con Benjamin Bradlee, el director *del Washington Post* que fue mentor de los periodistas Robert Woodward y Carl Bernstein en la cobertura por el Post del escándalo Watergate:

"Mil novecientos cincuenta y seis. Ben Bradlee, recién vuelto a casar, es corresponsal europeo de *Newsweek*. Dejó la embajada [estadounidense] en París como jefe de prensa *de* Newsweek en 1953, un año antes de que el director de la CIA, Allen Dulles, autorizara a uno de sus agentes más hábiles y decididos, el ex oficial de la OSS James Angleton, a crear un equipo de contrainteligencia. Como jefe de contrainteligencia, Angleton se convirtió en el contacto para todos los servicios de inteligencia aliados y se le dio el control del espinoso escritorio de Israel, a través del cual la CIA recibía el ochenta por ciento de su inteligencia sobre el KGB.

---

[174] *Ibid*, p. 317.

"Bradlee puede ayudar a Angleton con los israelíes en París, y también están vinculados de otras maneras: La esposa de Bradlee, Tony Pinchot, graduada de Vassar en el 44, y su hermana Mary Pinchot Meyer, graduada de Vassar en el 42, son amigas íntimas de Autremont de Cicely, graduada de Vassar en el 44, que se casó con James Angleton cuando ella estaba en el instituto, el mismo año en que él se graduó en la Facultad de Derecho de Harvard y fue reclutado para la OSS por uno de sus antiguos profesores en Yale."[175]

Davis también cita otra conexión entre Bradlee y Angleton que desempeñó un papel crucial durante el periodo del Watergate:

"Ben Bradlee y Richard Ober, un joven que más tarde se convertiría en el jefe adjunto de contrainteligencia de Angleton y colaboraría con el maestro en Europa y Washington durante los años cincuenta, sesenta y setenta, también estuvieron en Harvard a principios de los cuarenta.

"El almanaque de Harvard de 1943-44 muestra que Bradlee y Ober, con cuatro meses de diferencia, fueron ambos al Hasty Pudding Club como estudiantes de primer año; era un club de cuatro años y los estudiantes se unían durante su primer año. Según un historiador del Hasty Pudding Club, "los círculos gastronómicos de Harvard sólo contaban entonces con unos cuarenta miembros" y a menudo eran fuente de grandes amistades, incluso duraderas, entre los jóvenes..."[176]

A pesar de todo esto, Bradlee negó conocer a Ober en ese momento - o más tarde. Pero no cabe duda de que en la época en que Bradlee había empezado a trabajar para *Newsweek* y colaboraba con James Angleton y "los israelíes de París", Ober era el adjunto de confianza de Angleton. Y esto en un momento en que las operaciones de Angleton que involucraban a la mafia francesa corsa (descritas en el capítulo 9 de *Juicio Final*) estaban en su apogeo.

Davis describe el papel desempeñado por Bradlee y otros periodistas vinculados a la red de Angleton: "Él y sus colegas escriben desde la perspectiva de la Guerra Fría. Angleton y Ober eran agentes de inteligencia que viajaban entre Washington y París, Londres y Roma. En Washington, en lugares privados como el salón de Philip y Katharine Graham, estos patriotas filosofan y planifican; en ciudades extranjeras, trabajan para controlar el comunismo europeo por todos los medios posibles - sembrando historias negativas, infiltrándose en sindicatos, apoyando o desacreditando a líderes políticos- para provocar el sentimiento anticomunista."[177]

Bradlee también consiguió situarse en el centro de la controversia sobre Argelia en la que se había visto envuelto el joven senador John F. Kennedy a su regreso a Estados Unidos, para consternación de los partidarios de Israel que se oponían al concepto de independencia de la Argelia árabe (todavía colonia francesa en aquella época).

Según Davis, "el logro más notable de Bradlee como corresponsal extranjero fue conseguir una entrevista con el FLN, la guerrilla argelina que estaba entonces revolucionada contra el gobierno francés. La entrevista, que tenía toda la pinta de ser

---

[175] Davis, pp. 214-215.
[176] *Ibid.*
[177] *Ibid.* pp. 214-216.

una operación de inteligencia... llevó a los franceses a expulsar a Bradlee del país en 1957".[178]

Sorprendentemente, sin embargo, encontramos a Bradlee -mientras trabajaba con Angleton, 17 años antes del Watergate- en medio de otro proyecto de particular interés para Israel, que acabaría formando parte de la llamada "Conexión Francesa" con el complot del asesinato de JFK del que Angleton era un actor central.

Sin embargo, poco después del asesinato de JFK, volvemos a encontrar a Angleton y Bradlee trabajando juntos secretamente en la sombra. Como señalamos en el capítulo 16, tras la muerte de la amante de JFK, Mary Pinchot Meyer (cuñada de Bradlee y esposa del alto funcionario de la CIA Cord Meyer) asesinada a tiros (en lo que se dijo fue un robo) el 12 de octubre de 1964, Angleton había obtenido el diario de la señora Meyer (con la ayuda de Bradlee) y lo había destruido en la sede de la CIA.

Unos años más tarde, después de que James Truitt, editor del *Washington Post*, entrara en conflicto con Bradlee, Truitt sacó a la luz la historia de la adquisición del periódico de la señora Meyer por parte de Angleton y Bradlee. Hasta entonces, Angleton había logrado evitar los focos, pero su conexión con la trama Mary Meyer le valió un reconocimiento público no deseado. Según Deborah Davis, "la disputa de Truitt con Bradlee había expuesto innecesariamente a Angleton, dejándole un sabor amargo y resentimiento".[179]

En 1967, con la seguridad de que Israel contaba con el apoyo incondicional de la administración Johnson, la oficina de Angleton en la CIA dirigió la ahora tristemente célebre Operación CHAOS, que era un "programa de recopilación de información con aspectos específicos de contrainteligencia doméstica"; en resumen, una operación de espionaje dirigida contra ciudadanos estadounidenses que se atrevían a desafiar las políticas de la CIA y de la administración Johnson.[180]

La operación fue dirigida para Angleton por su antiguo adjunto, el ya mencionado Richard Ober. Sin embargo, cuando Richard Nixon llegó al poder en 1969, la Casa Blanca de Nixon empezó a trabajar estrechamente con las operaciones de Angleton, lo que llevó a Ober al círculo íntimo de la Casa Blanca.[181]

¿MOSSAD EN LA CASA BLANCA?

Había, sin embargo, una falsedad más. Este hecho en particular -informado por Deborah Davis- aparentemente nunca ha sido mencionado en ninguna otra parte de la abundante información publicada en referencia al Watergate y a la intriga de aquella época. La revelación de Davis es esencial para comprender las fuerzas secretas que estaban detrás del golpe que expulsó a Richard Nixon de la presidencia...

[182]Según Davis, como parte de una supuesta solución a tres problemas percibidos por el Secretario de Estado Kissinger -a saber, "el alivio de las tensiones, las guerras árabe-israelíes y la subversión interna"-, Kissinger transfirió efectivamente a Angleton

---

[178] *Ibid*, p. 134.
[179] *Ibid*, p. 219.
[180] *Ibid*, pp. 230-231.
[181] *Ibid*.
[182] *Ibid*, p. 256.

"a la Casa Blanca y lo puso a cargo de una oficina israelí de contrainteligencia teóricamente independiente y más importante que la oficina israelí de la CIA".[183]

Davis señala que "Angleton trabajaba estrechamente con Kissinger y sabía casi todo lo que hacía, mientras que Kissinger no tenía ese privilegio respecto a Angleton".[184]

El adjunto de Angleton, Richard Ober, se ocupaba de los asuntos de la oficina israelí de Angleton en la Casa Blanca, un auténtico puesto avanzado del Mossad. Por consiguiente, Angleton y Ober estaban bien situados en ese momento crucial en que Richard Nixon, exultante por su triunfal victoria en la reelección, actuaba para afirmar su autoridad sobre la CIA y contra Israel.

Como hemos visto, el chapucero robo del Watergate de 1972 ya había tenido lugar, y Nixon y su entorno habían intentado un ridículo encubrimiento. Pero la evidencia sugiere que el robo fue un montaje desde el principio. Y Nixon cayó en la trampa.

Fue el viejo aliado de James Angleton en el *Washington Post*, Ben Bradlee, quien lanzó la campaña mediática que hizo de "Watergate" una palabra familiar y condujo a la serie de investigaciones oficiales que derribaron a Nixon. Pero el *Post* no podría haber orquestado la indignación pública si no hubiera contado con el apoyo de "Garganta Profunda", un alto funcionario de la Casa Blanca que fue capaz de proporcionar a los reporteros *del Post* Bob Woodward y Carl Bernstein la información que necesitaban para hacer del Watergate una gran, gran historia.

Deborah Davis nos ofrece un resumen de los parámetros de la conspiración entre "Garganta Profunda" y el *Washington Post*, que demuestra sin lugar a dudas que la cobertura del Watergate por parte del *Post* no fue sólo un caso de jóvenes y esforzados periodistas haciendo un fantástico trabajo de persecución de la corrupción, sino que había mucho más entre bastidores:

"Que Woodward fue manipulado o "dirigido" por Garganta Profunda está muy claro en [el libro de Woodward y Bernstein sobre Watergate] *Todos los hombres del presidente*, que es otra razón por la que el libro es un documento increíble. Es obvio que Garganta Profunda tiene un gran interés en que el *Post* tenga éxito en su investigación... Espera resultados. No le dirá cómo sabe lo que sabe ni por qué quiere ayudar a Woodward a implicar a Nixon..."[185]

Davis llegó a la conclusión de que la "voz" de la fuente, Garganta Profunda, era de hecho, el adjunto de Angleton, Richard Ober. Y eso significa, por supuesto, que Ober ciertamente respondió a la llamada de Angleton como parte de una campaña para derrocar a Richard Nixon.

La gran pregunta, en lo que respecta a Davis, es si "Garganta Profunda" se puso en contacto con Woodward o si el editor de Woodward, Ben Bradlee, puso a Woodward en contacto con "Garganta Profunda".

En ambos casos, la mano de James Angleton estaba claramente actuando. O bien Angleton envió a Ober a Woodward, o bien Angleton pidió a Bradlee, su viejo aliado en *el Post*, que enviara a su reportero Woodward tras Ober. Davis señala: "La pequeña decepción en [*Todos los hombres del presidente*] es que sólo Woodward sabía quién era

---

[183] *Ibid*, p. 256.
[184] *Ibid*, p. 257.
[185] *Ibid*, p. 255.

Garganta Profunda. Bradlee, también, casi seguro que lo conocía y lo conocía desde hacía mucho más tiempo que Woodward".[186]

Davis añadió: "Existe la posibilidad de que Woodward conociera [a Garganta Profunda] mientras trabajaba [antes de convertirse en reportero *del Post*] como enlace de inteligencia entre el Pentágono y la Casa Blanca, donde Garganta Profunda tenía su oficina, y que considerara a Woodward digno de confianza, o útil, y empezara a hablar con él cuando llegó el momento."

"Sin embargo, es igual de probable", dice Davis, "que Bradlee, que había proporcionado a Woodward otras fuentes en otras historias, les pusiera en contacto después de su primer día como Woodward en la historia, cuando el ladrón del Watergate James McCord testificó en su audiencia de acusación que una vez había trabajado para la CIA."[187]

En el veredicto de Davis: "Tanto si Bradlee proporcionó la fuente como si no, reconoció que la declaración de McCord ante el tribunal era muy extraña, los empleados de la CIA, cuando son sorprendidos en un acto ilegal, no admiten que trabajan para la CIA a menos que forme parte del plan. McCord no tenía ninguna buena razón para mencionar a la CIA en absoluto, salvo, al parecer, para llamar la atención sobre el robo, ya que sólo se le había pedido que declarara su ocupación actual, y hacía varios años que no trabajaba para la CIA."[188]

UNA OPERACIÓN DE CONTRAESPIONAJE

La conclusión de Davis es realmente impactante: "Si Garganta Profunda era Richard Ober, con quien Bradlee había cenado en Harvard y a quien Woodward muy probablemente había conocido mientras estaba en el Pentágono; si era Ober, quien como jefe de la Operación CAOS, y como agente de la Casa Blanca y de seguridad nacional, era uno de los pocos hombres que podía saber más sobre Nixon que el propio Nixon ; si Garganta Profunda era el mismo hombre que había sido adjunto y protegido de James Angleton, el maestro de los trucos sucios de la CIA, no cabe duda de que el uso del *Washington Post* para derrocar a Nixon fue tanto una operación de contrainteligencia del más alto nivel como un truco sucio por excelencia."[189]

"Lo que importa", concluye Davis, muy acertadamente, "no es cómo se hizo la conexión con Garganta Profunda, sino por qué. ¿Por qué Bradlee permitió que Woodward se apoyara tanto en él y, en última instancia, por qué los líderes de la comunidad de inteligencia, para quienes hablaba Garganta Profunda, querían la caída del Presidente de los Estados Unidos?".[190]

Parece claro que aquí, en *Juicio Final*, podemos por fin dar una respuesta a la pregunta de Davis de por qué los líderes de la comunidad de inteligencia, para los que hablaba Garganta Profunda, querían que Richard Nixon dejara la presidencia. La respuesta radica en la simple proposición de que John F. Kennedy, al igual que Nixon antes que él, era percibido (como hemos visto) como una amenaza para la

---

[186] *Ibid*, p. 255.
[187] *Ibid*, p. 255.
[188] *Ibid*, p. 255.
[189] *Ibid*, p. 260.
[190] *Ibid*, p. 255.

supervivencia de Israel. Así se lanzó la operación Watergate para sacar a Nixon de la Casa Blanca.

Una vez que Nixon y su círculo íntimo se vieron atrapados en la red y comenzaron sus ridículos intentos de encubrimiento (que, por supuesto, eran de su propia cosecha), ayudaron a allanar el camino para su propia caída. Además, Nixon empezó a hacer intentos de chantaje contra la CIA, amenazando claramente a la agencia hemos visto- utilizando lo que sabía sobre la implicación de la CIA en el asesinato de JFK (y dado todo lo que sabemos ahora, es probable que Nixon también supiera o sospechara de la implicación del Mossad).

Sin embargo, una vez que el *Washington Post* -a instancias de Angleton- se implicó activamente en la campaña contra Nixon, el destino del Presidente quedó sellado. La aclamada investigación del Senado sobre el Watergate se convirtió en un tema diario de la cobertura televisiva, y la Cámara de Representantes inició el procedimiento de destitución.

[191]Y Sam Dash, ex comisario nacional y miembro del consejo asesor nacional de la Liga Antidifamación (ADL) de B'nai B'rith -intermediario de la inteligencia estadounidense para el Mossad israelí- estaba muy bien situado en la conspiración contra Nixon como asesor principal del Comité Watergate del Senado.

Albert Jenner, a quien conocimos en el Apéndice 4 como antiguo miembro del personal de la Comisión Warren con estrechos vínculos con el imperio de Chicago vinculado a la mafia del multimillonario sionista Henry Crown, era el abogado "republicano" de la minoría, bien situado para vigilar a los defensores del GOP de Nixon. Por lo tanto, podemos estar seguros de que todas las partes interesadas estaban plenamente informadas de los secretos del asunto Watergate y de su evolución.

En resumen, Nixon estaba rodeado. Su única posibilidad de sobrevivir, una vez que Watergate hubiera salido a la luz, habría sido un verdadero contragolpe.

A este respecto, sabemos que el otro partidario clave de Israel en la Casa Blanca, Alexander Haig, participó activamente en impedir que Nixon intentara tomar represalias. Numerosos relatos publicados han explicado cómo Haig dio instrucciones a las fuerzas armadas para que ignoraran cualquier orden militar del presidente Nixon, a menos que fuera autorizada previamente por el propio Haig.

Es más, también hubo informes de que el propio Haig había iniciado una investigación discreta y extraoficial sobre la relación de Nixon con el crimen organizado, obviamente como parte del esfuerzo por apretar aún más la soga alrededor del cuello de Nixon en caso de que el Presidente se negara a marcharse voluntariamente. Podemos imaginar la reacción del público si se enteraba de que su Presidente -que había declarado que no era un "delincuente"- había sido revelado por el *Washington Post* como aliado secreto de la "Mafia". De hecho, Angleton, Haig y el *Post* nunca tuvieron que jugar su carta mafiosa contra Nixon. El Presidente derrotado dimitió el 9 de agosto de 1974.

---

[191] Boletín de ADL (fecha no disponible, hacia 1974)

LA VERDADERA "CONEXIÓN DALLAS Y WATERGATE

En el contexto de lo que hemos estado considerando, entonces, ¿puede haber alguna duda de que Watergate, de hecho, fue una operación conjunta de la CIA y el Mossad orquestada por James Angleton con el objetivo de sacar a Nixon de la presidencia, una operación similar a la conspiración que llevó al asesinato de John F. Kennedy? Las pruebas están ahí, para los que sepan ver el panorama completo.

Se podría añadir, aunque sólo sea en retrospectiva, que parece que la elección del apodo de "Garganta Profunda" fue una especie de "broma privada" por parte de Woodward y sus colegas del *Post*. Angleton, por supuesto, era conocido como un bebedor empedernido y un fumador empedernido que a menudo estaba envuelto en una neblina de humo. "Garganta Profunda" también se consideraba bastante literario y era bien sabido que el joven James Angleton, mientras estudiaba en Yale, era muy aficionado a la poesía y había dirigido una revista literaria.

Así que el uso del nombre en clave "Garganta Profunda" era obviamente una forma de decir a los que sabían en el círculo oficial de Washington que la verdadera fuerza detrás de la filtración de información al *Post* era, de hecho, el aliado israelí de la CIA, James Angleton. Y así, cualquiera que estuviera al tanto se daría cuenta inmediatamente de que el watergating de Richard Nixon fue un truco sucio orquestado a través de la oficina de Angleton en la Casa Blanca. *Aunque Richard Ober parece haber sido la verdadera "voz" de "Garganta Profunda", James Angleton era el ventrílocuo entre bastidores.*

[192]Richard Curtiss, editor del *Washington Report on Middle East Affairs,* declaró con franqueza en 1995: "Hace tiempo que opinamos que quienquiera que desempeñara el papel de 'Garganta Profunda' no era en realidad más que un conducto para la información recopilada por el Mossad israelí y utilizada para desacreditar a Nixon", y que el intento de Nixon de reexaminar las relaciones estadounidenses con Israel fueron "el catalizador que condujo directamente a su caída".[193]

Hasta la cuarta edición de *Juicio Final*, los movimientos de Richard Nixon para consolidar el poder y controlar la CIA y la intriga del Watergate que siguió nunca se relacionaron con el incipiente conflicto de Nixon con Israel. Pero no cabe duda, a fin de cuentas, de que ésta es la verdadera clave para entender el Watergate y la "conexión Dallas-Watergate" que se ha considerado durante tanto tiempo, pero que nunca se ha comprendido del todo... hasta ahora.

Habiendo estado en el centro de las convulsiones políticas que desgarraron a los estadounidenses en la década que siguió al asesinato de John F. Kennedy (del que James Angleton fue uno de los protagonistas), Angleton era verdaderamente "el hombre que sabía demasiado".

No en vano, entre otras razones, William Colby forzó la salida de Angleton de la CIA en 1974. La expulsión de Angleton de la CIA fue ciertamente un revés para Israel y su Mossad en un momento crítico, pero Angleton era viejo y estaba enfermo (quizás incluso rozando la locura clínica según algunos relatos poco amistosos) y finalmente se habría visto obligado a retirarse sólo por esa razón. Al final, Angleton era un

---

[192] *The Washington Report on Middle East Affairs*, octubre/noviembre de 1995.
[193] *The Washington Report on Middle East Affairs*, octubre/noviembre de 1999.

anacronismo inútil que, en sus mejores tiempos, había servido bien a sus aliados israelíes.

EL COMPLOT PARA HACERSE CON LA PIEL DE AGNEW

También hay pruebas de que la conexión israelí desempeñó un papel importante en el Watergate (y los acontecimientos asociados que siguieron). La conexión israelí se remonta a los escándalos que rodearon al vicepresidente Spiro Agnew y al ex gobernador de Texas John Connally, que se había incorporado a la administración Nixon como secretario del Tesoro y fue la primera opción de Nixon (incluso después de Agnew) como sucesor en 1976.

Parte de la conspiración del Watergate contra Nixon -una parte esencial, de hecho- era asegurarse de que Agnew fuera primero destituido de su vicepresidencia antes de que Nixon fuera derrocado. Y resultó que, irónicamente, como Agnew señaló en sus memorias, *Go Quietly... or Else*, si Nixon se hubiera mantenido firme y hubiera apoyado a Agnew cuando le dispararon, el propio Nixon podría no haberse visto obligado a dimitir. De hecho, en opinión de Agnew, era incluso más odiado por los poderes fácticos que Nixon.

Sin embargo, como el presidente Nixon ya se encontraba en una posición precaria tras el incipiente escándalo Watergate, se negó a sumarse a la defensa de Agnew y no intentó anular la investigación sobre Agnew que finalmente desembocó en su dimisión.

En retrospectiva, no cabe duda de que el escándalo que derribó a Agnew fue tan artificioso como cualquier otro en la historia de Estados Unidos. En medio de la "crisis" del Watergate, Barnet Skolnik, un fiscal judío liberal de la fiscalía de Maryland, presentó cargos de corrupción contra Agnew que, como demuestran las pruebas, siguen siendo sospechosos.

Skolnik tuvo la oportunidad de "meterse en la piel" de Agnew cuando Lester Matz, un destacado empresario judío que estaba siendo investigado por sobornar a funcionarios de Maryland a cambio de contratos con el condado y el estado, desenterró su pasada relación con Agnew durante los años del Vicepresidente en la política de Maryland.

En un acuerdo con Skolnik, Matz afirmó que había pagado sobornos a Agnew. Después, siguiendo el ejemplo de Matz, otros dos suplantadores que también estaban siendo investigados, I. M. Hammerman y Jerome Wolff, también afirmaron haber pagado al ex gobernador de Maryland.

Agnew admitió que a menudo había recibido contribuciones para la campaña de empresas que hacían negocios con el Estado -una práctica habitual en Maryland y en otros lugares-, pero insistió en que nunca aceptó dinero para uso personal. Los fiscales federales, sin embargo, estaban ansiosos por construir un caso contra Agnew para forzar su salida de la vicepresidencia."[194]

---

[194] Descrito generalmente por Agnew en sus memorias, *Go Quietly or Else* (Nueva York: William Morrow & Company, 1980).

AGNUEVO E ISRAEL

El Sr. Hirsh Goldberg, escribió en el *Times of Israel* sobre la carrera de Agnew. En un artículo titulado "Los judíos en la apertura... Los judíos en el cierre" Goldberg dice: "Fue una vida política curiosamente inextricablemente ligada a los judíos. El rápido ascenso como un cohete del 4 de julio, la súbita caída de la elegancia política, ambos implicaban a los judíos. Era un aspecto irónico y casi desapercibido de una carrera política que atraía tanto al corazón de Estados Unidos... y, sin embargo, tan dependiente de los cerebros judíos, del talento judío, del dinero judío y -al final- tan perjudicada por el testimonio judío".[195]

En última instancia, ante la posibilidad de una pena de prisión si iba a juicio y era declarado culpable, Agnew renunció a la vicepresidencia y no se declaró culpable de los cargos de corrupción y evasión fiscal derivados de su supuesta aceptación de sobornos (que Agnew siguió negando hasta el día de su muerte). Ninguno de los acusadores de Agnew fue a la cárcel.

Elliot Richardson fue el fiscal general republicano que alentó la campaña del fiscal Sachs contra Agnew, acabó dimitiendo de la administración Nixon "indignado" y fue proclamado "héroe del Watergate". En sus memorias, Agnew señala que Richardson quería a alguien en la línea de sucesión presidencial que "defendiera a Israel, fuera cual fuera el riesgo para Estados Unidos".[196]

Agnew ya era sospechoso de "antisemitismo" por sus ataques a los medios de comunicación y, como señaló Agnew, dos años después de dejar el cargo fue objeto de críticas "por decir que nuestra actitud hacia Israel se veía afectada por la preponderancia de simpatizantes de Israel en los principales medios de comunicación".[197]

Tras dejar el cargo, Agnew escribió *La decisión de Canfield*, una novela controvertida, aunque poco leída, sobre conspiraciones políticas de alto nivel que algunos críticos calificaron de "antisemita", lo que llevó al ex vicepresidente a los titulares una vez más. Un columnista proisraelí describió la novela de Agnew como una sugerencia de que "los judíos de los medios de comunicación constituyen un "lobby sionista" que nos está llevando al desastre en Oriente Medio."[198]

Más tarde, en privado, en una carta fechada el 20 de abril de 1988 a su amigo, el ex republicano Paul Findley (R-III.), él mismo un acerbo crítico del lobby israelí, Agnew declaró: "Atribuyo el advenimiento de mis dificultades a un enfrentamiento con este mismo lobby".[199] Pero Agnew será recordado como un estafador que fue vicepresidente. No como la víctima de un complot israelí, como sin duda lo fue, a pesar de sus oponentes.

---

[195] *The Times of Israel*, mayo de 1974.
[196] Spiro T. Agnew. *Go Quietly or Else* (Nueva York: William Morrow & Company, 1980), p. 195.
[197] *Ibid*, p. 163.
[198] *New York Times*, 24 de mayo de 1976.
[199] Mencionado por Findley en *el Washington Report on Middle East Affairs*.

EL ASESINATO DE JOHN CONNALLY

Mientras tanto, John Connally, al igual que Agnew, también ha sido acusado de soborno en circunstancias que apuntan a otro "montaje" calculado. Un grupo de presión de la industria láctea, Jake Jacobson, afirmó que Connally, multimillonario, había aceptado un soborno de 10.000 dólares (mientras ejercía de Secretario del Tesoro) a cambio de ayudar a conseguir un aumento de las ayudas públicas a los precios de la leche en 1971. Sin embargo, el hecho es que, como Secretario del Tesoro, el Sr. Connally no tenía poder oficial para regular los programas de apoyo al precio de la leche del Departamento de Agricultura.

Jacobson, el acusador de Connally, ya había sido acusado por el Departamento de Justicia de malversación de casi un millón de dólares en préstamos de una caja de ahorros de Texas, pero cuando los abogados del Departamento de Justicia se enteraron de que había estado asociado con Connally, Jacobson recordó de repente el "soborno" que supuestamente le había dado a Connally y llegó a un acuerdo. Para evitar ir a la cárcel, Jacobson se convirtió en el "testigo estrella" contra Connally.

Connally fue absuelto, pero sus ambiciones de llegar a la Casa Blanca en 1976 se vieron truncadas, a pesar de que las pruebas contra él habían sido aportadas por un delincuente de dudosa reputación que buscaba una reducción de condena en un caso penal no relacionado. Sin embargo, al igual que en el caso Agnew, los medios de comunicación dieron todo el protagonismo a las acusaciones contra Connally y contribuyeron a reforzar la impresión de que Nixon y sus allegados estaban implicados en una conducta delictiva generalizada. De hecho, la mayoría de los principales lugartenientes de Nixon, con las notables excepciones del secretario de Estado Henry Kissinger, el jefe de gabinete Alexander Haig y el asesor jurídico Leonard Garment - partidarios de Israel - acabaron en la cárcel.

Pero aunque algunos antisemitas han dicho que Jacobson (que era judío) formaba parte de un "complot judío" para "atrapar a John Connally", lo cierto es que el franco tejano fue en última instancia víctima de un "complot judío" muy real que le impidió llegar a la presidencia.

En 1979, cuando Connally se lanzó a una bien financiada candidatura presidencial republicana en 1980, desafió públicamente el poder del lobby israelí en un discurso muy controvertido que, según todos los indicios, acabó con las ambiciones presidenciales de Connally de una vez por todas.

Pero lo interesante es que el discurso de Conally fue considerado tan incendiario por los israelíes y sus partidarios estadounidenses que un destacado educador y filósofo israelí, Emmanuel Rackman, presidente de la Universidad Bal Ilan, pidió el asesinato de Connally.

Comparando a Connally con Amán, el antiguo enemigo del pueblo judío, Rackman -un rabino- hizo su llamamiento al asesinato de Connally en el número del 18 de noviembre de 1979 de *The Jewish Week-American Examiner*, la publicación de la Agencia Telegráfica Judía, propiedad del gobierno israelí, una subdivisión internacional de la Agencia Judía.

El mordaz ataque de Rackman a Connally se titulaba: "La campaña de John Connally percibida como una amenaza directa a Israel y a la comunidad judía". Rackman citaba al columnista *del New York Times* William Safire diciendo que por "primera vez, un candidato presidencial pronunció un discurso importante que sabía que molestaría y consternaría a todos los partidarios estadounidenses de Israel."[200]

Rackman comentó: "Es cierto. Pero, ¿no significa esa observación más de lo que dice? ¿No significa que en Connally tenemos por primera vez un candidato que le está diciendo al pueblo estadounidense en términos inequívocos que no quiere el apoyo judío y que quiere demostrar que se puede ser elegido Presidente sin el apoyo judío?

"Además, ¿no significa que por fin tenemos un candidato que espera salir elegido movilizando el apoyo de todos los que comparten su absoluto desprecio por lo que sienten los judíos por él y no es eso una invitación a todos los antisemitas para que se unan tras él? No suelo ser alarmista, pero nada en la política estadounidense de los últimos años me ha molestado más que el sutil mensaje de Connally a los judíos de que pueden "irse al infierno". Ni siquiera las cintas de Nixon me molestaron tanto.

"Hay que alertar a la comunidad judía estadounidense. Si hubiéramos detenido a Hitler a tiempo, millones de judíos seguirían vivos. Y Connally debe ser detenido a toda costa. ¡Ni siquiera debe acercarse a la nominación! Debe ser destruido, al menos políticamente, tan pronto como sea posible. Es suficientemente pronto para ridiculizar a Connally y destruirlo políticamente sin derramamiento de sangre.

"Puede que esté exagerando", dice Rackman". Pero si algo he aprendido en particular de la visión rabínica de la historia bíblica, es que somos menos temerosos y más indulgentes con los enemigos que nos conceden al menos un mínimo de respeto que con los enemigos que nos tratan con desdén, con desprecio. Eso hace que Arafat sea más aceptable que Connally".[201]

Rackman comparó a Connally con Amalek, otro enemigo del pueblo judío: "Recuerda a Amalek, se nos dice. "No lo olvidéis. Erradicadlo de la faz de la tierra. Simplemente porque Amalek no nos respetaba. Se cruzó con nosotros en su camino y casualmente trató de exterminarnos como a alimañas. Es mi ferviente plegaria", declaró este líder religioso judío, "que los judíos estadounidenses no minimicen la importancia del desafío que se les ha lanzado y que actúen con rapidez y con una eficacia devastadora."[202]

John Connally no fue erradicado como había exigido Rackman. Pero su carrera política se detuvo después de que los principales medios de comunicación lanzaran una campaña contra él. Sin embargo, cuando John Connally murió en 1993, los médicos dijeron que la fatal afección pulmonar de Connally era consecuencia directa de las heridas en el pecho que había recibido en el tiroteo de Dallas el 22 de noviembre de 1963. Así que, al final, John Connally resultó ser una víctima más de Israel, como si hubiera muerto el mismo día que John F. Kennedy.

OTRO ASESINATO MÁS...

Pero ese no es el final. Hubo otro asesinato político orquestado por los medios de comunicación -conectados con los servicios secretos- que tiene su propio vínculo (aunque indirecto) con el asesinato de John F. Kennedy. Nos referimos a la debacle

---

[200] *The Jewish Week-American Examiner*, 18 de noviembre de 1979.
[201] *Ibid*.
[202] *Ibid*.

que provocó la retirada del senador Gary Hart, de Colorado, de la carrera por la candidatura presidencial demócrata de 1988.

Como miembro del Senado, el disidente Hart había estado al frente de las investigaciones no sólo sobre el asesinato de JFK, sino también sobre la conspiración de la CIA en general, incluida su implicación con el sindicato de Lansky y la mafia en los intentos de asesinato contra Fidel Castro. Ni que decir tiene que Hart no ha hecho muchos amigos en ciertos círculos. Incluso el jefe de Tampa Santo Trafficante (devoto lugarteniente de Myer Lansky) dijo una vez de Hart: "Tenemos que deshacernos de ese hijo de puta".[203]

Alguien se deshizo de Hart. Su aventura con una joven llamada Donna Rice fue destapada por la prensa, lo que obligó a Hart a abandonar la carrera presidencial. Sin embargo, había mucho más entre bastidores, como señaló Roger Morris, antiguo miembro del Consejo de Seguridad Nacional:

"Aunque llegó un poco tarde para afectar a su destino, habría aún más pruebas de que la caída de Hart no era lo que parecía en ese momento... Algunas de las personas involucradas en el fin de semana Miami-Bimini de Hart resultaron tener vínculos con el crimen organizado y el tráfico de cocaína y, en círculos más allá, con jefes del crimen organizado judíos e italianos, que a su vez tenían vínculos con la comunidad de inteligencia estadounidense que se remontaban a la Bahía de Cochinos y antes.[204] De hecho, como demostraría una investigación independiente posterior, Hart había estado bajo vigilancia de desconocidos durante días y quizá semanas antes de " los acontecimientos que desembocaron en el escándalo que provocó su caída.

Otro político que había huido de la CIA, el Mossad y el sindicato de Lansky quedaba así eliminado de la escena.

DOS PRESIDENTES, DOS GOLPES DE ESTADO - LOS MISMOS CONSPIRADORES

Lo que hemos visto aquí describe en efecto la "conexión Dallas y Watergate" como nunca antes se había descrito, puesta por primera vez por escrito en su totalidad. Watergate - al igual que el asesinato de Kennedy - fue un golpe de Estado llevado a cabo por traidores dentro del gobierno de EE.UU. que se sometieron a los rigores de la misma influencia extranjera.

No es casualidad que James Angleton y Frank Sturgis (ambos leales al Mossad desde hace mucho tiempo), dos actores clave de la CIA en el Watergate -por no mencionar a E. Howard Hun-, vuelvan a estar en el centro del guión.

Dos presidentes estadounidenses diferentes de dos partidos políticos distintos fueron aplastados por Israel y se anularon los resultados de dos elecciones. Y al igual que con el asesinato de JFK, los medios de comunicación desempeñaron un papel decisivo para mantener los hechos ocultos a los ojos del pueblo estadounidense. ¿Hay algo más perjudicial para la democracia estadounidense que eso?

---

[203] Roger Morris. *Partners in Power* (Nueva York: Henry Holt, 1996), p. 434.
[204] *Ibid.*

ANEXO 8

La batalla de los libros
Un comentario sobre las principales obras publicadas sobre el asesinato de JFK

No he leído en absoluto todos los libros sobre el asesinato de JFK, pero sin duda he leído las obras más importantes (así como algunos volúmenes menos conocidos) y estoy familiarizado con todas las teorías sobre el asesinato que se han presentado a lo largo de los años. Así que me gustaría comentar algunos de esos volúmenes.

Me gustaría dividir mi comentario en varias secciones, ya que los libros sobre el magnicidio proceden de muchos enfoques diferentes, por lo que quiero examinar estos volúmenes desde esa perspectiva.

- En primer lugar, están los libros que examinan los fallos de la Comisión Warren. Estos fueron principalmente los primeros libros que se publicaron sobre el asesinato. Luego, con el paso del tiempo, aparecieron varios libros que hacían un repaso de las teorías que iban surgiendo sobre el asesinato, incluyendo críticas a las pruebas forenses, información sobre la autopsia, etcétera.

- Con el inicio del caso de Jim Garrison contra Clay Shaw, se escribieron varios libros exclusivamente sobre el tema y esto abrió todo un nuevo campo de investigación sobre el asunto JFK, que, en mi opinión, es un período clave de transición en la investigación.

- Entonces aparecieron una serie de obras interesantes, principalmente novelas de ficción. Aunque eran novelas, eran importantes porque algunas tenían una base de verdad. Creo que estas novelas son importantes porque permiten conocer diferentes perspectivas del asesinato.

- También ha habido una serie de libros que han puesto de relieve las diversas conspiraciones posibles que condujeron al asesinato - libros que son similares al enfoque adoptado en mi propio libro, ya que se ocupan de la política del poder involucrado.

- Luego están los libros "más originales", publicados por diversos autores o estudios que profundizan en los campos cubiertos por estos volúmenes.

- También hay varios libros de autores que han escrito sobre diversos aspectos del caso, y quiero centrarme especialmente en estos autores y en lo que han escrito, sobre todo el muy publicitado *Caso cerrado*, del ahora famoso Gerald Posner.

Por supuesto, Posner se ha convertido en el secuaz número uno de los medios de comunicación, el hombre llamado a actuar para desacreditar y desprestigiar a todos los investigadores del caso JFK, incluido su servidor. Sin embargo, como veremos, Posner es un notable caso de estudio en sí mismo.

Echemos un vistazo a algunos de estos libros...

LA HISTORIA "OFICIAL"

Quienes deseen tener una buena perspectiva de la historia "oficial" del asesinato de JFK, sean cuales sean las teorías conspirativas, deberían leer primero los libros *The Death of a President*, de William Manchester, y *The Day Kennedy Was Shot*, de Jim Bishop.

Aunque ambos autores aceptan las conclusiones fundamentales de la Comisión Warren, los volúmenes proporcionan un buen contexto histórico y una visión general del asesinato y de los acontecimientos inmediatos que le siguieron.

Es importante que la gente lea estos libros para familiarizarse con el tema. No cuesta nada leer el informe de la Comisión Warren o los numerosos volúmenes de pruebas difíciles de encontrar que se publicaron al mismo tiempo que el informe.

MARK LANE

Claramente, *Rush to Judgment* de Mark Lane fue el primer libro importante que expuso la afirmación del Informe Warren de que Lee Harvey Oswald fue un asesino solitario como una farsa. Y aunque el libro tiene ahora casi 30 años, sigue siendo el libro que todo el mundo necesita leer si quiere entender por qué la gente empezó a dudar del Informe Warren.

Ese libro desencadenó la explosión de investigación sobre el asesinato de JFK que finalmente me llevó a escribir *Juicio Final*. Después de todo, fue *Juicio Final* lo que llevó a Jim Garrison a su monumental investigación que, en mi opinión, fue la que más cerca estuvo de revelar la verdad sobre el asesinato de JFK.

Mark Lane también escribió un libro titulado *A Citizen's Dissent*, que se publicó en 1975 -varios años después-, pero desgraciadamente no es un libro que mucha gente conozca.

Yo mismo le dije a Mark que creo que este libro es incluso mejor que *Rush to Judgment*, por varias razones. En primer lugar, porque se publicó más tarde e incorpora muchos de los nuevos descubrimientos de Mark como ampliación de *Rush to Judgment*.

En segundo lugar, y lo que es más importante, en este segundo libro Mark analiza cómo los medios de comunicación trataron sus investigaciones sobre el asesinato de JFK y cómo reaccionaron el FBI, la CIA y el resto de la clase dirigente.

Aunque el libro es difícil de encontrar, yo diría que cualquiera que desee una perspectiva sorprendente de cómo reaccionó el gobierno ante lo que Mark llamó "la disidencia de un ciudadano" ha leído este volumen.

El último volumen de Mark Lane sobre el asesinato de JFK, *Plausible Denial (Negación plausible)*, sobre el que he escrito extensamente en estas páginas, es en muchos sentidos la perspectiva única a largo plazo de Mark y, en mi opinión, sienta las bases del *Juicio Final*.

En muchos sentidos, *Juicio Final* es quizá una secuela de *Negación plausible*, o eso se ha sugerido.

UNA VISIÓN GENERAL DE LAS PRUEBAS

Accesorios después de los hechos, de Sylvia Meagher, es, en algunos aspectos, un suplemento de *Prisa por juzgar*. Es un examen muy detallado del Informe Warren que constituye una valiosa exposición de todos los fallos del caso contra Lee Harvey Oswald. Este libro será de interés para aquellos que estén fascinados por la balística, las pruebas de autopsia, etc.

Seis segundos en Dallas, de Josiah Thompson, es un auténtico tour de force. Este libro es un fantástico análisis de la película de Zapruder. Profusamente ilustrado, este volumen demuestra que no hay duda de que hubo más de un asesino en Dealey Plaza y que las pruebas oficiales de la autopsia no concuerdan con la verdad. Se trata de una obra clásica. Los interesados en las pruebas fotográficas deberían consultar *The Killing of a President*, de Robert Groden.

La Ciencia del Asesinato de James Fetzer es la última mirada a las pruebas científicas. (Fetzer, por cierto, se niega a admitir que tenga conocimiento alguno de *Juicio Final*, ¡a pesar de que le envié una copia y le escribí dos veces).

En el ámbito de los libros que analizan el asesinato de JFK desde una perspectiva más amplia, *Crossfire*, de Jim Marrs, es probablemente el mejor. Este libro es defectuoso en gran medida porque Marrs presenta múltiples teorías, una sobre otra, y no llega realmente a ninguna conclusión sólida. Aquellos que piensen que encontrarán la solución al asesinato en el libro se encontrarán muy probablemente abrumados por las múltiples teorías.

Marrs nunca establece firmemente en la mente del lector que puede haber múltiples intereses trabajando juntos para lograr el mismo objetivo. Parece tratar el asesinato en el contexto de o es A o es B o es C, sin sugerir nunca realmente que cualquier combinación de elementos sea responsable.

¿Quién disparó a JFK?, de Bob Callahan, es una guía fácil de leer, desglosada en una serie de interesantes recuadros y muy bien ilustrada con maravillosas viñetas que añaden un toque satírico a un tema muy pesado.

La conspiración de Anthony Summers es un interesante tratamiento de la controversia sobre JFK hasta la investigación del Comité de la Cámara de Representantes a finales de la década de 1970. La principal crítica que le haría a Summers es que en su edición revisada no reconoce la información que le proporcionó Gary Wean, el ex detective de Los Ángeles que conocía la conexión entre Mickey Cohen e Israel y el famoso romance de JFK con Marilyn Monroe (que, por supuesto, traté en *Juicio final*).

Summers también ha escrito un libro sobre la vida de Marilyn Monroe (donde habla de Wean), pero deja al lector con la idea de que la familia Kennedy estuvo implicada en su muerte, ya fuera un accidente o un asesinato. En cualquier caso, el libro de Summers es bastante interesante. En su edición revisada, Summers también mete la pata al no dar a la conexión francesa de la que habla el análisis que merece.

La Duda Razonable de Henry Hurt es otro buen resumen. Tiene sus defectos, pero nada sustancial. Probablemente merezca la pena ser leído por investigadores serios. Del mismo modo, *They've Killed the President*, de Robert Sam Anson, es un libro interesante. Pero me apresuro a añadir que encuentro censurable el ataque de Anson a Jim Garrison.

Incluso después del estreno de la *película JFK* de Oliver Stone, Anson se puso manos a la obra y publicó ataques contra Garrison y otros investigadores que trabajaban en el asunto JFK. En un artículo Anson afirmaba que en su propio libro Garrison nunca había mencionado que él (Garrison) había sido acusado de soborno y evasión de impuestos. De hecho, Garrison tiene un capítulo entero sobre este tema en su libro y esto me lleva a creer que Anson no había leído el libro.

JFK: The Facts & the Theories, de Carl Oglesby, es bastante bueno, pero lo que me preocupa de Oglesby es que, aunque reconoce la conexión Permindex, cae en la extraña trampa de señalar el Permindex como una especie de "conexión nazi" con el asesinato de JFK cuando, como hemos visto, nada podría estar más lejos de la verdad. Aparte de eso, merece la pena leer el libro para tener una buena visión de conjunto.

Crime & Cover-Up: The Dallas-Watergate Connection (Crimen y encubrimiento: la conexión Dallas-Watergate), de Peter Dale Scott, una delgada monografía sobre el tema, es fascinante. Examina los grupos de intereses especiales de Washington que se opusieron a JFK y sus vínculos con el crimen organizado y la comunidad de inteligencia. Huelga decir que Scott no entra en la conexión israelí.

Lo mismo ocurre con su igualmente fascinante, mucho más largo y más reciente *Deep Politics (Política profunda) y The Death of JFK (La muerte de JFK)*. Este libro es muy defectuoso en el sentido de que justo cuando crees que Scott está a punto de entrar en la conexión israelí (ya sea a través de su discusión del crimen organizado o a través de la CIA), se aleja cautelosamente de ella de puntillas.

La investigación de Scott es incompleta en el sentido de que, a pesar de la profundidad y amplitud de su trabajo, nunca se lanza a la Investigación Garrison. En mi opinión, éste es otro error muy grave. Nunca sabemos exactamente de quién sospecha Scott que es responsable del asesinato. Como ya he dicho, Scott dice mucho, pero al mismo tiempo dice muy poco. A pesar de todo, sus escritos merecen la pena.

EL ENFOQUE "FICTICIO

Llegados a este punto, me gustaría hablar de varias de las novelas que han aparecido a lo largo de los años sobre el asesinato de JFK. La más notable es *Acción ejecutiva*, de Mark Lane y Donald Freed, que apareció a raíz de la película del mismo nombre (Mark Lane fue el impulsor de la película, pero al final quedó decepcionado con el producto final). Este libro muestra cómo personas influyentes pudieron orquestar el magnicidio.

La novela de Robert Morrow *Traición* se parece a *Acción ejecutiva* en muchos aspectos. Se presenta como una aproximación ficcionalizada a las supuestas experiencias del propio Morrow como agente de la CIA que se vio involuntariamente implicado en el complot para asesinar a JFK. Morrow acusó a Clay Shaw de ser uno de los conspiradores -quizá el principal- y lo describió como una especie de agente "corrupto" de la CIA que actuaba sin la aprobación oficial de ésta. En años posteriores, Morrow publicó una edición revisada de este libro en versión no ficticia, de la que hablaré más adelante.

Winter Kills de Richard Condon, un tratamiento poco disimulado del asesinato de JFK, es una sátira pero la gente puede encontrarlo interesante. A mí me parece interesante porque ofrece una buena visión general de la conspiración en una familia como los Kennedy y su interacción con la clase dirigente estadounidense. (Este libro se convirtió posteriormente en una película de Hollywood, disponible en videocasete).

Promesas que cumplir de George Bernau -otra novela- retrata a un Presidente parecido a Kennedy que sobrevive al intento de asesinato y muestra la trama posterior al atentado en la que intervienen algunos personajes muy reconocibles. Concluye explicando cómo se llevó a cabo el intento de asesinato. Es sólo una novela, por supuesto, pero interesante.

Libra, de Don De Lillo, tiene a Lee Harvey Oswald como protagonista y muestra cómo Oswald pudo haber sido manipulado para participar en la conspiración del asesinato por conspiradores relacionados con la CIA. Este libro, bastante surrealista, puede contener incluso algunas pepitas de verdad. Hay un personaje en el libro que es un agente de la CIA en la línea de E. Howard Hunt y este personaje es retratado como el cerebro de un intento de asesinato "ficticio" que los otros convierten en realidad. (Como dije en *Juicio final*, creo que eso es probablemente lo que ocurrió).

American Tabloid de James Elliott presenta la interacción entre el crimen organizado, Jimmy Hoffa, el FBI y la familia Kennedy y termina con el asesinato de JFK. De muy buena lectura, este libro es interesante porque establece el tono de lo que sin duda fue gran parte de la interacción entre estas personalidades de la vida real que aparecen como personajes en el libro. Puede haber algunos elementos "ficticios" que no están demasiado lejos de la realidad.

ESTUDIOS DEL CASO GARRISON

Los libros que han aparecido sobre el asunto Jim Garrison-Clay Shaw pertenecen a una clase propia y son importantes. El primer libro importante sobre el tema fue *La Conspiración Kennedy* de Paris Flammonde. Es un volumen muy difícil de encontrar que es un clásico sobre el tema. El libro contiene mucha información sobre la conexión con el Permindex de Shaw (y esta es quizás una de las razones por las que el libro nunca ha sido reimpreso, si se me permite desviarme del paranoico pensamiento conspiranoico por un momento). Aunque el libro se publicó antes de que finalizara el juicio de Shaw, contiene mucho material valioso y es una lectura interesante. Me gustaría señalar que, aunque Flammonde menciona el Permindex, no establece la conexión israelí como podría y debería haber hecho. Pero se trata sólo de un error menor en un libro maravilloso que debería ser lectura "obligada" para todos los investigadores.

American Grotesque, de James Kirkwood, es una crítica feroz de Garrison. Kirkwood fue uno de los principales impulsores de Shaw, pero el libro contiene muchos datos tomados directamente del juicio de Shaw y contiene muchos detalles sobre muchas de las personas interesantes que aparecieron durante la investigación de Garrison. Francamente, cada vez que releo el libro me sigue sorprendiendo que el autor no viera cuántas pruebas había realmente contra Shaw y éstas son las que Kirkwood presenta en su libro.

Counterplot, de Edward Jay Epstein, es otro libro sobre la investigación de Garrison sobre Clay Shaw. Es un ataque sin cuartel contra Garrison, un libro delgado que no mencionaría si no lo hubiera escrito Epstein.

Esto es importante, como señalé en *Juicio Final, en el sentido de* que Epstein era un estrecho colaborador del hombre de la CIA James Angleton, y Epstein también escribió el libro *Legend* (una biografía de Lee Harvey Oswald) que refleja con mayor exactitud la historia de Angleton sobre el asunto JFK de que, en última instancia, la KGB soviética estuvo detrás del asesinato del presidente Kennedy, ya fuera accidental o intencionadamente. Epstein sugiere que Oswald fue cooptado por el KGB y que cometió el crimen actuando solo, con o sin órdenes de sus superiores del KGB. Este libro fue ampliamente difundido por los medios de comunicación de la clase dominante.

Curiosamente, Epstein también escribió el libro *Inquest, que fue* aclamado por los medios de comunicación como una importante crítica del informe de la Comisión Warren. Sin embargo, siempre tuve la impresión de que este libro era un "montaje" de la clase dominante para sugerir que, aunque hubiera problemas con la forma en que la Comisión Warren llevó a cabo su investigación, al final no había nada de qué preocuparse. En cualquier caso, ninguno de los libros de Epstein tiene valor real.

Jim Garrison ha escrito su propio relato de la investigación. Titulado *Tras la pista de los asesinos*, es un libro interesante y bien escrito. Yo diría, sin embargo, que el libro es algo decepcionante, ya que es más una memoria personal del caso, en lugar de un relato detallado de la investigación que muchos habrían encontrado mucho más informativo.

El estudio más reciente sobre la investigación de Garrison es *Destiny Betrayed*, de James Di Eugenio. Se trata de un libro importante porque examina muchas de las pruebas de la investigación de Garrison (más incluso que el propio libro de Garrison) y demuestra esencialmente que Garrison tenía razón cuando apuntó a Clay Shaw por su participación en el complot para asesinar a JFK. No sabemos exactamente qué papel desempeñó Shaw en la conspiración, pero Di Eugenio demuestra que, sin lugar a dudas, estaba mezclado en ella de alguna manera.

Hay problemas con el libro. La adoración heroica de Di Eugenio por JFK me parece un poco abrumadora. Se diría que JFK es casi un Dios. Como Di Eugenio parece traicionar un sesgo pro-Kennedy un tanto ingenuo, viniendo de una perspectiva liberal, Di Eugenio cae en la trampa de percibir y retratar a Clay Shaw como "de derechas". Como le dije a Di Eugenio en una carta, su libro falla en que no persigue la conexión con el Permindex de Shaw con su última conexión israelí.

Podría haber una explicación. El libro se publicó bajo los auspicios de Sheridan Square Press (que, por cierto, también publicó el libro de Garrison), afiliada al Institute for Media Analysis. Como ya se ha mencionado en el Apéndice 3, este instituto recibe financiación de los Family Stern Funds.

Esta fundación fue la creación de la familia Stern de Nueva Orleans, que no sólo eran amigos íntimos de Clay Shaw, sino también los principales financiadores de la oficina de Nueva Orleans de la Liga Antidifamación (ADL), que dependía de Guy Banister. También eran propietarios de la radio y la televisión WDSU, que contribuyó a presentar a Lee Harvey Oswald como un "agitador procastrista".

Estos son los principales libros sobre el caso Garrison. Si la investigación de Garrison no hubiera sido tan repetida e implacablemente saboteada, podría haber acabado revelando la verdad sobre el asesinato de JFK mucho antes de que se publicara *Juicio Final*. Sugiero encarecidamente que la gente se centre en la investigación de Garrison. Llegando al fondo de lo que Clay Shaw, Guy Banister y David Ferrie hacían en Nueva Orleans con Lee Harvey Oswald, podremos acercarnos un poco más a la verdad sobre el asesinato de JFK.

"OFFBEAT" FUNCIONA

El siguiente grupo de libros en los anales del asesinato de JFK son los que podrían describirse, a falta de un término mejor, como de naturaleza "poco convencional". Hay muchos libros de este tipo, pero quiero concentrarme en un puñado.

El que me viene inmediatamente a la mente es *The Assassination Tapes*, de George O'Toole, antiguo psicoanalista de la CIA. El libro describe el uso que hace O'Toole del análisis del estrés de la voz para determinar si los testigos clave del caso JFK (cuyas voces fueron grabadas en un momento u otro) mintieron. Llega a la conclusión de que Oswald no mintió cuando negó haber matado al Presidente y que es posible que algunos policías de Dallas tampoco dijeran la verdad.

Como antiguo miembro de la CIA, O'Toole es algo parcial en el sentido de que parece sugerir que el FBI podría haber sido culpable de alguna manera en el encubrimiento del asesinato de JFK (cosa que poca gente francamente duda), pero todo en el libro merece la pena leerse y la gente lo encontrará entretenido.

El famoso *Best Evidence* de David Lifton, argumenta que hubo retoques postmortem de las heridas del Presidente Kennedy incluso antes de la autopsia oficial en Washington. Este libro es un volumen voluminoso y bastante detallado, pero tengo que decir que es tan masivo que uno se pierde en él. Gran parte de la evidencia técnica está más allá de la comprensión del lector medio y por ello, me temo, el libro no hace ninguna contribución importante más que confundir aún más la controversia sobre el asesinato de JFK.

Flashback, de Ron Lewis, es un relato personal especialmente interesante. Lewis estuvo relacionado con Lee Harvey Oswald a través de la operación por contrato de Guy Banister con la CIA en Nueva Orleans. Algunas personas cuestionan las credenciales de Lewis, pero su libro ofrece un relato de la asociación de Oswald con Banister desde una perspectiva singularmente directa. No he encontrado nada en el libro de Lewis que contradiga en modo alguno mis propias conclusiones *del Juicio Final* sobre las extrañas actividades fuera de la oficina de Banister. Es un libro difícil de encontrar, pero merece la pena leerlo.

Otro libro poco conocido y bastante singular es *The Second Plot*, de Matthew Smith, un escritor inglés que retrata a Lee Harvey Oswald como un agente de inteligencia patriota que se topó con un complot para matar a JFK y trató de desenmascararlo. Un libro muy interesante.

JFK: Conspiracy of Silence, del Dr. Charles Crenshaw, presenta un relato personal de lo que el médico vio en la sala de urgencias de Dallas y demuestra que los informes "oficiales" de la autopsia de JFK eran basura. Crenshaw ha sido muy criticado por atreverse a exponer lo que sabía, y merece cierto crédito por hacerlo.

¿FUE REALMENTE UN "ERROR FATAL"?

Mortal Error, de Bonar Menninger, es otro libro que debo mencionar (porque me han preguntado por él varias veces). Este libro afirma que el disparo mortal que mató al Presidente fue efectuado accidentalmente por un agente del Servicio Secreto desde el coche que seguía a la limusina de JFK. He leído el libro y diré de entrada que no se parece a la absurda y disparatada historia (creída con fervor religioso por algunos) de que JFK fue asesinado (deliberadamente) por un disparo efectuado por su chófer del Servicio Secreto. En cambio, el libro de Menninger está bien escrito y minuciosamente investigado. Cualquiera que leyera el libro (y que no supiera absolutamente nada más sobre el asesinato de JFK) podría llegar a la conclusión de que éste fue realmente el "juicio final".

La tesis del libro es que alguien (probablemente Lee Harvey Oswald) estaba disparando a JFK desde el almacén de libros escolares, con intención criminal, pero que el disparo salió del arma de un agente del Servicio Secreto y acabó con el trabajo del incompetente Oswald.

En cualquier caso, hay una preocupación con esta tesis: es poco probable que Oswald disparara un tiro en Dealey Plaza ese día, y también hay un debate legítimo sobre si realmente se hicieron disparos desde la ventana desde la que se supone que Oswald disparó. Pero si, por casualidad, la tesis fuera correcta, no está fundamentalmente en desacuerdo con la tesis general de *Juicio Final*, en la medida en que *Juicio Final* sostiene que Oswald estaba en medio de círculos que conspiraban contra el Presidente e intentaban inculpar a Oswald para que pareciera que había disparado desde el almacén de libros. Si efectivamente el Servicio Secreto disparó accidentalmente contra JFK, ello no quita que el disparo se efectuara en respuesta a un intento de asesinato desde otro lugar.

Dicho esto, tengo que decir que por muy sinceros que sean los autores, el libro es una diversión delirante para los ávidos estudiosos de la conspiración JFK. Es una teoría bastante ingeniosa, pero no creo que tenga mucha credibilidad, para ser sincero.

Hay otro libro que debería mencionar. Se trata de *Kill Zone*, de Craig Roberts. Aunque el libro es un relato clásico de los hechos básicos sobre el amplio carácter de la conspiración contra JFK, tocando a actores típicos como la CIA y la Mafia e incluso adentrándose en la llamada conexión "francesa" (sin llegar a establecer el innegable vínculo con Israel), el libro es interesante y refrescante en el sentido de que el autor no teme plantear la posibilidad de que hubiera influencias internacionales de alto nivel en el asesinato de JFK. Me refiero específicamente a la discusión de Roberts sobre el bloque de poder conocido como el Consejo de Relaciones Exteriores (CFR) y las fuerzas monetarias plutocráticas internacionales que controlan el CFR.

No creo que se pueda encontrar ni una sola prueba de que el CFR iniciara el asesinato de JFK (ni tampoco el autor), pero debo reconocer el mérito de quien lo merece: después de todo, éste es uno de los primeros libros sobre JFK que tiene el valor de sugerir que, en efecto, podría haber grupos de alto rango de esta naturaleza operando en el mundo actual, más allá de la CIA.

Esto lleva al extremo la llamada "teoría de la conspiración", porque no hay nada más anticuado que hablar de grupos secretos como el CFR. Hablar hoy del CFR y de otros grupos de este tipo vinculados a las finanzas internacionales es invitar a que se nos acuse de "antisemitismo". Por lo tanto, este libro es único en lo que se refiere a la investigación sobre el asunto JFK y puede abrir algunos ojos. Así pues, en mi opinión, este libro constituye esencialmente una nueva ampliación de horizontes en lo que respecta a la investigación del asunto JFK.

FLETCHER PROUTY

Echemos un vistazo a las obras de no ficción del coronel L. L. Fletcher Prouty, antiguo oficial de enlace entre el Pentágono y la CIA durante los años de Kennedy. Prouty, por supuesto, sirvió de modelo para el personaje del "Sr. X", el hombre misterioso de la película *JFK* de Oliver Stone. El libro de Prouty *The Secret Team*, aunque no trata del asesinato de JFK como tal, es un estudio de la política de poder en todo el mundo afectada por los complots de la CIA. El subtítulo de su libro es bastante descriptivo: "La CIA y sus aliados controlan Estados Unidos y el mundo".

El libro de Prouty es un estudio de los orígenes, el crecimiento, el desarrollo y los excesos de la CIA. Desgraciadamente, me gustaría señalar que, a la hora de hablar de los "aliados" de la CIA, Prouty no profundiza en el Mossad. Por lo demás, se trata de un libro muy importante y la CIA ha hecho todo lo posible por mantenerlo en secreto.

El otro libro de Prouty, *JFK* (subtitulado: "*La CIA, Vietnam y el complot para asesinar a John F. Kennedy*") es igualmente interesante. El título en sí es algo engañoso, como el propio coronel Prouty declaró, señalando que fue su editor quien insistió en el título. En realidad, el libro se centra en el papel de Estados Unidos en Indochina y en las maniobras entre bastidores que, a lo largo de los años, condujeron a la implicación estadounidense en la tragedia. El libro es importante porque demuestra de forma concluyente que el presidente Kennedy quería salir de Indochina y que se enfrentaba a la oposición de las fuerzas del poder -tanto nacionales como internacionales-, lo que fue una de las consideraciones clave en la decisión de la CIA de participar en el complot para asesinar a JFK.

LA POLÍTICA DE JFK EN ORIENTE MEDIO

Los interesados en la política de JFK en Oriente Próximo deberían consultar los libros citados *en Juicio Final*, en particular *Taking Sides*, de Stephen Green, *Dangerous Liaisons*, de Andrew y Leslie Cockburns, y *The Samson Option*, de Seymour Hersh. Me apresuro a añadir que ninguno de estos libros sugiere una relación entre los conflictos de JFK con Israel y su asesinato. Una vez estudiados estos volúmenes, no cabe duda de que la percepción popular de que JFK era "amigo" de Israel -al menos en la mente de los dirigentes israelíes de la época- dista mucho de ser cierta. Por decirlo suavemente.

No cabe duda de que en el momento de su muerte, JFK era considerado por los dirigentes israelíes como una amenaza para la supervivencia de Israel. Cualquiera que tenga alguna ambición de ser una autoridad en el asesinato de JFK no puede, repito, examinar el asesinato sin leer los libros que tocan este aspecto de la política exterior de JFK. Los que evitan el tema temen, obviamente, ser desprestigiados por la conexión israelí.

"LA MAFIA MATÓ A JFK"

Aunque los libros que sugieren que "la Mafia mató a JFK" constituyen una categoría temática por derecho propio, no dedicaré más discusión a estas obras en este repaso bibliográfico histórico de libros sobre el magnicidio. Ya he hablado de estos libros y de sus muy defectuosas tesis en varios puntos a lo largo de las páginas de *Juicio Final*. Sin embargo, estos libros han recibido una gran cobertura en los medios de comunicación de la clase dominante porque, estoy seguro, esto desvía la atención de los verdaderos conspiradores. Pero tranquilos: la Mafia NO mató a JFK.

ROBERT MORROW

Me gustaría hablar ahora de la obra de Robert Morrow. Antes he hablado de su novela *Traición*. Su edición revisada de "no ficción" de ese libro, sustancialmente mejorada y ampliada, es *Conocimiento de primera mano*, subtitulado *"Cómo participé en el asesinato del presidente Kennedy a manos de la CIA y la mafia"*. Es un libro interesante, pero sigo siendo cauteloso al respecto, aunque sólo sea por la sencilla razón, como señalé en *Juicio Final*, de que fue impreso por una filial estadounidense de una editorial israelí. Aparte de eso, diré que en mi opinión no hay duda de que el propio Morrow estuvo implicado en la conspiración que rodeó el asesinato, en particular con los miembros de la CIA que colaboraron con los exiliados cubanos anticastristas.

Sin embargo, como he sugerido, mi propia opinión es que el aspecto cubano del complot del asesinato ha sido exagerado por la mayoría de los investigadores. Es decir, en el sentido de que yo no veo realmente a los exiliados cubanos como verdaderos conspiradores, sino más bien como "facilitadores" -incluso chivos expiatorios- que fueron manipulados tanto como Lee Harvey Oswald.

El papel principal que desempeñaron los cubanos en la conspiración fue ayudar a sentar las bases de la historia de que el desafortunado Oswald era un "agitador procastrista". Los cubanos, ya sea a favor o en contra de Castro, fueron, en mi opinión, sólo más "falsas banderas" plantadas en medio del paisaje del complot de asesinato por los responsables finales del crimen.

En *Juicio Final*, me basé en gran medida en el libro de Morrow, *El senador debe morir*, para obtener información sobre el asesinato del senador Robert F. Kennedy. El libro sugiere que SAVAK, la policía secreta iraní, llevó a cabo el asesinato de RFK sobre la base de un contrato con la CIA. No he visto ninguna prueba que sugiera que Morrow no tenga parte de razón en este punto, y en *Juicio* Final señalé que SAVAK fue una creación conjunta del Mossad y la CIA.

Hacía tiempo que existía una estrecha relación secreta entre el Mossad, la CIA y los iraníes, aunque mucha gente no lo sabía. Así que si RFK fue asesinado por SAVAK, como dice Morrow, eso me dice que deberíamos mirar más en la dirección de una conexión israelí allí, aunque Morrow, por supuesto, no lo menciona.

Tengo que decir que tengo algunas dudas sobre la fiabilidad general de Morrow, en el sentido de que a veces es muy difícil determinar lo que sabe directamente, lo que piensa o lo que otros le han dicho.

Los libros de Morrow son interesantes y ofrecen muchas ideas fascinantes. De eso no hay duda. Sin embargo, me preocupa profundamente que Morrow parezca sugerir que James Angleton, de la CIA, estaba de alguna manera fuera de onda en lo que respecta al asesinato de JFK y el encubrimiento, y nada podría estar más lejos de la verdad.

El hecho de que Morrow fuera un agente de la CIA que operaba en círculos desagradables es otro factor a tener en cuenta en todo esto. La gente en esa posición no siempre sabe para quién está trabajando realmente. A veces piensan que están trabajando para un propósito cuando en realidad están trabajando para otro. Y no siempre conocen todos los hechos. Así que las propias experiencias de Morrow (y el relato de sus experiencias) se vieron inevitablemente influidas por todo esto. No estoy diciendo que Morrow fuera un chivo expiatorio o una marioneta, pero sí sugiero que examinemos su relato de primera mano con cautela.

A saber: Me han informado fehacientemente de que Morrow conoce bien la tesis presentada en *Juicio Final* y es muy posible que a estas alturas ya haya leído el libro. Aún no se ha puesto en contacto conmigo.

HUGH McDONALD

En *Juicio final*, hablé de los libros *Cita en Dallas* y *LBJ y la conspiración JFK*, ambos de Hugh McDonald, otro antiguo agente del FBI y de la CIA. Señalé que ninguna de estas obras me parece especialmente creíble. El primer volumen fue coescrito por Geoffrey Bocca, un antiguo propagandista de la OAS francesa respaldada por Israel y no hace falta decir, a la luz de todo lo que ya he mencionado, que esto en sí mismo da motivos para cuestionar la fiabilidad del libro.

El segundo libro, coescrito por Robin Moore, que durante mucho tiempo estuvo vinculado a la comunidad de inteligencia, repite la afirmación de James Angleton de que los soviéticos estuvieron detrás del asesinato de JFK. El libro también dice que la KGB manipuló a Lyndon Johnson para encubrir la conexión soviética. Hasta aquí los libros de McDonald. La única razón por la que los menciono aquí es porque la gente sigue pidiéndome que comente su contenido.

LA IMAGINACIÓN DE HARRISON LIVINGSTONE

En este punto, debemos asumir una pesada carga examinando cuatro libros en particular escritos por un hombre en particular: Harrison Livingstone. Los libros son *Alta Traición*, *Alta Traición II*, *Matar la Verdad* y *Matar a Kennedy*, todos publicados por Carroll & Graf. Tengo que decir que el tercer título es un resumen bastante apto de lo que los cuatro volúmenes realmente hacen.

Como escritor que soy, odio criticar el estilo de escritura de otros escritores. He criticado las motivaciones de otros escritores en el caso de JFK, reconociendo que tienen cosas que resolver e intereses creados detrás de ellos para promover sus esfuerzos por causas a menudo poco nobles. En el caso de Harrison Livingstone, sin embargo, me sorprende que sus libros nunca se publicaran. Quizás sea más una reflexión sobre su editor que sobre el propio Livingstone. Estos cuatro volúmenes son, cuando menos, extraños. Los volúmenes segundo y tercero, en particular, parecen no haber sido revisados en absoluto. Da la impresión de que los editores dieron rienda suelta a Livingstone para despotricar de un tema a otro sin ningún freno.

En ocasiones, los comentarios de Livingstone parecen rozar la difamación. Ataca a sus propios críticos de forma muy personal y sugiere que él es el único autor que ha escrito algo sobre el asesinato de JFK que merezca la pena leer. Va y viene entre el análisis de las pruebas de la autopsia, las pruebas fotográficas y los relatos de testigos presenciales y, aunque no parece que Livingstone haya recibido ninguna formación formal en ninguna de las áreas que trata con tan mojigata autoridad e indignación, Livingstone quiere hacer creer que cualquiera que no esté de acuerdo con sus interpretaciones es, en el mejor de los casos, un mentiroso y, en el peor, ¡un participante deliberado en el encubrimiento del asesinato! Su coautor en la primera edición de *Alta traición*, Robert Groden, un investigador muy respetado, también es atacado salvajemente por Livingstone en estos volúmenes. Me sorprende que Groden no le haya demandado por difamación.

Livingstone denigra especialmente a Mark Lane. De hecho, dice que como Lane tenía fama de "izquierdista", no tenía motivos para implicarse en la investigación de los hechos sobre el asesinato de JFK. Esto, según Livingstone, hace parecer que sólo los "izquierdistas" estaban interesados en el asesinato y que los estadounidenses medios no lo estaban. Livingstone también se burla de la idea de que la CIA estuviera implicada en el asesinato. También argumenta que, como Lane representó a Liberty Lobby en el caso de difamación de E. Howard Hunt, puede haber ayudado a encubrir a los llamados barones del petróleo de Texas que estuvieron implicados en el asesinato y que, según Livingstone, son patrocinadores de Liberty Lobby. (Lo cual, me apresuro a añadir, sencillamente no es cierto, a pesar de las delirantes divagaciones de Livingstone).

Estas gigantescas obras no aportan absolutamente nada a la investigación sobre el asesinato de JFK y, sin embargo, una importante editorial se hizo con estos volúmenes, los imprimió y los distribuyó ampliamente. Dos de estos volúmenes fueron incluso bestsellers *del New York Times*. Livingstone alienó a todos los principales investigadores que trabajan en el asesinato de JFK con su extraño comportamiento y, sin embargo, curiosamente, sus libros recibieron esta distribución excesiva. Creo que hay un plan detrás de la amplia difusión de las tonterías de Livingstone: enturbiar aún más las aguas y presentar el carácter bastante peculiar de Livingstone al público en general como la definición de lo que es un "investigador de éxito".

Debo señalar que Livingstone incluso sugiere que tal vez Abraham Zapruder, que filmó la famosa película casera del asesinato, pudo haber sido parte de la conspiración, ¡colocado en la escena para proporcionar un registro del asesinato para los conspiradores! Sin embargo, cada vez hay más pruebas de que la propia película de Zapruder fue manipulada.

Como digo, la única razón por la que he dedicado tanto tiempo a hablar de los libros de Livingstone es que me preocupa que hayan tenido la difusión que han tenido. No culpo a Livingstone, y subrayo que no dudo de su sinceridad personal, pero sí cuestiono los motivos y la corrección de su editor.

EL CASO GÉRALD POSNER

El caso de Gerald Posner merece, como mínimo, un análisis especial. Aunque el libro de Gerald Posner, *Caso Cerrado*, ha sido ampliamente aclamado por los medios de comunicación como "la última palabra" sobre el complot del asesinato de JFK, lo cierto es que el libro sería más preciso describirlo en muchos aspectos como "la primera palabra". Personalmente, descubrí más de un puñado de contradicciones y distorsiones flagrantes que aparecían en las páginas del libro tras un rápido examen superficial. Luego, a medida que leía el libro, me di cuenta de que no era más que un refrito del resumen biográfico de la vida de Lee Harvey Oswald presentado en el informe de la Comisión Warren.

Así pues, con *Caso cerrado*, hemos cerrado el círculo con este libro tan cacareado, que es poco más que una reafirmación revisada de la "primera palabra" -el Informe Warren- unida a feroces y malintencionados ataques personales contra investigadores y testigos cuyas opiniones son contrarias a la Comisión Warren.

Hay un montón de reseñas de *Caso Cerrado* por mucha, mucha gente, pero voy a darles una visión general de algunos de mis propios comentarios de mi propia reseña del libro. Si hubiera dedicado más tiempo a revisar el volumen de Posner, estoy seguro de que podría haber encontrado muchas más contradicciones, pero las que cito aquí creo que son muy representativas de su muy engañoso trabajo.

LAS CONTRADICCIONES DE POSNER

- A lo largo del libro, Posner cita las conclusiones del Comité Selecto de la Cámara de Representantes sobre Asesinatos que coinciden con su tesis de que Oswald cometió el crimen en solitario. Sin embargo, cuando una conclusión de la HSCA no concuerda con Posner, éste la rechaza de plano. En segundo lugar, aunque Posner trata activamente de desacreditar a Anthony Summers, un investigador que trabaja en el caso JFK, a lo largo del libro cita a Summers como fuente (en la página 144, por ejemplo) citando a Summers diciendo que el caso de Jim Garrison contra Clay Shaw era "extremadamente débil". En otras palabras, Summers es una fuente poco fiable cuando sus conclusiones apuntan a una conspiración, pero cuando sus conclusiones sobre ciertas cuestiones coinciden aunque sea vagamente con las de Posner, éste encuentra que Summers es digno de ser citado para apoyar sus propias opiniones.

- Posner cita a un testigo llamado Jack Tatum que supuestamente vio a Oswald abandonar la escena del asesinato del agente de policía de Dallas J. D. Tippit, afirmando que Tatum "contó por primera vez su historia a los investigadores del Comité Selecto de Asesinatos de la Cámara de Representantes". Esto es interesante, porque en otros casos en los que otros testigos que contradicen la tesis de Posner no dieron a conocer sus opiniones en primer lugar, Posner cuestiona su fiabilidad. Sin embargo, cuando un testigo que llega tarde, como éste, parece confirmar la tesis de Posner, cita a dicho testigo como fiable y "prueba" de su exactitud.

LOS INSULTOS DE POSNER

- El principal talento de Posner es atacar ad homenim a los testigos cuyas pruebas no concuerdan con sus conclusiones, que, por supuesto, no son más que las mismas conclusiones a las que llegó la Comisión Warren unos treinta años antes. Por ejemplo, Posner llama a uno de los testigos "borracho confeso" (sugiriendo, supongo, que los borrachos son constitucionalmente incapaces de decir la verdad sobre nada). Pero ése es sólo un ejemplo de muchos.

- En un intento de desacreditar a Delphine Roberts, que fue secretaria y amante del agente de la CIA Guy Banister, Posner ataca algunas de sus creencias políticas y religiosas bastante exóticas, que no tienen absolutamente nada que ver con la afirmación de Roberts de que Lee Harvey Oswald tenía una estrecha relación con Banister y sus actividades.

- Cuando Posner discute las alegaciones sobre los vínculos de Oswald con la CIA hechas por Gerry Patrick Hemming, un conocido ex agente de la CIA, Posner llama a Hemming un "autopromotor" que proporcionó "revelaciones extravagantes y no probadas" sobre el asesinato de JFK. Más insultos.

- Cuando Posner trató de desacreditar la afirmación de Jean Hill de que había sido intimidada y maltratada por el abogado de la Comisión Warren Arlen Specter, Posner dijo que "no hay nada que se acerque a tal conducta por parte de Specter en la transcripción literal de la declaración del taquígrafo".

Sin embargo, Posner nunca dice a sus lectores que Hill repitió constantemente que la transcripción de la declaración era inexacta y tergiversaba lo que había dicho inicialmente a Specter. Además, obviamente, parece poco probable que Specter hubiera permitido que sus palabras amenazadoras formaran parte de la transcripción. Pero es otro excelente ejemplo de cómo Posner falsea los hechos.

- En otro caso, Posner trata de desacreditar a uno de los testigos de Jim Garrison que dice haberse puesto en contacto con el FBI en relación con Oswald (después del asesinato) para informar sobre una aparente visita de Oswald (antes del asesinato) a Clinton, Luisiana. Según Posner, "no hay constancia de tal llamada". Esto sugiere, por supuesto, que el FBI fue completamente honesto en la investigación del asesinato de JFK y guardó archivos sobre todos los asuntos relacionados con Oswald y el complot del asesinato de JFK, lo cual sabemos que no es la verdad. Pero Posner cree en la palabra del FBI sobre esto y para Posner, está decidido.

- Posteriormente, aunque en el curso de su libro Posner intentó analizar y psicoanalizar los comentarios hechos en un momento u otro por Lee Harvey Oswald, Posner nunca comentó -ni mencionó el hecho- de que Oswald también dijera que era un "pringado". Posner quería hacernos creer que Oswald acababa de conseguir el mayor logro de su patética vida y que no tenía nada más que decir al respecto.

- Al intentar descartar la posibilidad de que Oswald fuera un agente de la CIA, Posner se basa en el repudio de la propia CIA a la denuncia de un antiguo empleado de la CIA de que Oswald era, en efecto, empleado de la CIA. (¡Por supuesto, Gerald, la CIA será la primera en admitirlo!).

- Posner dice en la página 49, por un lado, que el KGB no tenía ningún interés en Oswald y, diez páginas después, en la página 59, dice que no menos de veinte agentes del KGB estaban vigilando a Oswald. (¡Cómo no!)

LAS DISTORSIONES DE LA VERDAD DE POSNER

- En su apéndice sobre varias de las misteriosas muertes que rodearon el asesinato de JFK, Posner comete una serie de tropelías contra la verdad. Huelga decir que muchas de esas supuestas "muertes misteriosas" no lo son tanto. Personalmente, creo que muchos investigadores han exagerado al vincular varias de estas muertes a la conspiración. Pero en el caso de Posner, hay al menos dos casos flagrantes en los que, una vez más, Posner falsea los hechos.

(1) En referencia a la muerte de Maurice Gatlin, Posner se limita a decir que Gatlin murió a consecuencia de "lesiones producidas por una caída". De hecho, Gatlin murió tras caer desde la ventana de un hotel -posiblemente tras ser empujado, por supuesto-. Pero Posner nunca menciona las circunstancias. Posner también dice que el nombre de Gatlin "probablemente está en la lista porque ya ha sido contratado por Guy Banister para una investigación no relacionada". Posner no menciona que Gatlin fue supuestamente el correo que transportó varios cientos de miles de dólares en efectivo a Europa y que fue asignado a los conspiradores de la OAS vinculados a Israel, que también conspiraban contra la vida del presidente francés Charles De Gaulle. Interesante, como mínimo.

(2) Otra muerte misteriosa que Posner intenta sugerir que no es tan misteriosa y que probablemente esté de alguna manera desconectada del asesinato es la muerte por electrocución de Thomas Eli Davis III. Posner dice que Davis era un traficante de armas que "también conocía a Ruby" y sugiere que no hay nada que lo conecte realmente con la conspiración de JFK. Posner no menciona que Davis vendía armas a la OAS francesa y que había sido detenido en el norte de África justo antes del asesinato de JFK, momento en el que se informó inicialmente de que había estado en posesión de cartas que hacían referencia a Lee Harvey Oswald.

(Cabe señalar que desde entonces se ha establecido que los documentos encontrados a Davis eran cartas de recomendación a Victor Oswald, un traficante de armas afincado en España. Sin embargo, Posner no cuenta toda la historia).

EL MAYOR FRAUDE DE POSNER

Quizás el ataque más descarado a los lectores por parte de Posner, activamente ayudado e instigado por sus promotores mediáticos de la clase dominante, es su afirmación de haber resuelto el misterio de JFK mediante la indiscutible magia de los ordenadores. En su libro Posner se basa en gran medida en un análisis del asesinato de JFK generado por ordenador por una empresa conocida como Failure Analysis Associates, que "prueba" que Lee Harvey Oswald actuó solo.

Posner induce esencialmente a sus lectores a creer que el análisis informático se preparó de algún modo exclusivamente para su uso personal, cuando en realidad se preparó para un simulacro de juicio de Lee Harvey Oswald realizado por la American Bar Association (que, por cierto, terminó con un jurado en desacuerdo).

Además, Posner tampoco dice a sus lectores que la compañía informática también preparó un análisis informático alternativo del asesinato que proporcionaba una tesis completamente diferente: especificando que podría haber habido más de un asesino implicado en el asesinato del presidente Kennedy. Así que el principal argumento de venta del libro de Posner - el famoso análisis informático del asesinato - que los medios de comunicación han cubierto ampliamente se basa a su vez en distorsiones de la verdad tal y como aparecieron en las páginas del libro de Posner.

Hay otro punto interesante que vale la pena repetir. Como señalé anteriormente en *Juicio Final*, uno de los colaboradores de Posner, Johann Rush, que proporcionó a Posner una versión "mejorada" de la famosa película de Zapruder del asesinato, también resulta ser el mismo Johann Rush que era uno de los camarógrafos de la WDSU en Nueva Orleans (propiedad de la familia Stern, vinculada a la ADL, y de Clay Shaw) que siempre parecía estar presente cuando Lee Harvey Oswald hacía declaraciones "procastristas". Parece que Rush sigue de misión. Demasiado para Gerald Posner. Nadie se toma realmente en serio su libro, ni siquiera, sospecho, sus patrocinadores de trastienda. Saben quién mató a JFK, pero no quieren que lo sepas, y por eso mantienen a gente como Posner cerca, siempre listos para sacarse algo de la chistera.

SEYMOUR HERSH

Olvídese de quién mató a John F. Kennedy y por qué. En su lugar, deberías concentrarte en los pecadillos personales de JFK. Ese es el mensaje que los medios de comunicación controlados por el estado están difundiendo en este país tras la publicación del nuevo libro de Seymour Hersh, *The Dark Side of Camelot (El lado oscuro de Camelot)*. Aquellos que no habían oído hablar del libro de Hersh que ataca el carácter de John F. Kennedy no estaban leyendo la prensa dominante en el momento del 34 aniversario del asesinato de JFK. El libro se promocionaba por todas partes, incluido un artículo de portada en el número del 17 de noviembre de la revista *Time*.

Las reseñas -e incluso el artículo de Time- sugerían unánimemente que había dudas sobre la credibilidad de Hersh, pero incluso estas reseñas tuvieron el impacto de emitir tanta "negatividad" sobre JFK que los lectores asumieron casi automáticamente que "donde hay humo, hay fuego".

¿Qué tiene de nuevo el libro de Hersh? En realidad, nada. Ha habido docenas -quizás cientos- de otros libros sobre las conexiones mafiosas de la familia Kennedy, la promiscuidad de JFK, etcétera. *El* propio *Time* señala (con razón) que desde los años 70 ha habido un montón de libros que hacen lo mismo que el libro de Hersh: "desmitificar a JFK".

Entonces, ¿por qué la urgencia de volver a analizar las fechorías de JFK? Todos hemos oído hablar de los ancianos de la familia Kennedy, tema de interminable cobertura mediática durante casi treinta años. Esto ha sido así desde que Mark Lane empezó a hacer preguntas sobre quién mató realmente a John F. Kennedy y por qué. El libro de Lane, *Rush to Judgment*, planteó algunos problemas reales a la gente que orquestó el asesinato de JFK y su encubrimiento. La reacción de los "principales medios de comunicación" fue intentar decir: "John F. Kennedy no era tan buen tipo después de todo". (Sugiriendo que tal vez merecía ser fusilado o, como mínimo, había preparado el escenario para su propia muerte). Y luego, cuando en *Negación plausible* Lane documentó el vínculo de la CIA con el asesinato, la clase dirigente determinó que las teorías conspirativas sobre el asesinato tenían que ser contenidas. Las teorías que son "aceptables" son las que dicen que "lo hizo la mafia" y culpan de ello a mafiosos muertos hace mucho tiempo.

La revista Time, que promueve la nueva "desacreditación" de JFK, es propiedad de la gran familia Bronfman. Y, por supuesto, como señala *Juicio Final*, el secuaz de la familia Bronfman, Louis M. Bloomfield, desempeñó un papel clave en el complot para asesinar a JFK.

¿Dónde encaja Hersh en todo esto? Fue el libro de Hersh, *La opción Sansón*, el que reveló por primera vez que JFK se había enzarzado en una larga y oculta guerra entre bastidores con el primer ministro israelí David Ben-Gurion por los esfuerzos de Israel para construir una bomba nuclear. *Juicio Final* cita ampliamente la obra de Hersh, para consternación de quienes quieren mantener el profundo y oscuro secreto de la guerra de Israel con JFK lejos de los admiradores del presidente Kennedy.

Pero aquí hay algo muy interesante: el número de noviembre de 1997 de la revista *Vanity Fair* reveló que Hersh había trabajado estrechamente con Michael Ewing, que había participado en la investigación de 1978 del Comité de la Cámara sobre el asesinato del Presidente. Como informamos en *Juicio Final*, Ewing citó la particular "conexión francesa" con el asesinato de JFK, que estaba siendo investigada cuando el Comité de la Cámara cerró el negocio.

Juicio Final demuestra que la "conexión francesa" es, de hecho, la conexión israelí. Seguro que Hersh estuvo escuchando a Ewing hablar de la "conexión francesa". Y a la luz de lo que Hersh sabía claramente sobre JFK e Israel, está claro que no podía sino tener una idea de la conexión israelí. Ciertamente, por supuesto, Hersh sabía que Israel tenía un motivo.

Según *Vanity Fair*, Hersh desechó su propia investigación para un libro sobre el asesinato de JFK y se dedicó a los tejemanejes personales de JFK. Al parecer, esto ocurrió después de la publicación de *Juicio Final*, en enero de 1994, por lo que parece *Juicio Final* le robó el protagonismo a Hersh.

Hersh dice ahora que nunca ha encontrado pruebas de que hubiera una conspiración detrás del asesinato de JFK. La única prueba que puede encontrar es el hecho de que JFK tenía una vida personal muy interesante y que supuestamente estuvo implicado en complots de asesinato contra otros. Sin embargo, hay quienes rebaten las "pruebas" de Hersh, como admitió *Time*.

¿Es el libro de Hersh su forma de resarcirse por haber revelado hechos sorprendentes y desconocidos sobre la guerra secreta de JFK con Israel, pruebas que llevaron a escribir *Juicio Final*? Y el énfasis de los medios de comunicación en la credibilidad de Hersh, ¿es en realidad una forma sutil de desacreditar los escritos anteriores de Hersh sobre JFK e Israel, desacreditando así indirectamente *Juicio Final*?

En cualquier caso, el nuevo libro de Hersh está regurgitando viejas afirmaciones sobre Kennedy, poniéndolas de nuevo en circulación. Por eso los que estuvieron detrás del asesinato están encantados de dar al libro de Hersh toda la publicidad gratuita que está recibiendo.

HAGA SU PROPIO JUICIO FINAL

Este es un resumen detallado de mis reacciones y opiniones personales acerca de los libros sobre el asesinato de JFK. Si no ha leído los libros que le he recomendado, le sugiero que lo haga. Una vez que haya leído todos estos libros, creo que podrá hacer su propio juicio final - y no creo que encuentre que mis conclusiones generales estén en absoluto bien fundadas.

A quienes estén interesados en escribir sus propios libros sobre el asesinato de JFK, les insto a que eviten las distracciones, las áreas sin sentido que empantanan una investigación seria. Y no intenten escribir otra visión general de la conspiración del asesinato. Yo lo hice, pero añadí un nuevo ángulo que nunca antes se había considerado.

Creo que en las páginas de *Juicio* Final he sentado las bases para seguir investigando en una serie de ámbitos nuevos poco explorados o que nunca se han explorado. Esto es lo que animo a hacer a la gente. Encuentren una nueva área de interés relacionada con el asesinato de JFK y explórenla como puedan. Hay mucho más por hacer.

ANEXO 9

¿Quiproquo
La conexión de Pekín con la conspiración del asesinato de JFK - La alianza nuclear secreta de Israel con la China comunista.

No sólo se invirtió la política estadounidense hacia Israel tras el asesinato de JFK. Sino que prácticamente se pasó por alto que John F. Kennedy estaba planeando un ataque militar contra las instalaciones de desarrollo de armas nucleares de la China Roja en los meses previos a su asesinato. Sin embargo, un mes después de la muerte de JFK, Lyndon Johnson canceló el plan y permitió que China siguiera adelante con el montaje de su arsenal nuclear. El gran secreto es que en el momento del asesinato de JFK, los servicios de inteligencia israelíes Mossad y China Roja estaban trabajando entre bastidores en el desarrollo conjunto de armas nucleares. Las pruebas sugieren que la "carta de China" desempeñó un papel crítico (secreto) en la implicación de Israel en el complot para asesinar a JFK.

A principios de noviembre de 1997, mientras preparaba la cuarta edición de *Juicio Final*, me encontré inesperadamente con un artículo enterrado en un montón de recortes de periódico sobre el asesinato de JFK. Era una columna publicada en 1970 por Paul Scott, un veterano experto de Washington, en la que señalaba que justo antes de su asesinato, John Kennedy estaba planeando un ataque militar contra el programa de desarrollo de armas nucleares de la China Roja.

Es más, según Scott, un mes después del asesinato de JFK, su sucesor, el presidente Johnson, ordenó detener el inminente atentado.

De hecho, me pareció interesante que JFK no sólo trabajara para frustrar el programa de bombas nucleares de Israel (como documenté en *Juicio Final*), sino que también tomara medidas activas para frustrar el de la China Roja.

Sabiendo que hoy en día Israel es probablemente el mayor proveedor de armas de China, empecé a investigar un tema nuevo del que nunca había tenido noticia: la relación secreta entre Israel y la China Roja. Me pregunté si habría algún tipo de "conexión china" con el papel del Mossad en el complot para asesinar a JFK.

Entonces, tras una breve búsqueda -en todos los lugares adecuados- encontré este enlace. Incluso me sorprendió. Creo que los lectores también estarán intrigados y de acuerdo en que lo que aquí se describe apunta en la dirección de un papel del Mossad en el complot para asesinar a JFK.

Poco después, me enteré de que un grupo de investigadores que trabajaban en el asunto JFK estaba estudiando el tema de "China y el asesinato de JFK". Sin embargo, desde entonces, todavía no he visto en ninguna parte -excepto en las páginas de *Juicio Final*- mención alguna a la vinculación del Mossad con el "mapa de China" en el complot para asesinar a JFK. Esto no me sorprende, por supuesto, pero es una tragedia que incluso los "buscadores de la verdad" se nieguen a mirar las pruebas a la cara.

sin duda verán los lectores de *Juicio Final*, no se puede examinar seriamente el tema de "China y el asesinato de JFK" en su conjunto sin examinar también la conexión con Israel. Y lo mismo ocurre con prácticamente todos los puntos clave en la amplia variedad de áreas relacionadas con la investigación del complot del asesinato de JFK.

ISRAEL Y CHINA ROJA: LA CONEXIÓN NUCLEAR

Entonces, ¿cuál es el vínculo? El hecho es que en 1963, China Roja e Israel se comprometieron en secreto en el desarrollo conjunto de armas nucleares en segundo plano. Es más, la figura clave en la relación entre China Roja e Israel no era otro que el difunto Shaul Eisenberg, socio comercial durante mucho tiempo del jefe de adquisición de armas y finanzas del Mossad, Tibor Rosenbaum, el hombre detrás de Permindex, que desempeñó un papel central en el complot para asesinar a JFK.

Así, mientras que ahora es aparentemente "aceptable" en los círculos de investigación del asesinato de JFK sugerir que JFK pudo haber sido asesinado porque se interponía en el camino del programa de desarrollo de bombas nucleares de China Roja, todavía se considera "extraño" (y "antisemita") sugerir que la guerra secreta de JFK con Israel sobre el programa de bombas nucleares de Israel jugó un papel en su asesinato. Pero los hechos están ahí para quienes estén interesados en encontrarlos, como hice yo.

Examinemos entonces el vínculo entre Pekín y la conspiración del asesinato de JFK. Al igual que la "conexión francesa", esta "conexión china" es, en realidad, una señal que apunta a la conexión israelí.

EL PLAN DE JFK PARA ATACAR CHINA

Empecemos por lo que el columnista "conservador" Paul Scott escribió el 13 de febrero de 1970, poco más de seis años después del asesinato de Kennedy. Según Scott:

"Rusk desempeñó un papel clave en la cancelación de los planes de contingencia para la destrucción de las centrales nucleares de la China comunista ordenados por el difunto presidente Kennedy. Autorizados por Kennedy unas 10 semanas antes de su asesinato, el presidente Johnson canceló abruptamente los planes de contingencia poco después de tomar posesión.

"Aunque los archivos de la Casa Blanca revelan el papel de Kennedy en la planificación de la demolición de la capacidad nuclear de China, no hay documentos oficiales que demuestren por qué el proyecto de alto secreto se detuvo en diciembre de 1963 - o alrededor de un mes después de la muerte de Kennedy.

"Investigando la política hacia China de las administraciones Kennedy y Johnson, los altos funcionarios de la administración Nixon sólo pudieron saber que el proyecto se disolvió oficialmente después de que Rusk informara del proyecto al presidente Johnson cuando éste accediera a la presidencia.

"La información de que Rusk recomendó que se detuviera el proyecto procede de un funcionario de la CIA que fue asignado para ayudar a redactar los planes. Afirma que el grupo de planificación de emergencia se enteró de que Rusk había estado en contra del proyecto desde que Kennedy lo inició en septiembre de 1963....

"La gran importancia que Kennedy concedía a este proyecto de alto secreto quedó clara en un relato escrito por Stewart Alsop tras la muerte de Kennedy sobre cómo había comenzado el proyecto. Poco antes de su muerte, relata Alsop, el presidente Kennedy había convocado a uno de los principales expertos del gobierno en el Lejano Oriente a su oficina para una conferencia.

"La conversación versó sobre un tema que... inquietaba al difunto Presidente más profundamente que ningún otro, a saber, el desarrollo de la capacidad nuclear china. Preguntó si había alguna posibilidad de llegar a un 'compromiso' con los comunistas chinos. Cuando el experto en Extremo Oriente respondió que no, el Presidente pareció estar de acuerdo. Preguntó al experto qué debía hacerse.

"He reflexionado mucho sobre esta cuestión", respondió el experto. Debería ser técnicamente posible, en esta fase de su desarrollo nuclear, destruir las centrales nucleares chinas de forma que parezca un accidente atómico. Podría hacerse como una operación quirúrgica, sin armas nucleares, utilizando potentes explosivos", prosiguió el funcionario. "Podríamos tener planes para ti, con diferentes medios operativos para destruir las centrales en un futuro próximo". El funcionario le dijo a Alsop que Kennedy le había señalado y le había dicho: "Haz eso".

"Inmediatamente después de esta reunión en la Casa Blanca, se creó un grupo de planificación de emergencia dentro de la administración Kennedy para llevar a cabo el proyecto supersecreto. En su primera reunión, el grupo fue informado de que el presidente Kennedy había decidido en teoría que se debía impedir, por todos los medios necesarios, que China se convirtiera en una potencia nuclear.

"Según uno de los miembros del grupo, la planificación se desarrolló sin contratiempos en septiembre, octubre y noviembre de 1963.... Los archivos de la Casa Blanca muestran que poco después de la muerte de Kennedy, el presidente Johnson fue informado del proyecto por Rusk. Fue poco después de esta sesión informativa cuando se canceló el proyecto".[205]

El investigador Dick Russell, escribiendo de pasada sobre los planes de JFK para las instalaciones nucleares de China, informa de que "los soviéticos instaron a Estados Unidos a seguir adelante con el ataque propuesto."[206]

Entre los estadounidenses que instaron a Johnson a continuar el ataque y oponerse al desarrollo nuclear de China estaba el director de la CIA, John McCone. Según Seymour Hersh, en *La opción Sansón* (su estudio sobre el programa secreto de desarrollo nuclear de Israel): "McCone sintió cruelmente la pérdida de John Kennedy; su relación con Lyndon Johnson era mucho menos íntima y sus consejos no siempre eran bien recibidos.

"La solución de McCone a la bomba china... fue enviar a la Fuerza Aérea. "McCone desató el infierno" sobre la bomba china, recuerda [su antiguo ayudante] Walt Elder.

---

[205] Columna de Paul Scott del 13 de febrero de 1970
[206] Dick Russell, *El hombre que sabía demasiado* (Nueva York: Carroll & Graf, 1992), p. 353.

"Quería permiso para sobrevolar el lugar de las pruebas y su petición fue denegada". El director de la CIA no se inmutó; entonces dejó flotar "la idea de qué pasaría si entráramos y tomáramos la capacidad nuclear china". Pensábamos utilizar bombarderos sin distintivos para atacar a los chinos y evitar así su identificación".[207]

Sin embargo, como hemos visto, el presidente Johnson rechazó el proyecto, así como los consejos de los soviéticos y de McCone. Tras la decisión de Johnson de no actuar, el 18 de octubre de 1964, menos de un año después del asesinato de JFK, China hizo explotar su primera bomba nuclear.

[208]Es más que interesante observar que el director de la CIA McCone, quien, según Hersh, estaba "comprometido con el concepto de no proliferación nuclear" e instó a atacar las instalaciones nucleares chinas, fue también una de las principales fuerzas que animaron a JFK a oponerse a la proliferación nuclear israelí. Como vimos en el capítulo 5, fue en la oficina de McCone en la CIA donde la administración Kennedy llevó a cabo su vigilancia encubierta del programa de bombas nucleares de Israel. Kennedy confió claramente en su viejo amigo McCone -pero no en la CIA como institución- para gestionar esta delicada y altamente secreta operación de inteligencia.

JFK probablemente sabía que, como señalamos en el capítulo 8, el leal a la CIA israelí James Angleton había proporcionado a Israel información nuclear secreta a finales de la década de 1950, mucho antes de que el propio JFK asumiera el cargo. Lo que es aún más interesante, sin embargo, es que McCone, aliado de JFK, había estado luchando contra el programa de bombas nucleares de Israel incluso antes de aceptar el puesto de director de la CIA en la administración Kennedy, después de que JFK despidiera al director de la CIA Allen Dulles en 1961 tras el desastre de Bahía de Cochinos.

Durante el anterior gobierno de Eisenhower, McCone había sido miembro de la Comisión de Energía Atómica (AEC) y, en 1960, cuando el mandato de Eisenhower tocaba a su fin y éste dimitió, fue McCone quien reveló por primera vez al periodista John Finney que Israel estaba construyendo un reactor nuclear para producir plutonio.[209]

La muy controvertida revelación se publicó en la portada del *New York Times* el 19 de diciembre de 1960. [210][211]Según Finney, "McCone estaba loco, loco de rabia", hacia Israel, diciendo: "Nos mintieron".[212] Según Walt Elder, asistente de McCone durante muchos años, "pensó: 'Estoy acabado [en la AEC] y es mi deber hacérselo saber al público'". [213][214]Otra cuestión, según Elder, fue lo que Hersh describió como "la frustración de McCone por las constantes mentiras de Israel" sobre su programa de desarrollo nuclear.

---

[207] Seymour Hersh. *La opción Sansón*. (Nueva York: Random House, 1991), pp. 150-151.
[208] Hersh, p. 73.
[209] Hersh, pp. 72-73.
[210] *Ibid*, p. 326.
[211] *Ibid*, p. 71.
[212] *Ibid*.
[213] Hersh, p. 73.
[214] *Ibid*.

Pero McCone, claramente, estaba más que frustrado. Dice Elder: "Hubo un impulso para conseguir su piel".[215] Esas son palabras fuertes, en efecto: "un impulso para sacarles el pellejo". Uno sólo puede imaginar la reacción de los israelíes endurecidos y sus aliados en Washington cuando se enteraron de la oposición de McCone. Y cuando McCone se convirtió más tarde en director de la CIA de JFK y se le encomendó la tarea de supervisar el desarrollo nuclear de Israel, podemos entender sin duda por qué Israel consideraría efectivamente a JFK como un peligro para la propia supervivencia de Israel.

El frustrado McCone dimitió como director de la CIA en la administración Johnson en 1965, diciendo a un colega: "Cuando no consigo que el Presidente lea mis informes, es hora de marcharse".[216] Según Seymour Hersh, McCone "también comprendió lo que significaba la persistente negativa de Israel a permitir inspecciones internacionales completas de su programa nuclear]".[217] Es decir, todo lo que él (McCone) y John F. Kennedy habían hecho para impedir que Israel construyera la bomba nuclear había fracasado e Israel seguía adelante con su decidido programa para hacerlo.

Además, McCone también tenía motivos para estar preocupado por el éxito nuclear de China, a pesar de sus anteriores esfuerzos (respaldados por JFK y rechazados por LBJ) para evitar que China obtuviera armas nucleares.

DEBUT NUCLEAR DE CHINA - ¿Y DE ISRAEL?

Llegados a este punto, hablaremos ahora de "la conexión israelí" con la China Roja y descubriremos que hay mucho más de lo que pensábamos en un principio. De hecho, se puede argumentar con razón que fue Israel -trabajando entre bastidores- quien permitió a China (que ya estaba desarrollando su bomba) lanzar con éxito su primera prueba nuclear.

En última instancia, si alguna vez se desvela la verdad, probablemente descubriremos que la primera explosión nuclear de China fue, de hecho, un logro conjunto israelí-chino. Por el momento, por supuesto, esto es pura especulación. Pero los hechos registrados nos llevan a esta conclusión.

El propio Seymour Hersh señala que la primera prueba nuclear china cogió a Occidente por sorpresa. Escribe: "La comunidad nuclear estadounidense ya había sido sacudida en octubre de 1964 cuando se enteró de que la primera bomba nuclear de China había sido detonada con uranio y no con plutonio, como la CIA y otras agencias de inteligencia habían anticipado ampliamente."[218]

Lo que Hersh añade de nuevo es especialmente interesante: "Inmediatamente se sospechó que China había comprado uranio enriquecido en el mercado negro -o robado- para su bomba (la CIA no se enteraría hasta dentro de un año aproximadamente de que China había terminado una enorme planta de difusión mucho antes de lo previsto).[219] Evidentemente, China Roja había avanzado mucho más en su proyecto de expansión nuclear de lo que nunca se había sospechado. China

---

[215] *Ibid.*
[216] Hersh, p. 151.
[217] Hersh, p. 151.
[218] *Ibid*, p. 246.
[219] *Ibid.*

estaba recibiendo ayuda de alguna parte. Al mismo tiempo, por supuesto, Israel progresaba gradualmente con su propio programa de desarrollo nuclear.

Mientras tanto, y en las décadas siguientes, se desarrollaba una extraña historia de espionaje en la que estaba implicada una empresa nuclear estadounidense. En su libro *The Samson* Option, Hersh examinó la historia bizantina de la Nuclear Materials and Equipment Corporation (NUMEC), con sede en Apollo, Pensilvania (cerca de Pittsburgh).

NUMEC era propiedad del judío estadounidense Zalman Shapiro, que mantenía estrechos y antiguos vínculos con Israel, y en 1965 una auditoría de NUMEC realizada por la Comisión de Energía Atómica reveló que grandes cantidades de uranio enriquecido parecían haber "desaparecido" del inventario de NUMEC en años anteriores.

La sospecha inmediata -o al menos eso se decía- era que Shapiro había utilizado recursos de NUMEC y desviado uranio enriquecido a Israel. En los años siguientes, la historia de NUMEC se convirtió en una atracción secundaria para los periodistas de investigación y dentro de la comunidad de inteligencia, y la historia finalmente logró filtrarse -en repetidas ocasiones- a los principales medios de comunicación de Estados Unidos y de todo el mundo.

Pero aquí está el problema: Seymour Hersh llegó a la conclusión de que no había pruebas sólidas para apoyar la conclusión de que Shapiro y NUMEC eran, de hecho, responsables de desviar recursos nucleares a Israel. Ni Shapiro ni su empresa han sido nunca declarados culpables de nada.

Sin embargo, a día de hoy, algunos siguen insistiendo (y evidentemente creen) que NUMEC fue una fuente primaria del uranio enriquecido necesario para la bomba nuclear de Israel. Sin embargo, como hemos señalado, no existen pruebas reales de esta conclusión, por muy emocionante que sea.

En resumen, parece -aunque Hersh nunca lo dice- que toda la historia de NUMEC parece haber sido una distracción cuidadosamente elaborada y filtrada deliberadamente que sirvió para encubrir la verdadera fuente del éxito nuclear final de Israel. Algunos críticos de Israel (siempre ansiosos por descubrir el espionaje israelí en el trabajo) saltaron sobre la historia y la difundieron a lo largo y ancho, y al menos un funcionario de la CIA apostó su reputación en ello. Pero nunca hubo -al menos según Hersh- ninguna base real para las acusaciones que se habían hecho.

LA GRAN PREGUNTA (SIN RESPUESTA)...

Así que nos queda la gran pregunta: ¿de dónde sacó Israel los recursos que necesitaba para lograr su capacidad de producción de bombas nucleares?

Como veremos, los hechos públicamente disponibles (si se cotejan y examinan en su integridad contextual) sugieren efectivamente que fue a través de la cooperación ultrasecreta con la China Roja como Israel logró alcanzar su antiguo objetivo de construir una bomba nuclear.

Argumentamos aquí, en las páginas de *Juicio Final*, que fue de hecho esta colaboración conjunta entre Israel y China Roja la que desempeñó un papel en el asesinato de John F. Kennedy y las consecuencias que siguieron: la adquisición de una capacidad nuclear para Israel y China Roja. Con esto en mente, veamos las pruebas.

Históricamente hablando, China -quizás la única de muchas naciones- fue uno de los pocos países donde el pueblo judío pudo desarrollarse y prosperar. El antisemitismo nunca fue un criterio. Cualquier referencia a la historia tradicional confirmará que no sólo hubo una pequeña (y libremente floreciente) comunidad judía en China durante siglos, sino también que en los últimos años -antes de la Segunda Guerra Mundial- muchos judíos europeos habían buscado refugio en China tras el ascenso de Hitler al poder en Alemania y la expansión del poder militar alemán por toda Europa.

El escritor judío S. M. Perlmann, en su *Historia de los judíos en China*, lo resume bien: "Para ser justos con esta antigua y culta nación china, [hay que decir] que los judíos de China nunca han tenido que quejarse de intolerancia; nunca han estado sometidos a leyes excepcionales; nunca han sido perseguidos ni despreciados a causa de su religión. Siempre han tenido los mismos derechos que el pueblo chino".[220]

EL SUEÑO DE BEN-GURION...

Así que no es de extrañar que cuando se fundó el Estado de Israel, David Ben-Gurion, el gran anciano del sionismo, estuviera ansioso por establecer relaciones con el recién establecido gobierno comunista de Pekín, que en aquel momento aún estaba consolidando su poder tras las luchas de posguerra.[221] Según el escritor israelí Uri Dan, el "sueño" del padre fundador de Israel, David Ben-Gurion, era forjar vínculos con los chinos y "unir a dos de los pueblos más antiguos del mundo".[222]

Según el biógrafo de Ben-Gurion, Dan Kurzman, Ben-Gurion "desafió la presión estadounidense" y reconoció al nuevo régimen comunista, pero fue "un golpe" cuando Pekín no reconoció a Israel a cambio.[223]

Ben-Gurion, señala Kurzman, "se sumergió en la historia y la cultura chinas e incluso estudió el pensamiento budista.[224] Estaba convencido de que China se convertiría inevitablemente en la mayor potencia del mundo y de que su apoyo sería inestimable. Los dirigentes chinos eran comunistas militantes, por supuesto, pero la mejor manera de moderarlos, según Ben-Gurion, era hablar y comerciar con ellos, no forzarlos al aislamiento. David Hacohen, enviado de Israel a Birmania, se había reunido en Rangún con el Primer Ministro chino, Chou En-lai, quien sugirió la existencia de lazos diplomáticos y económicos".[225]

Benjamin Beit-Hallahmi, historiador israelí que ha estudiado los vínculos de Israel con el Tercer Mundo, señala que: "El gobierno de Israel, que entonces sólo tenía diecinueve meses, fue uno de los primeros en reconocer a la República Popular China. En enero de 1950, Israel aún mantenía conversaciones con la Unión Soviética y, en teoría, no estaba alineado. A medida que avanzaba la década, fueron los chinos quienes se interesaron por el desarrollo de las relaciones.

---

[220] S. M. Perlmann, *History of the Jews in China* (Londres, 1913), p. 4.
[221] Uri Dan, en *el New York Post,* 30 de marzo de 1997.
[222] *Ibid.*
[223] Dan Kurzman. *Ben-Gurion: Prophet of Fire* (Nueva York: Simon & Schuster, 1983), p. 403.
[224] *Ibid.*
[225] *Ibid.*

"Pero para entonces", dice Beit-Hallahmi, "Israel se había unido claramente al bando estadounidense. Las propuestas chinas para establecer relaciones diplomáticas oficiales fueron rechazadas en 1954 y de nuevo en 1955; estaba claro que Israel no quería desobedecer los deseos de Estados Unidos".[226]

Aunque en 1955 los chinos se alinearon con el líder árabe Gamal Abdel Nasser de Egipto, y seguían sin reconocer públicamente a Israel, había muchas fuerzas invisibles trabajando entre bastidores. De hecho, el Mossad israelí y el servicio de inteligencia chino mantenían una discreta diplomacia al más alto (y más íntimo) nivel.[227]

Aunque hasta finales de la década de 1970 se hizo creer al mundo que la China Roja apoyaba activamente la causa palestina en oposición a Israel, el historiador de los servicios de inteligencia Richard Deacon reveló en 1977 que "los primeros informes sobre la participación china en los movimientos guerrilleros palestinos pueden descartarse ahora casi por completo. Probablemente se originaron porque China fue la primera nación importante en conceder reconocimiento diplomático a Al Fatah y en haber entrenado a guerrilleros palestinos en la Academia Militar de Nankín."[228]

Sin embargo, Deacon observó: "Los informes periodísticos y radiofónicos sobre la infiltración china en el movimiento guerrillero palestino no sólo han sido enormemente exagerados, sino que en muchos casos simplemente no son ciertos, a pesar de que tanto China como Rusia establecieron en un principio estrechas relaciones con Al Fatah. No hay que olvidar que China también tiene un gran interés en el petróleo de Oriente Medio y está ansiosa por contrarrestar el interés soviético en esa parte del mundo."[229]

"La verdad detrás de todos estos temores de una intervención china contra Israel en el frente guerrillero era muy diferente", informó Deacon. "Los chinos habían aprendido la lección de sus esfuerzos de espionaje abiertamente agresivos y algo torpes en África a principios de la década de 1960.... (cuando) los chinos sufrieron fracaso tras fracaso en África tratando de competir demasiado pronto y demasiado rápido con la infiltración rusa."[230]

"Cualesquiera que sean sus declaraciones públicas sobre Oriente Medio", escribió Deacon, "los chinos reconocen en privado que Israel es de hecho un aliado en todos los asuntos relacionados con la Unión Soviética".[231]

Deacon añade: "El lado privado de la inteligencia china suele ser totalmente diferente de la voz pública propagandística del gobierno chino. En parte debido a los fracasos en África, pero también porque ha habido estrechos vínculos chino-judíos a lo largo de la historia (varios asesores y oficiales de inteligencia de anteriores

---

[226] Benjamin Beit-Hallahmi. *The Israeli Connection*. (Nueva York: Pantheon Books, 1987), p. 36.
[227] Kurzman, *Ibid*.
[228] Richard Deacon. *The Israeli Secret Service*. (Nueva York: Taplinger Publishing Co., 1978), pp. 198-199.
[229] *Ibid*.
[230] *Ibid*, p. 199.
[231] *Ibid*, p. 205.

gobiernos chinos eran judíos), la actitud de China ante la confrontación árabe-israelí [fue] cada vez más ambigua".²³²

LA ALIANZA NUCLEAR SECRETA

Deacon merece crédito por la importante revelación de que Israel y China Roja llevan mucho tiempo participando en programas secretos, entre bastidores, de desarrollo nuclear. Según Deacon:
"Los israelíes también han adoptado una técnica similar a la de los chinos para obtener secretos nucleares y mantenerse al corriente de lo que ocurre en este campo fuera de su país: se han preocupado de reclutar cuidadosamente la ayuda de judíos no israelíes de todo el mundo que sean científicos o estudiantes de física nuclear, mientras recopilan pacientemente toda la información legítimamente disponible en revistas y conferencias científicas y analizan los resultados.

"Estas tácticas", señalaba Deacon, "han permitido a los chinos alcanzar al mundo occidental hasta el punto de poseer ahora una poderosa fuerza nuclear disuasoria". La capacidad de Israel para producir tal arma", añadió Deacon en 1977, "está ahora fuera de toda duda."²³³

De hecho, como señaló el Sr. Deacon, la producción de bombas nucleares era, en efecto, una parte importante de la relación secreta entre Israel y China Roja, llevada a cabo a través de sus respectivos servicios de inteligencia, aunque éste era un punto crucial que se suprimió cuidadosamente en otros lugares.

Según Deacon: "[La producción de bombas nucleares] fue una de las esferas en las que los israelíes y los chinos se ayudaron de verdad, no oficialmente, sino discretamente a través de los servicios secretos". Los "terceros intermediarios implicados en tales tratos han sido a veces judíos no israelíes que trabajaban para los chinos y a veces incluso albaneses".²³⁴ De igual importancia es lo que Deacon señala más adelante: "Se trata de un tema raramente tratado por los escritores sobre asuntos de Oriente Próximo, pero contactos tan estrechamente guardados como los mantenidos por los dos servicios secretos tienen ventajas para ambas partes. En conjunto, los chinos son quizá los que más se han beneficiado de estos intercambios relativamente modestos y cautelosos."²³⁵

Esta relación nuclear secreta entre China Roja e Israel ha estrechado los lazos entre ambas naciones hasta tal punto que han empezado a cooperar cada vez más en otros ámbitos y a reconocer gradualmente sus antiguos contactos entre bastidores a través de sus dos servicios de inteligencia.

EL COMPLOT CHINO CONTRA ISRAEL

Fue a raíz del papel de Israel en la conspiración que privó a John F. Kennedy de la presidencia y salvó las instalaciones de desarrollo de bombas nucleares de China de

---

²³² *Ibid.*
²³³ *Ibid*, p. 204.
²³⁴ *Ibid*, pp. 204-205.
²³⁵ *Ibid.*

la destrucción por las fuerzas estadounidenses, cuando los chinos comenzaron a conspirar contra su antiguo aliado árabe, el presidente egipcio Nasser.

Según Deacon, escribiendo sobre los chinos: "En 1965 fueron lo bastante insensatos como para dejarse implicar en un complot comunista árabe para asesinar [a Nasser] y el embajador chino tuvo que abandonar el país después de que la policía egipcia encontrara vínculos entre los conspiradores y el director de la New China News Agency, que supuestamente ayudó a financiar el golpe".[236]

Los israelíes siempre han sido rápidos para detectar disensiones en las filas árabes y el Mossad las ha explotado en más de una ocasión.[237] Por lo tanto, está claro que el papel de China en la conspiración contra Nasser fue claramente trabajar en nombre de su aliado secreto el Mossad.

Es más, como señala Deacon, "fue en parte gracias a la inteligencia que se transmitió a los chinos y a algunos iraquíes que Irak cortó sus lazos con el KGB y se enemistó con el gobierno prosoviético de Siria".[238]

Según Deacon, fue durante este periodo (que, cabe señalar, siguió al asesinato de Kennedy) cuando "China se desilusionó gradualmente con lo que consideraba 'regímenes militares árabes burgueses' en Oriente Próximo, y el apoyo chino a la guerrilla palestina disminuyó a principios de la década de 1970, cuando las acusaciones de Pekín contra Israel parecían algo apagadas".[239]

"En 1973", señaló Deacon, "un agente doble israelí supuestamente dirigió operaciones de inteligencia entre Israel y China en África".[240] Y dados los estrechos vínculos de Israel con las facciones de inteligencia francesas (por no mencionar el papel francés en el desarrollo nuclear de Israel), es más que interesante observar, como señala Deacon que, "En Jartum, a principios de los setenta, se atribuyó al Servicio de Inteligencia chino el establecimiento de vínculos especiales con la inteligencia francesa en los territorios vecinos, norte y sur, así como con Israel."[241]

Está muy claro que había muchas áreas en las que Israel y China Roja tenían intereses comunes.[242] Richard Deacon ha dicho con razón que una de esas áreas era "en un esfuerzo conjunto para contrarrestar la influencia rusa en Oriente Medio", que en los años venideros llevó a los dos países a participar en una amplia variedad de iniciativas aunque, públicamente, Israel y el gigante comunista asiático estuvieran aparentemente enfrentados.

Por ejemplo, como ha señalado Benjamin Beit-Hallahman, en la década de 1970 la combinación de Israel, Arabia Saudí y China apoyó a las fuerzas antisoviéticas en Afganistán.[243] China y su enemigo Taiwán también se unieron a Israel en el suministro de armas a Irán durante la guerra Irán-Irak.[244]

---

[236] *Ibíd*, p. 199.
[237] *Ibíd*, p. 205.
[238] *Ibíd*.
[239] *Ibíd*, p. 200.
[240] *Ibíd*, p. 205.
[241] *Ibíd*, p. 306.
[242] Diácono, p. 200.
[243] Benjamin Beit-Hallahmi. *The Israeli Connection*. (Nueva York: Pantheon Books, 1987), p. 32.
[244] *Ibíd*. p. 13

Al suministrar armas a Irán, la lógica de Israel, según el embajador israelí en Estados Unidos de la época, hablando en 1982,[245] era "mantener abiertos los canales al ejército iraní, con el objetivo último de derrocar el régimen de Jomeini" Según el ministro de Defensa Ariel Sharon, "Israel quería que Irán ganara a Irak, que es un Estado árabe enemigo".[246]

MOSSAD Y CHINA

En su historia de los servicios de inteligencia israelíes, los historiadores israelíes Dan Raviv y Yossi Melman han resumido la naturaleza de las relaciones secretas entre Israel y China Roja, llevadas a cabo por el Mossad:

"Actuando en gran medida como un servicio diplomático alternativo, el Mossad ha abierto puertas y alimentado relaciones con docenas de países que prefieren que estos lazos no se conozcan.... El Mossad simplemente ofrece a otras naciones una forma fácil de escapar a los consejos militares, médicos y agrícolas de israelíes demasiado entusiastas sin arriesgarse a boicots económicos o políticos del mundo árabe...".

"Tanto los espías diplomáticos como los diplomáticos oficiales de Israel están encantados, de hecho, cuando una nación extranjera acepta establecer relaciones abiertas con el Estado judío... en la mayoría de los casos, sin embargo, Israel tiene que vivir con la realidad de que muchos Estados extranjeros insisten en hacerlo en secreto. Por miedo a las filtraciones a la prensa, se niegan a tratar con el Ministerio de Asuntos Exteriores israelí. Sin embargo, disfrutan de una relación bilateral y han adquirido plena confianza en la capacidad del Mossad para ser el gran guardián del secreto".[247] Y, por supuesto, China era uno de esos países, según Raviv y Melman.[248]

Todo esto, por supuesto, apunta a un vínculo muy claro (pero largamente secreto) entre Israel y China Roja en el campo nuclear - en el mismo momento en que JFK no sólo estaba tratando de detener la expansión nuclear de Israel, sino que en realidad estaba planeando un ataque militar contra los esfuerzos de China.

Sin embargo, cuando localizamos el nombre preciso del individuo que sirvió de enlace entre los israelíes y los chinos comunistas durante este período crítico, vemos efectivamente que existe un "enlace chino" (a través de los israelíes) con la conspiración del asesinato de JFK.

CONEXIÓN CON EL PERMINDEX...

El antiguo intermediario de Israel en las relaciones secretas del Mossad con China - Shaul Eisenberg - estaba tan profundamente implicado en las relaciones con la China Roja que cuando murió de un repentino ataque al corazón a la edad de 76 años el 27 de marzo de 1997, ni siquiera fue en Israel, sino en Pekín.

---

[245] *Ibid.*
[246] *Ibid.*
[247] Raviv y Melman, p. 431.
[248] *Ibid.*

Eisenberg -a quien conocimos por primera vez en el capítulo 7- estaba estrecha y directamente vinculado (en el momento del asesinato de JFK) a la Permindex que tejió la red de conspiración en el asesinato de JFK. [249]Descrito por un escritor israelí como "el judío más rico del mundo", Eisenberg era, como hemos visto, no sólo una figura clave en los programas de desarrollo nuclear de Israel, sino también socio del banquero de Permindex Tibor Rosenbaum en la empresa financiera del Mossad conocida como Swiss-Israel Trade Bank.

Dan Raviv y Yossi Melman describen a Eisenberg y su larga historia secreta como contacto de Israel con la China Roja:

"Eisenberg, el empresario más rico de Israel, nació en Europa y encontró refugio durante la Segunda Guerra Mundial en Extremo Oriente. Se instaló en Japón, donde se casó con una japonesa e hizo fortuna vendiendo excedentes de guerra y chatarra.

"Eisenberg se estableció rápidamente como uno de los mejores intermediarios de la región. Sin embargo, nunca perdió la conciencia de ser judío, y sus lazos afectivos le llevaron a crear empresas en Israel, y luego a establecer allí a su familia. Mantuvo sus intereses en Extremo Oriente y a finales de la década de 1970 logró allanar el camino para las exportaciones militares israelíes a Pekín.

"Su herramienta más formidable era su jet privado, en el que podía ignorar la hostilidad oficial entre las dos naciones y llevar a israelíes de alto rango directamente a China. Eisenberg hizo muchos viajes, transportando a funcionarios [de ayuda a la seguridad], asesores del ejército, financieros y vendedores militares para lo que los israelíes describieron como sus "negociaciones más duras de la historia".[250]

"Tras establecer un sólido contacto inicial, Eisenberg dejó la coordinación de las transacciones y envíos secretos en manos del Mossad, que desempeñó su papel tradicional como ministerio de Asuntos Exteriores alternativo y secreto de Israel".[251] Eisenberg, que dirigía 20 empresas con negocios en más de 30 países, era claramente una figura central y de crucial importancia para la supervivencia y el posicionamiento de Israel en la escena mundial.

The *Washington Times* describió el traslado de Eisenberg a Israel tras sus años en el extranjero: "Al trasladarse a Israel, el Sr. Eisenberg se convirtió en el magnate más poderoso de su historia. La "Ley Eisenberg" se aprobó en la década de 1970 para liberarle de la enorme carga fiscal del país, de modo que pudiera seguir operando desde allí... Controlaba el gigantesco holding Israel Corporation y tenía una participación del 49% en la naviera nacional Zim, una de las mayores empresas de transporte marítimo y terrestre del mundo. También dominaba Israel Chemicals".[252]

El importante papel de Eisenberg en la industria química israelí es interesante, por supuesto, en la medida en que señalamos en el Apéndice 4 que en 1957, en asociación con el Swiss-Israel Trade Bank controlado por Rosenbaum y Eisenberg, el industrial de Michigan Max Fisher -el soberano político detrás de Gerald Ford, miembro de la Comisión Warren- adquirió una participación mayoritaria en el conglomerado israelí que dominaba la industria petroquímica de Israel. Por lo tanto, el propio Eisenberg

---

[249] Uri Dan, en *el New York Post,* 30 de marzo de 1997.
[250] Dan Raviv y Yossi Melman. *Every Spy a Prince* (Boston: Houghton Mifflin Co, 1990), p. 346.
[251] *Washington Times*, 31 de marzo de 1997.
[252] *Ibid.*

tenía un vínculo directo con uno de los llamados "hombres misteriosos detrás de Gerald Ford" que le decía "qué hacer y cuándo hacerlo".

LA CONEXIÓN FRANCESA DE EISENBERG

Con respecto a la compañía naviera Zim, se recordará, como señalamos en el capítulo 9, que fue Zim, propiedad conjunta de Eisenberg y del gobierno israelí, la que contrató al general francés Maurice Challe, uno de los principales conspiradores de la OEA respaldado por Permindex, después de que Challe saliera de la cárcel por su participación en complots contra Charles De Gaulle.

Evidentemente, Eisenberg fue en muchos sentidos un "intermediario" en relación con los actores y acontecimientos clave que estaban vinculados a los círculos internos de la conspiración que condujo al asesinato de JFK.

Sin embargo, a pesar de la inmensa fortuna de Eisenberg, según el *Washington Times*, "lo que le hacía más interesante eran sus vínculos con el servicio secreto israelí, el Mossad. Fuentes de los servicios de inteligencia israelíes afirman que compartió información con el Mossad durante décadas y que empleó a muchos antiguos altos cargos de los servicios de inteligencia y militares."[253]

La historia "oficial" es que la relación de Eisenberg con China (al menos en el ámbito de las transferencias de armas) no comenzó hasta 1979. En el *New York Post*, Uri Dan informa de que, por aquel entonces, el Primer Ministro israelí Menachem Begin había obtenido la aprobación de Estados Unidos para que Eisenberg firmara un acuerdo de diez años y 10.000 millones de dólares para modernizar las fuerzas armadas chinas y así "reforzar el contrapeso al poder militar soviético".[254] Dan describe el acuerdo como "uno de los más importantes de la historia de Israel" y afirma que "los chinos insistieron en mantenerlo en absoluto secreto...".[255] Pero el secretismo no era un problema para Eisenberg".[256]

Parece que Israel ya había calculado que simplemente no podría abrir relaciones diplomáticas directas y acuerdos comerciales con la China Roja -en primer lugar- hasta que Estados Unidos no hubiera abierto la puerta. En 1969, Yigal Allon, entonces viceprimer ministro de Israel, dijo públicamente: "Tal vez, cuando se produzca un cambio positivo en las relaciones entre Estados Unidos y China, se produzca algún tipo de cambio en la actitud de China hacia nosotros".[257] Así que después de que Richard Nixon, como presidente de Estados Unidos, abriera la puerta a la China Roja, comenzaron las maniobras de Israel y Eisenberg lanzó los tratos "oficiales" secretos que finalmente se hicieron públicos.

De hecho, no fue hasta mucho después de que el acuerdo secreto (pero no tan secreto) de Eisenberg sobre las primeras ventas de armas a China entrara en vigor en 1979 cuando los principales medios de comunicación occidentales empezaron a informar (sin comentarios) de las revelaciones sobre los tratos armamentísticos de

---

[253] *Ibid.*
[254] Uri Dan, en *el New York Post*, 30 de marzo de 1997.
[255] *Ibid.*
[256] *Ibid.*
[257] *Ibid*, p. 37.

Israel con la China Roja, el gigantesco coloso asiático que se nos había presentado como hostil al pequeño Israel.

LA VERDAD AFLORA

La primera mención de una relación armamentística significativa entre China e Israel apareció en el estirado y poco leído (pero muy influyente) periódico británico *Jane's Defense Weekly* en noviembre de 1980, cinco años después de que Eisenberg entablara "oficialmente" negociaciones con China en nombre de Israel. [258]*Jane's* estimaba que el comercio de armas de Israel con China podría ascender a 3.000 millones de dólares, pero las exportaciones anuales de armas de Israel en aquel momento rondaban los 4.000 millones de dólares, lo que significa que el 75% de las exportaciones de armas de Israel iban a China, convirtiéndola claramente en su mejor cliente.[259]

Fue unos tres meses más tarde cuando la opinión pública oyó a los principales medios de comunicación hablar de las revelaciones *de Jane*'s sobre los tratos armamentísticos entre Israel y la China comunista. El 24 de enero de 1985, por ejemplo, el *Washington Times* informaba de que "se cree que Israel tiene unos 200 asesores militares en China y está cumplimentando pedidos de armas por valor de más de 1.000 millones de dólares procedentes de Pekín."[260]

El Times informó de que un portavoz de la embajada china había afirmado que su gobierno no compraba armas a Israel; al mismo tiempo, un portavoz de la embajada israelí en Washington dijo que no podía "ni confirmar ni desmentir" las informaciones sobre transferencias conjuntas de armas entre China e Israel.[261]

Así, tras casi cuarenta años de operaciones secretas entre el Mossad y los servicios de inteligencia chinos, de las que nunca se había informado en la prensa, los medios occidentales empezaron a informar a sus lectores de que Israel había estado vendiendo miles de millones de armas a China desde que Shaul Eisenberg hizo el trato en 1979.

Sin embargo, como hemos visto, la relación secreta parece haberse establecido firmemente alrededor de 1963, probablemente el 22 de noviembre, cuando los planes de John F. Kennedy para un ataque militar contra las instalaciones nucleares de China Roja se interrumpieron abruptamente. Y menos de un año después, China Roja hizo explotar su primera bomba nuclear.

¿Fue en realidad una operación conjunta chino-israelí? Aunque ahora es un "secreto a voces" que Israel posee armas nucleares, Israel debe haber probado sus capacidades en algún lugar. Y en 1964, ahora parece probable que Israel probara su primera bomba nuclear, en conjunción secreta con su aliado secreto, la República Popular China. La historia "oficial" es que Israel "puede" haber realizado su "primera" prueba atómica frente a las costas de Sudáfrica en 1979, pero, como hemos visto, hay pruebas de lo contrario.

---

[258] *Ibid.*
[259] *Washington Times*, 24 de enero de 1985.
[260] *Washington Times*, 24 de enero de 1985.
[261] *Ibid.*

El asesinato de John F. Kennedy por el aliado secreto de China Roja, el Mossad, en colaboración con otros aliados del Mossad en la CIA y el sindicato del crimen Lansky, hizo posible el éxito del proyecto conjunto Israel-China de bomba nuclear que se habría frustrado si JFK hubiera sobrevivido.

EL LOBBY ISRAELÍ REACCIONA

En Estados Unidos, el lobby israelí -y los partidarios de Israel en lo que entonces era la administración "anticomunista intransigente" de Ronald Reagan- parecen haber estado totalmente entusiasmados con la "nueva" alianza de Israel con la China Roja (como si, por supuesto, no lo supieran ya).

Por ejemplo, el *Washington Times* informó de que: "Se dice que el vicesecretario de Defensa Richard Perle, el funcionario de la administración [Reagan] más responsable de intentar privar a los países comunistas [del bloque soviético] de la tecnología armamentística estadounidense, está a favor del enlace armamentístico de Israel con China.[262] También se dice que está a favor Stephen Bryen, subsecretario adjunto de Defensa, [el principal adjunto de Bryan] que fue presidente del Instituto Judío para Asuntos de Seguridad Nacional", un influyente grupo de presión a favor de Israel.

Así, los poderosos intermediarios judíos en los más altos rangos de la administración Reagan, conocidos por su devoción a la causa de Israel (y por sus fervientes críticas a la Unión Soviética), se presentaron como poderosos defensores de la alianza Israel-China. Uno se pregunta, por supuesto, hasta qué punto eran realmente "anticomunistas" como Bryen y Perle (dado que la China Roja, por supuesto, es un país comunista). Sin embargo, está claro que Bryen y Perle, entre otros, simplemente apoyaron la nueva política porque eso era precisamente lo que Israel quería.

Y, por supuesto, en 2003, cuando Estados Unidos lanzó una invasión "preventiva" de Irak, con el vigoroso apoyo de los partidarios proisraelíes, fue Richard Perle, mencionado anteriormente, el maestro de ceremonias de las relaciones públicas a favor de la guerra.

En cualquier caso, aunque los hechos de esta alianza entre Israel y China estaban ahí para quienes estuvieran interesados, la prensa (durante este periodo) no hablaba demasiado de la relación abierta entre China Roja e Israel, ya que esto era antes de la caída de la Unión Soviética y la Guerra Fría todavía estaba en marcha de forma no oficial. Es más, el comunismo soviético y el comunismo chino seguían despertando gran inquietud entre segmentos de la población estadounidense, especialmente entre los partidarios de la "derecha cristiana" israelí, liderada en particular por Jerry Falwell y Pat Robertson. A menudo simplemente no era algo de lo que Israel quisiera hablar.[263]

De hecho, varios años después de los primeros informes sobre nuevos tratos entre israelíes y chinos comunistas, el *Washington Post* informaba sin rodeos el 23 de mayo de 1988 (y con razón) de que "poco se había publicado en Estados Unidos sobre la floreciente relación armamentística de Israel con China",[264] pero señalaba

---

[262] *Ibid.*
[263] *Washington Post*, 23 de mayo de 1988.
[264] *Ibid.*

que la Agencia de Control de Armamentos y Desarme de Estados Unidos había publicado en abril de 1988 una "rara discusión sobre el vínculo", un foro de difícil lectura para el votante medio estadounidense que pudiera tener dudas sobre las relaciones de Israel con el imperio comunista.

EL SUEÑO DE BEN-GURION HECHO REALIDAD

Sin embargo, el 13 de junio de 1990, *Los Angeles Times* informó de que Israel se había convertido en el mayor proveedor de tecnología militar avanzada de China. En junio de 1991, China e Israel firmaron un acuerdo bilateral de cooperación científica. El 24 de enero de 1992, China e Israel establecieron relaciones diplomáticas formales a bombo y platillo en la prensa mundial y con gran regocijo en los medios judíos de todo el mundo.[265]

Examinando las relaciones entre Israel y China, el historiador israelí Benjamin Beit-Hallahmi declaró: "La apertura de relaciones diplomáticas con China sería el mayor éxito en la historia de la diplomacia israelí del Tercer Mundo".[266] Y así, tras años de delicadas y secretas maniobras tácticas entre el Mossad y los chinos, el gran sueño del acérrimo oponente de John F. Kennedy, David Ben-Gurion, se había hecho finalmente realidad y "dos de los pueblos más antiguos del mundo" se habían reunido.

En conjunto y analizadas, las pruebas sugieren que la unidad entre Israel y China Roja se forjó, en gran parte, por el papel del Mossad en el asesinato de John F. Kennedy.

Escribiendo unos años antes de la unidad abierta entre Israel y China Roja, el historiador de inteligencia Richard Deacon señaló acertadamente que "los chinos y los israelíes aprecian que tienen muchos intereses comunes".[267] Y uno de esos intereses comunes era el éxito conjunto de sus respectivos esfuerzos por construir arsenales nucleares.

En base a todo lo que hemos considerado en *Juicio Final* - por lo que parece probable que de hecho hubo un quid pro quo entre Israel y China Roja: a cambio del apoyo de Pekín a los proyectos de armas nucleares israelíes, Israel consiguió que el presidente Johnson cancelara el ataque planeado por JFK contra las instalaciones nucleares chinas después de que el Mossad, trabajando con sus aliados de la CIA y de los bajos fondos, instalara a LBJ en la Casa Blanca.

También parece que los chinos habían sido informados con antelación del inminente asesinato del presidente Kennedy, probablemente nada menos que por Shaul Eisenberg, que formaba parte del círculo del Mossad directamente implicado en el asesinato de JFK.

Aunque la China Roja se benefició ciertamente de la muerte de John F. Kennedy, los fanáticos antisoviéticos [y proisraelíes] de la CIA como James Angleton estaban ocupados señalando con el dedo a Cuba y a la URSS. Nunca se mencionó la posibilidad de que China Roja estuviera implicada, aunque, por supuesto, un móvil chino tenía más sentido que cualquier vínculo con Cuba o la Rusia soviética.

---

[265] *Los Angeles Times*, 13 de junio de 1990.
[266] Beit-Hallahmi, p. 37.
[267] Diácono, p. 205.

De hecho, culpar a la China Roja podría haber incitado a algunas personas a volverse hacia Israel si alguna vez hubiera salido a la luz toda la verdad sobre los acuerdos nucleares secretos de China con Israel. Si se hubiera cuestionado la oposición de JFK al programa de armas nucleares de China, era muy posible que alguien se hubiera atrevido a señalar que JFK también se oponía a las intenciones nucleares de Israel. Y eso abriría la caja de Pandora que Israel obviamente quería mantener cerrada.

Contemplando el panorama desde una perspectiva a largo plazo, Israel decidió que sus intereses residían en una alianza con China Roja (como David Ben-Gurion había pensado durante mucho tiempo). Así que cuando John F. Kennedy empezó a tomar medidas para impedir que los dos países aliados (en secreto) construyeran armas nucleares, Israel tomó medidas positivas para contrarrestar al presidente estadounidense.

Así pues, aunque Shaul Eisenberg será ampliamente recordado en las historias "oficiales" como la legendaria figura que "abrió" la China Roja a Israel, también está claro (para aquellos que también pueden ver el panorama general) que Eisenberg fue sin duda una figura central en la organización de la compensación China Roja-Israel que desempeñó un papel en el complot para asesinar a JFK.

[268]Por ello resulta apropiado que el escritor israelí Uri Dan haya descrito a este poderoso traficante de armas del Mossad como el "último mandarín judío" (un "mandarín", por supuesto, es un señor de la guerra chino). Shaul Eisenberg no sólo ayudó a Israel a sobrevivir a un período crítico de su historia (cuando David Ben-Gurion percibió a JFK como una amenaza para la supervivencia de Israel), sino que también ayudó a los aliados chinos de Israel a desarrollar la influencia nuclear que necesitaban para convertirse en actores importantes en la escena mundial.

Así que, aunque algunos investigadores están dirigiendo ahora su atención a la China Roja, en realidad no hay nada nuevo en la "nueva" teoría de que los chinos pueden haber estado involucrados en el asesinato de JFK. Porque, si lo hicieron, los chinos lo hicieron claramente en alianza con sus aliados israelíes del Mossad.

En resumen, la "conexión china" con el asesinato de JFK -como la "conexión francesa"- es en realidad la conexión israelí. Es una historia que nunca se ha contado antes.

---

[268] Uri Dan, en *el New York Post*, 30 de marzo de 1997.

ANEXO 10

"El lado oscuro de Israel
¿Participó la inteligencia israelí en el asesinato de Isaac Rabin?

Muchos israelíes creen ahora que los servicios de inteligencia israelíes desempeñaron un papel en el asesinato del Primer Ministro israelí Yitzhak Rabin. ¿Es realmente tan extraordinario sugerir que los servicios de inteligencia israelíes desempeñaron un papel en el asesinato de John F. Kennedy? Piense en ello.

En los últimos meses de 1997 se produjo un intenso frenesí político en Israel, frenesí que continúa hasta hoy. La controversia tiene su origen en las acusaciones (formuladas por ciudadanos israelíes) de que miembros de los servicios de inteligencia israelíes estuvieron implicados en el asesinato del Primer Ministro israelí, Isaac Rabin, el 4 de noviembre de 1995.[269]

El periódico británico *The Guardian* describe el "tono predominante de amargura y división" en Israel que siguió a la muerte de Rabin, mientras se lanzaban acusaciones y contraacusaciones entre facciones políticas rivales. Shimon Peres, sucesor de Rabin como Primer Ministro, atacó a los teóricos de la conspiración, diciendo que sus acusaciones eran un "rumor contra el Estado y sus instituciones".[270]

El conflicto se redujo esencialmente a un debate sobre qué facción -el Partido Laborista y sus aliados o el Partido Likud y sus aliados- está más genuinamente comprometida con la supervivencia del Estado de Israel. Este debate existe desde hace mucho tiempo, pero el asesinato de Rabin ha exacerbado considerablemente las cosas. En una entrevista concedida pocos días después del asesinato de Rabin, David Axelrod, un estadounidense que vivía originariamente en Cisjordania, ocupada por Israel, expresó la opinión de muchos israelíes (y de algunos judíos estadounidenses) cuando dijo sobre el asesinato de Rabin: "No fue un judío el que fue asesinado. Fue un traidor el que fue ejecutado".[271]

Aunque Axelrod fue acusado por hacer esta declaración tan incendiaria, finalmente fue absuelto, lo que demuestra que sus opiniones gozan de un amplio apoyo en Israel. El apoyo popular a las opiniones de Axelrod también se ve confirmado por una encuesta entre judíos israelíes adultos publicada en el aniversario del asesinato de Rabin.[272]

Describiendo los resultados de la encuesta como un reflejo del "lado oscuro de Israel", el periódico *Jewish Week de Washington* afirmó que, basándose en el número de

---

[269] *The Guardian*, 5 de noviembre de 1997.
[270] *Ibid.*
[271] *Ibid.*
[272] *Washington Jewish Week*, 13 de noviembre de 1997.

los que respondieron a la encuesta, hay 300.000 israelíes "que justifican y apoyan el asesinato político en teoría",[273] 180.000 israelíes "que apoyan dañar a cualquier primer ministro que cambie tierra por paz, incluido Isaac Rabin",[274] 45.000 israelíes "que apoyan abiertamente el asesinato político"[275] y 1.000 israelíes "que apretarían ellos mismos el gatillo"."[276]

Está claro que el pueblo israelí se toma muy en serio la supervivencia de su nación, y muchos de ellos matarían a uno de sus primeros ministros para asegurarse de ello. Se podría incluso llegar a decir que Israel es quizás "una nación de violencia".

Lo fascinante es que las teorías conspirativas israelíes en torno al asesinato de Rabin son al menos tan complejas como algunas de las que surgieron tras el asesinato del presidente John F. Kennedy.[277]

Según el semanario judío estadounidense *Forward*, "la mayoría de estas teorías se centran en las acciones de Avishai Raviv, un agente provocador que se excedió en el mandato que le dio el Servicio General de Seguridad [de Israel] para infiltrarse e informar sobre los grupos de extrema derecha que engendraron" al asesino del Primer Ministro Rabin, Yigar Amir. Trabajando con Amir, Raviv organizó entrenamiento paramilitar para el mismo círculo de extremistas de derecha que Raviv estaba penetrando. Según *Forward*, los teóricos de la conspiración afirman que "el Sr. Raviv empujó al emir hacia la violencia insinuándole que su virilidad dependía de traducir su celo en acción".[278]

Es más, según *Forward*, el periódico israelí del Partido Nacional Religioso *Hatzofeh* denunció que "Rabin conocía el complot de asesinato y lo dejó seguir adelante a condición de que las balas de la pistola de Amir fueran sustituidas por balas de fogueo". Siguiendo esta lógica, un atentado fallido permitiría a Rabin reprimir a los opositores de derechas que creían que sus concesiones a los palestinos dilapidaban la herencia bíblica y ponían en peligro el Estado.

"En el último minuto, opinó *Hatzofeh*, [Chimon] Peres y un funcionario del servicio secreto se habían asociado para sustituir las balas de fogueo por balas reales. Según la teoría, al funcionario de seguridad se le había prometido un alto cargo en el Servicio General de Seguridad. Peres (entonces ministro de Asuntos Exteriores), por supuesto, heredó el cargo de primer ministro".[279]

JOHN F. KENNEDY Jr. HABLA

Para empeorar las cosas para Israel, la atención internacional se ha centrado en el creciente conflicto derivado del asesinato de Rabin y las teorías de conspiración que se han desarrollado. El primer gran reportaje de los principales medios de comunicación estadounidenses sobre la controversia en Israel procedía de una fuente

---

[273] *Ibid.*
[274] *Ibid.*
[275] *Ibid.*
[276] *Ibid.*
[277] *Forward*, 4 de noviembre de 1997.
[278] *Ibid.*
[279] *Ibid.*

muy interesante, sobre todo teniendo en cuenta lo que exploramos en las páginas de *Juicio Final*.

En el número de marzo de 1997 de la revista *George,* John F. Kennedy Jr. publicó un artículo de la madre del asesino de Isaac Rabin en el que la mujer, Geula Amir, afirmaba que su hijo, Yigal Amir, había sido incitado a matar a Rabin el 5 de noviembre de 1995 por Avishai Raviv, que era un agente encubierto del Shin Bet, la agencia de seguridad israelí.

El artículo fue muy controvertido y algunos acusaron al joven Kennedy de interferir en los asuntos políticos de Israel, no sólo por dar a la madre del asesino un foro para discutir su teoría de la conspiración, sino también por dar a los lectores estadounidenses una visión poco positiva de los asuntos israelíes que no habrían tenido leyendo periódicos judíos estadounidenses.

En una nota editorial, Kennedy dijo que publicaba la entrevista con la madre del asesino con la esperanza de que "la historia de mi familia llamara la atención sobre su historia".[280] Sin embargo, esto era claramente una intervención del joven Kennedy en los asuntos políticos internos de Israel - un movimiento muy inusual, y que no fue muy apreciado en muchos sectores. De hecho, poco después, el amigo, socio y coeditor de JFK Jr, Michael Berman, abandonó la revista *George* alegando diferencias con su socio. Algunos observadores han sugerido que fue precisamente este artículo incendiario el que ofendió a Berman, que es judío y conocido por ser un ardiente partidario de Israel.

Leah Rabin, la viuda del primer ministro asesinado, respondió airada al artículo de JFK Jr. preguntando: "¿Cómo ha podido él, de entre todas las personas, hacer algo así?[281] La Sra. Rabin dijo que nunca había hablado del asesinato de su marido, pero hizo una excepción para denunciar el artículo de Kennedy, afirmando que JFK Jr. había cruzado la "línea roja" al dar "una tribuna en su revista a la madre del asesino de mi marido".[282] "Sin embargo, para ser justos con la señora Rabin, más tarde pidió públicamente la reapertura de la investigación sobre el asesinato de su marido, diciendo que muchas preguntas siguen sin respuesta".[283]

Con el tiempo -sobre todo tras la trágica muerte de JFK Jr en 1999- mucha gente, incluido el periodista israelí Barry Chamish, sugirió que "John John" podría haber oído hablar de *Juicio Final*, y su decisión de publicar la historia del asesinato de Rabin era una señal de ello.

Más adelante, en la sección de preguntas y respuestas, hablaremos de la extraña muerte de JFK Jr. y demostraremos el particular papel que desempeñó un "antiguo" agente del Mossad en los acontecimientos que rodearon esta tragedia.

EL ASESINATO COMO ARMA POLÍTICA

En cualquier caso, lo que resulta aún más irónico es que, aunque todas estas acusaciones y contraacusaciones se hicieron en Israel, su servicio de inteligencia exterior, el Mossad, se vio envuelto en un embarazoso e infructuoso intento de

---

[280] *George,* marzo de 1997.
[281] *Washington Times*, 3 de abril de 1997.
[282] *Ibid.*
[283] Entrevista con Peter Arnett, 9 de agosto de 1999 en foreigntv.

asesinato contra un dirigente palestino en Jordania. El fallido complot demostró que el Mossad lleva a cabo intentos de asesinato en suelo extranjero. Sin embargo, como informó repetidamente la prensa internacional, a la mayoría de los israelíes no les preocupaba especialmente que el Mossad se dedicara a tales actividades. Parece que, en gran medida, a los israelíes les molestaba que su agencia de inteligencia hubiera chapuceado en el trabajo, lo que provocó la condena internacional de Israel.

El Washington Post, en un provocador titular de portada, lo resumió muy bien: "Para muchos israelíes, el asesinato es tan malo como la ejecución".[284] El *Post* informaba, sin rodeos, de que "en la mortificación nacional tras el fallido intento de asesinato en Jordania, los israelíes están diseccionando cada fallo táctico, técnico y de procedimiento del caso."

"Sin embargo, una pregunta que cabría esperar en otros lugares está sorprendentemente ausente del debate: ¿debería el gobierno enviar asesinos a matar a sus enemigos en el extranjero? Para los judíos israelíes, que aún se encuentran en su 50º año como Estado, la respuesta parece evidente".[285] En lugar de debatir la moralidad del asesinato político, según el *Post*, "los israelíes debaten en cambio la mecánica del intento de asesinato y la calibración del riesgo político". Entre los israelíes, los únicos críticos fundamentales del asesinato como política son sus ciudadanos árabes".[286]

Según el *Post*, un portavoz del actual primer ministro israelí, Benjamin Netanyahu, dijo que al ordenar el intento de asesinato del Mossad en Jordania, Netanyahu "hizo lo que cualquier otro primer ministro habría hecho".[287] El *Post* dijo que "los israelíes dicen que están atrapados en una lucha a vida o muerte y no tienen ninguna opción práctica de cursos de acción".

Hay algo más interesante en lo que informa el *Post*: funcionarios israelíes dijeron que cuando se enfrentan a gobiernos hostiles -a diferencia de los terroristas- los israelíes "tienen otros medios de presión y no recurren al asesinato. Pero a los terroristas... sólo se les puede combatir de esta manera".[288]

Israel tiene lo que el *Baltimore Sun* describió como una "historia no reconocida pero ampliamente documentada de asesinar a sus enemigos", y ahora *Juicio Final* se ha convertido en el primer libro que relata no sólo por qué Israel percibía a John F. Kennedy como un enemigo, sino también cómo Israel desempeñó un papel en su asesinato en 1963.[289]

Aunque el lobby pro-israelí en Estados Unidos ha reaccionado de forma bastante histérica a las acusaciones vertidas en *Juicio Final*, hemos visto que no sólo muchos israelíes creen que es posible que su propia agencia nacional de inteligencia desempeñara un papel en el asesinato de Isaac Rabin, sino que muchos israelíes han respaldado el asesinato, viendo a su propio primer ministro como una amenaza para la supervivencia de Israel.

---

[284] *Washington Post*, 12 de octubre de 1997, p. 1
[285] *Ibid*.
[286] *Ibid*.
[287] *Ibid*.
[288] *Ibid*.
[289] Doug Struck, en *el Baltimore Sun*, 15 de enero de 1996.

Los israelíes, en general, creen que el asesinato es una fuerza para el cambio político y un medio de garantizar la supervivencia de su amado país. Como dicen muchos conservadores estadounidenses: "Estos israelíes son realmente duros. No se tragan las tonterías de nadie".

Teniendo todo esto en cuenta, ¿es realmente tan "inconcebible" sugerir que en 1963 -cuando el Primer Ministro israelí David Ben-Gurion consideraba a John F. Kennedy una amenaza para la supervivencia de Israel- el Mossad estuviera implicado en una conspiración para asesinar al Presidente estadounidense?

Si, como sugieren las encuestas, muchos israelíes dan tan poco valor a la vida de su propio Primer Ministro, Isaac Rabin (a quien muchos israelíes consideran un "traidor") y "apretarían el gatillo" ellos mismos, ¿es realmente tan "ridículo" sugerir que el Mossad desempeñó realmente un papel en el asesinato de John F. Kennedy? ¿Qué opina usted al respecto?

Epílogo

Camuflaje permanente

En la actualidad, millones de estadounidenses -y personas de todo el mundo- están convencidos de que hubo una conspiración detrás del asesinato del trigésimo quinto Presidente de Estados Unidos y de que el gobierno estadounidense participó voluntariamente en el encubrimiento.

Tras el renovado interés del público, estimulado en gran parte por la controvertida película *JFK* de Oliver Stone, las crecientes demandas de que se hicieran públicos los archivos secretos sobre JFK en poder del gobierno llegaron a un punto crítico. Al final, el Congreso aprobó un proyecto de ley que exigía la divulgación de los archivos, por lo que muchos de los documentos -aunque no todos- se hicieron públicos.

Cuando se trató de la legislación sobre registros abiertos, muchos pensaron que la propia legislación era sospechosa. He aquí por qué: en primer lugar, la persona que aportó su experiencia como principal arquitecto del proyecto de ley fue el controvertido G. Robert Blakey, antiguo jefe del Comité de la Cámara de Representantes.

En el capítulo 10, por supuesto, examinamos las espurias conclusiones de Blakey, que esencialmente sugerían que "La Mafia mató a JFK", y también examinamos la estrecha relación de Blakey con la CIA, lo que llevó a sus críticos a sospechar que la investigación de la Comisión tal vez estaba siendo hundida desde dentro. Además, también exploramos la enigmática relación de Blakey con Morris Dalitz, uno de los más estrechos colaboradores de Meyer Lansky durante mucho tiempo y uno de los principales financiadores del lobby israelí en este país.

Con toda esta historia -poco conocida al menos por el gran público-, Blakey era una elección extraña, a menos, claro está, que el Congreso (como muchos sospechosos) no quisiera realmente saber la verdad.

Sin embargo, la ley que Blakey redactó era igual de controvertida. Según la propuesta de Blakey, el Tribunal de Apelación del Distrito de Washington nombraría una junta ciudadana de cinco miembros para revisar y decidir sobre la publicación de los documentos de la investigación del asesinato.

La legislación especificaba que cualquier persona que hubiera participado alguna vez en una investigación sobre el asesinato de JFK no podría ser nombrada miembro del Consejo. De hecho, parece que el propio proyecto de ley formaba parte del encubrimiento -una forma de ablandar al público- para dar la impresión de que "se estaba haciendo algo para resolver el enigma del asesinato de JFK".

Por qué el Congreso y Blakey eligieron al Tribunal Federal de Apelaciones de Washington D.C. como el organismo que debía seleccionar al panel Blue Ribbon no es tanto un misterio -si se cree que la clase dirigente sigue intentando ocultar y enterrar para siempre la verdad sobre el asesinato. Parece que el panel propuesto era nada menos que una lavandería de la CIA patrocinada por el gobierno, que se aseguraría de que cualquier prueba incriminatoria en los archivos nunca viera la luz del día.

En virtud de la Ley Blakey, uno de los jueces de este tribunal de apelaciones que seleccionaría el panel era el ex senador James L. Buckley, hermano del ex hermano de William F. Buckley Jr. en la CIA y amigo desde hacía mucho tiempo de E. Howard Hunt, implicado a su vez en el asesinato de JFK. Buckley, en una encarnación aún más temprana, antes de su único mandato en el Senado, antes de ser expulsado por los votantes de Nueva York, se había involucrado en lucrativos negocios petroleros familiares en Israel.

Como vimos en el capítulo 9, fue en el despacho neoyorquino del ex senador Buckley donde los hermanos cubanos anticastristas Guillermo e Ignacio Novo se reunieron con el mercenario Michael Townley, vinculado al Mossad, para tramar el asesinato del diplomático chileno Orlando Letelier. Los hermanos Novo, por supuesto, fueron nombrados por la ex agente de la CIA Marita Lorenz entre los que viajaron en un convoy de dos coches de Miami a Dallas, llegando el 21 de noviembre de 1963. A su llegada a Dallas, los empleados de la CIA fueron recibidos por su gerente, E. Howard Hunt. Jack Ruby, el guardia del club nocturno de Dallas, también les visitó en sus dependencias de Dallas.

Así que el juez James L. Buckley habría sido uno de los que desempeñaron un papel central en la selección de los árbitros finales de lo que el público podía ver de los archivos del asesinato de JFK - después, por supuesto, de que esos archivos hubieran sido cuidadosamente blanqueados por la CIA.

En la actualidad, el Congreso ha aprobado, tras mucho debate, un proyecto de ley para todo el gobierno que exige la divulgación de los documentos relacionados con los asesinatos. La Ley de Divulgación estableció una junta de revisión de cinco miembros con el poder de obtener archivos de asesinatos de cualquier oficina gubernamental, la CIA y el FBI, y los comités del Congreso. De hecho, la junta empezó a divulgar muchos documentos, algunos interesantes, por supuesto, pero ninguno tan incendiario como para requerir una investigación más profunda.

MARWELL Y EL MOSSAD

Francamente, la publicación de documentos por parte de la Comisión de Revisión de Documentos del Asesinato de JFK fue un ejercicio inútil. Los documentos recientemente publicados sólo hacen salivar a los entusiastas del asesinato de JFK. Hasta ahora no ha salido nada realmente explosivo. Los documentos que se han publicado sólo parecen haber confirmado todo lo que ya formaba parte de la historia de JFK.

De hecho, las pruebas sugerían que el zorro estaba a cargo del gallinero dentro de la Comisión de Revisión del Asesinato de JFK. David Marwell, el primer jefe de la comisión de revisión, es un antiguo historiador de la Oficina de Investigaciones Especiales (OSI) del Departamento de Justicia, la unidad de caza de "nazis" del Departamento de Justicia.

La OSI, por supuesto, es más conocida por encabezar la temeraria y ahora ampliamente desacreditada persecución del ucraniano-estadounidense John Demjanjuk, el hombre de Ohio que fue absuelto de los cargos de la OSI por un tribunal israelí tras casi una década de controvertida investigación internacional que casi vio morir a Demjanjuk al final de la soga del ahorcado.

Algunos se preguntarán por qué la asociación de Marwell con la OSI es tan controvertida, dado que la "caza de nazis" se considera en general una profesión muy admirable. Hay varias razones notables:

En primer lugar, dado que todavía hay algunos investigadores (aunque no muchos) que creen que el KGB soviético o miembros bajo su influencia podrían haber ayudado a orquestar el asesinato de JFK, la anterior afiliación de Marwell a la OSI podría resultar embarazosa.

Después de todo, en el caso Demjanjuk (como ejemplo), la OSI se basó en gran medida en documentos falsificados del KGB (que sugerían falsamente que Demjanjuk era un guardia de un campo de concentración nazi) para deportar a Demjanjuk de EE.UU. para ser juzgado en Israel (donde, por supuesto, finalmente fue absuelto). El hecho es que la OSI había sido seriamente comprometida por el KGB.

Así pues, si el KGB desempeñó un papel en el asesinato de JFK, en cualquiera de sus formas, la asociación previa de Marwell con la OSI suscita dudas sobre la voluntad de Marwell de divulgar toda la información sensible contenida en los archivos de JFK.

Ahora el asunto de la KGB, por inquietante que sea, se ve ensombrecido aún más por la inevitable relación de Marwell (como funcionario de la OSI) con el Mossad israelí. El Mossad mantiene desde hace tiempo una estrecha relación con la OSI, por lo que no hay razón para dudar de que el Mossad, al igual que el KGB, utilizó sus talentos para comprometer a esta agencia estadounidense.

(Para que conste: un académico ha destacado los vínculos entre la OSI y los israelíes. Wayne Madsen, en el *International Journal of Intelligence and Counterintelligence*, señaló: "Existe una extraña relación entre el Departamento de Investigación de Crímenes Nazis del Departamento de Justicia israelí y la Oficina de Programas de Justicia (OJP) del Departamento de Justicia estadounidense, anteriormente la Oficina de Investigaciones Especiales....[290] Es probable que ninguna otra agencia como la OJP del Departamento de Justicia realice búsquedas rutinarias en los numerosos archivos informáticos que el gobierno federal mantiene sobre sus ciudadanos y pase información personal confidencial a los israelíes.")

Por lo tanto, ¿podemos estar realmente seguros de que Marwell sería capaz de revelar documentos ocultos que, sea cual sea la probabilidad, implicarían al Mossad en algún aspecto de la conspiración del asesinato de JFK, ya sea directa o indirectamente? ¿Y si hubiera, por ejemplo, un documento enterrado en un archivo de JFK bajo la jurisdicción de Marwell que dijera en términos inequívocos: "El empresario de Nueva Orleans Clay Shaw es considerado por algunos como un agente del Mossad"? ¿Se publicará alguna vez este documento? Lo dudo.

Pero hay mucho más. Hay una segunda razón por la que podríamos encontrar preocupante la presencia de Marwell en la Comisión de Revisión del Asesinato de JFK. Esta razón es particularmente intrigante y debería incluso hacer que los investigadores que rechazan mi teoría de la implicación del Mossad cuestionen la fiabilidad de Marwell.

Durante su asociación con la OSI, según el número del 8 de septiembre de 1995 de *Forward*, el influyente semanario judío, Marwell "desempeñó un papel clave en la

---

[290] Wayne Madsen, *"Intelligence Agency Threats to Computer Security," International Journal of Intelligence and Counterintelligence.* Invierno de 1993.

búsqueda de Josef Mengele y es un experto en el médico de Auschwitz".[291] Esto por sí solo es una fuente de problemas para la credibilidad de Marwell, y por una razón muy interesante e intrigante.

LA CONEXIÓN CON POSNER

Verán, el ya mencionado Gerald Posner, autor del muy promocionado *Caso Cerrado* (que reitera las fraudulentas conclusiones de la Comisión Warren) ha escrito varios libros y el primero de ellos, publicado en 1986, fue *Mengele: La Historia Completa*. El libro de Posner era un relato de los esfuerzos de Marwell y la OSI por localizar al infame médico de Auschwitz. Así que no es una extraña coincidencia, al menos para mí, que dos "viejos conocidos" del elitista y glamuroso mundo de la "caza del nazismo" patrocinada por la clase dirigente y su promoción literaria aparezcan (casi una década después) como "expertos" en otra área controvertida: el asesinato de JFK.

El mero hecho de que dos personas estrechamente vinculadas al mundo de la inteligencia y con un interés y una experiencia particulares en un área de inmenso interés para el Mossad (es decir, la caza de nazis) aparezcan como dos de los principales protagonistas de la actual controversia sobre el asesinato de JFK es interesante, sobre todo a la luz de mi propia tesis sobre la implicación israelí en el asunto JFK. Obviamente, a la luz de todo esto, no considero que Marwell -o su Assassination Records Review Commission- sean creíbles.

De hecho, hay quienes afirman que el Mossad sabía desde hacía años, mucho antes de que se anunciara el "descubrimiento" oficial de la muerte de Mengele, que éste estaba realmente muerto y que no había motivo para seguir persiguiendo al doctor. Pero el Mossad mantuvo todo esto en secreto y permitió que los cazadores de nazis y los recaudadores de fondos judíos siguieran desenterrando recuerdos de Mengele y el fantasma de que el médico alemán seguía vivo experimentando con bebés judíos en las selvas de Sudamérica. ¿Qué sabía Marwell y cuándo lo supo? Esa es la pregunta que me hago.

Los documentos incriminatorios enterrados en los archivos del asesinato de JFK habrían sido triturados hace mucho tiempo, y los documentos más incriminatorios nunca habrían sido llevados al papel. No cuente con que se haya descubierto nada realmente edificante, sobre todo teniendo en cuenta que el amigo de Posner, Marwell, fue el responsable de la publicación de los documentos.

Marwell y su adjunto en la junta de revisión, un tal Douglas Home, se han trasladado a pastos más verdes y lucrativos. Ahora trabajan para el Museo Conmemorativo del Holocausto en Washington, que -no hace falta decirlo- coopera muy estrechamente con el gobierno israelí (y el Mossad) en diversas empresas de interés para la comunidad judía mundial. Esto es un hecho. No me llamen "antisemita" por decirlo. Así que, una vez más, encontramos al Sr. Marwell involucrado en negocios estrechamente relacionados con el Estado de Israel. Probablemente sólo una coincidencia, estoy seguro.

---

[291] *Adelante*. 8 de septiembre de 1995.

Las actividades del Comité de Revisión fueron una distracción interesante y, de hecho, parte integrante del encubrimiento en curso.

PUBLICACIÓN DE LAS DEFORMACIONES

Hay muchos aspectos del encubrimiento en curso, como aprendí cuando intenté publicar este libro por primera vez. Sabiendo que la editorial Shapolsky de Nueva York había publicado dos libros sobre el asesinato de JFK, mi publicista les envió un avance de *Juicio final*. Poco después, recibimos una postal manuscrita de Isaac Mozeson, director editorial de Shapolsky.

Nunca había visto tanta ferocidad e histeria como en la respuesta de Mozeson. Calificó de "infantil" la teoría esbozada en *Juicio Final* y habló de la "impotencia" del Mossad israelí. Me hizo francamente gracia su respuesta, pero me intrigó el furor.

Así que hice algunas comprobaciones. La edición de 1992 de *Writer's Market* revela que el 40% de las publicaciones de Shapolsky son de "interés judío".[292] Resulta que también es afiliado de la editorial israelí Steimatsky of North America.[293] Interesante, ¿verdad?

Merece la pena destacar los dos libros de Shapolsky sobre el asesinato. La primera obra de Shapolsky fue *Contract on America*, de David Scheim, que destaca por ser principalmente un refrito del libro de Robert Blakey, miembro del sindicato de Lansky y defensor de la CIA, *The Plot to Kill the President (El complot para matar al Presidente)*, que culpa a "La Mafia".

Scheim, como señalamos en el capítulo 10, nos quiere hacer creer que Meyer Lansky era un pez pequeño en un estanque muy grande, con muy poca influencia. También se burla de la acusación de Jim Garrison contra Clay Shaw, un transeúnte inocente que sólo era culpable de restaurar hermosos edificios antiguos en el Barrio Francés de Nueva Orleans.

El segundo libro de Shapolsky, *Conocimiento de primera mano,* del ex agente de la CIA Robert Morrow, se subtitula "Cómo participé en el asesinato mafioso por la CIA del presidente Kennedy".

Este libro, una exposición de la obra anterior de Morrow, *Traición*, contiene mucha información útil, sin duda, y obviamente fue escrito por alguien que estaba al tanto de mucho de lo que ocurría en la CIA en el momento del asesinato.

Sin embargo, lo que llama la atención del libro es que Morrow retrata específicamente al contacto del Mossad con la CIA, James J. Angleton, como si estuviera de alguna manera fuera de onda en lo que se refiere a asesinatos y encubrimientos. Como hemos visto, esto no es cierto. Morrow incluso insinuó en otra parte que Angleton y Robert F. Kennedy eran amigos famosos, sin documentar este improbable escenario.

Y aunque Morrow acusa categóricamente a Clay Shaw de haber estado implicado en la conspiración del asesinato, señalando incluso el vínculo con Permindex -que él retrata como una empresa de la CIA y no directamente relacionada con la

---

[292] *Writer's Market*. Edición de 1992.
[293] *Hecho en Israel*. Edición de 1986. Publicado por la Cámara de Comercio Americano-Israelí.

conspiración del asesinato-, quiere hacer creer al lector que la conspiración contra JFK por parte de miembros de la CIA no iba más allá de Shaw.

El argumento de Morrow es que Shaw dirigía un elemento "rebelde" con base en Nueva Orleans y que operaba fuera del control del cuartel general de la CIA en Langley, donde la influencia de Angleton era suprema en aquel momento.

Curiosamente -por si sirve de algo- cuando Morrow fue arrestado por su participación en un plan orquestado por la CIA para falsificar moneda cubana, el abogado que se ocupaba de su defensa, Fred Weisgal, emigró a Israel un año después del asesinato de JFK y pronto se convirtió en viceministro de Justicia de Israel, un gran honor. Quizás Morrow no nos ha contado todo lo que sabe realmente y quizás el alto cargo de Weisgal fue una recompensa por ayudar de alguna manera a encubrir el asesinato de JFK.

EL LOBBY ISRAELÍ RESPONDE

La respuesta del lobby israelí a la publicación de la primera edición de *Juicio Final* fue, cuando menos, interesante. *El Washington Jewish Week* (WJW), el periódico más importante del lobby pro-Israel en la capital de la nación, publicó una explosión de insultos contra *Juicio Final*, en un ataque a toda página en su edición del 28 de abril de 1994.[294]

El semanario ataca salvajemente el libro como una "teoría de la conspiración" que presenta la "última fantasía sobre el asesinato de JFK".[295] Según WJW, "Un nuevo libro loco de la derecha culpa a Israel".[296]

La acusación de que *Juicio Final* es de alguna manera "de derechas" en su orientación es, por supuesto, engañosa en el mejor de los casos, ya que muchas de las principales fuentes de datos sobre la amarga lucha entre bastidores de JFK con Israel están lejos de ser "de derechas" y menos aún "de derechas".

Nadie ha acusado nunca al ganador del Premio Pulitzer Seymour Hersh (ahora crítico de JFK), a Andrew y Leslie Cockburn, al ex embajador George Ball, al historiador Alfred Lilienthal o a Stephen Green, entre otros, de ser "locos de derechas". Y, de hecho, ninguno de los teóricos de la conspiración JFK citados *en Juicio* Final tiene fama de ser otra cosa que liberales a la antigua usanza.

El Washington Jewish Week afirmaba que "Piper se pasa la mayor parte de sus 302 páginas citando fuentes secundarias fuera de contexto, estableciendo frágiles conexiones improbables y afirmando repetidamente falsedades como si su repetición les confiriera validez por arte de magia".[297] En resumen, WJW estaba sugiriendo que este autor simplemente estaba "inventando" sus hechos, simple y llanamente.[298] WJW dijo que la tesis presentada en *Juicio Final* es "especulativa [y] extraña", pero, por supuesto, nunca demostró cómo ni por qué.

Según la WJW, el libro es "fundamentalmente antijudío", lo que no tiene ningún sentido. De hecho, entre los que leyeron el libro antes de su publicación había autores

---

[294] *Washington Jewish Week*, 28 de abril de 1994.
[295] *Ibid.*
[296] *Ibid.*
[297] *Ibid.*
[298] *Ibid.*

judíos, el abogado Mark Lane, el mayor experto del país en el asesinato de JFK, y el Dr. Alfred Lilienthal, pionero de la crítica judía estadounidense a Israel y a su poderoso grupo de presión en este país. Ninguno de los dos consideró que el libro fuera "antijudío".[299]

Al tratar de desacreditar el vínculo israelí con el complot del asesinato de JFK, WJW ha ido por mal camino y, de hecho, ha confirmado la naturaleza explosiva de los hechos relativos al vínculo israelí con el asesinato de JFK.

El WJW intentó desacreditar el vínculo del Permindex con el asesinato de JFK señalando que *Juicio Final* había observado que el Permindex se menciona en la película de Oliver Stone, *JFK*.[300] A continuación, WJW añadió que la película de Stone "nunca pretende ser objetiva", sugiriendo que la conexión Permindex de Clay Shaw es uno de los casos de licencia artística utilizados por Stone en la realización de la película. (E, irónicamente, como hemos visto, el propio Stone se mostró tímido a la hora de enfrentarse a la llamada "conexión francesa", es decir, la conexión israelí).

En resumen, el WJW criticó la película con una combinación de insultos, insinuaciones e insinuaciones, al tiempo que manipulaba los hechos, admitiendo indirectamente que, obviamente, *Juicio Final* puede acercarse demasiado a la verdad.

Luego, en 1995, la Liga Antidifamación (ADL) de B'nai B'rith, la inteligencia estadounidense e intermediaria propagandística del Mossad, intervino con algunas calumnias falsas y difamatorias sobre *el Juicio Final*. Los comentarios aparecieron en un ensayo de una antología bastante turbia editada por Jérôme Chanes titulada *Antisemitism in America Today: Outspoken Experts Explode the Myths*. El ensayo en cuestión - "Antisemitism in America: The Perspective of the 'Defense' Agencies"- fue escrito por el Director Nacional de la ADL, Abe Foxman.

Según Foxman, de la ADL: "Liberty Lobby, la mayor fábrica de propaganda antisemita del país, también se ha unido a la moda de la conspiración de JFK publicando *Juicio Final*, un libro que pretende exponer "cómo la CIA, el Mossad y el Sindicato del Crimen de Meyer Lansky colaboraron en el asesinato de John F. Kennedy...". El libro también presenta nuevas revelaciones que ahora muestran que la llamada 'conexión francesa' con el asesinato de JFK es, de hecho, la conexión israelí... [El libro] aporta nuevas pruebas que vinculan al ex presidente George Bush con la conspiración de JFK". Por supuesto, el abogado jefe del Liberty Lobby, Mark Lane, ya había escrito un libro sobre las conspiraciones de JFK titulado *Plausible Denial*; sin embargo, la pasión de la organización por las conspiraciones parece lo suficientemente inclusiva como para asimilar las dos tesis. Es fácil comprender el esfuerzo de los grupos de odio por utilizar ideas tan descabelladas para atraer a los crédulos y hacer que acepten sus programas, o al menos algunos de ellos."[301]

Foxman ha citado con precisión el material promocional *del Juicio Final*, pero obviamente no estoy de acuerdo con la descripción que Foxman hace del Liberty Lobby. También me gustaría señalar que el portavoz de la ADL describe el interés estadounidense por el asesinato de JFK como un "encaprichamiento", lo que refleja

---

[299] *Ibid.*
[300] *Ibid*
[301] Jerome Chanes, Ed. *Anti-Semitism in America Today* (Nueva York: Birch Lane Press, 1995), p. 328.

la falta de aprecio de la ADL por las preocupaciones de muchos estadounidenses sobre una posible conspiración detrás del asesinato de un presidente estadounidense.

Obsérvese también que la ADL ha calificado a Mark Lane de mero "abogado jefe del Liberty Lobby", como si ese fuera el único reclamo de Lane a la fama y que su propio trabajo pionero sobre el asesinato de JFK -mucho antes de su asociación con el Liberty Lobby- no tuviera ninguna importancia. La ADL quiere que la gente olvide que fue el libro de Lane *Rush to Judgment* el que desató la locura por JFK.

Curiosamente, la ADL señaló que la denominada "pasión" de Liberty Lobby era "lo suficientemente inclusiva como para asimilar ambas tesis" [presentadas, presumiblemente, *en Juicio final* y *Negación plausible*]. Obviamente, sin embargo, los libros no presentan en absoluto dos tesis diferentes, pero a la ADL no le interesa informar con exactitud de los detalles específicos que aparecen en uno u otro volumen.

La ADL rechaza estas "ideas extravagantes", pero es interesante observar que la ADL se sintió obligada a abordar *Juicio Final* en las páginas de esta colección de ensayos. Claramente, dos años después de la publicación de la primera edición de *Juicio Final*, el libro estaba causando impacto - y la ADL lo sabía. Suficientes personas empezaban a tomarse el libro en serio como para que la ADL sintiera la necesidad de responder.

Más tarde, cuando la ADL publicó su propio informe extravagante en 1996 titulado *Peligro: Extremismo - Los principales vehículos y voces de la extrema derecha estadounidense*, la ADL reelaboró el ensayo anterior de Foxman y añadió, gratuita y erróneamente, que *Juicio Final* "intentó culpar a los judíos del asesinato del presidente Kennedy".[302]

Aunque, francamente, estuve tentado de demandar a la ADL por difamación, me habría costado más tiempo, dinero y problemas de los que merecía la pena. Sin embargo, si la demanda hubiera llegado a juicio -como la demanda de E. Howard Hunt contra *The Spotlight*, relativa al asesinato de JFK (descrita en el capítulo 16)- podría haber dado lugar a algunas revelaciones interesantes.

Sea como fuere, está claro que *el Juicio Final*, en aquel momento, era un asunto que preocupaba realmente a la ADL. Se dieron cuenta de que este libro no podía ser ignorado. Así que no es de extrañar que en el otoño de 1997 -cuando me invitaron a hablar sobre el libro en un seminario de una universidad pública en Orange County, California- se desatara el infierno.

El prólogo de esta cuarta edición del *Juicio Final* describo detalladamente esta controversia. Pero huelga decir, como he dicho antes, que la ADL no ha escuchado el Juicio Final. Esto es sólo el principio. Aunque Uri Palti, diplomático israelí en Los Ángeles, ha declarado a la prensa que la tesis presentada en *Juicio Final* es "absurda", el gran problema para la ADL y para Israel es que, por supuesto, mucha gente no está de acuerdo.

A la luz de todo este frenesí espoleado por la ADL en su intento de silenciarme, no puedo evitar hacerme eco de las palabras de un aliado de la ADL, el superabogado Alan Dershowitz, que se ha proclamado a bombo y platillo defensor de la libertad académica y ha salido en defensa de otro controvertido investigador que ha sido

---

[302] *Danger:Extremism-TheMajorVehiclesandVoicesonAmerica'sFar- Right Fringe* (Nueva York: Ligue Anti-Diffamation, 1996), p. 253.

objeto de críticas por sus estudios sobre supuestas abducciones extraterrestres. Dershowitz dijo que quienes tuvieran críticas sobre esta investigación deberían "responder a ella por sus méritos, con reseñas, refutaciones, debates y libros propios". El mercado de las ideas académicas está muy abierto... Al final, la verdad saldrá a la luz. En eso consiste la universidad".[303]

No puedo evitar preguntarme si Dershowitz compartía las mismas preocupaciones sobre el ataque de la ADL a mi investigación. Pero Dershowitz tenía razón en una cosa: la verdad acabará saliendo a la luz. Y el hecho de que hasta ahora nadie haya sido capaz de refutar *Juicio Final* es muy revelador.

Lo interesante es que, evidentemente, las acusaciones vertidas en *Juicio Final* no parecen ser nada nuevo para la gente del mundo árabe. Según un árabe-americano, M. Ali, que escribía en el número de diciembre de 1997 del *Washington Report on Middle East Affairs*: "Mientras los estadounidenses siguen jugando con nuevas teorías sobre el asesinato de John F. Kennedy en 1963, para los árabes es un caso cerrado. Están seguros de que el joven presidente estadounidense fue asesinado porque estaba reevaluando la política pro-israelí de Estados Unidos en el conflicto palestino-israelí."[304]

¿QUÉ HAY DE LOS "INVESTIGADORES" QUE TRABAJAN EN EL CASO JFK?

En retrospectiva, el asombroso éxito de Oliver Stone con la película *JFK* puede haber hecho más mal que bien a la investigación sobre la controversia del asesinato de JFK. Como señalamos en el capítulo 17, la película de Stone despertó un nuevo interés público por la controversia y dio a millones de estadounidenses y personas de todo el mundo una nueva perspectiva del caso. Al final, el impacto de la película fue probablemente mayor que el de una docena de libros superventas sobre el asesinato.

Sin embargo, debido a la aparente determinación de Stone de evitar la llamada "conexión francesa" (como se documenta en el capítulo 17), y debido a los múltiples vínculos con la combinación Israel-Lansky por parte de los patrocinadores financieros de Stone, debemos cuestionar la verdadera motivación detrás de la decisión de hacer pública una representación editada y falsamente sesgada de los hechos que rodean la controversia del asesinato de JFK.

De hecho, dado que el ángel financiero de Stone, Arnon Milchan, resultó ser el mayor traficante de armas de Israel, se podría concluir que la película de Stone no era más que propaganda secreta con fines lucrativos, ¡muy bien empaquetada y fuertemente promocionada!

Debido a que muchos prominentes y respetados investigadores del asesinato de JFK han recibido dinero de Stone y sus patrocinadores financieros - Jim Marrs, en particular, que recibió 300.000 dólares por los derechos de su libro *Crossfire* - pueden haber sido comprometidos involuntariamente. Se encuentran en una posición desagradable en la que parecerán bastante miserables si deciden criticar a Stone.

---

[303] *Washington Times*, 31 de mayo de 1993.
[304] *Washington Report on Middle East Affairs*, diciembre de 1997.

¿Pueden ahora los investigadores criticar honestamente a Oliver Stone? ¿Pueden admitir que la versión de Stone sobre el complot del asesinato es falsa? ¿Pueden reconocer que los partidarios de Stone tienen estrechos vínculos con las poderosas fuerzas que se beneficiaron de la expulsión de JFK de la Casa Blanca? Estas son preguntas que los buscadores de la verdad deben plantear a los investigadores.

Incluso James Di Eugenio, autor de *Destino traicionado* y ferviente admirador de JFK, debe estar preguntándose si ha sido completamente franco con sus lectores.

En su bien escrito libro, que era nada menos que un himno a Jim Garrison, Di Eugenio hizo una convincente apología del caso de Garrison contra Clay Shaw, miembro del consejo de administración de Permindex, y su papel en el complot para asesinar a JFK. Sin embargo, Di Eugenio fue bastante circunspecto en su disección de la conexión de Shaw con Permindex. Di Eugenio nunca profundizó en la conexión israelí.

Y aunque Di Eugenio llegó incluso a señalar la relación de Clay Shaw con la poderosa familia Stern de Nueva Orleans, los propietarios de la radio y la televisión WDSU que tan importante papel desempeñaron en la presentación de Lee Harvey Oswald como un "extremista procastrista", Di Eugenio se mantuvo cauto, por no decir otra cosa, en su tratamiento de la conexión entre Stern y Shaw.

Según Di Eugenio, el motivo de la familia Stern para apoyar a Shaw era "obvio". Según Di Eugenio: "No querían ver empañada su ciudad por la condena de una de sus principales figuras por conspirar para asesinar al presidente Kennedy".[305] ¿Era su motivación realmente tan "obvia" o Di Eugenio estaba simplemente tergiversando la verdad?

Di Eugenio, a pesar de su extensa investigación sobre otros aspectos de la conexión de Nueva Orleans con el asesinato, nunca mencionó los vínculos del agente de la CIA Guy Banister con el agente de la ADL A. L. (Bee) Botnick de la ADL, cuya oficina de Nueva Orleans de la ADL pro-Israel recibió considerables fondos de la familia Stern (aunque, para ser justos, esto puede haber sido un descuido).

Sin embargo, como hemos visto, no es tan descabellado suponer que la asignación de Lee Harvey Oswald para trabajar para Guy Banister -que le dio a Oswald su imagen pública de "extremista procastrista"- puede haber sido, en efecto, parte de una "investigación" patrocinada por la ADL y llevada a cabo por la agencia de detectives de Banister.

En realidad, Di Eugenio tenía buenas razones para ser tan reacio a andarse con rodeos. Después de todo, fue Sheridan Square Press quien publicó su libro. Los principales instigadores de Sheridan Square son Ellen Ray y William Schapp, fundadores del Institute for Media Analysis que, como mencionamos en *Juicio Final*, cuenta entre sus financiadores con el Stern Family Fund, creado por los amigos de Clay Shaw, la poderosa familia Stern de Nueva Orleans.

Todo lo cual quizá demuestre cómo incluso los más dedicados investigadores del asesinato de JFK pueden distraerse o desviarse en sus propios esfuerzos por buscar la verdad.

Aunque solicité la oportunidad de hablar en el simposio de 1994 del JFK Assassination Information Center en Dallas y en la conferencia de 1996 del Political Assassinations Committee en Washington, las camarillas gobernantes se negaron a

---

[305] James Di Eugenio. *Destiny Betrayed* (Nueva York: Sheridan Square Press, 1992), p. 157.

permitirme hablar. Del mismo modo, ni James Di Eugenio ni ninguno de los otros "grandes nombres" entre los investigadores del asesinato de JFK intentaron refutar ninguna de las acusaciones de fondo que aparecen en las páginas de *Juicio Final*. Si mi tesis es descabellada o errónea o está fuera de lugar, se podría pensar que sería un proceso sencillo desacreditar este libro.

PISTAS QUE CONDUCEN A ISRAEL...

Peter Dale Scott, uno de los investigadores de asesinatos más renombrados del mundo, que ha sido citado ampliamente en las páginas de *Juicio Final*, ha estado a punto de evocar posibles vínculos israelíes enterrados en las turbias profundidades de la trama del asesinato de JFK.

En su excelente libro *Deep Politics and the Death of JFK*, Scott ha ido más lejos que la mayoría de los investigadores del asesinato de JFK, explorando el recurrente vínculo de Meyer Lansky con Jack Ruby y la CIA, por ejemplo, y destacando el papel particular del miembro de la CIA James Jesus Angleton en la controversia sobre JFK que hemos descrito detalladamente en estas páginas.

En estas y otras áreas Scott ha hecho claramente su investigación, pero uno no puede leer su libro sin pensar que Scott también ha investigado la conexión israelí, pero se ha negado a sacar conclusiones obvias para sus lectores. Scott dice mucho sobre muchas cosas, pero no dice nada sobre los vínculos entre Israel y el asesinato de JFK, ampliamente documentados en *Juicio Final*. Y a pesar de su extensa investigación sobre una amplia variedad de temas relacionados con la controversia JFK, Scott no tiene absolutamente nada que decir sobre la conexión Permindex de Clay Shaw. Es evidente que Scott preferiría no hablar de ello.

Es interesante observar que en sus agradecimientos por la ayuda en la preparación de su libro hay dos fuentes bastante interesantes: Wesley McCune, de Group Research, Inc. y Michael Lerner.[306] Aunque aparentemente se trata de una organización de investigación "independiente", Group Research ha sido descrita generalmente por sus críticos como una "tapadera" de la Liga Antidifamación (ADL) de B'nai B'rith, la influyente organización autoproclamada de "derechos civiles" que ha quedado al descubierto como conducto de inteligencia y propaganda del Mossad israelí.

Como señalamos en el capítulo 17, el presunto vínculo de larga data entre la ADL y el Mossad salió a la luz durante una importante investigación de la policía de San Francisco sobre las operaciones secretas de espionaje interno de la ADL dirigidas contra una amplia gama de grupos políticos estadounidenses, tanto de "derecha como de izquierda". La otra fuente de Scott, Michael Lerner, un destacado filósofo liberal, es también el editor de la revista *Tikkun*, un periódico judío que se ha convertido en una importante voz del lobby israelí.

El hecho de que estas fuentes desempeñaran un papel en el juicio final de Scott (si es que puede describirse como tal) quizás explique en parte los claros y repetidos

---

[306] Peter Dale Scott. *Deep Politics and the Death of JFK* (Berkeley, California: University of California Press, 1993), p. VIII.

esfuerzos de Scott por evitar abordar la conexión israelí con el asesinato del presidente Kennedy.

El autor sólo puede llegar a la conclusión de que estos "investigadores", que han trabajado duro y dedicado una enorme cantidad de tiempo, energía y dinero (por no hablar de ganar dinero con ello) al asunto JFK, prefieren no cruzar la línea, por así decirlo. Entiendo su razonamiento, por supuesto, pero al mismo tiempo me veo obligado a cuestionar su integridad.

Sin embargo, una serie de investigadores del asesinato de JFK que llevan mucho tiempo trabajando en él han reconocido en *privado* favorablemente *el Juicio Final* y la esencia de sus afirmaciones, estén o no de acuerdo con sus conclusiones en su totalidad. No los nombraré aquí, para no cargarlos con la posibilidad de ser manchados como "antisemitas" - el término favorito reservado para aquellos que se atreven a criticar las acciones de Israel - pero ellos saben quiénes son y su apoyo ha sido apreciado.

CONCLUSIONES SIMILARES

Justo antes de la publicación de *Juicio Final*, me alegró saber que Philip Ten Brink, un investigador del asesinato de JFK que lleva mucho tiempo trabajando independientemente de este autor, llegó, como era de esperar, a las mismas conclusiones que *Juicio Final*, e incluso llegó a incluir una serie de sutilezas que algunos podrían considerar algo esotéricas. Me veo obligado a repetir la vieja creencia de que "las grandes cosas se hacen juntas", pero estaría exagerando al hacerlo. Simplemente, los hechos están ahí para quienes quieran reconocerlos tal y como son.

Ten Brink descubrió por sí mismo que señalar con el dedo a Israel y al Mossad no es una buena comunicación. Cuando compartió sus descubrimientos en el simposio de 1993 del Centro de Información sobre el Asesinato de JFK en Dallas, Ten Brink me informó de que había mucha gente allí que se sentía incómoda, por no decir otra cosa, con que alguien de sus filas fuera "políticamente incorrecto". Me quito el sombrero ante Ten Brink por tener las agallas de marcar el camino. No se puede decir lo mismo de los investigadores que ven la verdad pero tienen miedo de admitirla.

Tras la publicación de la cuarta edición de *Juicio Final* supe de otro investigador, Dave Sharp, que llevaba algún tiempo participando activamente en grupos de debate en Internet, alegando que intereses políticos judíos -en particular la familia Bronfman de Canadá- estaban detrás del asesinato de JFK. En aquel momento, Sharp aún no había leído *Juicio Final y*, al parecer, no tenía ni idea del conflicto entre JFK y Ben-Gurion en torno a la bomba nuclear israelí, por lo parece que *Juicio Final* completó para Sharp una pieza que faltaba en el rompecabezas.

Sin embargo, el propio Sharp ha criticado desde entonces *Juicio Final*, sugiriendo que yo no había cumplido mi misión al no hablar del Holocausto y de cómo había sido utilizado como herramienta política por el lobby israelí. Esa es la opinión de Sharp, por supuesto, pero, como he dicho muchas veces, *Juicio Final* trata del asesinato de JFK, no del Holocausto.

Sin embargo, estoy en deuda con Sharp por proporcionarme datos valiosos sobre los asuntos financieros de la familia Bronfman, incluidos sus vínculos poco conocidos con los "intereses petrolíferos de Texas" que a menudo se relacionan con el asesinato de JFK.

RESPONDER A LA PREGUNTA "¿POR QUÉ?"

Desgraciadamente, la mayoría de los que dicen intentar averiguar la verdad sobre el asesinato de JFK no están dispuestos a llegar tan lejos. ¿Seguirán los "investigadores" haciendo preguntas esotéricas sobre "cuántas balas se dispararon" o "dónde cayeron las balas" o intentarán de una vez por todas responder a la pregunta más condenatoria e importante de todas: por qué fue asesinado John F. Kennedy y quién, en última instancia, fue el responsable?

Para responder a esta pregunta, no podemos obviar el hecho de que la batalla de JFK para impedir que Israel construyera una bomba nuclear ha permanecido en secreto hasta ahora, porque Israel -al igual que sus aliados del crimen organizado y la CIA- tenía razones de peso para actuar contra JFK y así lo hizo.

¿Qué pasa con Israel y su agresiva campaña para construir una bomba nuclear - la controversia que desempeñó un papel tan central en los acontecimientos que condujeron al asesinato de John F. Kennedy? Al final, fue Israel -y no JFK- quien tuvo la última palabra sobre el asunto.

El número de noviembre de 1994 de *Jane's Intelligence Review* informaba de que Israel había desarrollado, para entonces, siete instalaciones nucleares y hasta 200 armas nucleares, lo suficiente para convertir al pequeño Israel en la sexta potencia nuclear del mundo. Según un resumen del informe de *Jane's* publicado en *Associated Press* el 19 de noviembre de 1994: "El gobierno israelí no ha confirmado ni negado tener armas nucleares y ha intentado mantener en secreto el programa nuclear del país. No ha firmado el Tratado de No Proliferación Nuclear, que abriría sus instalaciones a la inspección internacional."[307]

Adiós a los incesantes esfuerzos de JFK por detener la expansión nuclear en Oriente Medio. Cualquier esperanza de éxito terminó el 22 de noviembre de 1963.

¿QUÉ PASA CON LA FAMILIA DE KENNEDY?

Muchos lectores de *Juicio Final* han preguntado si la familia Kennedy ha respondido a las acusaciones de este volumen. No públicamente, al menos. Pero podemos estar seguros de que la familia Kennedy - más que nadie - conoce la verdad sobre el asesinato de JFK. Pero no esperes que la familia haga pública ninguna información sobre la implicación del Mossad en el caso. Eso nunca ocurrirá. Hay demasiado en juego.

Poco después de que se publicara la primera edición de *Juicio Final*, me enteré de que alguien de Massachusetts cercano a la familia Kennedy había comprado cinco ejemplares del libro.

Y, más recientemente, envié ejemplares de *Juicio Final* no sólo a John F. Kennedy Jr. sino a todos los editores de su revista mensual *George*. Estoy seguro de que los editores pasaron un rato interesante leyendo el libro y discutiéndolo entre ellos, pero realmente no espero ver un artículo sobre él en *George*...

Sin embargo, sí sé que miembros de la familia Kennedy han oído hablar de *Juicio Final*. En primer lugar, un amigo mío que vive en Rhode Island conoció al congresista

---

[307] *Informe de Associated Press*, 19 de noviembre de 1994.

Patrick Kennedy (hijo del senador Ted Kennedy de Massachusetts) en un acto público. Allí, le mostró una copia de *Juicio Final* al joven Kennedy y le señaló que el libro implicaba al Mossad y al Sindicato del Crimen de Lansky en el asesinato. Según mi amigo, el joven congresista retrocedió horrorizado.

No me sorprende. Después de todo, ningún político en Estados Unidos querría ser identificado con una teoría conspirativa crítica con Israel - especialmente, por supuesto, después de lo que le ocurrió a John F. Kennedy cuando se enfrentó a Israel. Y como ya he dicho, si alguien sabe quién mató realmente a JFK es su familia, por lo que enterarse de que se había escrito un libro sobre el tema debió de ser una auténtica sorpresa.

Pero finalmente, el 20 de diciembre de 1995, tuve la oportunidad de hablar brevemente por primera vez con un miembro de la familia Kennedy sobre este libro. Me encontraba en la Union Station de Washington D. C., y para mi sorpresa, el congresista Joe Kennedy, hijo del difunto Robert Kennedy, caminó en mi dirección. Se detuvo a menos de tres metros de mí. Iba en compañía de una atractiva mujer que más tarde identifiqué como su segunda esposa.

Francamente, no quería acosarle. Es una figura pública y miembro de una familia muy pública que ha sido objeto de un intenso escrutinio por parte de los principales medios de comunicación estadounidenses (los mismos medios que mantuvieron oculta la verdad sobre los asesinatos de su padre y su tío). Pero, por otra parte, yo había escrito un libro sobre el tema (y, en aquel momento, era un libro que la gente empezaba a tomarse muy en serio). Así que me sentí obligado a hablar con él.

El diputado miró en mi dirección y nuestras miradas se cruzaron. Sabía que le había reconocido y sospeché que también sabía que quería hablar con él, así que decidí hacerlo. Me acerqué a él y le dije: "Diputado, sólo quiero 22 segundos de su tiempo". Sonrió. Sabía que había oído palabras en ese sentido tantas veces que había elegido deliberadamente ese enfoque y creo que apreció la ironía, en el sentido de que hablé en tono divertido como diciendo: "Sí, ya sé que eso ya lo ha oído antes".

Asintió y le dije: "En primer lugar, me gustaría presentarme. Soy el autor de un libro llamado *Juicio Final*. ¿Ha oído hablar de él?". Meneó la cabeza negativamente mientras repasaba el título en su cabeza. No le dije que había enviado un ejemplar a su despacho (cosa que había hecho). No quise perder los 22 segundos que me habían asignado.

Continué. "El libro relata el papel de una nación de Oriente Medio que tiene un lobby muy poderoso aquí en Washington en el asesinato de tu tío". (No iba a decir la palabra "Israel".) Los ojos de Kennedy brillaron como diciendo: "Ya estamos otra vez". Vi su reacción y concluí diciendo: "Creo que deberías saber, francamente, que mucha gente interesada en el asesinato de JFK se toma este libro muy en serio."

Me eché atrás. Me di cuenta de que le incomodaba la naturaleza de lo que estaba sugiriendo -es decir, la participación israelí- y no quería que pensara que yo era una de esas personas que seguirían ocupando su espacio. Quería que viera que no iba a insistir más en el tema. Yo era un completo desconocido para él y, por lo que él sabía, podría haber sido alguien que intentara que hiciera una de las declaraciones antijudías por las que su padre, en particular, era bien conocido (al menos en privado).

De todos modos, cuando me fui, el congresista Kennedy me contestó: "Espero que no sea verdad". (Esa fue una respuesta diplomática, si es que alguna vez hubo una.) Sonreí, asentí, y le hice un gesto amistoso con la mano y un saludo de despedida para decirle "gracias por su atención".

¿Quería decir Kennedy que esperaba que no fuera verdad que Israel había estado implicado en el asesinato de su tío, o que esperaba que la gente no se tomara en serio mi tesis - o ambas cosas? Al final, por supuesto, no importa realmente porque sólo Kennedy sabe exactamente lo que quiso decir.

Sin embargo, el hecho es que ahora puedo decir con certeza que la familia Kennedy sí está al tanto de *Juicio Final*. No tengo ninguna duda de que un día, de una manera u otra, estos dos jóvenes miembros del Congreso discutirán las alegaciones hechas en *Juicio Final* con sus familias. Pero lo que la familia haga con la información está por ver.

De hecho, la familia Kennedy fue firmemente cooptada por el propio Mossad. La clave para entenderlo es Jacqueline Kennedy Onassis, que mantuvo una relación de diez años -antes de su muerte- con el enigmático comerciante de diamantes judío de origen belga Maurice Tempelsman.

Tras posicionarse como figura permanente en el centro de la vida de Jacqueline y registrarse como su compañero de piso en el elegante ático de la viuda Kennedy en Manhattan, se dice que Tempelsman duplicó (tal vez incluso triplicó, según algunas versiones) la ya cuantiosa fortuna de Jacqueline.

Aunque, a su muerte, los principales medios de comunicación dramatizaron la relación amorosa entre Jacqueline y su pareja, los medios nunca informaron del largo papel de Tempelsman como agente internacional in situ, operando dentro y fuera de África para el Mossad israelí y sus aliados de la CIA. Durante los últimos días de Jacqueline, el Mossad israelí estuvo representado en los círculos más íntimos de la familia Kennedy.

Sin embargo, ahora parece - según Edward Klein, que escribe en su nuevo libro, *La Maldición Kennedy*, que tras la muerte de Jacqueline, el joven JFK Jr. ordenó a Templesman que se fuera del piso que compartía con la Sra. Onassis. Evidentemente, el joven John no estaba tan enamorado del intrigante internacional que, según se dice, había advertido a John John de los peligros de volar.

Irónicamente, al final, puede que a la familia de Kennedy no le importe realmente quién estuvo en última instancia detrás del asesinato del Presidente y de su hermano. Dos miembros de la familia murieron violenta y trágicamente, fuera quien fuera el responsable. La pérdida de la familia fue demasiado personal, mucho más allá de cualquier ramificación geopolítica internacional que pudiera ser de gran interés para los conspiradores responsables de ambos asesinatos. Perseguir la verdad sobre lo que realmente ocurrió nunca fue una opción.

El propio senador Edward M. Kennedy probablemente tenga suerte de seguir vivo, pero nunca cumplió su sueño de reclamar la Casa Blanca para la dinastía Kennedy. La probabilidad de que otros futuros miembros de la familia vuelvan a ocupar el Despacho Oval es, en el mejor de los casos, escasa.

El plan del congresista Joe Kennedy de presentarse a gobernador de Massachusetts se vio saboteado desde el principio por una dura campaña mediática en su contra. Sus problemas personales, derivados de una disputa con su ex mujer, que escribió un libro muy publicitado sobre su matrimonio, así como las acusaciones de que su hermano menor había mantenido relaciones extramatrimoniales con una adolescente, salieron a la luz y Kennedy se vio obligado a retirarse de la carrera.

En algún momento después de que Kennedy fuera expulsado de la carrera, Steven Grossman, un magnate de la imprenta de Massachusetts que había sido nombrado presidente nacional del Partido Demócrata, consideró entrar en la carrera para matar políticamente a Kennedy, pero Grossman cambió repentinamente de opinión. A la luz de lo que informé en *Juicio Final*, probablemente valga la pena señalar que antes de convertirse en presidente nacional del Partido Demócrata, Grossman había sido jefe de AIPAC, el lobby autorizado de Israel. Probablemente sólo sea una coincidencia, pero no deja de ser interesante.

En realidad, la familia Kennedy, a su manera, se ha beneficiado enormemente de la doble tragedia, asegurándose un lugar en la historia y una leyenda que de otro modo se habrían perdido si JFK hubiera vivido hasta el final de su mandato. Pero, como hemos visto, los medios de comunicación están atacando cada vez más a los herederos de Kennedy y al propio JFK.

EL "JUICIO FINAL" DE LOS MEDIOS

En el *Washington Post* del 25 de noviembre de 1993, el famoso economista Robert Samuelson se apartó de su campo de especialización y examinó el legado de Kennedy.

Su destacada columna, que aparece a la derecha de la página editorial, es un verdadero homenaje a la memoria de John F. Kennedy, a raíz del 30° aniversario de lo que posiblemente haya sido el acontecimiento público más sobrecogedor de la historia de nuestro país.

"Hemos pasado por otra orgía de recuerdos de Kennedy", se quejó Samuelson, "y confieso que, por fin, estoy harto. No es sólo que su vida y su asesinato hayan sido dramatizados, transformándolo de una figura política en un fenómeno del entretenimiento con un lugar en la cultura pop más cercano a Elvis que a Harry Truman.

El disenso va más allá. Nuestra obsesión con Kennedy oscurece algo crucial.[308] En el mejor de los casos, fue un presidente mediocre o, menos caritativamente, un mal presidente".

Samuelson continuó culpando a Kennedy de la tragedia de la guerra de Vietnam. "Fue Kennedy quien asumió el compromiso crítico con Vietnam. Toda la especulación que siguió sobre si habría aumentado o no ese compromiso, como hizo Johnson, es realmente irrelevante. Nunca podremos saber lo que Kennedy habría hecho, sólo lo que hizo. Y lo que hizo fue comprometerse militar (y políticamente) con un país cuya supervivencia no era un interés nacional vital, y por lo tanto nos comprometió en un conflicto que políticamente no podíamos apoyar. Una vez que eso ocurrió, no había salida fácil. Fue un mal juicio".[309]

El columnista de opinión determinó que JFK carecía de "sabiduría o instinto" y que "no tenía los conocimientos ni los valores necesarios para tomar buenas decisiones por sí mismo".[310]

---

[308] *Washington Post*, 25 de noviembre de 1993.
[309] *Ibid.*
[310] *Ibid.*

"El Kennedy que vive más allá de la tumba", concluye Samuelson, "no despierta ni mi simpatía ni mi interés. Está simplificado, idealizado y explotado. No es una persona sino una ilusión popular".[311]

Demasiado para la memoria de John F. Kennedy a juicio de uno de los creadores de opinión más respetados de la nación. Así que quizá no sorprenda que el 22 de noviembre de 1994, 31° aniversario del asesinato de JFK, el *Washington Post*, el periódico político oficial de Estados Unidos, no dijera nada para conmemorar aquel trágico día.

El 22 de noviembre de 1997, cuatro años después del duro ataque de Samuelson a John Kennedy, la gran "noticia" del día fue el lanzamiento de *El lado oscuro de Camelot*, el libro de Seymour Hersh sobre los años de JFK (comentado anteriormente en estas páginas). Claramente, el ímpetu de los nuevos medios es decir que John F. Kennedy no era tan buen tipo después de todo y que quizás, como dijo Malcolm X en el momento del asesinato de JFK, las gallinas habían vuelto al gallinero por su cuenta.

SOLICITUD DE DEBATE

Justo antes de la publicación de la tercera edición de *Juicio Final*, envié ejemplares de la segunda edición a varias personas invitándolas a debatir conmigo las tesis de *Juicio Final* en la radio, en un foro público o por escrito. Les di la oportunidad de refutar el libro como quisieran. No era una oferta injusta, creo.

Aquí están los que han recibido ejemplares de *Juicio* Final y una invitación a un debate:

Jack Anderson - Columnista sindicado y traficante internacional de ruedas que promovió una serie de teorías contradictorias sobre el asesinato de JFK, incluido el mito de que "Castro mató a JFK".

Robert Dornan - Entonces congresista del Partido Republicano por el condado de Orange, California, y fanático de Israel, Dornan se unió a su némesis, Loretta Sánchez, para copatrocinar una recaudación de fondos el 19 de septiembre de 1998 con el fin de ayudar a la ADL a derrocar a Steve Frogue, el director de universidad que se había atrevido a invitarme a hablar sobre el *Juicio Final* en el condado de Orange.

Jack Shafer - En su momento redactor jefe del popular *City Paper de Washington*, un periódico liberal "alternativo".

John Loftus - Autor de *The Secret War Against the Jews (La guerra secreta contra los judíos)*, un nuevo libro que afirma que los partidarios antiisraelíes de la comunidad de inteligencia estadounidense trataron de sabotear el Estado de Israel (Loftus es un antiguo abogado de la Oficina de Investigaciones Especiales Caza Nazis).

Roland Pritikin - General de brigada retirado, médico de renombre internacional y fundador del Centro para la Seguridad Global, un grupo de presión proisraelí ad hoc entre cuyos asesores se encontraban Luis Kutner, antiguo abogado de Jack Ruby, y el general Julius Klein, militar estadounidense que desempeñó un papel fundamental en la creación del Mossad.

Bob Grant - el controvertido presentador de la radio WABC de Nueva York que a menudo ha alardeado de sus amistosas relaciones con la Liga Antidifamación (ADL)

---

[311] *Ibid.*

de B'nai B'rith y de su profunda devoción (que es obvia y obsequiosa complacencia) por el Estado de Israel.

Rush Limbaugh - El mayor nombre de la radio "conservadora" conocido por ser un crítico escandaloso y audaz de todo excepto de las fechorías de Israel.

Chuck Harder - Presentador del programa de radio *"For the People"*, Harder se niega a mencionar el papel de Israel en las fechorías internacionales, aunque no tarda en encontrar conspiración y corrupción debajo de casi todas las piedras.

G. Gordon Liddy - Antiguo agente de la CIA y el FBI que tuvo el valor de enfrentarse a un juez federal e ir a la cárcel por negarse a delatar a sus amigos. Acusado a menudo de simpatizar con los nazis, Liddy es ahora un popular presentador de radio, pero nunca un crítico de Israel.

William F. Jasper - Redactor jefe de la revista estadounidense *New American*, de la John Birch Society, ardiente partidario del Estado de Israel y todavía enamorado de James Jesus Angleton, miembro de la CIA aliado del Mossad.

David Scheim - Autor de *Contract on America*, que afirma que "La Mafia Mató a JFK" e ignora el papel integral del leal israelí y colaborador de la CIA Meyer Lansky en el Sindicato Internacional del Crimen. Scheim ha sido una figura importante en la comunidad de "investigadores" del asesinato de JFK pero, como hemos señalado en estas páginas, se niega a reconocer la posibilidad de la participación de la CIA en el crimen.

Jack Newfield - Columnista liberal del *New York Post*, Newfield, leal a Israel, afirmó que el difunto jefe de los Teamsters Jimmy Hoffa fue el principal instigador del asesinato de JFK.

La publicación de una convocatoria de debate no era una búsqueda de publicidad para *Juicio Final*, aunque cualquier publicidad habría sido bienvenida y, de hecho, bastante notable. Lo que yo buscaba sinceramente era que alguien viniera y me demostrara que estaba equivocado, que me mostrara dónde estaban infundadas las conclusiones de Juicio Final.

De este amplio abanico de personas invitadas a debatir, sólo el General Pritikin había contestado antes del 1 de enero de 1998. La extensa carta de Pritikin decía que "Todas las afirmaciones de su libro pueden refutarse, pero no me corresponde a mí hacerlo".[312] Pritikin me dijo que el general Mark Clark había dicho: "No me sorprendería que treinta o cuarenta años después del asesinato de John F. Kennedy aparecieran libros culpando a los judíos".[313]

"Su libro", escribió Pritikin, "junto con los escritos de Grace Halsell y George Ball (que tenía un largo historial de traición) son considerados [por los árabes] como el tríptico para la destrucción de Estados Unidos y el exterminio del pueblo americano."[314]

(Grace Halsell es una veterana y respetada periodista liberal profesional que ha sido bastante crítica con Israel. El ex subsecretario de Estado George Ball es culpable del mismo delito. Al parecer, Halsell, Ball y yo somos culpables de delitos de la misma magnitud en lo que respecta al general Pritikin).

---

[312] Carta del General Roland Pritikin al autor.
[313] *Ibid.*
[314] *Ibid.*

"Usted dice en su carta", escribió Pritikin, "que nadie se ha presentado para refutar las acusaciones de su libro. Esto se debe a que no tiene índice. Está escrito al estilo de Victor Hugo y Alejandro Dumas. Se lee como una buena novela de ficción porque no tiene índice. Por eso nadie ha rebatido nada".[315] (Las dos primeras ediciones de *Juicio final* no están indexadas).

Pritikin añadió: "El descubrimiento de petróleo en la península arábiga en la década de 1930 condujo a la caída de la civilización occidental libre, porque Estados Unidos careció de la previsión, el coraje y la voluntad inflexible para luchar contra los jeques ricos en petróleo, y porque contábamos con traidores como Michael Collins Piper, Grace Halsell y George Ball".[316]

LAS "PRUEBAS" DE PRITIKIN

En su carta, el general Pritikin citaba la presencia de un magnífico monumento a John F. Kennedy en Israel como "prueba" de que los israelíes querían a JFK más que a ningún otro presidente estadounidense.

En efecto, se trata de una "prueba" escasa: un cínico podría ser tan cínico como para sugerir que el monumento no era más que un homenaje de los israelíes a una de sus ejecuciones públicas más escandalosas y a la habilidad con la que se llevó a cabo.

Sin embargo, para que algunos fanáticos pro-israelíes no pretendan que esta es mi tesis, para que conste diré que no lo es. Lo que digo es que ese monumento no prueba nada: sólo que la clase dirigente israelí dominada por el Mossad quiere que conste - aunque los hechos demuestren lo contrario- que Israel amaba a JFK.

Puede que la gente común de Tel Aviv admirara a John F. Kennedy. Pero el Primer Ministro David Ben Gurion, el jefe de asesinatos del Mossad Yitzhak Shamir y sus aliados en la CIA y el sindicato del crimen Lansky no.

En cualquier caso, sólo puedo concluir que la negativa de estos "grandes nombres" a debatir conmigo públicamente o a intentar repudiar mi trabajo de alguna manera es precisamente porque no pueden. Así que el *Juicio* Final es, en mi opinión, a todos los efectos, la sentencia definitiva sobre lo que realmente ocurrió en Dallas. En efecto, obtuve, como dije, una sentencia en rebeldía simplemente porque nadie habló para responder a mis acusaciones.

"CIERTOS DOGMAS DE FE"

Aunque Noam Chomsky, el eminente lingüista rebelde, ha enfurecido a Israel con sus críticas a sus fechorías internacionales, el propio Chomsky se niega a intervenir en cualquier debate sobre el asesinato de JFK. De hecho, Chomsky ha descrito el interminable flujo de cartas que ha recibido sobre el tema, señalando que se ha visto obligado a recurrir a un formulario de carta en el que expone sus razones para no querer debatir el tema. Pero Chomsky, como crítico de Israel, reconoce hasta qué punto el debate público sobre cuestiones controvertidas se ha visto influido por los

---

[315] *Ibid.*
[316] *Ibid.*

medios de comunicación y la comunidad académica. En la introducción de un libro en el que exponía el complot israelí, Chomsky escribió:

> **La historia, sobre todo la reciente, suele presentarse al gran público en el marco de un sistema doctrinal basado en ciertos dogmas fundamentales. En el caso de las sociedades totalitarias, la cuestión es demasiado obvia para requerir comentarios.**
>
> **La situación es más intrigante en las sociedades que carecen de formas más crueles de represión y control ideológico. Estados Unidos, por ejemplo, es sin duda una de las sociedades menos represivas de la historia, pasada o presente, en lo que respecta a la libertad de investigación y expresión. Sin embargo, es raro que un análisis de acontecimientos históricos cruciales llegue a un público amplio, a menos que se ajuste a ciertas doctrinas de fe...**[317]

Las doctrinas de la fe -en el caso del debate sobre el asesinato de JFK- son muy restrictivas: en pocas palabras, no hay debate. El caso está cerrado. Lee Harvey Oswald actuó solo. No hubo conspiración. Cualquiera que afirme que hubo una conspiración es -Dios no lo quiera- un "teórico de la conspiración" y cualquiera que crea en teorías de la conspiración podría ser el tipo de persona que volaría un edificio federal en Oklahoma City y asesinaría a 168 hombres, mujeres y niños inocentes. Este es precisamente el argumento que esgrimen los medios de comunicación "dominantes" tras esta tragedia.

El argumento era el siguiente: el movimiento de las milicias influyó en Timothy McVeigh. Las milicias creen en teorías conspirativas. Tim McVeigh voló el edificio federal en Oklahoma City. Así que si crees en teorías conspirativas eres malvado. Estás en contra del gobierno. Estás en contra de América. Apoyas los terribles actos de McVeigh en Oklahoma. No creas en teorías conspirativas - y eso incluye la teoría de que hubo una conspiración detrás del asesinato de JFK.

No tiene sentido lógico, por supuesto, pero eso es precisamente lo que los principales medios de comunicación están tratando de transmitir y se ha convertido en el soundbite constante. Las teorías de la conspiración son simplemente "erróneas". Y si te las crees, eres el tipo de persona que podría plantearse volar un edificio federal en Oklahoma City o en cualquier otro lugar.

Chomsky, con su inimitable estilo, continúa:

> **Para aceptar el dogma, una persona incapaz de tolerar siquiera un grado limitado de contradicción interna debe evitar cuidadosamente las pruebas documentales, que no faltan en una sociedad libre...**[318]

En el caso de *Juicio Final*, por supuesto, quienes deseen aceptar el dogma oficial y rechazar las conclusiones expuestas en *Juicio* Final deben ignorar todas las pruebas (publicadas mucho antes de que se publicara ese libro) que sugieren no sólo: a) que Israel tenía un motivo para participar en el complot para asesinar a JFK; y b) que existen múltiples vínculos israelíes con el complot que pueden ser realmente probados. Chomsky:

---

[317] Noam Chomsky, en la introducción a : *Livia Rokach. Israel's Sacred Terrorism* (Belmont, Massachusetts: Association of Arab-American University Graduates, 1980), pp. XIII-XV.
[318] *Ibid.*

Dentro de las profesiones académicas y los medios de comunicación, generalmente se puede contar con la intelectualidad para cerrar filas; se negarán a someter las doctrinas de fe a un análisis crítico, podarán el registro histórico y documental para aislar estas doctrinas del escrutinio, y procederán a presentar una versión de la historia que esté a salvo de la crítica o el análisis institucional.[319]

Los medios de comunicación contribuyeron a ocultar las conclusiones del *Juicio Final*.

Aunque el libro ha recibido ahora cierta publicidad gracias a los esfuerzos de la ADL por impedir que hablara en el seminario de la universidad pública del condado de Orange, las noticias que se publicaron en los medios de comunicación estaban relacionadas con la acusación de que yo era una especie de "negacionista del Holocausto" y, por tanto, no era creíble.

Del mismo modo, supuestos "eruditos" como el profesor Roy Bauer, de la Universidad de Irvine Valley, se negaron a darme la oportunidad de exponer mi caso. Bauer no permitía que las doctrinas de fe se sometieran a un análisis crítico. Chomsky:

Las desviaciones ocasionales de la ortodoxia tienen poca importancia mientras se limiten a círculos estrechos que puedan ser ignorados, o desechados como "irresponsables", "ingenuos" o "incomprensibles" o "incapaces de comprender las complejidades de la historia", o identificados de otro modo con palabras en clave coloquiales inaceptables...[320]

Juicio Final se apartaba de la ortodoxia y fue rechazado con "palabras clave" (como "antisemitismo") y calificado -de hecho- de "inaceptable". Sin embargo, como *Juicio Final* había tenido de repente la oportunidad de ser escuchado por un público académico -en lugar de entre una lista restringida de compradores de libros que tenían acceso a la obra-, los defensores de las doctrinas de la fe entraron en frenesí. Chomsky:

Salvo raras excepciones, hay que adoptar ciertas doctrinas de fe para entrar en la arena del debate, al menos ante un segmento sustancial del público...[321]

En el caso del debate sobre el asesinato de JFK, una de las "nuevas doctrinas de fe" que hay que aceptar para "entrar en la arena del debate" es que -bajo ninguna circunstancia- se puede sugerir lo siguiente:

1) que Israel es un país hostil a John F. Kennedy.

2) La política estadounidense en Oriente Medio dio un giro de 180 grados tras la muerte de John F. Kennedy;

3) que el Mossad de Israel tuviera algún papel en el asesinato de John F. Kennedy.

Puede que crea que hubo algún tipo de "conexión con platillos volantes". O que los nazis eran culpables. O, lo más popular, que la mafia había matado a JFK. Incluso podría decir que había algunos "tipos corruptos" en la CIA. Pero nunca menciones a Israel y al Mossad. Ahí es donde te vuelves "irresponsable" y cruzas la línea. No lo haga.

---

[319] *Ibid.*
[320] *Ibid.*
[321] *Ibid.*

Si es así, le tacharán de "antisemita", o quizá incluso de "negacionista del Holocausto", que es obviamente el último truco en el esfuerzo continuo por silenciar a quienes (como yo) se han atrevido a identificar públicamente el papel de Israel en el crimen del siglo. Esto es algo que, al parecer, no se puede hacer.

¿LA "VERDADERA HISTORIA" DEL ASESINATO DE JFK?

El *Washington Post* -siempre defensor de los intereses de la CIA y sus aliados del Mossad- sugirió recientemente a sus lectores que podría haber una determinación popular "oficial" -un "consenso"- en cuanto a la "verdadera historia del asesinato de Kennedy".[322] En otras palabras, una "historia" que satisfaga prácticamente a todo el mundo. En otras palabras, la verdad real sobre quién mató a John F. Kennedy - y por qué - la hemos visto todos.

En la promoción de esta supuestamente inminente "historia real", el *Post* publicó un "artículo de opinión" notablemente revelador escrito por uno de sus redactores, Jefferson Morley, en el que el joven Morley afirmaba que "estamos más cerca que nunca de tener una base factual sólida para un consenso sobre el asesinato".[323]

De hecho, a Morley no le preocupa tanto quién fue el responsable del asesinato del presidente estadounidense, sino más bien restaurar la confianza del pueblo estadounidense en el gobierno cuya agencia de inteligencia, la CIA, desempeñó un papel central en el asesinato y el encubrimiento. Según Morley, "el asesinato de Kennedy es un factor de la crisis de legitimidad que ahora socava la capacidad del gobierno estadounidense para abordar una amplia variedad de problemas públicos. La incapacidad del gobierno para presentar una explicación creíble de cómo fue asesinado Kennedy no es la única ni la principal razón de este declive. Pero sin duda ha desempeñado un papel. Lograr una comprensión común de la cadena causal de acontecimientos que condujeron al asesinato de Kennedy sería un importante paso simbólico hacia la restauración de la confianza en la democracia estadounidense."[324]

Morley afirma que "no deberíamos [énfasis de Morley] molestarnos en alcanzar un consenso por miedo a que hipotéticas personas cómplices del asesinato del presidente Kennedy sean una amenaza para la democracia actual. Esa es la posición paranoica...".[325] (En otras palabras, cualquiera que busque culpar a alguien -en esta fecha tan tardía- es un perturbador teórico lunático de la conspiración y, por lo tanto, una amenaza para la democracia).[326]

Aunque Morley admite que hay pruebas de que la conspiración detrás del asesinato de JFK fue más importante que un "lunático solitario", también sugiere que el objetivo más importante no es determinar quién mató realmente a John F. Kennedy, sino, por el contrario, darse cuenta de que la controversia sobre el asesinato se derivó del "secretismo gubernamental sobre el asesinato y las consecuencias de la

---

[322] Columna publicada en *el Washington Post*, publicada originalmente en la revista trimestral del Assassination Archives and Research Center.
[323] *Ibid.*
[324] *Ibid.*
[325] *Ibid.*
[326] *Ibid.*

investigación". ³²⁷³²⁸Este secretismo, argumenta con razón, era erróneo, pero dice que "el velo del secretismo ha sido finalmente levantado por la Comisión de Revisión del Asesinato". Ahora, según Morley, el trabajo de la Comisión de Revisión convierte efectivamente en anticuada cualquier "controversia [sobre quién estuvo detrás del asesinato]".³²⁹

Morley admite que "la explicación más probable de la causa de la muerte de Kennedy reside en sus políticas" (y ciertamente tiene razón en eso), pero Morley añade que al buscar un "consenso" "no debemos utilizar a individuos, grupos, creencias políticas o instituciones como chivos expiatorios".³³⁰ (En otras palabras, ninguna persona o institución -como la CIA o el Mossad- debe ser considerada en última instancia responsable del crimen).³³¹

Añadiendo que "debemos respetar la complejidad de la historia", Morley afirma que "están surgiendo las bases de un consenso, y que "la historia del asesinato de Kennedy y el misterio que lo rodeó no es la saga de una enorme conspiración monolítica. Tampoco es la historia de un loco solitario. Más bien, es un capítulo de la historia de la Guerra Fría, una advertencia a las generaciones futuras sobre los peligros del secretismo en una democracia."³³²

Así que, según Morley, el verdadero problema es el secreto gubernamental. La gran pregunta no es quién mató realmente a John F. Kennedy - y por qué. En la sesgada percepción de Morley, parece que por qué fue asesinado John F. Kennedy o quién fue el responsable no importa realmente al final. La preocupación más seria es restaurar la confianza de los estadounidenses en su gobierno.

No estoy de acuerdo con Jefferson Morley y el *Washington* Post ni con la mayoría de los estadounidenses.³³³

Los estadounidenses son, en palabras de Noam Chomsky, "aquellos que están interesados en descubrir el mundo real detrás de la historia oficial" y que no están interesados en el tipo de "consenso" artificial pregonado por el *Washington Post*. Y es este tipo de nuevo enfoque del asesinato de JFK el que debemos tener en cuenta a la hora de considerar cómo manejan los medios de comunicación la verdad sobre el asesinato y cómo se harán públicos los hechos y los supuestos hechos.

ALGUNAS OBSERVACIONES FINALES...

Aquellos que aparentemente buscan la verdad sobre el asesinato del presidente Kennedy pero siguen ignorando el clarísimo papel desempeñado por Israel y su Mossad en el asesinato son quizás, en última instancia, los mayores enemigos de la verdad.

Si estoy equivocado sobre la implicación del Mossad, pido a mis críticos que me muestren en qué me equivoco. Si ni siquiera los admiradores de JFK son capaces de

---

³²⁷ *Ibid.*
³²⁸ *Ibid.*
³²⁹ *Ibid.*
³³⁰ *Ibid.*
³³¹ *Ibid.*
³³² *Ibid.*
³³³ Chomsky, *Ibid.*

enfrentarse a la verdad y exponerla a la luz del día, entonces Estados Unidos y el mundo se enfrentan a una crisis muy grave.

Me resulta francamente frustrante -aunque entiendo por qué- que otros hayan rehuido este controvertido campo de investigación tan importante para arrojar luz sobre el asesinato del presidente Kennedy.

Después de todo, tan recientemente como el 28 de noviembre de 2003, el influyente periódico de la comunidad judía *Forward* "celebró" el 40 aniversario del asesinato intentando refutar las "teorías de la conspiración", en particular las presentadas en *Juicio Final*, que *Forward* describió como "de lo más siniestro".[334]

No me arrepiento de mi decisión de escribir este libro. Algunas personas han sugerido que debería haber adoptado un seudónimo para protegerme de las inevitables protestas que siguieron. Sin embargo, si lo hubiera hecho, no habría podido defender públicamente mi propio trabajo si hubiera optado por esconderme tras un seudónimo.

A fin de cuentas, creo que he elaborado un libro que tiene sentido y la mayoría de las personas de mente abierta, una vez que lo hayan leído, estarán de acuerdo en que presenta una tesis que tiene sentido.

La mayoría -probablemente todos- los que han atacado el libro no lo han leído. Han preferido quedarse al margen y atacar la tesis, pero no las pruebas que la sustentan. Los hechos hablan por sí solos. Lamento que estos hechos hayan molestado a tanta gente.

Espero que *Juicio Final* contribuya, de alguna manera, a una comprensión plena no sólo de la muerte de John F. Kennedy, sino también de todos los impactantes acontecimientos que siguieron, acontecimientos que cambiaron la historia. Pero, lo que es más importante, espero que hayamos aprendido de ello y que el pueblo estadounidense tome todas las medidas necesarias para corregir este gran error.

- MICHAEL COLLINS PIPER

---

[334] *Forward*, 28 de noviembre de 2003.

POSDATA

Un alto diplomático francés, Bernard Ledun, falleció en París el 1 de febrero de 1994. Su repentina muerte a la edad de 50 años, posiblemente como consecuencia de un ataque al corazón, podría ser otra de las muertes "útiles" que se produjeron a raíz del asesinato de JFK y su encubrimiento, consecuencia directa del anuncio, el 22 de noviembre de 1993, de la inminente publicación de la primera edición de *Juicio Final*.

Ledun había estado al tanto de información "privilegiada" que confirmaba el alto nivel de inteligencia de la fuente francesa -citada en el capítulo 16 de *Juicio* Final- que proporcionó al autor esta información que establece que la tan discutida "conexión francesa" con el asesinato de Kennedy es, de hecho, un término equivocado y que se trata, más bien, de la conexión israelí.

Justo antes de su repentina muerte, Ledun, funcionario de carrera del cuerpo diplomático francés, iba a ser nombrado Cónsul General de Francia en Johannesburgo (Sudáfrica). De octubre de 1989 a diciembre de 1993, fue Cónsul General de su país natal en Vancouver (Columbia Británica, Canadá).

Mientras estaba destinado en Vancouver, Ledun cometió un grave -aunque honesto- error que pudo haber sellado su propio destino. Su acción inadvertida demostró el estatus de inteligencia francesa de alto nivel de la fuente, citada en *Juicio Final*. La fuente, Pierre Neuville, afirmó (basándose en su propio conocimiento interno) que el servicio secreto israelí, el Mossad, estaba utilizando las conexiones de la inteligencia francesa para contratar a uno o más de los asesinos implicados en la ejecución del presidente Kennedy.

En 1976, mientras se encontraba en el consulado francés de Vancouver (Canadá), Ledun entregó a Pierre copias de documentos internos de los servicios de inteligencia franceses, confirmando que Pierre había sido efectivamente un agente de los servicios de inteligencia franceses al tanto de secretos de Estado explosivos.

Debido a la naturaleza incendiaria de la información a la que Pierre había tenido acceso, los servicios de inteligencia franceses habían negado durante años que Pierre estuviera implicado en labores de inteligencia para su país de origen. Sin embargo, la publicación de los documentos por Ledun aportó pruebas tangibles de lo contrario.

Pierre no sólo había aprendido detalles precisos de cómo la inteligencia francesa había sido manipulada por el Mossad en la conspiración del asesinato de JFK -información proporcionada por sus propios aliados en la inteligencia francesa- sino que el propio Pierre había estado involucrado en un complot de asesinato anterior llevado a cabo conjuntamente por el Mossad y la inteligencia francesa.

El Mossad había contratado con el coronel Georges De Lannurien, su contacto clave en el servicio secreto francés, para que Pierre desempeñara involuntariamente el papel de "chivo expiatorio" (al estilo de Lee Harvey Oswald) en un complot del Mossad para asesinar al presidente egipcio Gamal Abdel Nasser en la última semana de octubre de 1956, justo antes de la invasión de Port Said durante la crisis de Suez.

(Se trataba de De Lannurien, como señalamos en el capítulo 16, que más tarde fue el principal intermediario entre Yitzhak Shamir, del Mossad, y James J. Angleton, de la CIA, en el complot para asesinar a JFK).

Cuando Pierre se dio cuenta de que en realidad era el instigador del complot de Nasser, acudió a la inteligencia egipcia en el aeropuerto internacional de El Cairo.

Por negarse a entregar su vida en una conspiración patrocinada por el Mossad, Pierre, hijo de una distinguida familia e hijo del famoso diplomático francés René Neuville, jefe del Consulado General de Francia en Jerusalén hasta su muerte en 1952, se convirtió en un hombre sin patria.

Tras huir a Sudamérica y luego a Canadá, Pierre fue juzgado en rebeldía por un tribunal militar francés y condenado a 24 años de trabajos forzados por "traición" y "atentar contra la seguridad exterior del Estado".

Cuando, en 1976, aún en el exilio, Pierre solicitó clemencia al Consulado General de Francia en Vancouver (Canadá), donde residía entonces, su petición fue rechazada.

En aquel momento, en un documento fechado el 5 de octubre de 1976, el Ministerio de Defensa francés informó al Cónsul General de Francia en Vancouver de que la solicitud de Pierre había sido rechazada. Fue Bernard Ledun, del Consulado General de Francia, quien entregó esta carta de rechazo a Pierre, sin darse cuenta del carácter explosivo del documento.

Según Pierre, la inteligencia francesa estaba "furiosa por la metedura de pata del Sr. Ledun, un acto muy traicionero, el de entregar a extranjeros una carta del Ministro de Defensa dando crédito a mis alegaciones de que yo había sido diplomático y oficial de inteligencia al servicio de Francia en Libia e Italia".

Usted puede alegar -admitió Pierre- que esta carta no prueba que yo haya servido al gobierno francés. Pues bien, ¿dónde ha visto usted a un ciudadano francés de a pie acusado de traición y de "atentar contra la seguridad del Estado", condenado a la terrible pena de veinte años de trabajos forzados?

Sólo si crees en Papá Noel", comenta Pierre, "podrías creer que alguien puede ser culpable de crímenes tan horribles sin tener conocimiento de secretos de Estado. Además, "atentar contra la seguridad del Estado" significa, en buen castellano, "intentar derrocar al Estado mediante un acto subversivo".

"Supone que yo tenía el poder de traicionar y perjudicar al Estado francés en el periodo mencionado. Es decir, en la década de 1950. Ese es el mérito de mis acusaciones. Y por eso el Sr. Ledun tuvo que pagar con su muerte el precio de su error.

Pierre afirma: "El Sr. Ledun fue asesinado en París por los servicios de inteligencia franceses el 1 de febrero de 1994. Él me dio el arma con la que respaldar mis acusaciones. Si una vez fui declarado culpable de "traición", ¿por qué no una segunda vez?

"Sin esta carta, la inteligencia francesa estaría respondiendo a sus alegaciones en *Juicio Final* de que nunca han oído hablar de mí, que soy un impostor o algún tipo de chiflado, loco, maníaco o lo que sea. Pero la maldita carta está en sus manos. Si decides hacer más preguntas, puede que te digan que soy un "pobre hijo de puta". ¡Sí!

"Rezad por el alma del Sr. Ledun que era un verdadero caballero, la primera víctima del *Juicio Final*.

"Así que gracias por *Juicio Final*", dijo Pierre en una carta al autor. "Su libro hace justicia. Ahora puedo morir en paz". Como dijo Dag Hammarskjold, el difunto Secretario General de la ONU: "La verdad es tan simple que se considera una pretenciosa banalidad". "

Pierre cree sin duda que Ledun fue asesinado en represalia por su error tras la inminente publicación de *Jugement Final*. He aquí por qué...

El primer anuncio público de las acusaciones de *Juicio Final* se publicó el 22 de noviembre de 1993 en Dallas, Texas, en el programa del simposio anual organizado por el Centro de Información sobre el Asesinato de JFK, en un anuncio especial a toda página.

El anuncio reveló que *Juicio Final* se había basado, en parte, en una fuente de noticias francesa que detallaba la vinculación del Mossad israelí con el asesinato de JFK y el papel de la inteligencia francesa en el caso.

Pierre cree que este anuncio informó al Mossad y a la inteligencia francesa de que él era la fuente citada en *Jugement Final*. En consecuencia, el asesinato de Ledun fue un acto de venganza contra Ledun por su error de varios años antes, lo que confirma que Pierre había participado efectivamente (aunque sin saberlo) en una colaboración sensible de alto nivel entre el Mossad y la inteligencia francesa.

Si Pierre no hubiera hablado valientemente, completando el eslabón perdido en el complot del asesinato de JFK, Bernard Ledun podría haber vivido el resto de su vida en paz... pero la verdad sobre el asesinato de Kennedy podría no haberse revelado nunca.

Pierre Neuville puede estar seguro de haber desempeñado un papel fundamental en la resolución del mayor misterio de nuestra era moderna: la cuestión de quién orquestó realmente la muerte de John F. Kennedy y por qué.

- MICHAEL COLLINS PIPER

BIBLIOGRAFÍA

Adelson, Alan. *The Ruby-Oswald Affair*. Seattle, Washington: Romar Books, Ltd. 1988.

Agnew, Spiro T. *Go Quietly or else*. Nueva York: William Morrow & Company, 1980.

Anson, Robert Sam. *¡Han matado al presidente! La búsqueda de los asesinos de John F. Kennedy*. Nueva York: Bantam Books, 1975.

Baer, Jean. *The Self Chosen*. Nueva York: Arbor House, 1982.

Ball, George y Douglas Ball. *The Passionate Attachment: America's Involvement With Israel, 1947 to the Present*. Nueva York: W. W. Norton & Company, 1992.

Bass, Warren. *Support Any Friend*. Nueva York: Oxford University Press, 2003.

Beit-Hallahmi, Benjamin. *The Israeli Connection-Who Israel Arms and Why*. Nueva York: Pantheon Books, 1987.

Birmingham, Stephen. *Our Crowd*. Nueva York: Harper & Row, 1967.

Blakey, G. Robert & Richard N. Billings. *The Plot to Kill the President: Organized Crime Assassinated JFK-The Definitive Story*. Nueva York: Times Books, 1981.

Blitzer, Wolf. *Entre Washington y Jerusalén*. Nueva York: Oxford University Press, 1985.

Blumenthal, Sid. Ed. *Government by Gunplay*. Nueva York: Signet Books, 1976.

Brown, Walt. *Traición en Dallas*. Nueva York: Carroll & Graf, 1995.

Bruck, Connie. *Master of the Game*. Nueva York: Simon & Schuster, 1994.

Canfield, Michael & Alan J. Weberman. *Golpe de Estado en América: La CIA y el asesinato de John F. Kennedy*. Nueva York: The Third Press, 1975.

Chamish, Barry. *The Fall of Israel*. Edinburg, Escocia: Canongate Publishers, 1992.

Chamish, Barry. *¿Quién asesinó a Isaac Rabin?* Venice, California: Feral House Press, 1998.

Chernow, Ron. *The Warburgs*. Nueva York: Vintage Books, 1994.

Cockburn, Andrew y Leslie Cockburn. *Dangerous Liaison*. Nueva York: Harper Collins Publishers, 1991.

Cohen, Avner. *Israel y la bomba*. Nueva York: Columbia University Press, 1998.

Cohen, Mickey con John Peer Nugent. *Mickey Cohen: En mis propias palabras*. Englewood Cliffs, Nueva Jersey: Prentice-Hall, Inc. 1975.

Corbitt, Michael con Sam Giancana. *Double Deal*. Nueva York: William Morrow, 2003.

Curtiss, Richard. A *Changing Image: American Perceptions of the Arab-Israeli Dispute*. Washington, D.C.: American Educational Trust, 1986.

Davis, Deborah. *Katharine the Great*. Nueva York: Sheridan Square Press, 1991.

Davis, John H. *Mafia Kingfish: Carlos Marcello and the Assassination of John F. Kennedy*. Nueva York: McGraw-Hill Publishing Company, 1989.

Deacon, Richard. *The Israeli Secret Service*. Nueva York: Taplinger Publishing Co, Inc, 1978.

De Camp, John. *The Franklin Cover-Up*. Lincoln, Nebraska: AWT, Inc. 1996.

Demaret, Pierre y Christian Plume. *Objetivo De Gaulle*. Nueva York: Dial Press, 1975.

Demaris, Ovidio. *Ciudad cautiva*. Nueva York: Lyle Stuart, 1969.
Demaris, Ovidio. *The Last Mafioso: The Treacherous World of Jimmy Fratianno*. Nueva York: Bantam Books, 1981.

Di Eugenio, James. *Destino traicionado*. Nueva York: Sheridan Square Press, 1992.

Ehrenfeld, Rachel. *Evil Money: Encounters Along the Money Trail*. Nueva York: Harper Collins Publishers, 1992.

Eisenberg, Dennis y Uri Dan y Eli Landau. *Meyer Lansky: Mogul of the Mob*. Nueva York: Paddington Press, 1979.

Eveland, Wilbur Crane. *Ropes of Sand: America's Failure in the*

Oriente Medio. Nueva York: W. W. Norton & Company, 1980.

Executive Intelligence Review. *Dope, Inc.* Nueva York: New Benjamin Franklin House, Primera edición, 1978; segunda edición, 1986.

Executive Intelligence Review. *El arma secreta de Moscú: Ariel Sharon y la mafia israelí.* Washington, D.C.: Executive Intelligence Review, 1986.

Revisión Ejecutiva de Inteligencia. *Project Democracy: The 'Parallel Government'Behind the Iran-Contra Affair.* Washington, D.C.: Executive Intelligence Review, abril de 1987.

Revisión Ejecutiva de Inteligencia. *La fea verdad sobre la ADL.* Washington, D.C.: Executive Intelligence Review, 1992.

Fensterwald, Bernard, y el Comité de Investigación de Asesinatos. *¿Coincidencia o conspiración?* Nueva York: Zebra Books, 1977.

Findley, Paul. *They Dare to Speak Out: People and Institutions Confront Israel's Lobby.* Westport, Connecticut: Lawrence Hill & Company, 1985.

Flammonde, París. *The Kennedy Conspiracy: An Uncommissioned Report on the Jim Garrison Investigation.* Nueva York: Meredith Press, 1969.

Ford, Gerald R. *A Time to Heal: The Autobiography of Gerald R. Ford.* Nueva York: Harper & Row, 1979.

Forster, Arnold. *Square One.* Nueva York: Donald I. Fine, Inc. 1988.

Forsyth, Frederick. *El día del chacal.* Nueva York: Bantam Books, 1972.

Fox, Stephen *Blood and Power: Organized Crime in Twentieth*

Century America. Nueva York: William Morrow & Company, 1989.

Friedman, Robert I. *The False Prophet: Rabbi Meir Kahane: From FBI Informant to Knesset Member.* Nueva York: Lawrence Hill Books, 1990.

Furiati, Claudia. *Rifle ZR: El complot para matar a Kennedy y Castro.*

Victoria, Australia: Ocean Press, 1994.

Garrison, Jim. *Tras la pista de los asesinos: Mi investigación y enjuiciamiento del asesinato del presidente Kennedy.* Nueva York: Sheridan Square Press, 1988.

Gentry, Curt. *J. Edgar Hoover: The Man and the Secrets*. Nueva York: W. W. Norton & Company, 1991.

Ghareed, Edmund (ed). *Split Vision: The Portrayal of Arabs in the American Media*. Washington, D.C.: American-Arab Affairs Council, 1983.

Giancana, Sam y Chuck Giancana. *Double Cross: The Explosive Inside Story of the Mobster Who Controlled America*. Nueva York: Warner Books, 1992.

Gosch, Martin A. y Richard Hammer. *El último testamento de Lucky Luciano*. Boston: Little Brown and Company, 1974.

Green, Stephen. *Taking Sides: America's Secret Relations With a Militant Israel*. Nueva York: William Morrow & Company, 1984.

Goldberg, J. J. *Jewish Power: Inside the American Jewish Establishment*. Reading, Massachusetts: Addison-Wesley Publishing Company, Inc. 1996.

Haldeman, H. R. *Los fines del poder*. Nueva York: Times Books, 1978. Hamburg, Eric. ed. *Nixon: An Oliver Stone Film*. Nueva York: Hyperion Books, 1995.

Harrison, Alexander. *Challenging De Gaulle: The OAS and the Counterrevolution in Algeria*. Nueva York: Praeger Publishers, 1989.

Hart, Alan *Arafat-Terrorist or Peacemaker?* Londres: Sidgwick & Jackson, 1984.

Haslam, Edward T. *Mary, Ferrie & the Monkey Virus*. Albuquerque, Nuevo México: Wordsworth Communications, 1995.

Henissart, Paul. *Lobos en la ciudad: la muerte de la Argelia francesa*. Nueva York: Simon and Schuster, Inc, 1970.

Hepburn, James. *Farewell America*. Liechtenstein: Frontiers Company, 1968.

Hersh, Seymour M. *The Samson Option: Israel's Nuclear Arsenal and American Foreign Policy*. Nueva York: Random House, 1991.

Hinckle, Warren y William W. Turner. *Deadly Secrets: The CIA-Mafia War Against Castro and the Assassination of JFK*. Nueva York: Thunder's Mouth Press, 1992.

Hoover, J. Edgar. *Masters of Deceit*. Nueva York: Henry Holt & Company, 1958.

Horne, Alistair. A *Savage War of Peace*. Middlesex, Inglaterra: Penguin Books, 1977.

Hougan, Jim. *Secret Agenda: Watergate, Deep Throat and the CIA.* Nueva York: Random House, 1984.

Hougan, Jim. *Spooks: The Haunting of America-The Private Use of Secret Agents.* Nueva York: William Morrow & Company, Inc, 1988.

House Select Committee on Assassinations, *The Final Assassinations Report.* Nueva York: Bantam Books, 1979.

Hurt, Henry. *Reasonable Doubt.* Nueva York: Holt, Rinehart & Winston, 1985.

Hutchison, Robert. *Vesco.* Nueva York: Praeger Publishers, 1974. Kantor, Seth. *¿Quién era Jack Ruby?* Nueva York: Everest House, 1978.

Katz, Leonard. *Uncle Frank: The Biography of Frank Costello.* Nueva York: Drake Publishers, Inc. 1973.

Kenan, I. L. *Israel's Defense Line: Her Friends and Foes in Washington.* Buffalo: Prometheus Books, 1981.

Kirkwood, James. *American Grotesque: An Account of the Clay Shaw- Jim Garrison Affair in New Orleans.* Nueva York: Simon & Schuster, 1970.

Krefetz, Gerald. *Jews and Money: The Myths and the Reality.* Nueva York: Ticknor & Fields, 1982.

Kurzman, Dan. *Ben-Gurion: Prophet of Fire.* Nueva York: Simon & Schuster, 1983.

Kwitny, Jonathan. *The Crimes of Patriots: A True Tale of Dope, Dirty Money, and the CIA.* Nueva York: W. W. Norton & Company, 1987.

Kwitny, Jonathan. *Endless Enemies: The Making of an Unfriendly World.* Nueva York: Penguin Books, 1986.

Lacey, Robert. *Little Man: Meyer Lansky and the Gangster Life.* Boston: Little, Brown & Company, 1991.

Lacouture, Jean. *De Gaulle: The Ruler.* Nueva York: W.W. Norton & Company, 1993.

LaFontaine, Ray y Mary. *Oswald Talked.* Gretna, Louisiana: Pelican Publishing, 1996.

Lambert, Patricia. *False Witness.* Nueva York: M. Evans & Company, 1998.

Lane, Mark. A *Citizen's Dissent*. Nueva York: Dell, 1975.

Lane, Mark. *Plausible Denial*. Nueva York: Thunders Mouth Press, 1991.

Lane, Mark. *Rush to Judgment*. Nueva York: Thunder's Mouth Press, 1992.

Lane, Mark y Donald Freed. *Executive Action*. Nueva York: Dell Books, 1973.

Lasky, Victor. *JFK: The Man & The Myth*. Nueva York: Arlington House Publishers, 1966.

Leek, Sybil y Burt Sugar. *The Assassination Chain*. Nueva York: Corwin Books, 1976.

Lewis, Ron. *Flashback*. Medford, Oregón: Lewcom Productions, 1933.

Lobby Libertad. *Spotlight on the Bilderbergers*. Washington, DC: Liberty Lobby, 1997.

Lilienthal, Alfred M. *The Zionist Connection II (La conexión sionista II)*. New Brunswick, Nueva Jersey: North American, 1982.

Loftus, John y Mark Aarons. *The Secret War Against the Jews,* Nueva York: St. Martin's Press, 1994.

Mangold, Tom. *Cold Warrior-James Jesus Angleton: The CIA's Master Spy Hunter*. Nueva York: Simon & Schuster, 1991.

Marrs, Jim. *Crossfire: The Plot That Killed Kennedy (Fuego cruzado: el complot que mató a Kennedy)*. Nueva York: Carroll & Graf Publishers, Inc. 1989.

Marshall, Jonathan y Peter Dale Scott y Jane Hunter. *The Iran- Contra Connection*. Boston: South End Press, 1987.

Martin, David C. *El desierto de los espejos*. Nueva York: Harper & Row, 1980.

Martin, Malaquías. *Las llaves de esta sangre*. Nueva York: Simon & Schuster, 1990.

McClellan, Barr, *Sangre, dinero y poder*. Nueva York: Hannover House, 2003.

McCoy, Alfred W. *The Politics of Heroin: CIA Complicity in the Global Drug Trade*. Chicago: Lawrence Hill Books, 1991.

Messick, Hank. *Lansky*. Nueva York: Berkley Medallion Books, 1971.

Messick, Hank y Burt Goldblatt. *The Mobs and The Mafia.* Nueva York: Ballantine Books, 1972.

Messick, Hank. *Secret File.* Nueva York: G. P. Putnam's Sons, 1969.

Milan, Michael. *The Squad: The U.S. Government's Secret Alliance With Organized Crime.* Nueva York: Shapolsky Publishers, Inc. 1989.

Miller, Marvin. *The Breaking of a President: The Nixon Connection.* Covina, California: Classic Publications, 1975.

Moldea, Dan. *Dark Victory.* Nueva York: Viking Press, 1986.

Moldea, Dan. *The Hoffa Wars: Teamsters, Rebels, Politicians and The Mob.* Nueva York: Paddington Press, 1978.

Morris, Roger. *Partners in Power.* Nueva York: Henry Holt & Company, 1996.

Morrow, Robert D. *Betrayal: A Reconstruction of Certain Clandestine Events from the Bay of Pigs to the Assassination of John F. Kennedy.* Chicago: Henry Regnery Co, 1976.

Morrow, Robert D. *El senador debe morir: El asesinato de Robert F. Kennedy.* Santa Mónica, California: Roundtable Publishing, Inc. 1988.

Mullins, Eustace. *The World Order.* Staunton, Virginia: The Ezra Pound Institute, 1992.

Nelson, Jack. *Terror in the Night: The Klan's Campaign Against the Jews.* Nueva York: Simon & Schuster, 1993.

Newman, John. *Oswald y la CIA.* Nueva York: Carroll & Graf Publishers, 1995.

O'Brien, Lee. *American Jewish Organizations and Israel.* Washington, D.C.: Instituto de Estudios Palestinos, 1986.

Oglesby, Carl. *The JFK Assassination: The Facts and The Theories.* Nueva York: Signet Books, 1992.

Oglesby, Carl. *The Yankee and Cowboy War.* Kansas City, Kansas: Sheed Andrews & McMeel, Inc, 1976.

O'Leary, Brad y L. E. Seymour. *Triangle of Death,* Nashville: WND Books, 2003.

Ostrovsky, Victor y Claire Hoy. *By Way of Deception: The Making and Unmaking of a Mossad Officer.* Nueva York: St. Martin's Press, 1990.

Ostrovsky, Victor. *El otro lado del engaño.* Nueva York: HarperCollins, 1994.

Pepper, William. *An Act of State.* Nueva York: Verso Books, 2003. Pepper, William. *Órdenes de matar.* Nueva York: Carroll & Graf, 1995. Perlmann, S. M. *Historia de los judíos en China.* Londres, 1913.

Pilat, Oliver. *Drew Pearson: An Unauthorized Biography.* Nueva York: Harper's Magazine Press, 1973.

Prouty, L. Fletcher. *The Secret Team: The CIA and Its Allies in Control of the United States and the World.* Costa Mesa, California: Institute for Historical Review, 1992.

Rafizadeh, Mansur. *Witness: From the Shah to the Secret Arms Deal-An Insider's Account of U.S. Involvement in Iran.* Nueva York: William Morrow & Company, 1987.

Rappleye, Charles y Ed Becker. *All American Mafioso: The Johnny Rosselli Story.* Nueva York: Doubleday, 1991.

Raviv, Dan y Yossi Melman. *Every Spy a Prince.* Boston: Houghton Mifflin Co, 1990.

Reid, Ed. *The Grim Reapers: The Anatomy of Organized Crime in America, City by City.* Nueva York: Bantam Books, 1970.

Reid, Ed, y Ovid Demaris. *La jungla de fieltro verde.* Nueva York: edición de Pocket Books, 1964.

Riebling, Mark. *Wedge: The Secret War Between the FBI and the CIA (Cuña: la guerra secreta entre el FBI y la CIA).* Nueva York: Alfred A. Knopf, 1994.

Riordan, James. *Stone.* Nueva York: Hyperion Books, 1995.

Rockwell, George Lincoln. *This Time the World.* Liverpool, West Virginia: White Power Publications, 1963.

Roemer, William F. *La guerra de los Padrinos.* Nueva York: Donald I. Fine, Inc, 1990.

Rokach, Livia. *Israel's Sacred Terrorism.* Belmont, Massachusetts: AAUG Press, 1986.

Russell, Dick. *El hombre que sabía demasiado.* Nueva York: Carroll & Graf Publishers, 1992.

Russo, Gus. *Live By the Sword.* Baltimore: Bancroft Press, 1998. Ryskind, Allan H. *Hubert.* Nueva York: Arlington House, 1968.

Sale, Kirkpatrick. *Power Shift: The Rise of the Southern Rim and its Challenge to the Eastern Establishment.* Nueva York: Random House, 1975.

Scheim, David E. *Contract on America: The Mafia Murder of President John F. Kennedy.* Nueva York: Shapolsky Publishers, Inc. 1988.

Schoenbaum, David. *The United States and the State of Israel.* Nueva York: Oxford University Press, 1993.

Scott, Peter Dale. *Crime and Cover-Up* Berkeley, California: Westworks Publishers, 1977.

Scott, Peter Dale. *Deep Politics and the Death of JFK.* Berkley, California: University of California Press, 1993.

Segev, Samuel. *El triángulo iraní.* Nueva York: The Free Press, 1998.

Sheridan, Walter. *The Fall and Rise of Jimmy Hoffa.* Nueva York: Saturday Review Press, 1972.

Smith, Richard Norton. *Thomas E. Dewey & His Times.* Nueva York: Simon & Schuster, Inc. 1982.

Steven, Stewart. *The Spymasters of Israel.* Nueva York: Ballantine Books, 1980.

Summers, Anthony. *Conspiracy.* Nueva York: McGraw-Hill Book Company, 1980.

Summers, Anthony. *Official and Confidential: The Secret Life of J. Edgar Hoover,* Nueva York: G. P. Putnam's Sons, 1993.

Tarpley, Webster Griffin y Anton Chaitkin. *George Bush: La biografía no autorizada.* Washington, D.C.: Executive Intelligence Review, 1992.

Thompson, Scott. *The Buckley Family: Wall Street Fabians in the Conservative Movement.* Nueva York: Campaigner Publications. (sin fecha; hacia 1980).

Tivnan, Edward. *The Lobby: Jewish Political Power and American Foreign Policy.* Nueva York: Simon & Schuster, 1987.

Truman, Margaret. *Harry S. Truman.* Nueva York: William Morrow & Company, Inc. 1973.

Wean, Gary L. *Hay un pez en el juzgado*. Oak View, California: Casitas Books, 1987.

Whalen, Richard J. *El Padre Fundador: La Historia de Joseph P. Kennedy*. Nueva York: New American Library, 1964.

Winks, Robin W. *Cloak and Gown*. New Haven, Connecticut: Yale University Press, 1996 (segunda edición).

Winter-Berger, Robert N. *The Washington Pay-off. An Insider's View of Corruption in Government*. Secaucus, Nueva Jersey: Lyle Stuart, Inc. 1972.

Wise, David. *The American Police State: The Government Against the People*. Nueva York: Random House, 1976.

Wise, David y Thomas B. Ross. *El Gobierno Invisible*. Nueva York: Random House, 1964.

Wise, David. *Molehunt*. Nueva York: Avon Books, 1992.

FUENTES

Para que mis detractores no digan que he "omitido citar algunas citas", señalaré que hay un puñado de citas directas que aparecen en el libro y que no son notas a pie de página propiamente dichas, sino que están claramente citadas en cuanto a la fuente en el propio texto del libro.

A la luz de los escandalosos y malintencionados (y, debo decir, infructuosos) intentos de refutar ediciones anteriores de *Juicio Final* -en particular las calumnias y flagrantes tergiversaciones y distorsiones de una camarilla unipersonal de la Biblioteca Schaumburg de Illinois, un patético "equipo" dirigido por el israelí Uri Toch- me siento obligado a hacer estas anotaciones.

(El mencionado caso Shaumburg se describe detalladamente en el resto de este libro - "¿La última palabra?" que, como sugiere el título, indica que probablemente haya mucho más, en última instancia, que decir sobre la tesis presentada en *Juicio Final*).

Además, en la sección de preguntas y respuestas titulada "Juicio por incomparecencia", abordo una serie de acusaciones específicas formuladas por un puñado de críticos que han afirmado (erróneamente) que mi tesis se basaba en fuentes "tendenciosas", "extremistas" o "antiisraelíes".

Como cualquier lector honesto puede ver, simplemente consultando las notas de referencia y la bibliografía, no hay absolutamente ninguna manera de que mis críticos argumenten que *Juicio Final* se basa (aunque sea marginalmente) en fuentes "fuera de la corriente principal", a pesar de las afirmaciones de mis críticos.

Y como señalo en el "Desafío a los lectores" de las últimas páginas de *Juicio final*, invito encarecidamente a mis críticos a que muestren dónde he tergiversado, malinterpretado o citado erróneamente los escritos de otros. Hasta ahora, nadie ha sido capaz de hacerlo.

Sin embargo, como verán, mis críticos de la biblioteca de Schaumburg se las han arreglado no sólo para citarme mal a mí, sino también a otros escritores, y para tergiversar lo que otros (y yo) hemos escrito. Trucos viles como éste, comunes a la mayoría de mis críticos, me llevan a pensar que mi tesis va por buen camino. Cuando los críticos tienen que recurrir a mentiras y tergiversaciones, hay que preguntarse por sus motivos.

Debido a la naturaleza controvertida de mi tesis, probablemente soy uno de los pocos escritores que tiene que defender su trabajo con tanta precisión. Sin embargo, me complace hacerlo. No tengo que pedir disculpas.

-MCP

Sentencia en rebeldía

Preguntas, respuestas y reflexiones sobre el crimen del siglo

Una colección de preguntas pertinentes dirigidas a Michael Collins Piper, el autor de *Juicio Final*, y las respuestas de Piper.

DEDICACIÓN

A Pierre Neuville.

Este valiente patriota francés, que arriesgó su vida para denunciar el plan de Israel de asesinar al presidente egipcio Gamal Abdel Nasser, me proporcionó información e ideas críticas que ayudaron a desarrollar la tesis expuesta en Juicio Final.

NOTA INTRODUCTORIA DE MICHAEL COLLINS PIPER

El título de esta serie de preguntas y respuestas sobre el asesinato de JFK tiene un doble significado. Por un lado, es un juego de palabras con el título *Juicio Final*, con todo el crédito debido a Mark Lane, cuyo *Rush to Judgment* fue la primera obra importante en hacer explotar el informe de la Comisión Warren. Por otro lado, sin embargo, es esencial entender con precisión qué es un "juicio en rebeldía" para apreciar la ironía del título: un juicio en rebeldía es lo que se dicta a favor de una persona en un tribunal cuando la oposición no comparece ante el tribunal para defenderse de sus acusaciones. Creo que esencialmente gané una sentencia en rebeldía en el caso de la conspiración del asesinato de JFK. He aquí por qué:

En *Juicio Final*, creo que pinté un cuadro completo que esencialmente unía todas las teorías más comúnmente aceptadas de la conspiración del asesinato de JFK en un formato denso que explicaba cómo y por qué se desarrolló la conspiración para matar a John F. Kennedy y quién precisamente estaba detrás de ella. Más de 25.000 copias de *Juicio Final* están ahora en circulación en los Estados Unidos (y en todo el mundo), pero ni una sola persona ha refutado todavía de ninguna manera un solo hecho relacionado con mi teoría tal como aparece en *Juicio Final*.

Por lo tanto, creo que he ganado una "sentencia en rebeldía" incontestable en el caso JFK y que la tesis básica del libro ha quedado confirmada, no sólo porque nadie ha podido refutarla, sino, lo que es más importante, porque los numerosos y poco convincentes intentos de refutar el libro han fracasado.

Ahora intento responder a muchas de las preguntas y comentarios, así como a algunas de las críticas, que he recibido de muchos lectores. Me complace decir que de los varios cientos de tarjetas, llamadas y cartas que he recibido de los lectores, sólo uno me dijo que no le gustaba el libro, quejándose de que mi forma de escribir era "pretenciosa". Pero no criticó el contenido del libro en sí. Francamente, me pareció que la persona sólo quería quejarse.

Otro individuo, el conocido columnista Sam Francis, dijo a alguien que aunque *Juicio Final* contenía lo que él llamaba "mucha información valiosa", seguía creyendo que Lee Harvey Oswald actuó solo en el asesinato de JFK (no haré comentarios al respecto).

En general, me satisfizo el número de preguntas fascinantes y sugerentes que recibí de mis lectores. A menudo tenían preguntas muy punzantes, en las que me preguntaban por qué no hablaba de un tema u otro, o por qué evitaba un asunto que, en su opinión, merecía un debate más profundo.

En Sentencia en rebeldía, que ahora se publica en un formato actualizado y revisado como suplemento de Sentencia *firme*, muchas de las preguntas que se formulan son las que me han planteado directamente los lectores de *Sentencia firme*. En otros casos hemos combinado una serie de preguntas relacionadas procedentes de distintas fuentes. Y, curiosamente, muchas, muchas personas abordaron exactamente los mismos intereses en sus preguntas.

Aunque las preguntas y respuestas no aparecen en un orden determinado en estas páginas, hemos tratado de clasificarlas de forma fluida y lógica. Las preguntas cubren un amplio abanico de temas y están organizadas de tal manera que incluso alguien que no haya leído *el Juicio Final* pueda entender la materia, aunque huelga decir que, antes de leer este documento, el lector debe consultar primero el *Juicio Final*.

Creo que la gente encontrará el contenido informativo y que ofrece a los lectores una nueva visión de diversos aspectos de la controversia sobre el asesinato de JFK. Si me he dejado algo, espero que la gente se sienta libre de escribirme y pedirme que responda a cualquier pregunta que puedan tener. Creo que Juicio Final es un juicio final, al menos por ahora, la última palabra sobre el asesinato de JFK, pero también creo que Juicio por Defecto ayuda a arrojar luz sobre algunas de las zonas grises sobre las que la gente podría tener preguntas. Así que, sí, creo que se ha dictado una sentencia en rebeldía a favor del *Juicio Final*.

- MICHAEL COLLINS PIPER

A continuación encontrará preguntas dirigidas a Michael Collins Piper, autor de *Juicio Final*, y sus respuestas a dichas preguntas. Las preguntas abarcan tanto una amplia gama de temas tratados como temas que sólo se mencionan en las páginas de *Juicio Final*. Las preguntas aparecen en negrita. Las respuestas de Piper aparecen en texto normal.

¿Cómo conoció la teoría de que el servicio de inteligencia israelí, el Mossad, estuvo implicado en el asesinato del Presidente Kennedy? Es una acusación muy controvertida, teniendo en cuenta todas las demás teorías que se han propuesto. ¿Cómo llegó a investigar y escribir este libro?

No es una pregunta fácil de responder porque el proceso de concebir la idea para el libro fue algo que supongo que surgió desde los primeros días, cuando empecé a leer libros sobre el asesinato de JFK, cuando estaba en la escuela primaria a finales de los años sesenta. He abordado varios aspectos de la respuesta a esta pregunta en las páginas de *Juicio Final*, pero como mucha gente sigue haciéndosela, voy a desarrollarla más y quizás proporcionar a los lectores algunas ideas nuevas.

Como sabe cualquiera que esté mínimamente familiarizado con el tema, se han escrito literalmente miles de libros sobre él. Yo he leído como mucho un centenar. Tengo una vasta biblioteca personal sobre el tema (y sobre muchos otros temas también, debo señalar en particular, la política estadounidense en Oriente Medio) y he leído muchos de los libros sobre JFK muchas, muchas veces a lo largo de los años y, en el proceso, he absorbido los detalles esenciales.

Recuerdo una vez que estaba en la universidad hablando del asesinato de JFK con mi madre (que sabía mucho sobre el tema) y me dijo: "¿Por qué no escribes un libro sobre ello?". Le contesté: "Bueno, eso sería esencialmente una pérdida de tiempo. Hay muy poca información nueva sobre la que escribir. Los libros ya se han escrito". (¡Poco sabía yo lo que descubriría más tarde!)

De todos modos, fue sobre todo hacia 1992 cuando mi interés por el magnicidio empezó a desarrollarse de forma más marcada, en gran parte porque *The Spotlight*, el periódico para el que había trabajado durante diez años, se había visto implicado en el caso por difamación de E. Howard Hunt. En 1991 salió a la luz el libro de Mark Lane, *Plausible Denial*, que describía las circunstancias del caso de difamación de Hunt contra *The Spotlight*, y también era la época en que se estaba rodando y estrenando la película *JFK*, de Oliver Stone. Como resultado, hubo un renovado interés en el asesinato de JFK.

Cuando leí el libro de Mark Lane, que se centra en el papel de la CIA en el asesinato del presidente Kennedy, me quedó claro que una de las figuras clave de alto rango de la CIA que estaba manipulando entre bastidores los acontecimientos que llevaron a la creencia de que el presunto asesino del presidente, Lee Harvey Oswald, podría haber sido algún tipo de "agitador procastrista" vinculado a los soviéticos, era James Jesus Angleton, el director de la CIA.

Angleton no sólo era el número tres de la CIA y uno de sus veteranos, sino que también era, en nuestro contexto, muy cercano al Mossad israelí por su papel de celoso guardián de la oficina del Mossad de la CIA. Esta información es de dominio público desde hace mucho tiempo. Los vínculos de Angleton con el Mossad no eran realmente sorprendentes.

Sin embargo, el mero hecho de que Angleton fuera el actor central en la relación de la CIA con las circunstancias que rodearon el asesinato de JFK me interesó, en el sentido de que, a lo largo de los años, aunque se ha investigado e indagado mucho sobre lo que podría llamarse el "¿quién fue quién en el asesinato de JFK?" y la conspiración y el encubrimiento, el papel protagonista de Angleton nunca se había examinado tan a fondo como merecía. Se le menciona en algunos (pero no en todos) los libros sobre el tema, pero normalmente sólo de pasada. De hecho, Angleton sólo aparece como una especie de "anticomunista de derechas" relacionado con la CIA.

Por cierto, debo decir que muchos de los investigadores que han estudiado la intriga de la CIA en relación con el asesinato parecen tener ese deseo de negar cualquier implicación institucional de la CIA y de presentar a los conspiradores de la CIA o a aquellos que estaban vinculados a la CIA y que participaron en el asesinato, como si fueran de alguna manera "elementos canallas".

Sin embargo, como Lane demostró en *Negación plausible* y como creo que amplié firmemente en *Juicio final*, estos miembros de la CIA operaban institucionalmente. No eran "elementos deshonestos", sino que trabajaban en nombre de la propia CIA, en colaboración con el Mossad israelí y miembros de la delincuencia organizada, a los que estaban estrechamente vinculados desde hacía tiempo. En cualquier caso, *Plausible Denial* reforzó en mi mente el hecho de que el actor de la CIA -en este caso, Angleton- que estaba implicado en el complot de asesinato era de hecho el hombre clave del Mossad dentro de la CIA.

Durante el mismo periodo, ocurrieron otras cosas que me llevaron a mirar más en la dirección del Mossad. Debo dar crédito a quien lo merece. La revista de la organización de Lyndon LaRouche, *Executive Intelligence Review*, había publicado a mediados de los años ochenta un libro bien documentado titulado *Dope, Inc.* y en él se centraba en el papel de la empresa Permindex, cuyo consejo de administración estaba encabezado por Clay Shaw.

Shaw era el gerente de negocios de Nueva Orleans a quien el fiscal Jim Garrison acusó de estar implicado en el complot del asesinato. El juicio Shaw-Garrison fue, huelga decirlo, el tema de la película *JFK* de Oliver Stone. En *Dope, Inc*, los editores destacaron el hecho de que dos de los principales impulsores de esta sociedad secreta, los Permindex, eran el comandante Louis M. Bloomfield y el rabino Tibor Rosenbaum.

Sin embargo, francamente, tengo que admitir que aunque he leído *Dope, Inc.* nunca he entendido por qué los israelíes, como tales, tendrían interés en involucrarse en un complot para asesinar a JFK. En el libro, los editores afirman que el Mossad israelí no es más que una herramienta de la inteligencia británica y que fue el servicio secreto británico el responsable del asesinato del presidente Kennedy.

No estoy de acuerdo con este análisis, pero eso no significa que LaRouche no sea una fuente fiable. De hecho, muchas personas (incluidos sus críticos) han reconocido la excelencia y amplitud de la investigación realizada por la gente de LaRouche, aunque los críticos no estén necesariamente de acuerdo con las conclusiones específicas de LaRouche. En cuanto a los datos de Permindex, LaRouche se basó en gran medida en documentos ya publicados en la prensa europea, por lo que los documentos no eran en absoluto nada excepcional.

Sin embargo, *Dope, Inc.* nunca examina la política de JFK en Oriente Próximo que, por supuesto, era el principal interés de los israelíes en su contexto nacional y que, al mismo tiempo, explicaba el interés de Bloomfield y Rosenbaum por involucrarse en la conspiración para ayudar a financiar y orquestar el asesinato de JFK.

También debo señalar un monólogo grabado por un tal John Coleman que dice ser un antiguo oficial de la inteligencia británica. Coleman afirmó en su informe que, como él dijo, el "sionismo" estaba detrás del asesinato de JFK y esencialmente se hizo eco de las conexiones de Permindex entre Bloomfield, Shaw, el Permindex, etc que ya habían sido documentadas. Sin embargo, en algunos aspectos el Dr. Coleman estaba realmente equivocado en algunos de sus "hechos" sobre el asesinato de JFK. Así que yo estaba familiarizado con su trabajo, pero me apresuro a señalar que nunca explicó por qué, como él decía, el "sionismo", tenía razones para sacar a JFK de la Casa Blanca.

Como ven, las afirmaciones que hice en *Juicio* final tenían cierta base literaria (y creo que las reuní en un buen paquete que tiene sentido), pero estaban enterradas en un montón de material. Francamente, me sorprende que ninguno de mis predecesores haya investigado este otro material.

Hubo otro punto que me intrigó durante mucho tiempo. Apareció en *La Conspiración Kennedy* de Paris Flammonde, un relato muy comprensivo y fascinante de la investigación de Jim Garrison sobre Clay Shaw. En él, Flammonde señala que la principal persona implicada en la liquidación de Permindex y su traslado de Roma (Italia) a Sudáfrica fue el Dr. David Biegun.

Biegun fue descrito como un "partidario financiero de alto nivel" de Permindex y era el Secretario Nacional del Comité Nacional de Trabajadores Israelíes en Nueva York. Se trataba, pues, de otra figura clave de la red israelí que desempeñó un papel central en la operación Permindex. Hoy se ha vuelto a señalar este hecho en el libro *Coup d'État in America* de A. J. Weberman y Michael Canfield. Señalan que el ex agente de la CIA Philip Agee describió el Comité Nacional de Trabajadores de Israel como una especie de casero de la CIA.

Todo eso está muy bien, pero el hecho es que existe una conexión muy clara con Israel.

En cuanto a Weberman y Canfield, probablemente merezca la pena señalar (como señalo en *Juicio final*) que fueron la fuente de quizá lo que me pareció más fascinante y, de hecho, la primera referencia real a cualquier sugerencia de que de algún modo existiera una "conexión judía", por así decirlo, con el asesinato de JFK.

Me refiero a la afirmación que hacen en su libro de que "Tras el asesinato, un informante del Servicio Secreto y del FBI que se había infiltrado en un grupo de exiliados cubanos y les vendía metralletas declaró que el 21 de noviembre de 1963 le dijeron: "En cuanto se encarguen de JFK tendremos mucho dinero a partir de ahora, nuestros nuevos financieros son los judíos". Este hombre había proporcionado información fiable en el pasado.

Era la primera vez que veía algo que sugería que "los judíos" estaban implicados en el asesinato de JFK. Leí por primera vez este libro y la cita en 1978 (mucho antes de que hubiera oído hablar de la investigación en *Dope, Inc.* o de cualquiera de las otras alegaciones del Dr. John Coleman, entre otros).

Luego, una y otra vez en los años siguientes, a medida que hojeaba y releía *Golpe de Estado en América*, el significado y el impacto de esta inusual referencia empezaron a hacerse sentir mientras exploraba no sólo las diferentes facetas del asesinato de JFK, sino también todas las diferentes fuerzas que se opusieron al presidente estadounidense en el momento de su asesinato.

Obviamente, no se trataba de un "complot judío" para asesinar a JFK, pero, por supuesto, al final me di cuenta de que sí había una conexión israelí con el asesinato que implicaba a personas muy bien situadas que resultaban ser judías y que estaban interesadas en promover la conspiración para hacer avanzar los intereses del Estado judío.

Muchos de los investigadores más ingenuos y tal vez "liberales" que trabajan en el asesinato de JFK (en particular los que nunca habían explorado la política de JFK en Oriente Medio, que le llevó a entrar en conflicto con Israel) sin duda se habrían sentido confundidos y desconcertados por la sugerencia de que "los judíos" tenían algún deseo de "golpear" a John F. Kennedy. Después de todo, como dijo uno de mis jóvenes críticos: "¿Por qué querrían los judíos matar a John F. Kennedy? Votaron por él en 1960". Le dije: "Lee *Juicio Final*. El libro responderá a tu pregunta". (Después de leer por fin el libro, comentó: "Es muy interesante. No lo sabía". Y no hace falta decir que he oído ese comentario muchas veces).

Ni que decir tiene que, a pesar de todas estas acusaciones y de la acusación del Dr. John Coleman de que el "sionismo" estaba detrás del asesinato de JFK, nunca he encontrado un motivo. Siempre me han dicho que cualquier investigación de asesinato debe buscar posibles motivos. Pues bien, a medida que mi propia investigación continuaba, empecé a encontrar motivos para la participación israelí en el asesinato de JFK.

Mi primer indicio de un motivo israelí llegó cuando se publicó en 1991 el libro de Seymour Hersch, *The Samson Option: Israel's Nuclear Arsenal and American Foreign* Policy. En este libro Hersh describe muy claramente el hecho de que JFK e Israel estaban seria y peligrosamente enfrentados por el deseo de Israel de construir una bomba nuclear, considerada por Israel como esencial para su supervivencia. Hersh también analiza la condición de James J. Angleton como principal defensor de Israel dentro de la CIA.

Al mismo tiempo, se publicó otro libro esencial: *Dangerous Liaison: The Inside Story of the U. S. -Israeli Covert Relationship*, de Andrew y Leslie Cockburn. Este libro exploraba el conflicto entre JFK e Israel con el mismo detalle y, al igual que el libro de Hersh, empezó a arrojar nueva e interesante luz (para mí, y para otros) sobre una faceta poco conocida de la política exterior de JFK y empecé a ver cómo todo estaba directamente relacionado con algunas de las mismas fuerzas que tenían interés en su asesinato.

Entonces empecé a pensar en la implicación del crimen organizado en el asesinato de JFK y en la posible relación entre Israel y el crimen organizado.

Empecé a examinar los vínculos entre el crimen organizado y la CIA y, a partir de ahí, el Mossad israelí. Sabía que Meyer Lansky, la figura del crimen organizado, se había establecido de hecho en Israel, pero nunca me había dado cuenta, hasta que empecé mi investigación, de lo estrechamente vinculado que estaba al Estado judío. Tampoco me había dado cuenta de lo inexacto que es el término "mafia" para describir al Sindicato del Crimen Organizado.

En última instancia, si se quiere analizar seriamente la historia de la delincuencia organizada, es absolutamente imposible hacerlo sin tener en cuenta el papel de Meyer Lansky. Esto es esencial, porque cuando se da la vuelta a la lápida de Lansky, se encuentran los gusanos de la CIA y del Mossad israelí arrastrándose, quizás incluso alimentándose mutuamente.

Así que empecé a ver que existían vínculos muy estrechos entre la CIA y el Mossad y el crimen organizado y que no sólo los tres estaban trabajando juntos en una serie de esferas de influencia durante un largo período de tiempo, sino que todos ellos tenían un motivo distinto para querer eliminar a JFK de la presidencia estadounidense.

Como ha sido el caso, por supuesto, a lo largo de los años, muchos de los que han sugerido que la CIA tuvo un papel en el asesinato tienen miedo de sugerir que fue un papel institucional, y dicen en cambio que fueron elementos "canallas" de la CIA. En mi opinión, se trata de una postura bastante tímida.

Que yo sepa, el único autor (aparte de mí, por supuesto) que ha dicho que la CIA tuvo un papel institucional en este asunto ha sido Mark Lane en *Plausible Denial*. Así que, por alguna razón, muchos "investigadores" no han querido o no han podido reconocer la profundidad de los detalles que han salido a la luz en *Plausible Denial* y que identifican la implicación institucional de la CIA en el asesinato del Presidente.

Ahora bien, sería negligente por mi parte si no rindiera homenaje al ex detective de la policía de Los Ángeles Gary Wean, cuyo libro, *There's a Fish in the Courthouse*, me proporcionó una gran cantidad de valiosa información que sugiere la implicación israelí en el asesinato de JFK.

El poco conocido libro de Gary contiene información especialmente interesante sobre extrañas actividades de la CIA en Dallas, vinculadas a Gary y al ex sheriff de Dallas Bill Decker en compañía del fallecido actor y héroe de guerra Audie Murphy (amigo común de Wean y Decker) y me complació poder dar al libro de Gary una publicidad adicional que de otro modo no habría recibido.

Irónicamente, sin embargo, Gary ha sugerido desde entonces que *Juicio Final* estaba equivocado porque mi libro se centraba en el Mossad y no culpaba a la comunidad judía en general del asesinato de JFK. También me atacó en varios lugares. No se puede complacer a todo el mundo.

El verdadero "nacimiento" del libro, *Juicio Final*, tuvo lugar una tarde, supongo, cuando me senté con un trozo de papel y escribí ocho o nueve frases clave, entre ellas "La política de JFK en Oriente Próximo", "Mossad", "Lansky", "La Mafia" y algunos nombres clave. En ese momento, empecé a coger varios libros de las estanterías y comencé a investigar, momento en el que las sospechas ya no se desarrollaron en mi mente, sino allí mismo, delante de mis ojos.

Me sorprendió lo que descubrí. Me sorprendió lo que encontré en el libro de Stephen Green, *Taking Sides: America's Secret Relations With a Militant Israel*, publicado en 1984, que era una mina de oro. Irónicamente, había leído el libro unos siete años antes, pero entonces no me di cuenta de que Green había señalado -y creo que esto es bastante profundo- que la política de Estados Unidos en Oriente Próximo en el momento del asesinato de JFK había dado un increíble giro de 180 grados.

Me golpeó como un mazazo porque sólo había leído el libro de Green cuando mi tesis básica sobre *el Juicio Final* había empezado a desarrollarse. Me puso en el camino de la investigación que, francamente, a medida que avanzaba, me sorprendió por la cantidad de detalles fácticos que apuntaban a un vínculo israelí que estaba descubriendo en las llamadas fuentes "dominantes".

Irónicamente, también descubrí que, en el curso de mi investigación, no me basé necesariamente en libros sobre el asesinato de JFK para obtener muchos de los detalles que finalmente se publicaron en *Juicio Final*. Esto es interesante en sí mismo, aunque sólo sea porque pone de relieve el hecho de que ningún investigador ha investigado seriamente un posible papel israelí.

Como he dicho una y otra vez, estoy dispuesto a disculpar la negligencia de muchos de los investigadores, aunque sólo sea por la razón de que había muy poca información pública hasta hace relativamente poco (empezando quizá con el libro de Green, pero desde luego con los libros de Hersh y Cockburn) sobre la muy difícil relación entre Israel y JFK. Sin embargo, por supuesto, yo mismo había descuidado hacerlo al leer el libro de Green.

Ni que decir tiene que hay todo ese rollo "mafioso" detrás del asesinato de JFK y demás, pero como veremos más adelante (y como ya señalé en *Juicio Final*), no se puede detener la investigación sobre el crimen organizado cuando se llega a Carlos Marcello, el capo de la mafia en Nueva Orleans, y Santo Trafficante, el capo de la mafia en Tampa.

Hay que mirar más lejos, a Meyer Lansky. Mirar a Lansky te lleva de vuelta a los servicios secretos americanos e israelíes. Como expongo en *Juicio Final*, se ve que todos estos aspectos y todas estas personas se cruzan muy claramente en Dealey Plaza, en Dallas, el 22 de noviembre de 1963.

Así pues, la investigación para *Juicio* Final estaba en marcha. La redacción del libro supuso la creación de varias secciones que acabaron convirtiéndose en capítulos, en los que organicé los datos de la investigación. Durante este tiempo, me di cuenta de que había mucha documentación disponible y encontré gran parte de ella en mi biblioteca personal. Fue como montar un rompecabezas. En definitiva, fue un proceso muy interesante.

El tiempo inicial de investigación y recopilación del material que se incluiría en el libro me llevó probablemente unos dos meses. La escritura propiamente dicha fue un proceso totalmente distinto, pero tengo que decir que mientras escribía, seguía investigando lo que estaba escribiendo y examinando otras áreas. Me di cuenta de que había una historia que contar.

Aunque hasta el final del proceso de redacción pensé que iba a encontrar hechos o detalles que contradijeran mi tesis, nunca encontré nada que lo hiciera. Hubo momentos en los que pensé que tal vez estaba exagerando y, cuando comprobé todos los hechos y detalles que pude, nunca encontré nada contradictorio.

Cuando ya estaba escribiendo el libro, me topé con un artículo del ex congresista Paul Findley (republicano de Illinois) en el número de marzo de 1992 del *Washington Report on Middle East Affairs*, una publicación editada por un grupo de ex diplomáticos estadounidenses un tanto hostiles a Israel (por no decir otra cosa). Me sorprendió cuando Findley dijo: "Es interesante - pero no sorprendente - observar que en todas las palabras escritas y habladas sobre el asesinato de Kennedy, la agencia de inteligencia israelí, el Mossad, nunca ha sido mencionada. Y sin embargo, un motivo del Mossad es obvio... La complicidad del Mossad es tan plausible como cualquier otra teoría".

Ni que decir tiene que ya llevaba cuatro meses escribiendo el libro, me asombró y me encantó ver que Findley había hecho el esfuerzo de escribir una columna tan polémica, pero desde luego no recibió ninguna publicidad fuera de las páginas de esta revista de tirada limitada.

Así que, aunque Findley no presentó ninguna prueba sólida, me dio la impresión de que alguien podría haber hablado con Findley y que había gente "enterada" que hablaba de la posibilidad de que el Mossad estuviera implicado, y eso me pareció muy alentador.

Le conté a muy poca gente que estaba escribiendo el libro, para ser sincero, porque me di cuenta de que la tesis era bastante sensacionalista. Cuando se lo conté a una persona, me dijo, un poco sarcásticamente: "Todo el mundo quiere culpar de todo a los judíos". Esa fue la afirmación definitiva. Sin embargo, cuando escribí el libro estaba absolutamente convencido de que realmente estaba indagando en un área del asesinato de JFK que nunca antes se había explorado seriamente. En cierto sentido, supongo, era una mina de oro que aún no había sido descubierta. Así que puedo entender por qué mucha gente nunca miró en esa dirección.

Otra cosa importante a tener en cuenta en relación con todo esto es que la investigación sobre el asesinato de JFK fue (y sigue siendo) un campo notable y particularmente incestuoso. La gente se basaba en las investigaciones de los demás, reescribiendo y reelaborando la información hasta el punto de que no se abría realmente ningún terreno nuevo.

Por cierto, tengo que decir que después de la publicación de *Rush to Judgment* de Mark Lane, la mayoría de los libros sobre el asesinato de JFK (con algunas excepciones notables) esencialmente repitieron los datos iniciales que Mark había descubierto. Él sentó las bases para la opinión nacional e internacional de que había otra historia que contar: que el informe de la Comisión Warren era una farsa y que Lee Harvey Oswald no era en absoluto "un loco solitario".

Baste decir que *Rush to Judgment* sentó las bases para todos los esfuerzos futuros. Sin embargo, si los futuros "investigadores" hubieran investigado más a fondo, se podría haber escrito un libro similar a *Juicio final* uno o dos años después de la publicación de *Rush to Judgment*. Pero no fue así, y el controvertido proyecto tuvo que caer en mis manos.

¿Tienes fuentes secretas a las que no puedes llamar?

No, no tuve ninguna "fuente secreta" como tal. La mayor parte de los datos que utilicé en la preparación *del Juicio* Final eran esencialmente de dominio público, en la medida en que todo estaba publicado: todo aparecía en revistas populares, libros distribuidos por eminentes editoriales, etcétera. Todo está cuidadosamente documentado y sólo en la tercera edición había un total de 746 notas a pie de página (frente a las 677 de las ediciones anteriores). Por supuesto, esta cuarta edición se ha ampliado considerablemente y está aún mejor documentada.

Francamente, la única fuente "independiente" utilizada en la redacción de *Juicio Final* fueron los documentos preparados por la LaRouche Intelligence Review. Ahora bien, la mayoría de los datos se referían a la organización secreta Permindex, pero de hecho gran parte de ellos eran un refrito de información que había aparecido originalmente en *La Conspiración Kennedy* de Paris Flammonde (que a su vez se había basado en informes de la prensa extranjera sobre el Permindex).

Nada de lo que utilicé era "fuera de lo común": nada de literatura extremista de "derecha" o "izquierda" (como quiera que se defina). Tampoco utilicé fuentes "antisemitas". Incluso las fuentes que criticaban a Israel difícilmente podrían calificarse de "antisemitas", en particular las obras de Stephen Green y Seymour Hersh, ambos autores respetados y ellos mismos judíos.

Tampoco mis fuentes eran prensa "alternativa" o "poco convencional". Toda la materia prima sobre todos los puntos clave del *Juicio* Final procedía de fuentes "respetables", "mainstream" y "responsables".

La única "fuente secreta" en la que me basé fue un antiguo agente de los servicios de inteligencia franceses, Pierre Neuville, cuyo nombre mantuve hasta esta quinta edición de *Juicio Final*.

Sin embargo, debo subrayar que no invoqué a Pierre como fuente hasta después del primer borrador de *Juicio final*. Y cuando llegó Pierre, yo estaba finalmente convencido de que la tesis expuesta en *Juicio final* era completa y acertada, y de que había agotado todos los recursos disponibles. Pero la llegada de Pierre Neuville me deparó una sorpresa fascinante.

¿Cómo se puso en contacto con su fuente francesa, Pierre?

Las circunstancias en las que descubrí esta fuente son interesantes en sí mismas. Al final del primer borrador de *Juicio Final*, telefoneé a Paul Findley (Rill.), antiguo miembro del Congreso durante muchos años, ampliamente conocido como "liberal", que había sido algo crítico con Israel y su grupo de presión en Estados Unidos.

Pensé que Findley podría encontrar interesante el libro y le llamé para decirle: "Me gustaría enviarte un ejemplar". No me conocía, pero estaba familiarizado con *The Spotlight* (que, de hecho, le había criticado en el pasado) y le envié una copia del primer borrador del libro (que, en aquel momento, yo pensaba que era esencialmente la versión final, a la espera de una serie de pequeñas recomendaciones de edición y demás).

Me sorprendió que acusara recibo del libro diciendo que, como decía en su carta, "mencionaré que en los últimos cuatro años he mantenido una larga correspondencia con un diplomático retirado de una nación de Europa Occidental cuya familia (incluido él mismo) tuvo experiencias desastrosas con Israel y el Mossad. Me instó a hacer lo que usted ha hecho".

Como se puede imaginar, me he pasado todo este tiempo escribiendo el libro e intentando publicarlo, y he aquí que un conocido ex miembro del Congreso (y desde luego no un "extremista") me dice que un diplomático retirado le había instado a escribir un libro que contenía la misma tesis expuesta en *Juicio Final*.

Me di cuenta de que no era el único que pensaba lo mismo que yo. Me dijo que enviaría el manuscrito al diplomático con mi permiso y, por supuesto, le dije: "Hazlo, por favor".

Más tarde me sorprendí cuando recibí una carta de Findley diciendo que, aunque le parecía un buen libro, no era concluyente y que yo no había demostrado mi tesis. Esto fue después de que hubiera leído el primer borrador. (Francamente, no pensé que lo apoyaría. No quiere que le acusen de "conspiracionista", además de acusarle a menudo de "antisemita" por criticar a Israel.

Sea como fuere, tengo que decir, en retrospectiva, sabiendo lo que había en ese primer borrador (y que me pareció bueno) que la versión final -lo que finalmente se publicó- era de lejos de mejor calidad y mucho más completa.

Dicho esto, también recibí una carta del oficial de inteligencia que ahora vivía en Canadá. Este señor, que me dijo que era un antiguo oficial de inteligencia francés, no reveló su nombre al principio, pero me dio detalles que llenaban los espacios en blanco y apuntaban a lo que llamaremos en taquigrafía "La conexión francesa"."

Por un lado, el francés me sugirió que iba en la dirección correcta, pero insistió en que no estaba utilizando la munición adecuada. Intentaba abatir a un elefante con una pistola o una escopeta cuando lo que hacía falta era un fusil.

En cualquier caso, el francés me dio lo que necesitaba para que mi teoría funcionara. Concretamente, me dijo que la información de que disponía confirmaba mi afirmación en el primer borrador del libro de que James J. Angleton, el hombre de Israel en la oficina del Mossad de la CIA, había estado directamente implicado en el complot de asesinato.

También nombró específicamente al coronel Georges De Lannurien, un alto oficial del servicio de inteligencia francés, SDECE, como implicado de manera significativa en la conspiración. También nombró a Yitzhak Shamir como conspirador y, en mi primer borrador de *Juicio Final*, señalé que Shamir había sido el jefe de la oficina europea del Mossad, con sede en París, y, lo que es más importante, que había sido el jefe del equipo especial de asesinatos del Mossad, que había sido hecho público por un periódico israelí en el momento en que yo estaba escribiendo *Juicio Final*.

El francés me dijo que Shamir había organizado, con la ayuda de De Lannurien, un equipo francés de asesinos implicado en el asesinato de JFK. Esta información indicaba un nuevo ángulo, por así decirlo, en el complot para asesinar a JFK. Añadía otro elemento a la conspiración que, francamente, yo no comprendía del todo en aquel momento.

Sin embargo, esta llamada "conexión francesa" era algo de lo que otros investigadores habían hablado, pero que o bien se negaban a seguir hasta su punto culminante, es decir, la conexión israelí, o bien no comprendían. En otras palabras, para reiterar, la "conexión francesa", que también podría llamarse "conexión argelina", es sin duda la conexión israelí.

Así que me alerté y empecé a revisar toda la información que pude encontrar sobre la relación entre Francia, su antigua colonia, Argelia, Israel y Estados Unidos y todos los actores clave implicados.

Para quienes no estén familiarizados de inmediato con este aspecto, les remito a la famosa novela de Frederick Forsyth y a la película basada en ella, *El día del chacal*. La novela, basada en hechos reales, cuenta la historia de una conspiración de ex altos cargos militares y diplomáticos franceses para asesinar al Presidente francés Charles De Gaulle. Estaban enfadados con él, sencillamente, por su decisión de conceder la independencia a la antigua colonia francesa de Argelia, un gran estado árabe del norte de África.

Estos nacionalistas franceses consideraban Argelia como una parte separada de Francia y veían la rendición de De Gaulle ante Argelia y los rebeldes nacionalistas argelinos como una traición a Francia. Como resultado, los críticos franceses de De Gaulle formaron la llamada Organisation de l'Armée Secrète, conocida como la OAS.

La OAS operaba en oposición a De Gaulle tanto en Francia como en Argelia, de hecho en todo el mundo. Al tratarse de la OAS y de elementos franceses que trabajaban a favor y en contra de la OAS, se trataba de una sorprendente y fascinante intersección de la sociedad francesa y, más concretamente, de la inteligencia francesa.

Aunque De Gaulle mantuvo de hecho una larga y amistosa relación con Israel, suministrando al Estado judío materiales vitales utilizados en su desarrollo nuclear, por no mencionar otras ayudas, lo cierto es que la independencia de Argelia no era algo que los israelíes quisieran, ya que obviamente crearía un nuevo y gigantesco Estado árabe en oposición a Israel.

Como resultado, los israelíes empezaron a desarrollar una alianza fuerte y distinta con elementos del ejército francés y de la inteligencia francesa que se oponían a la decisión de De Gaulle de conceder la independencia a Argelia. Esto presentaba una interesante configuración de conflictos. De Gaulle estaba en la cima de la jerarquía gobernando una nación dividida.

Tenías a los llamados elementos de la mafia francesa, aliados con el Sindicato del Crimen de Lansky y que también se habían aliado en el pasado con la CIA, después de que la CIA utilizara a la mafia corsa para luchar contra la infiltración comunista en los sindicatos franceses tras la Segunda Guerra Mundial. Sin embargo, al mismo tiempo, los servicios de inteligencia de De Gaulle utilizaban a esos miembros de la mafia corsa francesa contra la OAS, aliada de Israel.

Esto es interesante en sí mismo, porque los corsos forman parte de un extraño triángulo. Por un lado, los corsos estaban vinculados al Sindicato del Crimen de Lansky, que a su vez estaba cerca del Mossad israelí. Por otro lado, los corsos hacían el trabajo de De Gaulle en la lucha contra la OAS. Sin embargo, la OEA colaboraba a su vez con el Mossad israelí y, curiosamente, con un grupo judío anticomunista conocido como la Liga Judía Anticomunista (LJAC, para recapitular), todos ellos combatiendo a De Gaulle en la cuestión de Argelia. Tampoco se puede olvidar que la propia OEA también recibió el apoyo secreto de aliados del Mossad dentro de la CIA. En resumen, lo que había eran diversos elementos franceses interactuando con quienes trabajaban a favor y en contra de los intereses de Israel.

Fue el mismo grupo de la OEA que trabajó para derrocar a De Gaulle y a Guy Banister en Nueva Orleans. Banister, por supuesto, es el ex agente del FBI que había ido a trabajar como agente de la CIA para financiar y abastecer a los exiliados cubanos anticastristas en el período previo al asesinato de JFK. Y fue Banister quien tuvo una relación muy estrecha y especial nada menos que con Lee Harvey Oswald en la época del particular período de Oswald en Nueva Orleans.

Todo esto, por no mencionar el hecho, como se señala en *Juicio Final* (e incluso por algunos investigadores que evitan la conexión israelí, sin embargo), de que la empresa secreta Permindex, en cuyo consejo se sentaba el empresario de Nueva Orleans Clay Shaw, también estaba vinculada a los ataques de la OAS contra Charles De Gaulle, con dinero blanqueado a través del Banque De Credit del representante israelí Tibor Rosenbaum. El mundo es un pañuelo.

Al final, esta "conexión francesa" o "conexión argelina" es en realidad la conexión israelí con el asesinato de JFK, se mire como se mire.

Volviendo a mi fuente francesa: me había orientado en una dirección que, en aquel momento, no comprendía del todo. Tuve que investigar mucho más para comprender la historia de la Argelia francesa, los conflictos de De Gaulle con la OAS, la alianza de De Gaulle con la mafia corsa que luchó contra la OAS en su nombre y, por supuesto, los conflictos dentro de los servicios de inteligencia de De Gaulle, donde había enormes conflictos de lealtad ante la controversia argelina.

Todo esto me resultaba desconocido y al final quedó claro que se trataba de un ámbito con el que incluso muchos académicos "veteranos" no estaban familiarizados, a pesar de que muchos de ellos habían hablado de la "French Connection". Henry Hurt, en *Reasonable Doubt (Duda razonable)*, y Dick Russell, en *The Man Who Knows Too Much (El hombre que sabe demasiado)*, habían escrito sobre el punto de vista francés, pero ninguno de ellos había intentado analizar toda la dinámica de la French Connexion. Los que combatían a De Gaulle estaban precisamente aliados con los servicios secretos israelíes, pero estos investigadores simplemente no lo entendían, por así decirlo.

Incluso las historias de la clase dirigente sobre el conflicto argelino reconocían que, de hecho, israelíes y personas afines a los intereses de Israel trabajaban con la OEA. Todo está en los libros de historia. Así que si alguien quiere tratar de culpar a la OEA por el asesinato de JFK, no puede hacerlo honestamente sin tocar la conexión israelí.

Negar el vínculo con Israel es hacer un flaco favor a la investigación. Los vínculos entre los israelíes y la OEA se remontan a Clay Shaw de Nueva Orleans y, por supuesto, a Guy Banister. No se puede ignorar la conexión israelí con Permindex en relación con el asesinato de JFK, como tampoco se puede ignorar la esencial conexión israelí con Permindex en relación con los intentos de la OAS de asesinar a Charles De Gaulle.

La razón por la que Permindex quería matar a Charles De Gaulle es porque Permindex era un frente israelí y las políticas de De Gaulle sobre Argelia eran contrarias a los intereses de Israel, del mismo modo que, a su vez, las políticas de JFK eran hostiles a Israel. Así que quien prefiera ignorar todo esto es, como mínimo, deshonesto. La conexión francesa es vital para entender el asesinato de JFK.

En cualquier caso, a la luz de todos estos enlaces franceses, he revisado sustancialmente el primer borrador de *Juicio final*, lo que me ha sorprendido un poco en la medida en que no esperaba tener que hacerlo, habiendo quedado muy satisfecho con el primer borrador en sí.

Sin embargo, tras investigar la conexión francesa, me di cuenta de que, efectivamente, había una conexión francesa que, por supuesto, era en última instancia la conexión israelí. Así que revisé el libro y lo envié a la prensa.

Cuando se publicó la primera edición, envié *Jugement Final* al diplomático francés, que me contestó "buen trabajo" y añadió que JFK habría estado orgulloso de mí. Fue como mínimo satisfactorio.

¿Hasta qué punto era fiable su fuente francesa, Pierre Neuville?

Francamente, no sé hasta qué punto es fiable, igual que nadie sabe hasta qué punto es fiable una fuente sobre cualquier aspecto relacionado con el asesinato de JFK. Nadie puede garantizar la fiabilidad total de ninguna fuente. Sin embargo, todo lo que sé de él (basado en la información que ha proporcionado sobre sí mismo, más el apoyo que ha recibido del ex diputado Paul Findley, que me puso en contacto con él) me lleva a creer que mi fuente francesa no sólo es sincera, sino totalmente fiable.

El propio Pierre Neuville dijo: "En los negocios sospechosos, no hay buenos tipos, sólo malos tipos". En otras palabras, lo que parecen ser fuentes "amistosas" en "negocios sospechosos" [es decir, el mundo de la inteligencia] podrían, de hecho, provenir de enemigos que te proporcionan desinformación y desinformación. E incluso fue el hombre del Mossad en la CIA, James Jesus Angleton, quien describió el mundo de la inteligencia como un "desierto de espejos".

Sea como fuere, lo esencial es que *Juicio Final* puede juzgarse por sus propios méritos, sin la aportación específica de esta fuente francesa. Además, como ya he mencionado, podría haber publicado fácilmente el libro sin tener que ahondar en la conexión francesa y, aun así, creo que ha proporcionado a los lectores un argumento muy sólido a favor de la implicación del Mossad en el asesinato de JFK.

Lo que creo haber hecho, sin embargo, en *Juicio Final* es trazar una línea muy fina y significativa entre la conexión francesa con el asesinato de JFK y la conexión de Nueva Orleans (por así decirlo) que implica a los dos activos de la CIA, Guy Banister y Clay Shaw, hasta la conexión con Israel. Cualquiera podría haberlo hecho sin mi fuente francesa.

Tras la publicación de la sentencia definitiva, ¿alguien aportó alguna información "privilegiada" que no apareciera en la edición original?

No recibí más que comunicaciones de mi fuente francesa, que finalmente se identificó por su nombre y me dio su historia completa, incluidos algunos detalles bastante llamativos sobre su interesante familia y sus antecedentes. En el epílogo *de Juicio Final*, proporcioné información sobre las experiencias personales de Pierre con el Mossad. Sin embargo, desde la publicación del libro, nadie ha aportado nueva información de carácter "interno". Yo mismo he descubierto otra información publicada que confirma otros detalles que aparecían en la edición original de *Juicio Final* y en ediciones revisadas, incluida esta edición más reciente.

¿Cuánto tiempo le llevó escribir el libro?

Desde que la idea empezó a formularse en mi mente, cuando inicié la investigación seria, hasta que terminé el primer borrador pasaron unos siete meses. Cuando empecé a investigar la conexión francesa, después de que mi fuente francesa leyera el primer borrador y me indicara esa dirección, tardé otros tres meses en perfeccionar el manuscrito y añadir los nuevos descubrimientos que había hecho. Sin embargo, fue un proceso interminable, como descubrí después de publicar el libro y por eso, en la tercera edición del libro, incluí muchísimos detalles nuevos que cerraban el círculo de la tesis. Las ediciones posteriores contienen mucho más. Me asombra lo lejos que he llegado.

No puedo evitar recordar que, literalmente, un día antes de que el libro fuera a la imprenta por primera vez y de que yo sintiera que había puesto todo lo que podía en las páginas del libro y me alegrara de que estuviera completo (incluida toda la información extra sobre la llamada conexión francesa), resulta que estaba sentado en el suelo de mi salón hojeando una edición en tapa dura de un boletín ya desaparecido. En ese momento me topé con algo que literalmente me hizo decir en voz alta: "¡Dios mío!". Había descubierto algo más que era absolutamente necesario añadir al manuscrito.

Había descubierto un hecho muy, muy importante, que finalmente apareció en el capítulo 15 de *Juicio Final*, donde disecciono el misterio del Permindex: los vínculos entre el Mossad, la CIA, el Sindicato Lansky, la OAS francesa y el complot para asesinar a JFK. Lo que descubrí fueron los detalles de un hombre que había ido a visitar al fiscal de Nueva Orleans Jim Garrison cuando todavía estaba en las primeras fases de su investigación sobre el asesinato.

No hay que olvidar que en aquella época Garrison aún no había encontrado el nombre de Clay Shaw. Fue en esa época cuando Garrison recibió la visita de un hombre de negocios llamado John King. La visita de King se ha mencionado en varios libros sobre JFK y los autores siguen refiriéndose a King como un "petrolero de Denver" vinculado al Partido Republicano, etc. Otros escritores sobre JFK sugieren que King estaba interesado en interferir en la investigación de Garrison, obviamente, porque era un mal hombre y probablemente estaba tratando de ayudar a encubrir a alguien, probablemente el Partido Republicano, Richard Nixon y otros malos.

Bueno, King obviamente sabía que Garrison iba por buen camino y le ofreció un trato: si Garrison abandonaba la investigación, King prometía arreglar el nombramiento de Garrison como juez federal. De nuevo, esto fue antes de que surgiera el nombre de Clay Shaw. Sin embargo, resulta que, como señalé *en Juicio Final*, fue en la misma época de la visita de King a Nueva Orleans cuando este "petrolero de Denver" también estaba implicado en lucrativas transacciones comerciales internacionales realizadas conjuntamente con Bernard Cornfeld, jefe de la corrupta firma financiera conocida como Investors Overseas Services (IOS).

Cornfeld, de hecho, era amigo íntimo y candidato de Tibor Rosenbaum, el veterano diplomático israelí y funcionario del Mossad que era una figura financiera clave detrás de Permindex, ¡en cuyo consejo de administración trabajaba Clay Shaw!

Otros investigadores se habían centrado en las conexiones "republicanas" de King y sus vínculos con la industria petrolera, pero habían pasado por alto la pista obvia: King tenía vínculos muy estrechos con Clay Shaw, el miembro de la junta de Permindex, a quien Garrison ni siquiera había identificado como sospechoso en la conspiración. Alguien, en algún lugar (y ahora sabemos quién), tenía interés en evitar que Garrison fuera más lejos y se aferrara a Clay Shaw (cosa que, por supuesto, Garrison hizo).

King -el llamado "hombre del petróleo de Denver"- es otra conexión israelí en la trama del asesinato de JFK, por muy difícil que sea para los investigadores que intentan utilizar la interferencia de King en la investigación de Garrison como "prueba" de que, por ejemplo, el amigo de King, Richard Nixon, estaba detrás del asesinato de JFK (Nixon es realmente útil como villano, ¿no?).

Yo mismo me sorprendí al enterarme de la conexión de King con Israel, pues ya conocía a King. Pero, como ya he dicho, sólo me enteré de sus vínculos con el Permindex un día antes de preparar el envío de *Juicio* Final a la imprenta.

Éste es sólo un ejemplo, aunque significativo, del interminable proceso de investigación sobre el complot del asesinato de JFK. Supongo que al final, a menos que tengas **toda la** información que necesitas delante de ti (y muchos investigadores durante muchos años no la han tenido), no puedes hacer, digamos, un "juicio final".

Tal vez algún día, en un futuro lejano, haya efectivamente un juicio final, a pesar del título de mi propio libro, si alguien tiene ante sí todo lo que he escrito y todo lo que se escribirá que pueda recopilarse en **EL** juicio final.

¿Es posible que en el Mossad hubiera elementos denominados "canallas" que participaron en el asesinato de JFK y que actuaran solos, sin ninguna autorización oficial?

Esto no es posible. La participación del Mossad en el asesinato de JFK fue ordenada al más alto nivel. Basándome en lo que he aprendido sobre la estructura del Mossad, creo firmemente que el primer ministro israelí David Ben-Gurion fue la persona que ordenó la colaboración del Mossad en el complot de asesinato y que probablemente fue su último acto antes de dimitir de su cargo disgustado por la postura de JFK hacia Israel. Creo que la implicación del Mossad fue institucional. Yo añadiría que lo mismo ocurrió con la CIA.

Sin embargo, en el caso de la implicación del coronel francés Georges De Lannurien, del SDECE -como señalo en *Juicio* final-, se trataba de un caso clásico de agente "corrupto". Este conspirador francés ciertamente no respondía a las órdenes del presidente francés Charles De Gaulle, sino que ayudaba a su aliado del Mossad, Yitzhak Shamir, y a su aliado de la CIA, James Angleton, con quienes De Lannurien pasó el día en el cuartel general de la CIA en Langley el 22 de noviembre de 1963. Y puedes apostar la plata de la familia a que De Lannurien y Angleton no estuvieron juntos ese día discutiendo el tiempo.

¿Qué dijo Mark Lane sobre el juicio final?

Cuando estaba escribiendo *Juicio* Final no le dije a Mark que estaba escribiendo el libro. Como ya he dicho, se lo a muy poca gente. No quería que Mark -ni nadie más- juzgara el libro antes de que estuviera terminado a partir de un esbozo. Quería que Mark (y los demás) leyeran el libro entero. Le di el primer borrador y le dije: "Dime lo que piensas.

La respuesta de Mark fue alentadora. Dijo que el libro presentaba un "argumento sólido" a favor de la implicación del Mossad y que no creía que el libro entrara en conflicto en modo alguno con su propio libro, *Plausible Denial*, que destacaba el papel de la CIA en el asesinato del Presidente Kennedy.

Independientemente de que la idea misma del asesinato fuera propuesta por la CIA o por el Mossad, el hecho es que quienes en la CIA fueron los principales actores de la conspiración del asesinato estaban estrechamente vinculados al Mossad y operaban en sus esferas de influencia, incluso en lo que se conoció como la "conexión francesa". Así pues, en el asesinato de JFK, la CIA y el Mossad eran esencialmente las dos caras de una moneda.

En cuanto a la opinión de Mark Lane sobre *Juicio Final*, antes de la publicación se me sugirió que le pidiera que escribiera una introducción al libro. Rechacé de plano esta sugerencia. No es que no hubiera sido un honor y un privilegio que Mark escribiera la introducción.

Sin embargo, el hecho es que Mark había dado una patada a la lata con sus propios libros sobre el asesinato de JFK y otros temas.

Mark no había investigado el aspecto del Mossad como yo, por lo que no me pareció apropiado esperar que pusiera su nombre en defensa o apoyo de una tesis -bastante revolucionaria, supongo- que él mismo no había originado. Además, por el hecho mismo de que *Juicio Final* vincula a Israel con el asesinato de JFK, no me pareció apropiado que Mark pusiera su nombre en una introducción al libro, precisamente porque el propio Mark estaba implicado en la polémica de Oriente Próximo y había sido un crítico de Israel.

Reconocí que la tesis *del Juicio Final* era incendiaria en sí misma y no quería poner a Mark en la situación de tener que defender mi trabajo. Ya está bastante ocupado, pues lucha contra los esfuerzos de la CIA, el FBI y los medios de comunicación por ignorar o suprimir o tergiversar sus propios esfuerzos.

¿No contradice Juicio Final el libro de Mark Lane Negación plausible, que sostiene que la CIA fue responsable del asesinato de JFK?

No hay conflicto. *Negación plausible* es, ante todo, un relato de la defensa de Mark Lane, del periódico *The Spotlight*, contra la demanda por difamación de E. Howard Hunt. *Juicio Final*, en mi opinión, amplía muchos de los hallazgos de *Negación plausible*, confirma aún más las conclusiones de *Negación plausible* y añade más detalles que prueban que la CIA estuvo realmente implicada en el asesinato. En mi opinión, el punto fuerte del libro de Mark es que desmiente el mito de que hubo "elementos deshonestos" de la CIA implicados en el asesinato del Presidente. No hubo "elementos deshonestos". El asesinato fue un acto en el que participó la CIA al más alto nivel y, en particular, James Angleton, el aliado del Mossad dentro de la CIA.

Alguien describió una vez *Juicio Final* como una "secuela" *de Negación plausible* y me gustaría pensar que es una descripción acertada. Pero no se puede hacer un estudio serio del asesinato de JFK sin leer *Negación plausible*.

¿Qué han dicho los críticos de los medios de comunicación sobre Juicio Final?

A excepción de la frenética cobertura mediática que mencioné en la introducción en enero de 1998, no ha habido ninguna crítica oficial de *Juicio Final* en los principales medios de comunicación "dominantes", aunque sí un puñado de reseñas de este tipo:

La primera reseña apareció en mi propio semanario nacional, *The Spotlight*, y probablemente no sorprenda a nadie que la reseña fuera más bien elogiosa. Me complace decir, sin embargo, que la reseña en cuestión no había sido solicitada y fue presentada nada menos que por Eustace Mullins, uno de los escritores y estudiosos más respetados y prolíficos del movimiento populista en Estados Unidos. La segunda reseña de *Juicio final* apareció en *Washington Jewish Week* el 28 de abril de 1994 y se comenta en el epílogo *de Juicio final*.

El tercer artículo apareció en el citado número sin fecha de *Steamshovel Press* 11. Aunque el crítico insinuaba que el libro podía tener un tono antisemita, decía lo siguiente sobre mi alegación de que el Mossad pudo haber desempeñado un papel en la conspiración: "La tesis ha sido ciertamente poco examinada en el pasado y plantea interesantes cuestiones históricas sobre la relación entre los Kennedy e Israel que se remontan a Joseph Kennedy saludando a los nazis como Neville Chamberlain."

Aparte de este cauto comentario, Steamshovel se ha mostrado notablemente reacio a mencionar el libro o a darme la oportunidad en sus páginas de debatir, por ejemplo, con un tal Dave Emory, que en realidad afirma que hubo un vínculo "nazi" con el asesinato de JFK.

Aparte de estas reseñas (junto con otras varias comentadas en otras partes de estas páginas, no ha habido ninguna otra, aunque he enviado ejemplares a todos los miembros clave de la redacción de The *Washington Post,* The *Washington Post Book World* y The *New York Times,* entre otros muchos medios. Personalmente, regalé un ejemplar del libro a Michael Isikoff, de *Newsweek,* pero aún no he oído ni un quejido por su parte).

Creo que el silencio ensordecedor habla por sí solo.

¿En qué fuentes se basó para escribir Juicio Final?

Tras la publicación de ediciones anteriores de *Juicio* Final, hubo varios intentos de sugerir que el libro se basaba en fuentes poco fiables: que mis fuentes eran parciales, que eran "antiisraelíes" o que quizá eran de naturaleza "demasiado derechista". Es todo basura. No se lo crea. Para que conste, repasemos las fuentes que cité.

Según todos los indicios, de las 111 obras citadas en la bibliografía de la tercera edición de *Juicio Final,* al menos el 85% de esas fuentes procedían de editoriales "convencionales" o "importantes". Además, cerca del 73% de las referencias citadas no tenían nada que ver con el asesinato de JFK.

En mi opinión, sólo el 2% de las fuentes citadas en la tercera edición proceden de editoriales "proárabes". Además, como señalé *en Juicio final,* mis principales fuentes sobre la lucha de JFK con Israel proceden de autores de la talla de Seymour Hersh, Stephen Green y Andrew y Leslie Cockburn, ninguno de los cuales puede calificarse de extremista.

Sólo el 7% de las fuentes citadas en la bibliografía de la tercera edición podrían citarse claramente como procedentes de fuentes de naturaleza "derechista" y una de estas fuentes -las memorias del antiguo líder del Partido Nazi estadounidense George Lincoln Rockwell- se cita en la bibliografía sólo porque aludo brevemente al hecho de que Rockwell dedicó su libro a un hombre, DeWest Hooker, que se cita en *Juicio Final.*

El libro de Rockwell sólo ha sido referenciado en la bibliografía para que conste y no se aporta como "prueba" o "evidencia" de la implicación de Israel en el asesinato de JFK. Así que, por favor, queridos críticos, no intentéis citar a Rockwell como una de mis fuentes. Hacerlo sólo demostrará lo decididos que estáis a intentar desacreditar mi teoría de cualquier manera.

Los intentos de desacreditar mi investigación han quedado en nada si nos atenemos a los hechos. Fíjese en la treta empleada por Richard Morrock, de *Bay Terrace,* en Nueva York, cuando escribió una carta a Steamshovel Press (que se publicó sin comentarios) en la que afirmaba que "alrededor de un tercio" de las fuentes citadas en *Juicio Final* procedían de publicaciones de Lyndon LaRouche. De hecho, de las 746 citas de la tercera edición de *Juicio Final,* sólo 30 -un 4%- procedían de fuentes de LaRouche, y la mayoría eran referencias históricas de pasada que ni siquiera tocaban la tesis de *Juicio Final.* Y para que conste, he aquí un análisis de las citas de LaRouche.

- Ocho (es decir, el 27%) de las 30 notas que citaban las publicaciones de LaRouche eran breves referencias a la Liga Antidifamación de B'nai B'rith y su conexión con una serie de banqueros vinculados al Sindicato de Lansky, etc. Sólo una de estas referencias a la ADL tenía una relación directa con el asesinato de JFK en sí: el hecho de que el agente de inteligencia de Nueva Orleans Guy Banister estuviera cerca del "supercazador" de JFK. Sólo una de estas referencias a la ADL tenía un vínculo directo con el asesinato de JFK en sí: el hecho de que el agente de inteligencia de Nueva Orleans Guy Banister estuviera cerca del "supercazador de comunistas" a quien la propia ADL había descrito como "supercomunista", A. I. Botnick.

- Cuatro de las notas a pie de página de la cita de LaRouche (el 13% del total) aparecían en dos apéndices (en la tercera edición) que eran de naturaleza suplementaria y no centrales para la tesis básica del libro. (Uno de los apéndices en cuestión, sobre las extrañas actividades del informante gubernamental Roy Frankhauser, se añadió por primera vez cuando se publicó la tercera edición *de Juicio Final*).

- Dos notas eran detalles biográficos sobre el rabino Tibor Rosenbaum y otra sobre un banquero israelí que formaba parte del consejo del Banco de Crédito Internacional de Rosenbaum.

- Dos notas hacían referencia a un tiroteo en Israel en la década de 1940. Otra de esas notas señalaba que el hermano de un fundador de Permindex había participado activamente en el tráfico de armas para el Irgun israelí.

- Uno de ellos se refería a los vínculos de Meyer Lansky con la tristemente célebre "Operación Underworld", que utilizó a los bajos fondos contra las potencias del Eje.

- Tres notas trataban de diversos vínculos bancarios y empresariales con la Mafia y el Mossad que no tenían relación directa con el asesinato de Kennedy en sí.

- Una nota señalaba que el bufete de abogados del presidente de Permindex, Louis Bloomfield, tenía vínculos con los intereses de Bronfman.

- Cuatro notas contenían información general sobre cuatro personas relacionadas con el Permindex de Tibor Rosenbaum.

- Una nota hacía referencia al hecho de que la OAS francesa había recibido dinero de Guy Banister.

- Un memorándum se refería a los vínculos del ex agente del FBI Walter Sheridan con Resorts International.

- Una nota trataba de los posibles vínculos de la familia Hunt con el desarrollo nuclear israelí. (Otras dos notas de este tipo se encontraban entre las mencionadas anteriormente, que trataban de pasada sobre ADL).

- Una nota es una cita en profundidad del ex informante federal encubierto Roy Frankhauser, sobre la que dije: "mucho de lo que Frankhauser dice es cierto y está fuera del alcance de este libro". De hecho, esta es la única cita de LaRouche sobre el tema del asesinato de JFK per se.

- También debo señalar que gran parte del material anterior procedente de fuentes de LaRouche también aparece en otros libros sobre el asesinato de JFK y la historia del crimen organizado, entre otros.

- Cuando me puse en contacto con el mencionado Morrock -quien me confesó que se consideraba "sionista"- y le confronté con la desinformación, me dijo en términos inequívocos que no creería "nada" de lo que yo dijera. También admitió que nunca había investigado a fondo el asesinato de JFK, un hecho que sugiere que su verdadera motivación para tratar de desacreditarme fue estimulada en gran parte por el hecho de que yo me había atrevido a poner a Israel en el cuadro. Morrow también hizo la extravagante afirmación de que estaba claro que mi jefe, Willis Carto, era esencialmente el verdadero autor del libro y que Carto había "dictado" el libro, lo que, por supuesto, simplemente no es cierto. Pero ese es el tipo de críticas con las que he tenido que lidiar.

- En esta edición de *Juicio* Final he incorporado bastante información nueva procedente de fuentes adicionales, y he incorporado más información de varias fuentes que se han citado en las notas de referencia de ediciones anteriores. Sin embargo, me gustaría añadir, para que conste, que la inclusión de esta nueva información no altera en absoluto las estadísticas mencionadas anteriormente. Mis fuentes son variadas y proceden de distintos puntos de vista. La gran mayoría de ellas se citan por primera vez (como en ediciones anteriores) en un libro sobre el asesinato de JFK. Sigo estando bastante satisfecho con mi elección de fuentes y creo que el lector de mente abierta estará de acuerdo en que las fuentes se complementan bastante bien. Como siempre, dejaré al lector la decisión final.

¿Cómo sabía qué fuentes eran fiables?

Como mencioné antes, me basé en un gran número de fuentes y una abrumadora mayoría de esas fuentes son fuentes de la "corriente principal", incluso las que forman parte de los libros sobre la conspiración del asesinato de JFK. No encontré nada en ningún punto importante de ninguna parte del libro que no parezca estar respaldado por otras fuentes. La cuestión es que el libro se basa en fuentes clásicas. Supongo que el mayor problema de la investigación en un área como ésta es que encuentras muchas fuentes que son propaganda tendenciosa: desinformación diseñada para confundir. Sin embargo, hice un serio esfuerzo por intentar contar continuamente (sobre todo cuando tenía dudas) con una serie de fuentes que confirmaran los hechos básicos del área concreta sobre la que estaba escribiendo.

¿Qué han dicho los autores de otros libros sobre JFK acerca de Juicio Final?

Es una pregunta muy interesante, por no decir otra cosa. Tomemos como ejemplo a Jim Marrs. Marrs es el autor del monumental libro *Crossfire*, que examina casi todos los complots para asesinar a JFK. Este libro salió antes de *Juicio Final* y el libro de Marrs, en su defensa, entra en la conexión Permindex y cita la *Revisión Ejecutiva de Inteligencia* de la organización LaRouche en relación con el Permindex.

Sin embargo, Marrs no va más allá de mencionar la posibilidad -aunque nunca la reconoce necesariamente como un hecho- de que Permindex tuviera vínculos con el narcotráfico internacional. (Marrs nunca menciona a Lansky. Para él sólo se trata de "la mafia"). Y, por supuesto, Marrs nunca entra en la conexión israelí, a pesar de que, como ya he señalado, la fuente de Marrs, la *Executive Intelligence* Review, se centra en el papel de la figura del Mossad Tibor Rosenbaum en Permindex.

De todos modos, envié a Marrs un ejemplar de *Juicio* Final después de que se publicara por primera vez. Sin embargo, debo admitir que en mi carta a Marrs señalé algunas cosas sobre Oliver Stone que me hacían sospechar de los motivos de Stone para llevar *JFK* a la pantalla. Señalé a Marrs que me habían dicho (aunque nunca lo confirmé, para ser sincero) que Stone era un importante contribuyente del AIPAC, el grupo de presión registrado de Israel. También señalé que Stone había ignorado la "conexión francesa" (como señalé anteriormente).

A partir de ahora mencionaré (como hice en *Juicio final*) que Oliver Stone pagó a Jim Marrs unos 200.000 dólares o más cuando Stone estaba editando *JFK*. Así que entiendo por qué Marrs era reacio a criticar o reconocer las críticas de un hombre que, obviamente, le había hecho rico de la noche a la mañana.

Y no hay que olvidar que el "pez gordo" detrás de Oliver Stone y la película *JFK* era Arnon Milchan, el productor ejecutivo de la película, que ha sido descrito por el columnista liberal Alexander Cockburn como "el mayor traficante de armas de Israel". Dicho esto, más recientemente Marrs ha dicho algunas cosas amistosas sobre *Juicio Final*, aunque no lo ha respaldado totalmente.

También envié una copia del libro a William Turner, que fue investigador de asesinatos y coautor de *Deadly Secrets* (antes *The Fish is Red*) que trata de los complots conjuntos de la CIA y el crimen organizado contra Fidel Castro que parecen solaparse con el complot del asesinato de JFK. También envié un ejemplar de *Juicio Final* a Gaeton Fonzi, autor de *La última investigación*, que fue investigador de la Comisión de Investigación del Asesinato de JFK. Incluso le señalé a Fonzi que él y yo teníamos al menos un conocido común. Sin embargo, nunca recibí acuse de recibo ni de Turner ni de Fonzi.

Tampoco he tenido noticias de Jack Newfield, del *New York Post*, a quien envié un ejemplar del libro. La afirmación más reciente de Newfield es su historia de que el jefe de los Teamsters, Jimmy Hoffa, estuvo detrás del asesinato de JFK, una teoría que dio en el clavo. La historia de Newfield de que "Hoffa mató a JFK" surgió de su relación con Frank Ragano, antiguo abogado de Hoffa y del jefe de la mafia de Tampa Santo Trafficante. Incluso reté a Newfield a debatir el tema en un programa de radio nacional llamado Radio Free America, presentado por mi colega *de Spotlight* Tom Valentine.

También envié una copia de mi libro a David Scheim, autor de *Contract on America*, que sostiene que la Mafia mató a JFK. El libro de Scheim, en mi opinión de autor y editor que presta atención a estas cuestiones, no es más que una reescritura enriquecida y ampliada de *The Plot to Kill the President (El complot para matar al presidente)*, de G. Robert Blakey, que fue director de la investigación de la Comisión de Asesinatos y, como tal, estaba decidido a no encontrar ninguna implicación de la CIA, el FBI o la comunidad de inteligencia en el asesinato del presidente.

Como señalé en *Juicio final*, Scheim tendía a retratar a Meyer Lansky como un personaje insignificante que era una figura mafiosa de bajo nivel, un fracasado de la mafia, cuando obviamente era mucho más grande que eso. Scheim -¿me atrevo a decirlo? -es judío, y eso puede haber influido en su parcialidad. El hecho es que, sea cual sea su sesgo, Scheim goza de cierta credibilidad en ciertos círculos. Sin embargo, nunca acusó recibo del libro ni accedió a debatir conmigo, como yo le había pedido.

Si mi teoría es tan ridícula, creo que a Scheim le encantaría tener la oportunidad de demolerla, no sólo porque cree que "La Mafia mató a JFK", sino porque como judío estadounidense (y quizás como devoto de Israel) tendría la oportunidad de refutar la afirmación de que el Estado judío tuvo un papel en el asesinato. Pensé que aprovecharía esta oportunidad de oro para demolerme públicamente. Pero Scheim nunca aceptó mi oferta de debatir.

Un buen amigo mío, Donald L. Kimball, ha escrito tres libros sobre el asesinato de JFK. Es un escritor prolífico y un americano entregado, pero que yo sepa nunca ha leído *Juicio Final*. Y oí que Don rechazó *Juicio Final* de plano después de enterarse de que el libro iba a salir y dijo: "Oh, bueno, Mike se está metiendo en todo este asunto del Mossad".

¿Qué puedo decir? Creo que Don tiene la misma actitud que los investigadores más famosos del asesinato de JFK y es que están dispuestos a escribir y hablar sobre el asesinato de JFK siempre que no pisen los talones de Israel y su lobby estadounidense.

Reconozcámoslo: el lobby israelí mantiene estrechos vínculos con los medios de comunicación estadounidenses y, en particular, con la industria editorial y de distribución. Cualquiera que niegue la existencia de un fuerte sesgo pro-israelí en los medios de comunicación estadounidenses es, una vez más, un mentiroso o un tonto, o ambas cosas. Así que entiendo por qué los autores de los libros sobre el asesinato de JFK no quieren enfrentarse a los medios de comunicación. No les interesa económicamente hacerlo.

En la sección "¿Una última palabra?" de este libro, hablo de mis aventuras en foros de discusión de Internet dedicados al asesinato de JFK, intercambiando ideas (e insultos) con grupos de personas excepcionalmente eclécticos: algunos de mente abierta, otros de mente estrecha, pero todos con opiniones diversas. Es cierto que había mucha hostilidad hacia mi enfoque particular, pero me sorprendió gratamente (como verán) encontrar un buen número de personas dispuestas a darme su opinión amistosa y que no estaban dispuestas a rechazar mi teoría por completo. Al mismo tiempo, sin embargo, descubrí que incluso algunos de los críticos más competentes de mi teoría eran, de hecho, incapaces de refutarla (al menos en lo que a mí se refería) y esto fue un alivio para mí, pues francamente temía que tal vez se me hubiera escapado algún detalle en alguna parte que hiciera que la tesis del Juicio Final se viniera abajo. Pero no ocurrió - y no creo que ocurra nunca.

¿Y qué hay del Centro de Investigación e Información sobre el Asesinato de JFK en Dallas? Hasta que el centro cerró sus puertas recientemente, solían celebrar una reunión anual en la que los entusiastas y fanáticos de JFK acudían a Dallas para hablar de su tema favorito: reflexionar sobre todas las teorías posibles acerca de si el disparo mortal se había efectuado desde una alcantarilla o desde un platillo volante. Debaten sobre estos temas durante horas. Sin embargo, cuando pedí ir a Dallas para hablar de *Juicio Final*, del que ya se habían vendido 8.000 ejemplares en todo Estados Unidos, ni siquiera obtuve el reconocimiento de estas personas que supuestamente se dedican a buscar la verdad.

Ahora bien, o estoy loco o tengo razón y no quieren hablar de ello. Dejo a los lectores de *Juicio* Final decidan por sí mismos. No creo que nadie que haya leído *Juicio Final* con un enfoque abierto y honesto me considere un maníaco. Sin embargo, la gente del JFK Center de Dallas ha adoptado la actitud de mi amigo Don Kimball, que tiene miedo de involucrarse en cualquier cosa que tenga que ver con el Mossad.

El Centro JFK era un negocio lucrativo que necesitaba publicidad. No conseguirían buena publicidad (ni ninguna publicidad, para el caso) si empezaran a hablar de la posible implicación israelí en el asesinato.

Publiqué *Juicio Final* en el programa de 1993 de la conferencia anual del Centro JFK y envié un correo a unas 300 personas que asistieron a esa conferencia y recibí varias cartas amistosas de varios investigadores. Sin embargo, llegué a la conclusión de que estas personas están más interesadas en debatir cosas que nunca podrán responderse: cuántos disparos se hicieron, qué tipo de balas se utilizaron, dónde cayeron las balas, etcétera. La lista de estas preguntas -y de las respuestas que faltan- es larga.

Sin embargo, estas no son las cuestiones que necesitamos resolver. Lo que tenemos que resolver es quién mató realmente a John F. Kennedy y por qué. Perseguir esta pregunta es encontrar la respuesta más desagradable: que los israelíes estuvieron realmente implicados en el complot para asesinar a JFK. Eso es algo que los debiluchos no quieren admitir.

¿Ha introducido algún cambio importante en las conclusiones a las que llegó en el juicio final desde que se publicó el libro por primera vez?

Había muchos errores tipográficos en las ediciones anteriores del libro. Pero, lo que es más importante, los pequeños errores de hecho que aparecían en ediciones anteriores han sido corregidos y en mi "desafío a los lectores" especial he señalado estos errores para que conste y he subrayado que no tenían nada que ver con la tesis del libro. Aparte de estas correcciones, no he revisado la tesis original presentada en la primera edición.

He reforzado el libro aquí y allá, pero no he eliminado ningún dato sustantivo relacionado con la tesis en sí. De modo que el libro es esencialmente como fue escrito originalmente, pero ahora es mucho más fuerte y mucho más completo que nunca, cubriendo áreas relacionadas con el asesinato y el encubrimiento que no estaban cubiertas en ediciones anteriores, en particular los nuevos descubrimientos que he desenterrado sobre el trabajo poco conocido de Frank Sturgis, un agente de la CIA para el Mossad durante mucho tiempo - un detalle explosivo de hecho.

Desde la publicación de la primera edición también he llegado a la conclusión de que el llamado vínculo de la "Mafia" con el asesinato de JFK es más bien una distracción y al resumir mis conclusiones he citado esta reevaluación en beneficio de los lectores, aunque aquellos que hayan leído incluso la primera edición descubrirán que desde el principio había definido muy cuidadosamente la probabilidad de implicación de la "Mafia" como superficial en el mejor de los casos.

Usted ha criticado la película JFK de Oliver Stone. ¿Por qué lo ha hecho? ¿No hizo Stone un buen trabajo al exponer nuevos hechos sobre el asesinato de JFK a un público más amplio de lo que nadie lo había hecho antes?

Los defensores de Stone han señalado que Stone tenía un tema muy complicado que tratar en la película y que no podía incluirlo todo, y eso es absolutamente cierto.

No puedo estar en desacuerdo con eso. Los defensores de Stone también dicen: "Bueno, si quería sacar al menos parte de la historia, Stone no podía ahondar realmente en la conexión con Israel -aunque quisiera- porque no habría podido conseguir financiación ni distribución para la película". Esa es la verdad.

Sin embargo, los intereses financieros que están detrás de la producción, distribución y promoción de la "historia alternativa" o "teoría alternativa" del asesinato de JFK de Oliver Stone están vinculados tanto a Israel como al Sindicato del Crimen de Lansky, a su vez vinculado tanto al Mossad como a la CIA, e incluso más específicamente durante el período de los complots de la CIA y la mafia contra Castro, que según todos los investigadores parecen haber desempeñado al menos un papel periférico en los acontecimientos que condujeron al asesinato del Presidente.

Así que tengo que preguntar a los defensores de Stone: ¿cuál es su opinión sobre la película de Stone a la luz de lo que creo que son pruebas significativas de que el Mossad desempeñó un papel clave en el asesinato de JFK? ¿Fue de hecho la película de Stone "propaganda tendenciosa" diseñada para dar al pueblo estadounidense un "juicio final" popularizado, por así decirlo, sobre lo que supuestamente ocurrió en Dallas? Efectivamente, eso es lo que hizo la película, y lo hizo de tal manera que la "solución" dista mucho de serlo.

¿Qué opina de la película *Acción ejecutiva*?

Mark Lane fue uno de los principales instigadores de esta película, pero al final Lane no quedó satisfecho con la versión final de la película porque, en su opinión, no abordaba suficientemente el papel de la CIA en el asesinato del Presidente Kennedy. En conjunto, sin embargo, *Acción ejecutiva* es una película buena y bien hecha, y no hay duda de que Stone se basó en gran medida en los fundamentos establecidos por *Acción ejecutiva* para estructurar su propia película. Al igual que la película de Stone, *Executive Action* no nombra a conspiradores de alto rango per se. La película, como la de Stone, revela un cierto sesgo "liberal", si se quiere. Sin embargo, me sigue pareciendo muy instructivo ver la película, ya que esboza una teoría, muy concisa, de cómo un pequeño grupo de conspiradores podría haber llevado a cabo el asesinato de JFK. Invito a todos los que quieran conocer la conspiración del asesinato de JFK a ver *Executive Action*.

¿Cómo reaccionó el mundo árabe ante su libro, dado que acusa a Israel del asesinato de JFK?

Los árabe-americanos que leyeron el libro dijeron que era un libro excelente. Un pastor cristiano árabe-americano, que por cierto no es el estereotipo de "árabe rico", compró nada menos que 102 ejemplares. Envié ejemplares a todas las embajadas árabes y recibí una carta de agradecimiento que decía: "Estoy deseando leer su libro".

La embajada libia en Nueva York compró tres ejemplares más del libro después de recibir mi ejemplar gratuito. Pero el libro no ha sido subvencionado por los árabes y no es propaganda árabe. Tampoco fue diseñado por los árabes. Sólo después de la publicación de la cuarta edición, una editorial árabe decidió finalmente publicar una traducción árabe del libro. Así que el dinero árabe nunca fue un factor detrás de la publicación y distribución de la edición original del libro y la verdad es que ni siquiera la editorial árabe del libro le proporcionó el tipo de distribución que yo hubiera deseado.

Debo decir, sin embargo, que me alegró recibir una invitación para intervenir en el segundo Diálogo Verde por un Orden Mundial Alternativo, celebrado en Trípoli (Libia) bajo el patrocinio de la Sociedad Vienesa Jamahir de Filosofía y Cultura.

Lamentablemente, debido a las restricciones de entrada en Libia (impuestas a los estadounidenses bajo la presión del lobby israelí), no pude asistir. Sin embargo, los organizadores me pidieron que presentara una declaración escrita que se leyó a los participantes de todo el mundo. Posteriormente, recibí maravillosas cartas de personas de Malta, Ghana, Guyana y Nueva Zelanda que, al parecer, se sorprendieron profundamente al saber que algunos estadounidenses no temían plantear cuestiones sobre las relaciones entre Estados Unidos e Israel. Estoy agradecido a la gente del llamado "Tercer Mundo" que se tomó el tiempo de escribir y agradezco que haya algunos lugares donde la libertad de expresión (cuando se trata de intrigas israelíes) todavía existe.

Debo mencionar, además, que cuando mi editor intentó comprar un anuncio a toda página de *Juicio Final* en las páginas de una publicación "proárabe", *The Washington Report on Middle East Affairs*, los editores se negaron. No porque el anuncio fuera "controvertido", sino porque los editores temían que la Liga Antidifamación (ADL) de B'nai B'rith utilizara la publicación del anuncio para sugerir que estaban de alguna manera conectados con mi entonces empleador, Liberty Lobby, que la ADL declaró "antisemita". (Sin embargo, *The Washington* Report publicó una carta mía al director, una concesión menor, supongo). Pero la influencia de la ADL se deja sentir incluso entre quienes se inclinan por el punto de vista "arabófobo".

Recientemente, en el número de octubre/noviembre de 1999 de The *Washington Report*, Tim Hanley, autor de una carta, declaró: "Existen pruebas considerables que vinculan a los israelíes con el asesinato de JFK. Es un tema demasiado candente para el [*Washington Report*], pero sin embargo hay pruebas...". ¿Por qué dudo de que sea un tema para el escrutinio público?".

A la carta del Sr. Hanley, el editor respondió lo siguiente: "... Añadamos que, aunque sabemos que mucha gente en Oriente Próximo asocia el asesinato de JFK con la posibilidad de que estuviera a punto de reorientar la política estadounidense en Oriente Próximo hacia un enfoque más ecuánime, no existen pruebas fehacientes que vinculen esto con su muerte."

Está claro que los editores del *Washington Report* no están dispuestos a publicar *Juicio Final*, a pesar de que muchos de sus lectores obviamente han leído *Juicio Final* o han oído hablar del libro. Dudo de su criterio, pero la decisión es suya.

En marzo de 2003, tuve la oportunidad única de dar una conferencia ante uno de los principales grupos de reflexión árabes de Oriente Próximo, el Zayed, Centro Internacional de Coordinación y Seguimiento -para gran consternación de la Liga Antidifamación, que levantó un gran revuelo por mi aparición allí-, pero el tema *del Juicio* Final sólo se mencionó de pasada como parte de mi conferencia sobre la parcialidad de los medios de comunicación estadounidenses a favor de Israel.

¿Ha habido alguna reacción a su libro en Israel?

Hasta ahora, la reacción en Israel ha sido limitada. La primera reacción fue un análisis bastante interesante en Internet de *Juicio Final*, escrito por Barry Chamish, el inconformista periodista israelí, que afirmó que *Juicio Final* "demuestra que el Mossad fue la fuerza impulsora del asesinato de JFK." Descrito como un "sionista" que dice estar "comprometido con la fuerza y la supervivencia de Israel", Chamish contribuyó a causar una tormenta en Israel recientemente al demostrar, para satisfacción de muchos, que los servicios secretos de Israel estuvieron implicados en el asesinato del Primer Ministro israelí Isaac Rabin.

En su análisis de *Juicio Final*, dice que acepta mi argumento de que Permindex era efectivamente una tapadera del Mossad para operaciones encubiertas. Se trata, en efecto, de una concesión importante, dado el debate existente entre los investigadores sobre lo que era o no Permindex.

Chamish formuló varias críticas, pero ninguna de ellas iba en detrimento de la tesis básica que Chamish sostenía en esencia. Dijo que, en su opinión, "Piper tiene razón y se equivoca... lo inquietante es que no hace falta mucho de lo que él encontró correcto para aportar pruebas de la implicación israelí" en el asesinato de JFK.

Chamish dijo que una de las cosas en las que me había equivocado era que había descrito al ex Primer Ministro israelí Menachem Begin (a quien Chamish admira) como un antiguo "terrorista". Esa descripción es una cuestión de opinión, abierta al debate. Begin mató a oficiales británicos en Palestina. Los hizo estallar con bombas. Eso es terrorismo, según mi definición.

Sin embargo, Chamish está de acuerdo en que mi sugerencia de que el Primer Ministro israelí David Ben-Gurion (enfadado con JFK por intentar impedir que Israel construyera la bomba nuclear) decidió así, en palabras de Chamish, "utilizar la experiencia del Mossad en el asesinato de [JFK]" es una especulación razonable. Chamish ha declarado que, en su opinión, "el principal complot para el asesinato fue estadounidense y su génesis fue anterior a cualquier posible implicación israelí". Cree que "Estados Unidos corrompió a Israel y no al revés".

Chamish dijo que antes se habría inclinado por descartar mi tesis como "una historia fantástica", salvo que en su investigación sobre el asesinato de Yitzhak Rabin, "descubrió de forma independiente demasiados hechos en común con Piper".

Tras señalar que era corresponsal *de Spotlight* (sobre el que Chamish probablemente ha oído algunos rumores selectos), Chamish dijo que "no es realmente emocionante para mí", pero señala que "aproximadamente la mitad de las fuentes de Piper son judías" y que "en conjunto, Piper no parece antisemita y puedo detectarlas a la legua. Creo que es un sincero buscador de la verdad".

Chamish dice que "el peso de las pruebas [de Piper] es 'circunstancial' pero aún así 'impresionante', aunque 'lejos de ser concluyente'". Sin embargo, yo fui el primero en señalar que, aunque las pruebas presentadas en *Juicio Final* son circunstanciales, no son menos circunstanciales que las presentadas por quienes sostienen, por ejemplo, que "la Mafia mató a JFK".

Chamish también llegó a relacionar *Juicio* Final con la muerte de JFK Jr, hijo del difunto presidente. Chamish señaló -como ya hice notar en la cuarta edición de *Juicio Final* un año antes de la muerte del joven Kennedy- que JFK Jr. había publicado un detallado informe en el número de marzo de 1997 de su revista *George en* el que afirmaba que la inteligencia israelí estaba detrás del asesinato de Rabin. Así pues, concluye Chamish, "no sabemos qué llevó a [JFK Jr.] a buscar por su cuenta la verdad sobre Rabin, pero puede que tuviera mucho que ver con la información de *Juicio Final*". Para un israelí, no hace falta decir que se trata de un apoyo muy fuerte y honesto.

Más recientemente, el disidente israelí de fama internacional Israel Shamir citó *Juicio Final* en uno de sus escritos. Shamir -no confundir con el primer ministro israelí Yitzhak Shamir- ha criticado duramente la violencia continuada de Israel y la conspiración internacional contra sus enemigos.

En *Juicio Final*, usted acusa al durante mucho tiempo Primer Ministro israelí Yitzhak Shamir de estar directamente implicado en el complot para asesinar a JFK. ¿No teme una demanda por difamación de Shamir?

Shamir era jefe del equipo oficial del Mossad en el momento del asesinato de JFK, por lo que es poco probable que quiera llamar la atención sobre este hecho presentando una demanda por difamación contra mí. Eso abriría una desagradable caja de Pandora que los israelíes simplemente preferirían mantener en secreto.

Nunca dice quiénes cree que fueron los verdaderos asesinos del presidente Kennedy en Dallas. ¿Quiénes fueron?

En el libro señalo que se barajaron varios nombres como posibles asesinos "franceses" en Dallas, entre ellos un tal Michael Mertz. Éste tenía vínculos no sólo con el servicio de inteligencia francés y las fuerzas anti-De Gaulle de la OEA, sino también con la red de narcotráfico de Lansky y Trafficante y con la llamada mafia corsa, cuyos miembros luchaban a su vez contra la OEA. Así que ya ven que este posible asesino tiene vínculos en muchas direcciones con diversas facciones de la inteligencia francesa y con todos los elementos precisamente no franceses que trabajaban contra JFK.

Existen pruebas fehacientes de que exiliados cubanos anticastristas estuvieron implicados de un modo u otro en los sucesos de Dealey Plaza. Tenemos a los hermanos Novo (Guillermo e Ignacio) a quienes la ex agente de la CIA Marita Lorenz dice haber acompañado a Dallas el día antes del asesinato. No hay que olvidar que el individuo que era el "supervisor" de la señorita Lorenz y de los Novo era Frank Sturgis, que trabajó durante años para la CIA y el Mossad, y el propio Sturgis le dijo más tarde a Lorenz que su equipo estaba implicado en el asesinato, aunque nunca dijo que fueran los autores materiales de los disparos. La señorita Lorenz declaró que Sturgis le había dicho que actuaría como "señuelo" en la operación y que sólo después del asesinato se dio cuenta de que sus actividades la habían llevado a la esfera de la conspiración del asesinato.

Probablemente hubo muchas personas que fueron llevadas a Dallas como parte de equipos potenciales o posibles de asesinato que nunca fueron realmente utilizados o que pueden haber desempeñado un papel de alguna manera antes o después de que el crimen tuviera lugar. Al final, los verdaderos asesinos no eran más que "sicarios" de gente de niveles mucho más altos. Lo importante es saber quién planeó el asesinato. Eso es lo que realmente cuenta.

¿Por qué no abordar cuestiones como desde dónde se efectuaron los disparos, dónde cayeron o qué tipo de balas o armas se utilizaron? En conjunto, ¿no ayudan estos elementos a resolver el misterio del asesinato de JFK?

La cuestión de fondo es: "¿Quién mató a John F. Kennedy y por qué?". En *Juicio Final*, cité a Vincent Salandria, investigador del asesinato de JFK desde hace mucho tiempo, diciendo: "Mientras que los investigadores han estado involucrados en la búsqueda microanalítica de hechos sobre cómo se llevó a cabo el asesinato, casi no ha habido un pensamiento metódico sobre por qué el presidente Kennedy fue asesinado." Creo que eso lo resume bastante bien.

John F. Kennedy murió ese día en Dallas. Como consecuencia directa de su muerte, la política exterior estadounidense no sólo cambió en relación con Vietnam, sino que también dio un giro de 180 grados en el ámbito de la política estadounidense hacia Israel y el mundo árabe. Creo que el gran problema de muchos investigadores del asesinato de JFK es que no han mirado en la dirección de la controversia sobre Oriente Próximo y ese es un gran problema que no han podido superar.

Los responsables del asesinato de John F. Kennedy no encuentran nada más divertido que el espectáculo de "investigadores serios" pisándose los unos a los otros y escupiendo información de segunda, tercera y cuarta mano, intentando determinar de dónde procedían los disparos treinta años después del crimen. Esto no resuelve en absoluto la controversia.

Mark Lane demostró en *Rush to Judgment* que había mucho más en la historia y libros posteriores como, sobre todo, *Six Seconds* in Dallas, de Josiah Thompson, analizan los aspectos forenses de forma convincente. Sin embargo, la cuestión de la conspiración y el encubrimiento dejó de estar en duda tras la aparición de dichos libros.

Por eso sabemos desde hace treinta años que hubo una conspiración, que participaron varios asesinos. No importa cómo cometieron el crimen, al fin y al cabo, porque el crimen fue un éxito. Nunca se han encontrado las armas utilizadas en el crimen y gran parte de las pruebas de autopsia y balística que existen pueden ser falsificaciones. Es poco probable que alguna vez encontremos un "arma homicida" comprada por un conocido asesino del Mossad.

Así que dejemos de intentar responder a preguntas que nunca tendrán respuesta y empecemos a examinar las conexiones de quienes estuvieron implicados en el complot de una forma u otra: Clay Shaw, David Ferrie, Guy Banister, Carlos Marcello, Santo Trafficante, los asesinos franceses y muchos otros. Cuando examinamos los vínculos entre estos nombres tan conocidos, como hice en *Juicio Final*, no podemos evitar tropezar con la conexión israelí. Es un vínculo omnipresente.

¿Por qué nadie descubrió la conexión israelí con el asesinato de JFK antes de que se publicara Juicio Final?

Como he señalado antes, sólo hace relativamente poco tiempo que la difícil relación entre John F. Kennedy e Israel ha salido a la luz pública. Así que la mayoría de la gente ni siquiera sabía que había que mirar primero en la dirección israelí. Cuando el autor liberal Richard Reeves apareció en el programa de radio de Pat

Buchanan, promocionando su nueva historia sobre la administración Kennedy, telefoneé y pregunté sobre la política de JFK en Oriente Medio en el contexto de la posible implicación israelí en el asesinato de JFK. Reeves reconoció brevemente que JFK estaba involucrado en una situación poco amistosa con Ben-Gurion, pero antes de que pudiera seguir con el asunto, el copresentador de Buchanan, Ben Wattenberg, un fanático de Israel, me interrumpió cortándome el aire, debo añadir, y cambió el tema de la discusión a la salud de JFK. ¡Demasiado para la política de JFK en Oriente Medio!

¿Por qué el fiscal del distrito de Nueva Orleans, Jim Garrison, nunca reveló los vínculos de Clay Shaw con los israelíes y el Sindicato del Crimen de Lansky a través de su pertenencia a la junta de Permindex? Garrison conocía Permindex.

Creo que esto se debe a que el propio Garrison desconocía claramente la relación con Israel en primer lugar, y no tenía motivos para sospechar de la implicación israelí, ya que en ese momento, a finales de los años 60, el conflicto de JFK con Israel era realmente un profundo y oscuro secreto.

Sin embargo, como sabemos ahora, según el investigador A. J. Weberman, es evidente que Garrison llegó más tarde a la conclusión de que existía una conexión con el Mossad, lo que quedó claro al hacer circular el manuscrito de una novela (nunca publicada) en la que identificaba al Mossad como la fuerza impulsora de la conspiración del asesinato.

Como señalé en *Juicio Final*, Garrison no consideró (al menos inicialmente) que las conexiones Permindex de Shaw fueran fundamentales para los acontecimientos de Dallas. Esto indica que Garrison realmente perdió el tren, ya que había tropezado con la clave de las conexiones de inteligencia de Clay Shaw y claramente no las comprendió. Una de las cosas que más lamento es que Jim Garrison no viviera para leer *Juicio Final*.

Sin embargo, como he mencionado antes, quienes identificaron el vínculo Permindex, como el Dr. John Coleman y la *Executive Intelligence Review*, no identificaron con precisión por qué los propios israelíes tenían interés en eliminar a JFK. No examinaron la política de JFK en Oriente Medio ni cómo se invirtió esa política tras la muerte de JFK, por no hablar del hecho de que JFK estaba tratando de impedir que Israel construyera la bomba nuclear, que al final fue casi con toda seguridad la fuerza impulsora de la implicación de Israel en la conspiración del asesinato.

De hecho, después de escribir *Juicio Final*, encontré dos artículos muy antiguos y relativamente oscuros que realmente destacaban el papel del Mossad y del Sindicato del Crimen de Lansky en la conspiración.

El artículo apareció en algún momento de los años 80 en el informe de la Liga de Defensa Cristiana con sede en Metairie, Luisiana, y este artículo básicamente resumía la idea básica de la teoría expuesta en *Juicio Final* en unos diez párrafos diciendo, esencialmente, que era probable que los israelíes estuvieran implicados en el asesinato de JFK debido a los problemas que JFK tenía con los israelíes y la llamada "Mafia", a menudo culpada del asesinato de JFK, que de hecho estaba dominada por el discípulo de Israel, Meyer Lansky.

Hablé con el Dr. James K. Warner, de la Liga de Defensa Cristiana, y le dije que tenía que dar crédito a quien lo merecía. En aquel momento, Warner había olvidado incluso que el artículo se había publicado. Pero, curiosamente, este breve artículo trataba muy bien el tema.

También debo rendir homenaje al difunto Ned Touchstone, también de Luisiana, que era editor de un periódico llamado *The Councilor*. Touchstone había investigado de hecho el asesinato de JFK y ahora me he enterado de que fue Touchstone una de las primeras personas que se cruzó con el agente de la CIA David Ferrie, del que se habla en detalle en el Apéndice 3.

Para crédito de Touchstone, en realidad destacó las conexiones de alto nivel del lobby israelí de la poderosa familia Stern de Nueva Orleans, que eran los propietarios de la radio y televisión WDSU en Nueva Orleans, así como amigos cercanos de Clay Shaw. Como describí en detalle en *Juicio Final*, fueron los medios de la WDSU los principales responsables del esfuerzo mediático que sentó las bases para el perfil previo al asesinato de Lee Harvey Oswald como "agitador procastrista". Fue Touchstone quien sugirió que de alguna manera los Stern podrían haber sido la clave del rompecabezas del asesinato de JFK, pero claramente no tenía pruebas sólidas, de nuevo quizás porque nadie sabía exactamente hasta qué punto se había desarrollado un problema entre JFK y los israelíes antes del asesinato.

Touchstone descubrió por primera vez la foto de Clay Shaw en una fiesta patrocinada por la cadena WDSU de la familia Stern en Nueva Orleans. Durante muchos años se creyó que Ferrie también aparecía en la foto. Recientemente han surgido serias dudas sobre si Ferrie era realmente la persona que aparecía en la foto con Shaw, pero ha habido otras fuentes que han dicho que Shaw y Ferrie se conocían. Por lo tanto, si era o no Ferrie el de la foto es completamente irrelevante por el momento.

Hay mucho más que decir sobre la relación de JFK con Israel. Sólo recientemente, en 1995 de hecho - después de la publicación de *Juicio Final* - el Departamento de Estado hizo público un enorme volumen de documentos inéditos sobre las relaciones de EE.UU. con Israel durante la administración Kennedy. Y se trata de documentos que confirman que JFK y el primer ministro israelí Ben-Gurion se enzarzaron en un amargo conflicto entre bastidores por el deseo de Israel de construir un arma nuclear.

El libro del Departamento de Estado, publicado a través de la Government Printing Office, es *Foreign Relations of the United States (1961-1963) Volume XVII - Near East (1961-1962)*. Una muestra de estos documentos se cita en esta edición de *Juicio Final* y proporciona pruebas contundentes del amargo conflicto entre JFK y Ben-Gurion sobre el programa de bombas nucleares de Israel.

Además, por supuesto, el nuevo libro de Avner Cohen, *Israel y la bomba,* ha proporcionado una gran cantidad de nueva información sobre la guerra no oficial de JFK con Israel. Cohen ha dicho que rechaza mi teoría de la implicación israelí en la conspiración de JFK, así que no hay duda de que su libro (le guste o no) da credibilidad a mi tesis, le guste o no a Cohen.

Había mucha repetición en Juicio Final. Muy a menudo dices lo que vas a decir en capítulos posteriores o lo que has explicado en capítulos anteriores. ¿No sería el libro mucho más eficaz si hubiera tenido un editor que hubiera eliminado estas referencias repetitivas del libro?

Es una pregunta interesante. En mi círculo más cercano que leyó el libro antes o después de su publicación, la repetición era algo que casi siempre destacaban cuando les preguntaba qué les gustaba o no del libro. De hecho, siete de cada diez dijeron que les gustaba la repetición, explicando que unía todos los temas complejos.

El libro en sí es bastante detallado e intenta relacionar temas que en principio no parecen estar conectados (aunque sin duda lo están). Así que, al escribir el libro, tomé la decisión consciente de intentar relacionar todas estas cosas tan a menudo como fuera posible. El libro se habría acortado si se hubieran eliminado esas referencias repetitivas, pero para alguien que no conociera muchos de los detalles sobre el asesinato de JFK, sobre la historia de la relación de JFK con Israel, sobre el crimen organizado, podría haberle resultado más difícil entender toda la tesis si no se hubiera enlazado repetidamente de la forma en que yo lo hice.

En cualquier caso, agradezco los comentarios críticos de los lectores, porque siempre es interesante ver cómo perciben los demás mi trabajo. Sin embargo, incluso en retrospectiva, a pesar de las críticas de algunas personas que conozco bien y cuyas opiniones respeto, creo que mi criterio en este asunto fue correcto.

En Juicio Final, usted nunca afirma con precisión si fue la CIA o el Mossad el principal instigador del asesinato de JFK. En otras palabras, ¿quién cree usted que fue el "socio principal" en el complot para asesinar a JFK? No puede tener las dos cosas. ¿Fue la CIA o el Mossad?

No sé si fue la CIA o el Mossad quien instigó la conspiración. Me gustaría subrayar que, en el ámbito de la política estadounidense en Oriente Próximo, la CIA y el Mossad eran, como he mencionado antes, prácticamente las dos caras de una misma moneda. James J. Angleton, aliado del Mossad en la CIA, convirtió a muchos agentes de la CIA esencialmente en agentes del Mossad, trabajando en nombre de los intereses de Israel, no sólo en Oriente Medio sino en todo el mundo.

En muchos casos, había sin duda muchos agentes de la CIA -y agentes contratados por la CIA, por ejemplo- que estaban haciendo el trabajo del Mossad y no lo sabían, no sólo en relación con el asesinato de JFK, sino también en diversas actividades encubiertas en todo el mundo.

Creo que el complot de asesinato fue en gran medida un esfuerzo de cooperación, pero creo que el vínculo con el Mossad fue fundamental para la conspiración y fue apoyado activamente e implementado por la insistencia de Angleton en la CIA en Washington.

El asesinato probablemente nunca se habría llevado a cabo sin la colaboración activa de la CIA y, evidentemente, los miembros de la CIA que participaron activamente en la trama del asesinato (Angleton en particular) eran cercanos al Mossad u operaban dentro de su esfera de influencia en una serie de ámbitos.

Por ejemplo, E. Howard Hunt, el hombre de la CIA que trabajó estrechamente con los cubanos y Guy Banister en Nueva Orleans, fue también oficial de enlace de la CIA con la OEA francesa que, a su vez, trabajó estrechamente con los israelíes. Lo mismo ocurre con Banister, otro actor importante en al menos un aspecto de la conspiración: en particular, el proceso de creación de la leyenda de Lee Harvey

Oswald como "agitador procastrista" mientras vivía en Nueva Orleans. Luego, por supuesto, está Frank Sturgis, que trabajó para la CIA y el Mossad y admitió haber participado en el asesinato.

Así que en muchos de los casos clave en los que parece que encontramos una "conexión de la CIA" con el complot del asesinato de JFK, también encontramos que es también una conexión israelí muy importante: ya sea Banister, Sturgis, Hunt o, a un nivel superior, James Angleton.

Por no hablar del veterano agente de la CIA Clay Shaw, vinculado a los israelíes a través del Permindex, patrocinado por el Mossad. En cierto sentido, todos estos actores clave llevaban dos sombreros. En esta área particular de intriga de inteligencia (el asesinato de JFK), cuando se mira a la CIA, también se mira al Mossad.

En una situación como ésta, en la que interactúan varios grupos de poder -en este caso, una conspiración para asesinar al Presidente de Estados Unidos-, se podría ver a Ben-Gurion en Israel diciéndole a James Angleton de la CIA en Washington (directa o indirectamente, por supuesto): "JFK no sólo es una amenaza para Israel, sino que también va a hacer saltar en pedazos a la CIA y a echarla a perder. Arruinará sus planes de adentrarse más en Vietnam".

Al mismo tiempo, los grupos de presión de Ben-Gurion podían susurrar al oído de los grupos de presión de los contratistas de defensa en Washington diciendo, por ejemplo: "No obtendréis vuestros grandes beneficios si JFK sale de Vietnam. Y si LBJ llega a la presidencia, sabemos de buena fe que va a iniciar un importante y muy rentable proceso de armamento de Israel. Pero nada de eso ocurrirá si JFK se queda más tiempo". Los contratistas de defensa se dan la vuelta y dicen a sus amigos de la CIA y el Pentágono: "Ese hijo de puta de Kennedy tiene que irse".

Es muy simplista, por supuesto, pero es una forma muy instructiva de ver cómo empezó a desarrollarse el proceso de la trama del asesinato.

Obviamente, Angleton y sus socios de la CIA no necesitaban que Ben-Gurion les dijera cuál era el problema de JFK con la CIA. Pero ciertamente no le hizo daño a Angleton saber que tendría la influencia política y la protección, por no mencionar la ayuda, de Israel y su red mundial y el apoyo en los medios de comunicación estadounidenses si él y la CIA decidían tomar medidas contra el presidente Kennedy.

En general, había un grupo muy unido de personas -tanto conspiradores declarados como simpatizantes poderosos- que trataban entre sí con regularidad de forma íntima y muy secreta.

He dicho muchas veces que, aunque a primera vista la conspiración del asesinato de JFK parece estar formada por muchos círculos diferentes que se superponen, sería más apropiado pensar en la conspiración como un círculo muy amplio que continúa expandiéndose hacia el interior en un vórtice muy apretado. No hay "una gran familia feliz", sino "una pequeña familia feliz" colaborando en la conspiración de JFK. Con sólo unos pocos contactos, estas personas fueron capaces de poner en marcha, financiar y orquestar esta conspiración, que obviamente cruzó varios continentes.

Nunca sabremos quién dijo: "Maten a JFK". Sería presuntuoso por mi parte tratar de comentar esto y, obviamente, no se han conservado registros de esta conspiración. En la *película JFK* de Oliver Stone, el personaje interpretado por Donald Sutherland, conocido como "Mr X" dice que sintió que la conspiración empezó "en el aire". Kennedy, dice, era como César, rodeado de enemigos. Algo estaba en marcha. Sin embargo, todo el mundo sabía lo que iba a pasar: que JFK iba a ser asesinado. Fue un golpe, y así es como funcionan. Esa es la mejor manera de ver cómo evolucionó la conspiración.

Según Pierre Neuville, mi fuente francesa, Yitzhak Shamir, jefe de asesinatos del Mossad, subcontrató al menos a un asesino o equipo de asesinos a través del coronel Georges De Lannurien de los servicios secretos franceses. Y como De Lannurien estaba con Angleton en el cuartel general de la CIA en Langley el día del asesinato, parece probable que De Lannurien supiera exactamente a quién tenían en su punto de mira esos asesinos contratados. No parece haber estado "fuera de onda". Así que, en mi opinión, hubo un gesto afirmativo por parte del Mossad para matar a John F. Kennedy. Tal vez Shamir lo hizo a petición de Angleton.

No hay duda de que fue la tensa relación de JFK con Israel una de las principales motivaciones detrás de la conspiración final, dado el papel de James Angleton, un colaborador israelí de la CIA, en la conspiración. Angleton tenía varias motivaciones para iniciar la participación de la CIA en la conspiración y una de las principales motivaciones fue sin duda su posición como líder dedicado y defensor de Israel en la CIA en Washington.

Creo que mi conclusión en *Juicio Final* es que no se puede en absoluto analizar el complot del asesinato de JFK sin tener en cuenta el papel del Mossad, sin perjuicio de otros factores, por importantes que sean.

En Juicio Final, usted dice muy poco sobre el papel del complejo militar-industrial y sus aliados en el Pentágono en el complot para asesinar a JFK.

Francamente, siempre he considerado que la teoría de que "el complejo militar-industrial mató a JFK" es una teoría evasiva. Cuando culpas al (supuesto) complejo militar-industrial culpas a industriales sin rostro, militares sin rostro, financieros sin rostro. Es un área gris y turbia con pocos detalles. Sin embargo, si quieres utilizar la terminología del "complejo militar-industrial", que sigue englobando a una gran variedad de grupos de poder, todos ellos son interdependientes. El hecho es que el lobby israelí es un elemento clave del complejo militar-industrial, hoy en día en particular. Este no era tanto el caso en la época de JFK, pero el lobby israelí empezaba a mostrar más asertividad por entonces y, como consecuencia directa de la muerte de JFK, el complejo militar-industrial empezó a fabricar las armas que Israel empezó a recibir en grandes cantidades cuando LBJ revirtió la política de JFK en Oriente Medio.

LBJ no sólo empezó a armar a Israel hasta los dientes, sino que también proporcionó una ayuda exterior masiva que el Estado judío utilizó para comprar las armas de guerra construidas por los demonios sin rostro del "complejo militar-industrial". Conozco al menos a un grupo de presión de la industria de defensa israelí que también presionó en nombre de algunos de los principales contratistas de defensa de EE.UU. durante este período - y para la CIA. Y no es el único. Así que no fue sólo el complejo militar-industrial el que se benefició enormemente de la guerra de Vietnam. Estos industriales sin rostro también tenían un gran interés en armar a Israel, se mire por donde se mire.

Los que quieren culpar al "complejo militar-industrial" de la muerte de JFK más vale que empiecen a señalar que Israel y su lobby estadounidense forman parte de ese hombre del saco tan popular en la leyenda de la conspiración del asesinato de JFK.

Hay mucha gente entre los investigadores que podría tener miedo de mencionar el papel de Israel en el complejo militar-industrial, pero el elemento está ahí les guste o no.

¿La conspiración que describe en Juicio Final es una "conspiración de derechas" o una "conspiración de izquierdas"?

No creo que los términos "derecha" e "izquierda" tengan ya mucho significado y no creo que se pueda utilizar esa terminología en referencia al asesinato de JFK. Hay muchos otros factores en juego en la conspiración. Los miembros de la CIA que conspiraron contra JFK de una forma u otra, en particular James Angleton, David Atlee Phillips, jefe de la División del Hemisferio Occidental de la CIA, E. Howard Hunt, Frank Sturgis y figuras menores como Guy Banister y David Ferrie en Nueva Orleans, por no mencionar a los muchos exiliados cubanos que trabajaron para la CIA, eran "de derechas" y "anticomunistas". Sin embargo, el hecho es que el gobierno del primer ministro israelí David Ben-Gurion era un régimen socialista de izquierdas bajo el gobierno del Partido Laborista. Así que en Israel hay partidarios de derechas de la CIA trabajando con izquierdistas.

Lo que había era una conspiración de poderes políticos: una variedad de intereses especiales trabajando juntos. También tenías a los miembros de la "mafia" dominada por Lansky, que estaban preocupados por la guerra de la administración Kennedy contra el crimen organizado y que también estaban ayudando a financiar a los exiliados cubanos anticastristas en varios frentes. Y como muchos saben, incluso la "mafia" había financiado a Castro en los primeros días, con la esperanza de estar en su buena gracia si llegaba al poder. Así que había muchas fuerzas en conflicto. También añadiría que incluso dentro de la comunidad de exiliados cubanos anticastristas, que entre muchos investigadores era "de derechas", lo cierto es que de hecho había muchos "izquierdistas" que se oponían a Castro.

Había muchas facciones dentro de la comunidad cubana. De hecho, muchos veteranos de las guerras anticastristas de principios de los 60 incluso percibían a E. Howard Hunt como simpatizante de los miembros de la izquierda entre los cubanos anticastristas. La orientación liberal de la comunidad de investigadores del asesinato de JFK no entiende esto, pero sin duda es un factor a tener en cuenta. Así que ni siquiera se puede identificar realmente a la CIA como de "derechas" o de "izquierdas" cuando se empieza a analizar realmente la situación. Hay muchos veteranos de la CIA que todavía están resentidos por la influencia de los "liberales" en las disputas entre facciones de la CIA sobre la guerra contra Fidel Castro.

Alejémonos de términos como "la izquierda" y "la derecha" y veamos la conspiración del asesinato de JFK como una alianza entre diversos intereses (muchos de los cuales se solapaban) pero todos los cuales se beneficiaron del asesinato del presidente Kennedy.

¿No es posible, después de todo, que el KGB soviético -o una facción dentro del KGB- estuviera de hecho detrás del complot para asesinar a JFK, manipulando a "derechistas" en la CIA y a exiliados cubanos anticastristas, e incluso en la Mafia y el Mossad?

Sí, es totalmente posible, pero muy poco probable. En el mundo de la inteligencia, todo es posible. Las cosas no son siempre lo que parecen. Pero veamos la motivación soviética en general. ¿Qué motivación tenían los soviéticos para matar a JFK y reemplazar a Lyndon Johnson como presidente estadounidense? En cierto sentido, LBJ tenía fama de ser aún más anticomunista que JFK. Es muy poco probable que prefirieran a LBJ antes que a su predecesor. Nunca he visto a nadie presentar nada, ni siquiera con una apariencia de credibilidad, que lo demuestre. Es posible que hubiera alguien, en algún punto intermedio de la conspiración del asesinato de JFK, que fuera algo así como un agente doble del KGB, pero obviamente había tanto solapamiento entre los diversos servicios de inteligencia en esa conspiración que es posible que hubiera incluso un agente secreto irlandés implicado en la conspiración, deliberada o involuntariamente.

Como señaló Mark Lane en *Plausible Denial*, el intento de culpar del asesinato al KGB fue uno de los muchos montajes de los verdaderos conspiradores. Quizás la excusa de la KGB fue una de las muchas historias que los conspiradores se guardaron por si necesitaban una baza. Y recordarán que fue James Angleton el funcionario de la CIA que más ardientemente defendió la teoría de que Lee Harvey Oswald era, como mínimo, un "agitador procastrista" ocupado en reunirse con un experto en asesinatos del KGB en México.

En su libro *The Man Who Knew Too Much (El hombre que sabía demasiado)*, el autor Dick Russell describe un caso muy plausible en el que un oficial de inteligencia estadounidense con muchos años de servicio, Richard Case Nagell, podría haber estado bajo la dirección del KGB en un intento de infiltrarse en el complot de asesinato. Nagell parece haber estado implicado en varios aspectos de la conspiración, pero esto no significa que el KGB estuviera manipulando la conspiración, sino que más bien estaba supervisando una conspiración o conspiraciones - y puede que ni siquiera supiera al principio que se trataba de una conspiración de asesinato.

¿Se opone rotundamente a cualquier implicación del dictador cubano Fidel Castro en el asesinato?

Absolutamente. No creo que exista la menor duda de que el propio Castro se habría dado cuenta del error tan radical que habría cometido si hubiera estado implicado en cualquier aspecto de la conspiración, incluso vagamente asociado con el asesinato o intento de asesinato de John F. Kennedy. Fidel Castro no es estúpido. Si alguna vez se hubiera culpado de esto a Castro, sin duda habría habido una demanda nacional e internacional por la cabeza de Castro. Está claro que Castro no tenía ningún interés en clavar una estaca en el corazón de John F. Kennedy.

Ahora sabemos, muchos años después, que JFK estaba avanzando hacia alguna forma de distensión con Castro, pero al mismo tiempo parece que JFK mantenía sin duda sus opciones abiertas con respecto al líder cubano. Sin embargo, está muy claro que los verdaderos conspiradores detrás del asesinato, que manipulaban a Lee Harvey Oswald, lo hacían de tal manera que diera la impresión de ser un "agitador procastrista". ¿Y eso qué dice? Si Castro estaba detrás del complot, ciertamente no habría manipulado a Oswald de esta manera. Si Castro tenía alguna idea de que había un complot de asesinato en marcha, habría estado en el interés de Castro informárselo a JFK. Castro no sabía nada de una conspiración. Podemos descartar la participación de Castro.

¿No es posible que "elementos deshonestos" de la CIA y el Mossad estuvieran implicados en el asesinato de JFK y que altos cargos de la CIA y el Mossad no tuvieran nada que ver con la conspiración?

No, no es posible que el asesinato de JFK fuera orquestado por "elementos criminales" de la CIA y el Mossad. La excusa falsa de "elementos criminales" está cansada y gastada. Cuando se examina a los miembros de la CIA que participaron en actividades extrañas relacionadas con el asesinato, en particular los esfuerzos por sugerir que Lee Harvey Oswald se reunía con un especialista en asesinatos del KGB en Ciudad de México, se encuentra no sólo a David Atlee Phillips, jefe de la División del Hemisferio Occidental de la CIA, sino también, por supuesto, a Angleton, director de contrainteligencia de la CIA. Estos no son empleados de "bajo nivel" que se han descarriado. Son hombres de alto rango. De eso no hay duda. ¿Qué hay de alguien como E. Howard Hunt? Aunque Hunt estaba ciertamente por debajo de Phillips o Angleton en la jerarquía de la CIA, seguía siendo una figura de la CIA de larga data que había desempeñado un papel importante en los asuntos secretos de la CIA. Hunt tampoco era un agente "deshonesto".

No hay pruebas de que John McCone -un viejo amigo de la familia Kennedy- que fue nombrado por JFK Director de la CIA (en sustitución de Allen Dulles, que había sido despedido por JFK), tuviera nada que ver con la conspiración. De hecho, como se señala en *Juicio Final*, McCone fue un acérrimo crítico del programa de bombas nucleares de Israel y anteriormente, al final de la administración Eisenhower, cuando era miembro de la Comisión de Energía Atómica, fue McCone quien reveló por primera vez la verdad sobre las intenciones nucleares de Israel.

Es interesante observar que cuando la administración Kennedy ordenó a la CIA que empezara a espiar el programa secreto de desarrollo nuclear de Israel, el espionaje se hizo desde la oficina de McCone. En otras palabras, JFK no confiaba en la operación de espionaje dirigida por Angleton, que todo el mundo sabía que era un agente israelí cooptado dentro de la CIA, pero JFK confiaba en McCone. Así que aunque McCone no tuvo nada que ver con el asesinato de JFK, los que le rodeaban en los niveles más altos ciertamente tuvieron algo que ver con el asesinato.

Tampoco hay que olvidar que muchos miembros del personal de la CIA en el momento del asesinato de JFK seguían siendo leales al director Allen Dulles, que llevaba mucho tiempo en el cargo y que había sido despedido por Kennedy. La implicación de la CIA en el asesinato fue una respuesta institucional a la amenaza de JFK de disolver la CIA y arrojarla al viento.

Nada de esto quiere decir que un día hubiera una reunión general de personal en la CIA cuando John McCone había salido resfriado y Angleton anunció: "Vamos a matar al presidente". "Trabajemos juntos para mantener al Sr. McCone al margen". Las cosas no funcionan así. Los verdaderos conspiradores del bucle eran un grupo muy unido con inmensos recursos a su disposición, incluyendo no sólo la burocracia de la CIA y su infame presupuesto negro, sino también las habilidades de la red de guardia del Mossad.

Es más, con la interacción de la CIA con grupos periféricos como los exiliados cubanos anticastristas, por no mencionar los contactos en el crimen organizado, había suficientes personas que podían ser manipuladas como para no saber necesariamente que estaban siendo manipuladas e implicadas. Y una vez que estas personas estaban implicadas, les interesaba no sólo guardar silencio, sino también ayudar a encubrirlo. No cabe duda de que había muchas personas en la CIA y en otros lugares que estaban implicadas en algún aspecto de la conspiración que no tenían ni idea de que estaban siendo utilizadas para lograr el objetivo final de eliminar a JFK.

En lo que respecta al Mossad, sus agentes no podrían haber actuado sin las órdenes directas del Primer Ministro David Ben-Gurion y del jefe de asesinatos del Mossad, Yitzhak Shamir. De hecho, el Mossad es una organización institucional muy pequeña, como ha señalado Victor Ostrovsky, antiguo agente del Mossad. Está incluso más unida que la CIA.

De hecho, según Ostrovsky, existe lo que podría llamarse un "consejo de administración" de asesinatos dentro del Mossad y ningún asesinato puede ser orquestado por el Mossad sin un voto formal de aprobación de este consejo.

Hay otra cosa importante que recordar aquí: es muy improbable que el Mossad -al menos en ese momento de la historia- se hubiera planteado asesinar al Presidente de los Estados Unidos, a menos que supiera que contaba al menos con el consentimiento institucional de la CIA. La posición de Israel era muy precaria en 1963 y, para el Mossad -o incluso para los llamados "elementos criminales" del Mossad-, intentar asesinar al Presidente de Estados Unidos sin la seguridad de que contaría con el apoyo de la CIA, por ejemplo, habría sido una temeridad. Así que no hubo elementos "criminales" dentro del Mossad implicados en el asesinato de JFK.

Llegados a este punto, supongo que merece la pena volver a James Jesus Angleton con más detalle. Aunque no cabe duda de que, por elección personal (por la razón que fuera), Angleton era un ferviente amigo del sionismo y del Estado de Israel y utilizó todos los recursos a su alcance para influir en las decisiones de la CIA en favor de Israel.

Sin embargo, tanto si fue chantajeado como si no, el hecho es que Angleton fue el principal defensor de Israel en la CIA. Era un hombre poderoso y discreto, que también desempeñó un papel clave en gran parte de la conspiración mundial de la CIA en diversos ámbitos, donde trató estrecha y persistentemente con figuras vinculadas, a su vez, al Mossad y al Sindicato del Crimen de Lansky. Angleton no era un criminal. Fue el controlador más influyente, aunque controvertido, de la CIA y una de las figuras más notables de la extraña y fascinante historia de la agencia. También fue una de las personas más directamente responsables de iniciar y organizar el asesinato del presidente John F. Kennedy.

¿Dónde encajan los exiliados anticastristas cubanos en la conspiración de JFK?

Los cubanos estaban en lo más bajo de la escala. Eran funcionarios subalternos, quizás los más bajos de todos. Puede que hubiera un cubano que apretara el gatillo en Dallas. La ex agente de la CIA Marita Lorenz (que fue a Dallas con un convoy de cubanos que llegaron justo antes del asesinato) comentó que su supervisor de la CIA en Dallas le dijo que ella debía actuar como "señuelo" y me parece probable que muchos de los cubanos que se vieron envueltos en el escenario del asesinato actuaran como tales. Los cubanos demostraron ser una excelente "bandera falsa" para los verdaderos conspiradores, ya que se lanzaron muchas pistas falsas para hacer parecer que Lee Harvey Oswald era un "agitador procastrista". ¿Quién mejor para manipular a Oswald de esta manera y jugar el papel de Oswald que los cubanos anticastristas que obviamente verían los beneficios de tal movimiento?

Como señalé en *Juicio Final*, el agente de la CIA Jerry Patrick Hemming, cercano a los cubanos anticastristas, dijo hace tiempo que los cubanos estaban siendo manipulados y que se habían dado cuenta de ello. Afirmó, por supuesto, que fueron manipulados por la CIA y el Mossad haciéndoles creer que estaban jugando un papel en la venganza de JFK por Bahía de Cochinos, por ejemplo, cuando había mucho, mucho más en juego.

También hay que señalar que los servicios secretos franceses estaban estrechamente implicados en la situación cubana de la época, aunque esto no es muy conocido. Había franceses en ambos bandos del conflicto. Por lo tanto, es concebible que el Mossad también utilizara a sus aliados en los servicios secretos franceses para manipular la clandestinidad cubana durante este periodo. Se trata de un tema que algunos investigadores tal vez deseen investigar más a fondo. Podría añadir leña al fuego de un libro muy interesante.

Si alguien encontrara pruebas irrefutables de que Lee Harvey Oswald fue efectivamente el único asesino de Dallas que efectuó todos los disparos que se hicieron, ¿no echaría eso totalmente por tierra su teoría?

Si alguien presentara tales "pruebas", yo diría que están falsificadas. En cualquier caso, sin embargo, nadie encontrará nunca tales pruebas. Sin embargo, aceptar el argumento de que Oswald, por ejemplo, fue el único tirador no descartaría en absoluto mi teoría básica. Recuerde, no hay duda de que Lee Harvey Oswald estaba asociado con (y manipulado por) personas que tenían vínculos con la CIA y el Mossad. En el caso del socio de Oswald en Nueva Orleans, Guy Banister, que "disfrazó" a Oswald de agitador procastrista, Banister tenía vínculos con la OAS francesa respaldada por Israel. En cualquier caso, incluso si Oswald hubiera sido el "pistolero solitario" y hubiera logrado llevar a cabo el asesinato por sí mismo, el hecho es que Oswald era entonces un pistolero solitario que fue utilizado con éxito por sus manejadores de más alto nivel que actuaban en nombre de la CIA y el Mossad. Así de sencillo.

¿Es posible que a Lee Harvey Oswald le lavaran el cerebro y fuera de algún modo un "candidato manchuriano" y una víctima del control mental?

Es muy posible. No es un área que haya explorado en gran detalle, y no tengo intención de continuar. Tampoco creo que sea vital para resolver el misterio de quién mató a JFK y por qué. Al final, sea cual sea el caso, Oswald acabó siendo el "chivo expiatorio", como él mismo se describió cuando estaba detenido.

Creo que es importante señalar en este punto que los programas de control mental de la CIA que estaban en uso en el momento del asesinato de JFK estaban, de hecho, bajo el control directo de la división de contrainteligencia de James J. Angleton. Así pues, si Oswald era un candidato manchuriano (un candidato manchuriano es un individuo al que se le ha lavado el cerebro) sometido a las medidas disciplinarias de las operaciones de control mental de la CIA, esto nos lleva de nuevo al discípulo israelí altamente situado en la CIA.

Aunque el Dr. Sidney Gottlieb, que era el técnico jefe de los programas de control mental de la CIA, fue expuesto al público en general, el propio Gottlieb trabajaba directamente a las órdenes de Angleton. Si Oswald era un candidato manchuriano, era el candidato manchuriano de Angleton.

¿Qué papel cree que desempeñó Oswald (aparte del de "chivo expiatorio") en el asesinato de JFK? ¿Conocía Oswald de antemano la existencia de un complot para asesinar a JFK? ¿Es posible que ayudara a la conspiración, quizás como leal a la CIA, por ejemplo, sin saber que se suponía que iba a ser el chivo expiatorio? ¿Era agente de la CIA o del FBI?

Son preguntas que probablemente nunca se resolverán. Oswald fue, en efecto, el chivo expiatorio. Sin embargo, siempre he opinado que probablemente había otras personas en Dallas el 22 de noviembre de 1963 que eran chivos expiatorios sustitutos, otros que ya habían sido "disfrazados" como se había hecho con Oswald. Tal vez los responsables de colocar a esos otros chivos expiatorios fueran los mismos que habían colocado a Oswald, o tal vez no.

¿Fue Oswald uno de los tiradores de Dallas? No creo que Oswald disparara contra John F. Kennedy o John Connally, si es que disparó ese día. Mi sensación general es que Oswald pudo haber participado en la conspiración cuando se enteró de que se trataba de un intento de asesinato "ficticio" diseñado para asustar al pueblo estadounidense y hacerle creer que había que actuar contra Fidel Castro.

Es posible que Oswald recibiera instrucciones de llevar un rifle al almacén de libros de Dallas (desde donde, según la Comisión Warren, Oswald efectuó los disparos mortales). Si se trataba de su propio rifle o de otro, o si se utilizó para efectuar alguno de los disparos, probablemente nunca lo sabremos. (Hay quien se pregunta si Oswald fue realmente quien hizo llegar por correo la supuesta arma del asesinato en primer lugar).

Me parece probable que Oswald supiera que ese día estaba ocurriendo algo en Dealey Plaza que podría haber implicado, como mínimo, el disparo de armas. Dudo que Oswald pensara realmente que las armas apuntarían a JFK o a John Connally. Sospecho que Oswald se sorprendió un poco, por decirlo simplemente, al enterarse de que habían disparado al Presidente.

¿Estaba al tanto de una conspiración para matar a JFK? Como he sugerido antes, no creo que fuera consciente de tal conspiración. En cambio, probablemente creía que formaba parte de un "montaje" orquestado por el propio JFK. O, como he sugerido, puede que creyera que la CIA estaba organizando que JFK tuviera dudas sobre Castro. ¿Quién sabe?

El nuevo libro del profesor John Newman, *Oswald y la CIA,* nos dice mucho sobre Oswald y la CIA, citando numerosos documentos de los servicios secretos, pero también nos dice muy poco. Todo lo que realmente nos dice es que la CIA y otras agencias gubernamentales llevaban tiempo interesadas en Lee Harvey Oswald. Esto no es ninguna sorpresa. Sin embargo, como deja muy claro Newman, fue la división de Angleton en la CIA la que estuvo omnipresente, al parecer, cuando la CIA estaba reuniendo información sobre Oswald. En resumen, Angleton sabía quién era Lee Harvey Oswald mucho antes del asesinato. (De hecho, en retrospectiva, puede haber sido Angleton quien tuvo la idea de utilizar a Lee Harvey Oswald como chivo expiatorio. Lo más probable, diría yo).

Después de todo, Oswald era un ex marine estadounidense que, al parecer, había "desertado" a la Unión Soviética, una empresa nada común, por no decir otra cosa. Claramente, entonces, la CIA estaba interesada en Oswald, fuera o no un desertor genuino en ese momento. Y si la deserción de Oswald era real, es totalmente concebible que hubiera dado media vuelta y luego se hubiera puesto a trabajar para la CIA en lugar de oponerse a ella.

Así que, aunque lamento decirlo, no creo que John Newman haya hecho ninguna aportación sustancial con su nuevo libro. Todo lo que nos ha dicho lo sabemos desde hace años. La gente lleva años diciendo que Oswald fue reclutado como marine para trabajar para la CIA. Y algunos dicen que no fue reclutado como falso "desertor" por la CIA, sino por la Oficina de Inteligencia Naval. Pero también es muy posible que trabajara para otra agencia secreta del gobierno que tenía agentes en la URSS.

¿Era Oswald un agente del FBI? Debido a su perfil de "desertor", sea cierto o no, no es sorprendente que el FBI se interesara por Oswald. Si Oswald hubiera sido un "desertor" patrocinado por la CIA, el FBI podría no haberlo sabido necesariamente y podría haber creído que Oswald era "el auténtico", por así decirlo, y que cuando regresara podrían haberlo puesto bajo vigilancia por ese motivo. Y si Oswald hubiera sido un verdadero desertor que finalmente se retractó a su regreso a EE.UU., es posible que hubiera ofrecido sus servicios al FBI o que éste lo hubiera reclutado.

Poco después del asesinato, circuló la historia de que Oswald pudo haber sido empleado por el FBI como informante, pero hay muchas pruebas que sugieren que esta historia simplemente no es cierta en absoluto. Sin embargo, si la historia no es cierta, aún así ha tomado fuerza y aparece a menudo en la documentación sobre el asesinato de JFK.

El mero hecho de que Oswald trabajara para Guy Banister en Nueva Orleans le sitúa en la esfera de influencia del FBI, en la medida en que Banister había sido durante mucho tiempo un alto funcionario del FBI. La conexión con Banister también situaba a Oswald en la esfera de influencia de la CIA, por no mencionar la de la Inteligencia Naval (ONI), en el sentido de que Banister no sólo era un agente de la CIA, sino también un antiguo miembro de la ONI.

Algunos han sugerido que Oswald podría incluso haber estado trabajando como informante para el Departamento del Tesoro, investigando la venta interestatal de armas. Algunos han dedicado una gran cantidad de investigación a este tema.

Por mi parte, tiendo a pensar que el vínculo con la CIA (a través de Banister) es el área en la que debemos centrarnos y hablaré más de ello dentro de un momento. Sin embargo, es probable que si el trabajo de Oswald para Banister fue coordinado por la CIA, el propio Oswald no lo supiera.

En última instancia, lo que encontramos es que Oswald operaba en muchas esferas de influencia y, sólo por esa razón, era un chivo expiatorio ideal, ya que podía estar vinculado a cualquiera o a todos los diversos grupos que, a su vez, tendrían razones para querer ocultar su asociación con un presunto asesino del Presidente.

Creo que hay pruebas sólidas, que han aparecido en un gran número de libros sobre el asesinato de JFK, de que había gente que se hacía pasar por Lee Harvey Oswald. Sin embargo, parece poco probable que estos impostores supieran que lo hacían para favorecer un aspecto de la conspiración del asesinato. La conspiración estaba demasiado compartimentada para que cada participante en cualquier aspecto de la trama supiera exactamente cómo estaban siendo manipulados o utilizados en relación con la trampa de Oswald. Algunos de estos impostores probablemente nunca habían visto a Oswald y probablemente no supieron quién era hasta que el verdadero Oswald fue detenido por la policía de Dallas.

En *Juicio Final*, creo que abrí un camino serio al señalar que la asociación de Oswald con Guy Banister bien podría indicar un posible papel de la Liga Antidifamación (la ADL) de B'nai B'rith (una rama del Mossad israelí) en el "disfraz" de Oswald como agitador procastrista. Dada la estrecha relación de Banister con A. L. (Bee) Botnick, de la oficina de la ADL en Nueva Orleans, debemos considerar seriamente si la utilización de Oswald por Banister fue organizada por la ADL, que a menudo recurría a agencias de detectives privados como la de Banister en Nueva Orleans.

Esta es una cuestión que debemos abordar. Aunque el perfil histórico de Banister es el de un "extremista racista anticomunista de derechas", etc., etc. (un perfil que a los investigadores "liberales" les gusta retratar), el hecho es que Banister trabajó estrechamente con la oficina de la ADL en Nueva Orleans. Según todos los indicios, A. L. Botnick era un "extremista anticomunista" con una conocida hostilidad hacia el movimiento de los derechos civiles de los negros, a pesar de la postura pública de la ADL como grupo de "derechos civiles".

Aunque Botnick no estaba en la oficina de la ADL de Nueva Orleans en 1963 (había sido trasladado a su oficina de Atlanta, y luego volvió a Nueva Orleans en 1963), Banister conservó sin duda sus inestimables vínculos con la ADL.

Mi impresión sobre el "disfraz" de Banister de Oswald es que los socios de Oswald en la ADL buscaban grupos de izquierda como el Comité de Ayuda a Cuba y así podían utilizar a Oswald en el movimiento procastrista, como parte de un intento deliberado de presentar a Oswald como castrista. En resumen, Oswald pensaba que trabajaba para Banister cuando en realidad actuaba como "investigador" para la ADL.

Es posible que a Banister le dijeran que la ADL quería "hechos" sobre el movimiento procastrista y que Oswald era el hombre indicado para el trabajo. Es posible que Banister ni siquiera supiera que Oswald había sido disfrazado para su papel final en el asesinato de Kennedy. Debe haber sido una sorpresa para Banister cuando Oswald fue nombrado como el asesino.

En retrospectiva, en este contexto, no creo que Banister desempeñara un papel tan central en el complot de asesinato como muchos han creído durante años. Banister fue, desde este punto de vista, un "idiota útil" al servicio de la ADL y el Mossad y sus aliados de la CIA. Me atrevería incluso a decir que parece probable que incluso los amigos de Banister en la ADL no tuvieran ni idea de que Oswald había sido elegido para desempeñar el papel de chivo expiatorio en el asesinato.

Peter Dale Scott, el eminente investigador del asesinato de JFK, ha señalado (como señalé en *Juicio Final*) que se puede ver el papel de Oswald como empleado de Banister y encontrar varias explicaciones: Por un lado, se puede ver a Oswald como un funcionario de la comunidad de inteligencia (dadas sus conexiones con Banister), por otro lado, también se puede ver a Oswald como un chivo expiatorio de la "mafia", dado el hecho de que Carlos Marcello, el jefe de la mafia de Nueva Orleans, financiaba a los exiliados anticastristas cubanos a través de Banister y sus operaciones de la CIA.

Sin embargo, Scott reconoce que toda esta interacción entre estos grupos de interés a través de la conexión Banister forma parte de una zona "oscura" que representa los bajos fondos de las finanzas y la política y las intrigas internacionales de la época en Nueva Orleans.

Creo firmemente que la probable implicación de la ADL en la manipulación de Oswald por Banister es una de las áreas inexploradas del asesinato de JFK - un área que, tristemente, probablemente nunca será explorada por los investigadores más de lo que ya ha sido explorada en *Juicio Final*. No esperemos encontrar ningún archivo de la ADL sobre Lee Harvey Oswald.

El hecho es que el propio Lee Harvey Oswald probablemente no sabía exactamente para quién trabajaba y eso es lo que querían los organizadores del asesinato. Oswald es probablemente uno de los individuos más analizados y debatidos de la historia, pero nunca sabremos quién era realmente y cuáles eran sus motivos. Es concebible que Oswald pensara que estaba jugando un doble o triple juego y engañando a todo el mundo, y que fuera incluso más cabeza de turco de lo que pensamos. En cualquier caso, es un personaje trágico y un chivo expiatorio ideal.

Existe un interesante paralelismo en este contexto que merece la pena señalar de pasada. Se dice que Oswald se sintió fascinado e inspirado por la serie de televisión de los años 50, I Led Three Lives, la historia de un agente encubierto del FBI en el Partido Comunista. Al parecer, también inspiró a otro agente encubierto del Servicio Secreto, Roy Bullock, que fue desenmascarado en 1993 como agente de la ADL durante mucho tiempo.

Inspirado por el libro, Bullock se ofreció voluntario para infiltrarse en grupos de odio. También realizó trabajos similares para el FBI. También trabajó para el Departamento de Policía de Indianápolis. De hecho, en 1957, Bullock acudió al Sexto Festival Mundial de la Juventud y los Estudiantes, celebrado en Moscú, como informante espía al servicio del FBI. En consecuencia, es totalmente posible que exista un expediente de la CIA sobre Bullock como posible "comunista" si el FBI nunca hizo saber a la CIA que Bullock era uno de sus hombres.

Así pues, dado que Bullock llevaba años infiltrándose tanto en grupos de "izquierda" como de "derecha", habría sido un chivo expiatorio ideal. En *The Man Who Knew Too Much (El hombre que sabía demasiado)*, Dick Russell reveló la posibilidad de que hubiera una serie de personas que fueron preparadas para ser posibles chivos expiatorios del asesinato de JFK debido a su asociación con el Comité de Ayuda a Cuba, del que Oswald era claramente el jefe de Nueva Orleans.

Otro aventurero de la inteligencia internacional de muchos años, el coronel Robert K. Brown (ahora más conocido como el editor de la revista *Soldier of Fortune*) fue, según se informa, él mismo un infiltrado del Departamento de Policía de Chicago en la rama de Chicago del Comité de Ayuda a Cuba, más o menos en la misma época en que Lee Harvey Oswald andaba por Nueva Orleans. También es interesante el hecho de que Brown tenía antiguos vínculos con la inteligencia israelí. Me encantaría que alguien investigara este chisme, que parece haber funcionado bien con los investigadores del asesinato de JFK.

La cuestión de los "desertores", "infiltrados" y "agentes encubiertos" es muy compleja y no siempre es posible determinar las motivaciones de alguien que opera en este particular mundo clandestino. Se trata de una combinación de psicología personal unida a la capacidad de los manipuladores para manipular las actividades de una persona sin hacerle saber para quién trabaja y por qué.

¿Qué papel desempeñó en la conspiración del asesinato George De Mohrenschildt, el noble ruso al que a menudo se hace referencia como la "niñera de la CIA" de Lee Harvey Oswald en Dallas?

El inimitable De Mohrenschildt es probablemente uno de los personajes más interesantes que han cruzado el escenario en el drama conocido como la controversia del asesinato de JFK. No estoy convencido de que De Mohrenschildt desempeñara un papel consciente en ningún complot de asesinato.

Es obvio que De Mohrenschildt tuvo bastantes contactos e interacciones con la CIA y otras agencias de inteligencia a lo largo de los años, y es obvio que habló con un funcionario de la CIA que le pidió que vigilara a Oswald cuando éste llegó a Dallas tras su regreso de la Unión Soviética. En este caso concreto, sin embargo, podría haberse tratado de un asunto rutinario de escasa importancia que, a fin de cuentas, no tuvo absolutamente nada que ver con el asesinato en sí.

Como hemos señalado, debido a la condición de "desertor" de Oswald, fuera cierta o no, los servicios de inteligencia tenían un interés evidente en Oswald. No he visto ninguna prueba que sugiera que De Mohrenschildt conociera de antemano ninguna conspiración para "disfrazar" a Lee Harvey Oswald a los efectos de la propia conspiración del asesinato. Sin embargo, es probable que De Mohrenschildt trabajara hasta cierto punto como uno de los que formaban parte de la conspiración para manipular a Oswald en el papel de chivo expiatorio. Así que, en este sentido, fue la "niñera" de Oswald, pero otros también tuvieron esta misma responsabilidad.

Hay que recordar que Oswald se fue de Dallas a Nueva Orleans en el verano de 1963 y que la conexión entre Oswald y De Mohrenschildt terminó incluso antes, cuando De Mohrenschildt abandonó el país, supuestamente por negocios en Haití. Se ha sugerido que las actividades de De Mohrenschildt en Haití pueden haber tenido algo que ver con el asesinato de JFK, pero aún no he visto pruebas sólidas de ello. Está claro, sin embargo, que cuando De Mohrenschildt fue a Haití, su control y/o supervisión de Oswald terminó. Otros asumieron esa responsabilidad.

Me parece interesante, sin embargo, que mientras los investigadores pasan por alto los vínculos de DeMohrenchildt con la CIA, a menudo pasan por alto el hecho de que también estaba vinculado a la inteligencia francesa. Así que, dada la conexión francesa que documento en *Juicio Final*, esto podría de hecho haber llevado a De Mohrenschildt a la esfera de influencia del Mossad.

Otra cosa que vale la pena mencionar es que he visto a "autoridades" en el asesinato de JFK presentar a De Mohrenschildt como una especie de "extremista anticomunista" debido, supongo, a su origen ruso blanco. Por el contrario, a pesar de sus antecedentes, parece que De Mohrenschildt tenía poco interés en el comunismo o el anticomunismo de cualquier tipo y, de hecho, era un marginado en la comunidad de rusos blancos. Así que los que quieren hacer de él parte de una "conspiración anticomunista de derechas" no entienden nada.

De Mohrenschildt llevaba muchos sombreros, pero no hay pruebas reales de ninguna complicidad por parte de De Mohrenschildt en el asesinato de JFK. Puede que supiera algo, o puede que lo descubriera accidentalmente, antes o después del asesinato, o puede que se diera cuenta después de que efectivamente sabía algo que se suponía que no debía saber.

Del relato histórico recopilado por quienes tuvieron contacto con De Mohrenschildt se desprende claramente que después del asesinato se dio cuenta de que él también había sido utilizado de alguna manera para "controlar" o "manipular" a Oswald. Quizás el "suicidio" de De Mohrenschildt fue en realidad un asesinato. Tal vez lo mataron porque sabía algo.

Y debo señalar que la última persona que supuestamente vio a De Mohrenschildt antes de su muerte no fue otro que Edward Jay Epstein, un estudiante convertido en periodista y estrecho colaborador del hombre del Mossad de la CIA James Jesus Angleton (Epstein, como señalé en *Juicio Final*, fue el principal escritor en apoyo de la puesta en escena de Angleton de que los soviéticos estaban vinculados al asesinato de JFK).

Tenga la seguridad de que no estoy sugiriendo que Epstein apretara el gatillo sobre De Mohrenschildt. Pero me parece interesante que fuera la última persona que reconoció públicamente haber visto a De Mohrenschildt. Un escritor de ficción de espías podría contar una historia fascinante a partir de ese escenario.

Me gustaría añadir algo a modo de conclusión. Creo que, a fin de cuentas, los investigadores probablemente podrían aprender más sobre quién manipulaba realmente a Oswald examinando a Michael y Ruth Paine, la joven pareja de Dallas con la que la familia Oswald vivió en el período previo al asesinato.

Ha habido una serie de investigadores que han difundido rumores sobre los Paines, pero creo que si uno investigara el asunto más a fondo, acabaría descubriendo que los Paines -más en última instancia que el ubicuo y enigmático DeMohrenschild- trabajaron como "niñeras de Oswald" para la CIA. Me inclino a pensar que la historia de los Paine necesita más investigación, y animo a algunos jóvenes y dinámicos investigadores a llevarla más lejos.

Probablemente debería señalar que la información biográfica sobre la Sra. Paine, proporcionada por Priscilla Johnson McMillan en su libro *Marina and Lee*, describía la participación de la Sra. Paine en una época en las actividades de un centro comunitario judío, de modo que la Sra. Paine, esta cuáquera no judía tenía ella misma tales conexiones. Sería interesante describir con precisión cuáles eran las opiniones de la Sra. Paine sobre Israel. Algunos han sospechado que la Sra. Paine tenía conexiones con la CIA. ¿Es posible que también mantuviera relaciones con el Mossad? ¿Quién lo sabe? Todo son especulaciones.

¿Disparó realmente Lee Harvey Oswald (antes del asesinato de JFK) contra el General de División Edwin Walker, que era a su vez un destacado crítico de la "derecha" del Presidente Kennedy? ¿Participó el General Walker en el asesinato?

El general Walker era un anticomunista acérrimo y los investigadores "liberales" han intentado de alguna manera -y sin éxito- vincular a Walker con la conspiración del asesinato de JFK. El "papel" de Walker en el caso proviene del hecho de que el

Informe Warren afirmaba que Oswald había disparado a Walker poco antes del asesinato y que, según el informe, esto era una "prueba" de las tendencias criminales de Oswald. Sin embargo, si nunca se hubiera relacionado a Oswald con este ataque al general Walker, ¡probablemente el nombre del buen general nunca se habría relacionado de ninguna manera con la controversia sobre JFK! La gente parece olvidarlo.

En su libro *The Man Who Knew Too Much (El hombre que sabía demasiado)*, Dick Russell ha rastreado algunas de las extrañas actividades de personas que rodeaban al general Walker y, de hecho, estas personas pueden haber estado relacionadas con Oswald.. Parece que el general Walker fue una especie de "chivo expiatorio de la derecha" en el complot para asesinar a JFK.

Casi odio mencionarlo, pero la camarilla de jóvenes militares que rodeaban a Walker -que se hacían llamar "Conservativism USA"- eran cinco chicos judíos que habían salido del ejército estadounidense en Europa. Así lo escribe Dick Russell en su enorme estudio *The Man Who Knew Too Much (El hombre que sabía demasiado)*.

Como ya he señalado, probablemente hubo una serie de chivos expiatorios a los que se tendió una trampa en Dallas y la gente que les tendió la trampa probablemente no sabía que el asesinato de JFK era inminente. Parece, al menos por lo que ha escrito Dick Russell, que esta camarilla en torno a Walker pudo haber manipulado de algún modo a Oswald. Aunque muchos investigadores y otros habían oido hablar del judio "derechista", Bernard Weissmann, que habia sacado un anuncio a toda pagina atacando al Presidente Kennedy en el periodico de Dallas el 22 de noviembre, lo que nadie noto - excepto Russell - fue que estos jovenes militares "derechistas" eran judios. Así que aquí hay otra "conexión judía" que parece haberse perdido en la confusión. Cuenten conmigo para hablar de ello en el contexto de lo que he descubierto. Odio hacer esto.

Oswald se movía claramente en círculos relacionados con Walker, pero sólo los que quieren presentar el crimen como una "conspiración de la derecha" creen que Walker tuvo algo que ver con el asesinato. Walker contó más tarde que a su alrededor ocurrían cosas extrañas que no acababa de entender y que probablemente indicaban exactamente lo que yo sugeriría: que él y sus socios eran potenciales chivos expiatorios en el asesinato. Entonces, ¿quién incriminó a Walker?

¿Qué hay del papel de los Minutemen y otros "extremistas de derechas" en la conspiración? Guy Banister estaba vinculado a los Minutemen. ¿Y no es cierto que Joseph Milteer, un hombre de extrema derecha, sabía de antemano que JFK iba a ser disparado desde un edificio alto y que Milteer estaba en Dallas para el asesinato?

Esta es otra de las distracciones populares que ha mantenido ocupados a los investigadores. Milteer no fue uno de los cerebros de la conspiración del asesinato de JFK, ni fue un actor en el complot real para matar a JFK que finalmente tuvo éxito. Es concebible que Milteer tuviera conocimiento de un supuesto complot para matar a JFK en Miami. Uno de los conspiradores de bajo nivel pudo haber filtrado información a Milteer sobre un complot y él pudo haber querido creer, siendo enemigo de Kennedy, que estaba "dentro" de una conspiración, pero puede estar seguro de que no lo estaba.

Milteer alardeó de sus "conocimientos" ante un informante de la policía y esta "información", de hecho, puede haber sido desinformación filtrada a Milteer para desviar la atención de la conspiración real. Milteer pudo haber sido llevado a Dallas en el momento del asesinato de JFK por otra razón bajo un pretexto diferente, por ejemplo, en la creencia de que formaba parte de un intento de asesinato "ficticio" para provocar una reacción contra Fidel Castro. Una vez más, nunca lo sabremos. Podemos imaginar todo tipo de escenarios. Personalmente, no estoy convencido de que las fotografías que supuestamente muestran a Milteer en Dallas el 22 de noviembre sean fotografías de Milteer.

El ex agente de la CIA Gerry Patrick Hemming dijo que él mismo estuvo a punto de asistir a la reunión en la que Milteer hizo los comentarios sobre el inminente atentado contra JFK y que él (Hemming) evitó la reunión porque intuía que se estaba llevando a cabo un montaje; Hemming especuló que él (Hemming) también pensaba que le estaban tendiendo una trampa como posible "chivo expiatorio". Esto sí que da que pensar.

En cuanto a los Minutemen y Guy Banister: ahora es de dominio público que los Minutemen han estado infiltrados por agentes de inteligencia del gobierno durante años, y hay muchas sospechas de que incluso el fundador de los Minutemen, Robert De Pugh, puede haber sido algún tipo de agente del gobierno.

Como señalo en el Apéndice 2 de *Juicio Final*, Roy Frankhauser fue durante mucho tiempo un informante del gobierno en los Minutemen y otros grupos de "derechas", que afirma haber estado en contacto con Oswald cuando él (Frankhauser) estaba infiltrado en un grupo de izquierdas con el que se suponía que Oswald estaba asociado. Y se recordará que Dan Burros, antiguo oficial del Partido Nazi estadounidense, murió misteriosamente en la casa de Frankhauser en Pensilvania. Aunque el nombre de Burros aparece en la libreta de direcciones de Oswald, ni un solo investigador ha investigado este posible extraño vínculo entre Oswald y un antiguo informante encubierto de la inteligencia federal.

Como ya he señalado, puede haber una razón para ello: al menos en un caso que se ha destacado, el trabajo encubierto de Frankhauser para el gobierno fue de hecho financiado por una organización judía, y parece probable que muchas de sus otras actividades también lo fueran. Evidentemente, muchos investigadores proceden con cautela al considerar la cuestión de un posible vínculo entre grupos como la Liga Antidifamación y miembros del círculo de asociados de Oswald.

En última instancia, si hubo realmente una conexión "derechista" con el asesinato de JFK, siempre es posible que esos derechistas fueran manipulados por la red ADL del Mossad, que ciertamente desempeñó un papel en la manipulación de la derecha en Estados Unidos. Por lo tanto, si hubo "derechistas" involucrados de alguna manera en la conspiración del asesinato, es totalmente concebible que estuvieran, de alguna manera, sujetos a las reglas del Mossad y su ADL. Y eso, por supuesto, asusta mucho a algunos investigadores del asesinato de JFK.

¿Qué hay de las acusaciones de que H. L. Hunt, un multimillonario de derechas de Texas, era una de las personas implicadas en el complot de asesinato?

A pesar de los esfuerzos más decididos de un puñado de defensores de la teoría, no hay absolutamente ninguna prueba de que H. L. Hunt tuviera nada que ver con el complot para asesinar a JFK, ni ninguna prueba de que Hunt invirtiera dinero alguno para ayudar a impulsar la conspiración. Era, como muchos otros, un crítico de JFK, pero Hunt es simplemente un bête-noire conveniente. Los que acusan a los "barones del petróleo de Texas" como Hunt de estar detrás de la conspiración de JFK no señalan que incluso con Hunt hay una conexión israelí muy significativa, que se analiza en detalle en el Apéndice 2 de *Juicio Final*.

Es totalmente concebible que H.L. Hunt pagara dinero por sobornos que formaban parte de un aspecto del asesinato de JFK y que él mismo no supiera para qué era el dinero. Incluso es posible que se le haya involucrado deliberadamente y sin saberlo en la conspiración de esta manera, precisamente porque daba a los verdaderos conspiradores una ventaja sobre Hunt, que era influyente en Dallas y se podía confiar en él para que ayudara en el encubrimiento o utilizara su influencia para ayudar en el encubrimiento si fuera necesario. Es posible que le dijeran a Hunt que el dinero se utilizaba para promover "el movimiento patriota".

La conclusión es que si H. L. Hunt estuvo implicado en algún aspecto del asesinato de JFK -a sabiendas o no- el hecho es que existe un vínculo muy fuerte entre Israel y el imperio de Hunt precisamente en el área -desarrollo nuclear- que fue un factor tan importante en el conflicto entre JFK e Israel. Los investigadores que deseen acusar a Hunt por su implicación en la conspiración harían bien en examinar esta conexión israelí, aunque francamente no creo que lo hagan. De nuevo, es "demasiado controvertido".

¿No hay ahora pruebas sólidas de que Lyndon Johnson estuvo detrás del asesinato del presidente Kennedy?

LBJ fue el principal beneficiario del asesinato de JFK. Si sabía que iba a ocurrir o si iba a participar en la organización del asesinato es otra cuestión totalmente distinta. El hecho de que fuera el beneficiario del asesinato no es, sin embargo, prueba suficiente para condenarle. El libro de Craig Zirbel, *The Texas Connection*, que culpaba del asesinato de JFK únicamente a LBJ, estaba equivocado. LBJ no fue el cerebro del asesinato de JFK. El libro de Barr McClellan de 2003, *Blood, Money & Power*, ha recibido mucha más atención que el libro de Zirbel. El libro de McClellan no es más que una larga (mal escrita y a veces indescifrable) colección de aberraciones tejanas sobre LBJ con un escenario altamente especulativo, por así decirlo, que presenta un complot para asesinar a JFK basado enteramente en Texas.

El autor no afirma ni una sola vez que la CIA desempeñara un papel en este asunto e incluso afirma que Oswald fue uno de los asesinos, ¡lo cual es esencialmente una afirmación del Informe Warren!

Aunque es posible que Mac Wallace, uno de los viejos amigos de LBJ en Texas, estuviera de hecho implicado en el complot y formara parte del almacén de libros -como McClellan afirma tener pruebas que lo demuestran-, esto no demuestra toda la "teoría" de McClellan: que el abogado de LBJ, Ed Clark, urdió la conspiración de JFK. En realidad, era sensato que el Mossad y la CIA involucraran a una de las manos de Johnson en el asesinato, ya fuera Wallace o Clark, para asegurar un encubrimiento por parte de LBJ después del suceso. Pero parece que soy el único crítico de McClellan que se ha molestado en mencionar esta posibilidad.

McClellan incluso crea supuestas conversaciones -con todo lujo de detalles- entre LBJ y los conspiradores, conversaciones destinadas a "probar" su teoría. Rebosante de increíbles calificativos, señalando que las conversaciones y los hechos "sin duda" o "casi con toda seguridad" tuvieron lugar, el libro es bastante malo, a pesar de toda la publicidad que ha recibido en los medios de comunicación "dominantes". Está claro que los controladores de los medios han llegado a la conclusión de que "el mínimo común denominador" -la idea de que un vicepresidente estaba detrás del asesinato de un presidente- es la única teoría que satisface a todo el mundo.

Un punto más, el autor (McClellan) resulta ser el padre del secretario de prensa del presidente George W. Bush, hijo del ex presidente (y director de la CIA) George H. W. Bush. ¿Podría esto explicar por qué el libro de McClellan no dice nada sobre todas las maquinaciones conocidas y bien documentadas de la CIA que implican a Oswald? ¿O soy sólo uno de esos "teóricos de la conspiración" que plantean la cuestión?

El Juicio Final parece depender en gran medida del hecho de que Clay Shaw, procesado por el fiscal de Nueva Orleans Jim Garrison por su participación en el asesinato de JFK, tenía vínculos con el Mossad a través de la empresa Permindex. ¿Y si Shaw no tuviera nada que ver con la conspiración? ¿No significa eso que su tesis es errónea?

En absoluto. De hecho, *Juicio Final* podría sostenerse por sí sola con la tesis intacta aunque Clay Shaw nunca hubiera vivido. Hay tantos vínculos múltiples con el Mossad a través de tantas otras personas implicadas en la conspiración que Clay Shaw no es más que un personaje periférico a la larga. Y no creo que el libro dependa realmente de la conexión con Shaw, aunque es ciertamente significativa.

Debido al hecho de que Garrison iba a desvelar potencialmente la conexión israelí (a través de Shaw) fue necesario que la investigación de Garrison se suspendiera. Antes he señalado que los intentos reales de detener a Garrison comenzaron incluso antes de que conociera a Shaw. El hombre que realmente intentó sobornar a Garrison para detener la investigación, el petrolero internacional John King, estaba estrechamente vinculado al Mossad y a la red Permindex.

La conexión con Permindex es importante, pero no pretendo saber exactamente qué papel desempeñó Shaw en la conspiración. Es muy posible que Shaw nunca supiera que el asesinato estaba en marcha y que sus vínculos con su colega de la CIA Guy Banister y Lee Harvey Oswald le parecieran totalmente inocentes (en la medida, por supuesto, en que cualquier maquinación de inteligencia de cualquier tipo pueda calificarse de "inocente").

La investigación de Garrison fue defectuosa en muchos aspectos, por supuesto, y tal vez incluso en parte culpa de Garrison. Sin embargo, está muy claro que Garrison era un hombre con una misión y que puede haberse extraviado en algunas de sus presunciones y acusaciones. Pero está claro que tuvo problemas con la investigación de Shaw.

Shaw conocía al agente de la CIA David Ferrie y mintió en el estrado durante el juicio, afirmando que no lo conocía. Algunos quisieron defender a Shaw, diciendo que tal vez mintió porque no quería que se le asociara con un homosexual conocido y bastante exuberante como Ferrie (el propio Shaw era gay), pero esa es una excusa de maricón, sin juego de palabras. Y lo que es más importante, Shaw tenía una larga relación con la CIA, como ahora sabemos, pero Garrison nunca fue capaz de demostrar este vínculo en su momento. De haberlo hecho, es probable que Shaw hubiera sido condenado. Sin embargo, el jurado concluyó que no había pruebas suficientes para vincular a Shaw con ninguna conspiración.

No hay que olvidar que a uno de los testigos clave de Garrison, un agente de policía de Nueva Orleans llamado Aloysius Habighorst, nunca se le permitió testificar sobre la confesión de Shaw al agente de que a veces utilizaba el alias de "Clay Bertrand". Esto era significativo, ya que fue un tal "Clay Bertrand" quien llamó al abogado de Nueva Orleans Dean Andrews y le pidió que representara a Oswald tras su detención en Dallas.

Andrews dijo que había tratado con "Clay Bertrand" en el pasado, así que cuando recibió la llamada después del asesinato, el nombre de Clay Bertrand no le era desconocido. Y está claro que Shaw era efectivamente "Clay Bertrand". Si el jurado hubiera escuchado el testimonio del policía, por supuesto, probablemente habría sellado el destino de Shaw durante el juicio de Nueva Orleans.

Así que creo firmemente que la tesis *del Juicio* Final se sostendría con o sin el caso Clay Shaw. La investigación Shaw, supongo, sería la guinda del pastel, por así decirlo.

Francamente, creo que hay buenas razones para creer que Shaw, a pesar de sus antiguos vínculos con la CIA, también pudo haber sido un agente del Mossad. Soy consciente de que es arriesgado, pero nunca lo he descartado del todo.

Al escribir *Juicio Final*, me lo pensé mucho. Después de todo, Shaw no era precisamente un nombre conocido en Estados Unidos, pero fue elegido para formar parte del consejo de la empresa Permindex, con sede en Europa y dominada por el Mossad. ¿Cómo es que Shaw -más que nadie- entró en el consejo? He aquí la cuestión: ¿era Shaw más de la CIA que del Mossad, o viceversa, o llevaba varios sombreros?

G. Robert Blakey, ex director del Comité de la Cámara de Representantes, y David Scheim, autor de Contract on America, afirman ambos que "La Mafia mató a JFK" y sugieren que Carlos Marcello, el jefe de la Mafia de Nueva Orleans, fue el cerebro del asesinato. ¿No es totalmente posible que Marcello fuera el principal instigador del crimen y que no tuviera ayuda del Mossad ni de la CIA, y que miembros de la CIA como Guy Banister, David Ferrie y Clay Shaw estuvieran en la esfera de influencia de Marcello en Nueva Orleans?

Es completamente improbable. Marcello, por supuesto, era un protegido y subordinado del crimen organizado de Meyer Lansky y reinaba como jefe de la mafia de Nueva Orleans precisamente porque Lansky le puso allí. Este es un simple hecho que Blakey y Scheim nunca mencionan. Incluso John Davis, biógrafo de Marcello, lo señala en *Mafia Kingfish* (aunque el propio Davis afirma que Marcello fue el cerebro del asesinato de JFK).

Aunque Marcello era por sí solo uno de los jefes mafiosos más poderosos del país, debía su estatus al favoritismo de Lansky, y los negocios de Marcello en Nueva Orleans y su extensión a Texas estaban entre los más lucrativos del sindicato de

Lansky. Marcello no habría orquestado el asesinato del Presidente de los Estados Unidos por su cuenta sin la aprobación de Meyer Lansky.

Lansky, por supuesto, estaba estrechamente vinculado al Mossad y a la CIA (y no debemos olvidar que el propio Marcello estaba vinculado, como mínimo, a la CIA en el sentido de que ayudó a financiar la guerra de la CIA contra Castro, incluyendo, por supuesto, las operaciones de Guy Banister en Nueva Orleans. Y dado el hecho establecido de que los propios negocios internacionales de Marcello estaban bastante alejados unos de otros, es inevitable (teniendo en cuenta sus vínculos con Lansky) que él mismo hubiera tenido tratos con el Mossad.

Pero Carlos Marcello no fue el cerebro y la fuerza motriz del asesinato de JFK. Marcello es un personaje pintoresco y un blanco fácil para los estudiosos de la conspiración del asesinato de JFK, pero a pesar de que Marcello era un personaje muy poderoso por derecho propio, la conspiración tenía demasiado alcance (por no mencionar que era demasiado encubierta) para haber sido simplemente el producto de la organización de Marcello.

La teoría de que "La Mafia mató a JFK" es seductora, pero en realidad está totalmente fuera de lugar. Debo añadir -y llamarlo "antisemita" si se quiere- que mi verdadera creencia es, como David Scheim, el autor de *Contract On America,* es judío, tiene tanto interés en restar importancia a Meyer Lansky en el crimen organizado (que es lo que hace Scheim en su libro al culpar a Marcello del asesinato de JFK).

A lo largo de los años, la comunidad judía ha estado muy preocupada por las representaciones de la influencia judía (yo diría predominio) en el crimen organizado, pero no se puede examinar seriamente el papel de Marcello en el asesinato sin reconocer que era un protegido de Lansky. Puedo entender el temor de Scheim a fomentar el antisemitismo al revelar el papel preeminente de Lansky en el crimen organizado, pero si es un investigador serio como dice ser, estaría dispuesto a afrontar los hechos y no ocultarlos como hace.

¿Era Jack Ruby un agente de la CIA o un informante del FBI? ¿Qué papel desempeñó, en su caso, en la planificación del asesinato de JFK?

No me cabe duda de que Ruby conocía a Lee Harvey Oswald antes del asesinato. Si no lo conocía personalmente, había oído hablar de él. Sin embargo, hay demasiadas historias de probables conexiones personales entre ambos como para ignorar el hecho de que los dos se conocían y estaban trabajando juntos en algún tipo de conspiración.

Hay historias muy convincentes de que Ruby tenía contactos con la CIA a través de sus actividades como traficante de armas tanto para Fidel Castro (antes de que Castro tomara el poder) como, más tarde, para exiliados anticastristas. La ex agente de la CIA Marita Lorenz, por supuesto, testificó que Ruby se presentó la noche antes del asesinato en el motel de Dallas donde ella y Frank Sturgis, el miembro de la CIA vinculado al Mossad, y un grupo de exiliados cubanos se alojaban. Su historia es sólo una de las muchas que vinculan a Ruby, de un modo u otro, no sólo con la CIA, sino también con los acontecimientos que condujeron al asesinato.

Ruby, por supuesto, no era de la mafia. Ruby era judío. Vayamos al grano. La presencia de Jack Ruby en el escenario del asesinato de JFK no apunta a "La Mafia". En Juicio Final, discuto esto en detalle. Ruby era más parte del lado judío del Sindicato del Crimen de Lansky. Hay, por supuesto, mucha gente que tiene miedo de entrar en esa área porque temen ser etiquetados como "antisemitas".

Otra cosa a tener en cuenta: los que, como David Scheim y Robert Blakey, afirman que "La Mafia mató a JFK", señalan el hecho de que justo antes del asesinato de JFK Ruby estuvo en contacto con muchos individuos vinculados al crimen organizado y dicen que esto prueba que Ruby estaba tratando con "la Mafia". El gran problema aquí es que los llamados "mafiosos" con los que Ruby estaba en contacto eran en su mayoría judíos. Así que, si se me permite utilizar la terminología étnica: fuera lo que fuera de lo que Ruby hablaba con esta gente, se trataba de bagels y no de pasta.

En Juicio Final, establecí firmemente un vínculo entre Ruby, Israel y el Mossad a través del abogado Luis Kutner (viejo amigo de Ruby en Chicago) y también describí otros vínculos de Ruby, anteriormente ignorados, con el contrabando de armas a Israel y la relación de Ruby con supuestos "periodistas" de periódicos israelíes en Dallas.

Las conexiones israelíes están ahí para quienes quieran encontrarlas, y para quienes no.

En cuanto a que Ruby matara a Oswald, me parece que era algo que Ruby "tenía" que hacer, algo que le ordenaron hacer. Probablemente pensó que se saldría con la suya como hombre libre.

En *Juicio* Final, usted sugiere que Jack Ruby no murió cuando se informó de su muerte y que más tarde se fue a Israel. Esta historia parece inverosímil y pone en duda la credibilidad general del libro.

No digo que sea verdad. Simplemente estoy citando una fuente que contó esta historia. La historia fue contada por una mujer que conoció a Jack Ruby y trabajó con él hace muchos años en San Francisco. La mujer que contó la historia, Grace Pratt, era obviamente una mujer de confianza que no era conocida por inventarse este tipo de historias y tenía tanto miedo de lo que creía saber -que Ruby seguía vivo- que pidió que la historia no se repitiera nunca en vida. Yo era francamente reacio a publicar esta historia, reconociendo lo sensacional que es la historia, y dudé mucho antes de tragarme la píldora y decidirme a poner la historia en el libro. Me pareció que, para que quedara constancia, la historia de la señora Pratt debía contarse, ya que introducía definitivamente otra posible conexión israelí que cerraba el círculo de la tesis *del Juicio Final*.

El mero hecho de que la historia no se haya divulgado en ningún otro lugar -a pesar de otras muchas leyendas extrañas sobre el asesinato de JFK que han circulado ampliamente- confiere en realidad cierta credibilidad a la historia de la Sra. Pratt.

Hay que tener en cuenta que si Ruby no murió cuando se suponía que había muerto -y si estoy totalmente equivocado e Israel no tuvo nada que ver con el asesinato de JFK- es totalmente posible que Jack Ruby fuera expulsado de EE.UU., aunque sólo fuera por razones humanitarias. Puede ser que hubiera judíos en EE.UU. e Israel que simpatizaran con Ruby y que dijeran que había cometido un acto "patriótico" -matar al asesino del presidente- y que se le debería permitir empezar una nueva vida. Esto tiene mucho sentido. Muchos han pedido que el traidor judío-estadounidense Jonathan Pollard, que espió para Israel, sea excarcelado y se le permita empezar una nueva vida en Israel. ¿Por qué no podría haber ocurrido lo mismo con Ruby? No es una idea tan sensacionalista.

Es más, se podría argumentar que anunciar la muerte de Ruby y permitirle salir del país habría estado justificado porque habría "ahorrado al país la agitación de otro juicio". Y, en efecto, Ruby iba a ser juzgado una vez más. Sé que Grace Pratt creyó haber visto a Jack Ruby en una fotografía subiendo a un avión con destino a Israel y sé que nunca contó la historia públicamente ni buscó reconocimiento. Estaba asustada. Así que no estoy descartando la historia.

Curiosamente, después de la publicación de *Juicio Final*, Beverly Oliver publicó un libro, *Pesadilla en Dallas*, en el que afirma simplemente que hace unos años estuvo en contacto con alguien que cree que es Jack Ruby. Su historia es que "Ruby" afirmó haber sido sometido a enmascaramiento quirúrgico y a algún tipo de hipnosis y presenta esta historia como si fuera creíble.

Hoy esta historia puede parecer tan extraña como la de Grace Pratt para algunos, pero no descarto la posibilidad, ni creo que entre en conflicto con la historia de la señora Pratt. Ambas cosas podrían haber sucedido: Ruby podría haber ido a Israel y podría haberse sometido a cirugía plástica. Con todas las historias que oímos sobre el Programa Federal de Protección de Testigos, ¿por qué no podemos considerar la posibilidad de que ocurriera algo inusual en el momento de la muerte de Ruby?

Así que hay otra historia circulando que sugiere que había mucho más detrás de la muerte de Ruby de lo que parece. Insto a algunos investigadores a abordar esta controversia y llegar al fondo de la misma. Yo no tengo intención de hacerlo. En cualquier caso, concluiré señalando que la cuestión de si Jack Ruby murió cuando se suponía que había muerto -o no- es irrelevante para la tesis *del Juicio Final*. Cualquiera que intente desacreditar *Juicio Final* citando la historia de Grace Pratt y sugiriendo que refleja el tono general o la tesis del libro está siendo poco sincero.

¿Cuál cree que es el mayor fallo de la teoría generalizada de que "La Mafia mató a JFK"?

Cualquiera podría haber matado a JFK, incluso un lunático solitario, como afirmó la Comisión Warren. La gran pregunta en la conspiración del asesinato es: ¿quién tenía el poder para ocultar la conspiración? La Mafia no tenía ese poder, a pesar de sus vastas conexiones nacionales e internacionales. Y no fue la Mafia la que convocó a la Comisión Warren y dictó sus acciones de arriba abajo. No hay duda de que hubo repetidos vínculos con la Mafia en todo el complot del asesinato de JFK, incluso entre los que tenían conexiones con la CIA. Pero la Mafia no tenía poder para manipular las extrañas actividades de la CIA en Ciudad de México, que trataban de vincular a Lee Harvey Oswald con un supuesto experto en asesinatos del KGB soviético. En las páginas de *Juicio Final*, creo que demuestro firmemente cualquier sugerencia de que la Mafia fue la responsable última del asesinato de JFK. Ahora, con la revelación de que Hyman Lamer, vinculado al Mossad, era el verdadero "jefe" de Sam Giancana, el notorio jefe de la "mafia" de Chicago, la vieja leyenda de que "la Mafia mató a JFK" se encuentra enredada en una conexión muy significativa del Mossad que arroja nueva luz sobre la historia secreta del crimen organizado.

¿Participó el director del FBI J. Edgar Hoover en la planificación del asesinato de JFK? ¿Sabía Hoover que JFK iba a ser asesinado? ¿Estuvo Hoover implicado en el encubrimiento? En Juicio Final, nunca se responde con precisión a estas preguntas.

Yo tendería a pensar que Hoover probablemente sabía de antemano que había un complot o complots contra JFK -quizás incluso el que finalmente tuvo éxito- aunque sólo fuera por su extensa red de inteligencia que tenía vínculos con los mismos conspiradores que estaban íntimamente involucrados en la planificación real del asesinato. Yo añadiría que probablemente permitió que el asesinato tuviera lugar y no hizo nada para impedir el progreso de la conspiración. Hoover no habría tenido ningún interés en impedir el asesinato. Es muy poco probable que Hoover participara en la planificación del asesinato y nadie ha podido encontrar ninguna prueba de que lo hiciera. Obviamente, la participación real de Hoover no fue esencial para la realización real del acto.

Francamente, habría sido mejor (desde el punto de vista de los conspiradores) que Hoover no hubiera tenido conocimiento previo o que no se le hubiera dado tal conocimiento. Sólo habría dado a Hoover más influencia y cuanta menos gente lo supiera, mejor.

He oído que Hoover estuvo supuestamente en una fiesta en Dallas, en el rancho de su buen amigo Clint Murchison, el barón del petróleo de Texas, la noche antes del asesinato, deleitándose en compañía de LBJ e incluso, al parecer, de Richard Nixon, pero me parece que se trata de otro de esos rumores apasionantes que tienen su propia dinámica.

A la gente le encantan este tipo de historias, pero aunque Hoover estuviera en Dallas el día antes del asesinato (y nunca he visto confirmación de que lo estuviera, y francamente lo dudo), eso no significa que tuviera nada que ver con el asesinato.

Si Hoover estuvo implicado en el encubrimiento es otra historia, ya que fue el FBI quien proporcionó información a la investigación de la Comisión Warren. En ese sentido, Hoover participó en el encubrimiento. Hoover es un gran villano, pero su único crimen en relación con el asesinato de JFK, supongo, es que era J. Edgar Hoover.

¿Y Richard Nixon y George Bush? ¿Cree que alguno de ellos tuvo algo que ver con algún aspecto de la conspiración del asesinato? Hay historias que han estado circulando durante años.

Richard Nixon se ha convertido en otro bête-noire entre los teóricos del asesinato de JFK, pero no hay más pruebas para vincular a Nixon con el asesinato que las que hay para vincular a Hoover. Es una teoría apasionante, pero eso es todo lo que es, y tengámoslo en cuenta.

El nombre de George Bush también se relaciona a menudo con el asesinato y en *Juicio* Final exploré esto en detalle, pero de nuevo parece muy poco probable que Bush estuviera involucrado en la planificación del asesinato, pero aparentemente como parte de su trabajo para la CIA -aunque él niega que estuviera trabajando para la CIA en 1963- Bush tenía vínculos con exiliados anticastristas cubanos y es probable que Bush, en un momento u otro, se haya encontrado con personas que podrían haber estado directamente involucradas en la manipulación de parte de la conspiración general.

George Bush probablemente podría ser acusado y condenado por una serie de delitos, pero la conspiración en el asesinato de JFK probablemente no sea uno de ellos. La historia completa de George Bush y su historial de maquinaciones de la CIA aún no ha sido contada -y, tristemente, probablemente nunca lo será- pero pensé que, para que conste, sería apropiado explorar los posibles vínculos de Bush con el asesinato en las páginas de *Juicio Final*.

Y sólo para que conste, me gustaría lanzar mi pequeña teoría sobre la conexión de Bush con el asunto JFK. Es ciertamente controvertida y no tengo pruebas para demostrarla, pero la expondré para que otros reflexionen. Mientras que la mayoría de los investigadores del asesinato de JFK están convencidos de que la misteriosa figura de la CIA "Maurice Bishop" (supuestamente visto una vez en Texas con Lee Harvey Oswald) era en realidad David Atlee Phillips, figura de la CIA desde hace mucho tiempo, yo siempre he pensado personalmente que el famoso retrato de "Bishop" que muchos creen que tiene un gran parecido con Phillips podría ser fácilmente George Bush.

Y si se comparan las fotos de Bush y Phillips, es concebible que algunos encuentren que los dos se parecen. ¿Es posible que "Maurice Bishop" fuera realmente un nombre en clave para George Bush de la CIA durante la conspiración de Bush con los cubanos en el momento del asesinato de JFK? ¿Es posible que el nombre en clave "Maurice Bishop" fuera utilizado por varias personas, incluido Bush? ¿Es posible que, dado que David Atlee Phillips era reconocido como una figura de la CIA, la CIA publicara la historia de que Phillips era realmente "Bishop" para mantener en secreto la conexión de Bush con la CIA? Como ya he dicho, todo esto es pura especulación y no pretendo que haya pruebas que lo demuestren. Sin embargo...

Mucho antes de la publicación del libro de Mark Lane *Plausible Denial* **(por no mencionar la historia en The Spotlight que desencadenó la demanda por difamación contra el ex miembro de la CIA E. Howard Hunt, descrito en el libro de Lane), se especuló mucho sobre la implicación de Hunt en el asesinato de JFK y sobre la posibilidad de que fuera uno de los famosos "vagabundos" fotografiados en Dealey Plaza poco después del asesinato del presidente. ¿Cree usted que Hunt era uno de estos "vagabundos" o que estos "vagabundos" estaban implicados en la conspiración del asesinato?**

En primer lugar, estoy muy familiarizado con todas las investigaciones y escritos sobre los llamados "vagabundos". Sin embargo, no estoy convencido de que E. Howard Hunt fuera uno de ellos. Incluso he visto otra foto, publicada en uno de los tabloides, que pretende mostrar a Hunt recogiendo una bala en Dealey Plaza inmediatamente después del asesinato. (De hecho, el individuo que se supone que es Hunt se parece más al ex presidente Gerald Ford, que formó parte de la Comisión Warren, y no creo que fuera Ford). Hunt es un personaje sospechoso y estuvo implicado en la intriga que rodeó el asesinato, como demuestran *Negación plausible* y *Juicio final*. El libro *Coup d'État in America* de A. J. Weberman y Michael Canfield afirma que Hunt fue uno de los vagos, pero, como digo, no me lo creo.

Ahora, hay nueva información publicada por la policía de Dallas en los últimos años que muestra que había vagabundos recogidos en Dealey Plaza y que fueron firmemente identificados como vagabundos - no asesinos o conspiradores. Sin embargo, todavía hay investigadores que discuten sobre esto y dicen que la historia completa aún no se ha contado. Una de las historias más recientes que ha salido a la luz es la de Chauncey Holt, que afirma que él era el "vagabundo" que todo el mundo dice que era E. Howard Hunt y resulta que Holt no es uno de los vagabundos cuyos nombres aparecen en los registros de la policía de Dallas. Así que hay muchos investigadores que no se creen la historia de Holt, y también los hay que sí.

Si estos hombres estuvieron implicados en el asesinato, es poco probable que fueran los verdaderos desencadenantes. El investigador del asesinato de JFK Robert Groden ha publicado fotos mejoradas de lo que probablemente sea un pistolero disparando desde el butte y este asesino parece llevar el uniforme de un oficial de policía. Ciertamente no es uno de esos vagos. Realmente no creo que los llamados vagabundos realmente importen al final, pero es una agradable distracción. Los hombres que fueron fotografiados en Dealey Plaza probablemente eran lo que parecían ser. Estaría bien resolver el problema para contentar a todo el mundo.

¿Qué papel desempeñó E. Howard Hunt en la conspiración de JFK?

Es una pregunta muy interesante y la respuesta es compleja. Ya la traté en el capítulo 16 de *Juicio Final*, pero me gustaría discutirla más a fondo aquí. No sabemos exactamente dónde estaba Hunt en el momento del asesinato de JFK. Esto es algo que nunca se estableció firmemente, ni siquiera durante el juicio por difamación de Hunt, y las respuestas de Hunt durante el interrogatorio de Mark Lane no fueron realmente concluyentes.

Hunt insistió en que se encontraba en la zona de Washington, D. C. (bien en su casa de los suburbios, bien en la oficina o en el centro, donde realizó compras en uno o varios establecimientos a lo largo del día) el 22 de noviembre, día del asesinato. Sin embargo, nunca abordó la alegación hecha bajo juramento durante el segundo juicio por su antigua asociada de la CIA, la agente Marita Lorenz, de que ella y el agente de la CIA Frank Sturgis y un grupo de exiliados cubanos se reunieron con Hunt en Dallas el 21 de noviembre, el día antes del asesinato. (Y eso, por supuesto, le habría dado tiempo a Hunt para regresar a Washington y estar en la capital el día del asesinato).

Es más, como hemos señalado antes, la señorita Lorenz dijo que Jack Ruby, que mató a Lee Harvey Oswald unos días después, también les visitó en este motel. Así que no hay duda de que había un complot que involucraba a Hunt en Dallas que lo vinculaba a un complot que involucraba a individuos conectados con la CIA que estaban vinculados de alguna manera a la conspiración del asesinato.

No estoy diciendo - y tampoco Mark Lane, para el caso - que Hunt disparó a John F. Kennedy o incluso apuntó en su dirección el 22 de noviembre. Creo que Hunt estuvo en Dallas al menos justo antes del asesinato. Lo que estaba haciendo allí es la interesante historia de la que sabemos tan poco.

Como vimos en el capítulo 16, fue claramente James Angleton, de la CIA, el responsable de filtrar el memorándum interno de la CIA que sitúa a Hunt en Dallas en el momento del asesinato, sentando las bases para la historia que finalmente condujo a la demanda por difamación de Hunt contra *The Spotlight*.

En opinión del periodista de investigación Joe Trento (que, por cierto, es enemigo acérrimo de *The Spotlight*, ya que Willis Carto, el editor de *The Spotlight*, le obligó a resolver una demanda por difamación contra él), es probable no sólo que Hunt estuviera en Dallas, sino que Angleton le enviara allí. Sin embargo, Hunt no admite nada.

Me parece que Hunt era un facilitador, por así decirlo, en el complot para asesinar a JFK, involucrado en Dallas (y Nueva Orleans) con otros que estaban involucrados con Lee Harvey Oswald. Es perfectamente concebible que Hunt no tuviera ni idea de que su misión en Dallas implicaba un complot de asesinato real -quizás sólo participó en un complot de asesinato "ficticio" que fue manipulado y superado por fuerzas externas y se convirtió en real- y exploré esta posibilidad en el capítulo 16.

Considere esto: Aunque Hunt se reunió con la Srta. Lorenz y Frank Sturgis, y el dinero pasó de Hunt a Sturgis, esto no indica necesariamente que Hunt supiera que se estaba preparando un asesinato real, aunque Sturgis dijera más tarde a Lorenz que su equipo había participado en el asesinato del Presidente. Puede que lo supiera, pero no necesariamente. Sin embargo, se puso a sí mismo en una posición en la que, en retrospectiva, parecía bastante culpable, dado el posterior testimonio de Lorenz.

Sin embargo, hay que tener en cuenta que, pasara lo que pasara en Dallas, Hunt volvió a aliarse con Frank Sturgis durante el fiasco del Watergate, que condujo al "asesinato" de otro presidente, y en el caso Watergate, como hemos visto, también había una clara conexión israelí, en la que también estaba implicado Angleton.

Si tenemos en cuenta el hecho -como ahora sabemos- de que Frank Sturgis no sólo era un agente de la CIA, sino que también había estado implicado durante mucho tiempo en la conspiración del Mossad, nos encontramos con un conjunto de engranajes muy complejo, por así decirlo.

Pero Hunt era y es un hombre leal a la CIA y no admitirá nada ni en un sentido ni en otro. Y cuando Hunt necesitó un testigo de la CIA en su juicio por difamación, fue el antiguo ayudante de Angleton, Newton "Scotty" Miler, quien acudió al rescate. No creo que sea una sorpresa.

Así pues, aunque parece que en 1978 la CIA planeaba inicialmente dejar caer a Hunt e inculparlo de su participación en el asesinato -presentándolo como un agente "deshonesto"- a través de sus antiguos superiores de la CIA, en el momento en que se celebraba su juicio por difamación contra *The Spotlight*, él y la CIA habían llegado a un acuerdo y se ofrecían a ayudar. Parece que fue precisamente porque el artículo de The Spotlight reveló la "situación limitada" contra Hunt por lo que la operación quedó en suspenso. Recordemos que una carta titulada "Querido Sr. Hunt", supuestamente de Lee Harvey Oswald, apareció en el momento en que esta operación de "situación limitada" estaba en sus inicios, cuando el Comité de la Cámara de Representantes comenzó su investigación. Creo que fue otro truco sucio de Angleton, aunque un nuevo libro de un autor vinculado a la CIA afirma que fue una estratagema de la KGB. Volveré sobre este tema con más detalle en la última palabra de *Juicio Final*.

Si hay alguien vivo hoy que sabe lo que realmente ocurrió en Dallas, ese es Hunt. Sin embargo, si Hunt alguna vez encontrara la necesidad o una razón para "hacer público" lo que sabe, creo que podemos tomar lo que dice con un grano de sal. Hunt es, además, un escritor de novelas de espionaje muy dotado y prolífico, y si un editor le ofreciera unos cuantos millones de dólares por "contarlo todo", es concebible que

Hunt -en colaboración con la CIA, o tal vez por su cuenta- diera con una historia fantástica que satisficiera el apetito del público y que, por tanto, estableciera *como* sentencia definitiva sobre lo ocurrido en Dallas. Y eso podría asegurar que la verdad quedara enterrada para siempre. Me temo que demasiada gente está dispuesta a creer cualquier cosa que diga Hunt simplemente porque él es lo que es. Así que desconfiemos de lo que Hunt pueda decir.

Pero haré esta predicción: si Hunt logra encontrar una "solución final" al misterio de que el asesinato fue una conspiración de la KGB -con vínculos con Castro- y que algunos agentes "deshonestos" de la CIA estaban en medio. Esto podría ser la clave de un atentado de última hora contra Castro y, dado que la Unión Soviética se ha retirado del negocio, no importa si Hunt los acusa o no.

¿No es el libro de Jim Marrs, *CrossFire*, el que, incluso más que *Juicio Final*, reúne todas las teorías sobre JFK y permite a los lectores emitir un juicio final por sí mismos?

Crossfire es un libro maravilloso y ofrece una visión completa de todos los libros sobre el asesinato de JFK que estaban disponibles cuando se imprimió. Tengo la esperanza de que si Marrs reedita *Crossfire* en una edición actualizada, mencione la teoría que aparece en *Juicio Final*, aunque sólo sea para intentar demolerla. Pero no creo que pueda. Si puede hacerlo, espero que intente hacerlo con responsabilidad.

En general, no creo que Marrs llegue a ninguna conclusión real en uno u otro sentido. Insinúa que LBJ pudo ser responsable del asesinato y señala con el dedo al "complejo militar-industrial", pero eso es todo.

Sugiero que la gente lea *Crossfire* antes incluso de leer *Final Judgement* porque es un compendio notable de las teorías y conclusiones básicas sobre el asesinato y, una vez que entiendas lo esencial de esas teorías, verás cómo *Final Judgement* las une de forma efectiva en una teoría relativamente simple que tiene sentido en última instancia.

Mucha gente me ha dicho que han leído casi todos los demás libros sobre el magnicidio, pero que el mío era el que realmente unía las dos cosas y ofrecía la explicación más completa de lo que realmente ocurrió.

¿Cómo contradice la tesis presentada en *Juicio* Final la teoría presentada en varios libros que sugieren que fue algún tipo de complot entre la CIA y la Mafia lo que condujo al asesinato de JFK?

No creo que la teoría presentada en *Juicio* Final contradiga esencialmente la tesis básica de que fue una combinación de elementos de la CIA y de la Mafia la que estuvo detrás del asesinato del Presidente. Al contrario, la tesis básica encaja perfectamente en el escenario presentado en *Juicio Final*. Mi libro, sin embargo, se basa en la conexión israelí que nadie había abordado antes y explica que la llamada "conexión francesa" que otros han tratado de demostrar como prueba de algún modo de la implicación de la CIA o incluso de la "Mafia" apunta más claramente a la conexión israelí.

Para mí está muy claro que otros teóricos no acaban de entender el significado de la French Connection, que es la conexión israelí. La French Connection también está directamente relacionada con la CIA y la Mafia e incluso directamente con la oficina del agente de la CIA Guy Banister en Nueva Orleans. El *Juicio Final* es, por tanto, único en el sentido de que explica cómo todos estos elementos aparentemente diversos están unidos por la conexión israelí.

Cualquiera que haya leído un libro que sugiera que se trataba de una especie de conspiración entre la CIA y la Mafia y acepte esa tesis puede leer ahora *Juicio Final* y darse cuenta de que no hay nada en *Juicio Final* que contradiga esa tesis básica. Yo añadiría que *Juicio Final* también es instructivo en el sentido de que presenta una visión más precisa de la realidad de la verdadera naturaleza del Sindicato del Crimen Organizado y del papel protagonista que Meyer Lansky desempeñó dentro de la mafia. En este sentido, Juicio Final es el primer libro que explora la vinculación de Lansky con el crimen del siglo.

Creo firmemente *que Juicio Final* presenta un argumento que nadie que crea en la conspiración básica "CIA-Mafia" puede rechazar de plano. Los que lo rechazan, sospecho, son los que tienen miedo a la visión de conjunto. El libro demuestra que Israel no sólo tenía los medios y el motivo, sino también la oportunidad, todos los elementos que necesita un buen abogado para conseguir una condena por asesinato. De hecho, un lector sugirió que *Juicio Final* se lee como una acusación. Y ciertamente lo es.

¿Podría darnos un esbozo de lo que considera la estructura básica del complot para asesinar a JFK? ¿No implica necesariamente la enorme conspiración internacional descrita *en Juicio* Final a tanta gente que habría sido imposible mantener en secreto semejante complot durante todos esos años?

En primer lugar, la conspiración ya no es un secreto. Hablé de ello en *Juicio Final*. Y no lo digo en broma. Después de todo, gracias a mi fuente francesa, pude identificar los papeles secretos de Yitzhak Shamir, una figura del Mossad israelí, y Georges De Lannurien, un oficial francés del SDECE, en la conspiración. Así que alguien en algún lugar con información "privilegiada" **habló** y así fue como la información sobre estos dos conspiradores cayó en mis manos mientras escribía *Juicio Final*.

Pero la pregunta está bien formulada. Pero lo que he dicho en repetidas ocasiones, a menudo en respuesta a preguntas, es que lo que es único, creo, - entre muchas otras cosas, supongo - sobre *Juicio* Final es que presenta una conspiración que en realidad implica sólo a un pequeño número de personas. En otras palabras, sólo un puñado de personas sabía que el Presidente iba a ser asesinado. Todas las demás personas que, de un modo u otro, estaban implicadas en la conspiración ni siquiera habrían sabido el papel que desempeñaban en ella.

Creo que este es un aspecto importante de la teoría que presento en *Juicio Final*. El número de personas implicadas en la conspiración que realmente sabían que JFK iba a ser asesinado era probablemente muy pequeño - pero los que estaban "al tanto" tenían vastos recursos a su disposición para influir en un número mucho mayor de personas que nunca sabrían necesariamente que formaban parte de una conspiración de asesinato contra el presidente Kennedy.

Tal y como yo lo veo, hubo seis etapas en el asesinato en sí:
1) el inicio de la conspiración: ¿quién la puso en marcha?
2) planificación y coordinación: contratación de asesinos, por ejemplo;
3) Financiación: ¿quién ha aportado el dinero necesario?

4) facilitar (el asesinato): tender la trampa al chivo expiatorio, asegurarse de que todo esté listo para el 22 de noviembre;
5) la ejecución del asesinato; y
6) camuflaje.

En cuanto al desencadenamiento real de la conspiración, como ya he dicho, parece claro que tuvo lugar a través de la interacción entre el Mossad israelí y los altos mandos de la CIA, a raíz de su propia reacción a las políticas de JFK. Sin mencionar, por supuesto, la interacción de la CIA y el Mossad con otros grupos de poder que estaban en el punto de mira de la administración Kennedy, especialmente el crimen organizado.

Ya he culpado claramente a James Angleton de la CIA y al Primer Ministro israelí David Ben-Gurion de iniciar la conspiración, pero puede que hubiera otros que también estuvieran "en ello".

Una vez decidido que JFK sería "tiroteado", la segunda fase de la conspiración requería planificación y coordinación. Alguien tenía que encargarse de reclutar a los asesinos, sentar las bases generales, determinar dónde tendría lugar el asesinato y cómo se financiaría.

Tiendo a creer que probablemente lo llevó a cabo Yitzhak Shamir, jefe del equipo de asesinos del Mossad. Por supuesto, habría trabajado en estrecha colaboración con Angleton y sabemos que subcontrató al menos a un asesino o equipo de asesinos a través de su aliado de la inteligencia francesa, el coronel Georges De Lannurien.

La financiación de todo esto podría haber procedido de una amplia variedad de fuentes. Aunque, por supuesto, tanto la CIA como el Mossad disponen de enormes presupuestos (incluido el tristemente célebre "presupuesto secreto" de la CIA), por no hablar de una amplia variedad de empresas ficticias, conocidas como propiedades, parece probable que el dinero utilizado para financiar la operación fuera cuidadosamente blanqueado y que incluso pudiera proceder de fuentes ajenas a la CIA y al Mossad para garantizar que nunca se pudiera seguir el rastro del dinero.

Los aliados de la CIA y el Mossad en el Sindicato del Crimen de Lansky eran ciertamente una fuente rápida, grande e imposible de rastrear de dinero fácilmente accesible. El propio Lansky, por no mencionar a sus socios de la Mafia, así como la empresa tapadera del Mossad, Permindex, tenían cuentas bancarias en el Banque de Crédit Internationale del rabino Tibor Rosenbaum en Ginebra. Es posible que Rosenbaum transfiriera dinero a través de Clay Shaw, miembro del consejo de administración de Permindex que, a su vez, era una especie de "tesorero" de Nueva Orleans, que distribuía dinero a Guy Banister y también a Lee Harvey Oswald, a quien la oficina de Banister estaba utilizando como chivo expiatorio.

Y, de nuevo, si la operación de Banister en la que estaba implicado Oswald había sido efectivamente montada y coordinada por la oficina de la ADL en Nueva Orleans, lo que parece probable, el dinero para el salario de Oswald pagado por Banister habría sido literalmente subvencionado directa (o indirectamente) por la ADL. Y se ha revelado en documentos judiciales oficiales que la ADL en realidad utiliza intermediarios para pagar a sus "investigadores", como Banister y compañía, para disfrazar el origen de los fondos.

Por tanto, esto ilustra cómo una amplia gama de entidades aparentemente separadas podrían haber sido utilizadas para financiar la operación sin ningún rastro directo hasta la CIA o el Mossad. Aunque ADL, por ejemplo, depende del Mossad, es poco probable que el dinero del Mossad, per se, se transfiriera siquiera a la cuenta bancaria de ADL.

Los fondos para una o más partes de la organización del asesinato podrían haber procedido de otras fuentes. Se ha dicho que Jack Ruby visitó la oficina del barón del petróleo de Texas H. L. Hunt poco antes del asesinato. Tal vez Hunt proporcionó dinero que fue utilizado por Ruby para algún acto que Ruby celebró antes del asesinato.

Es posible que le aseguraran a Hunt que el dinero estaba destinado a una manifestación "anticomunista" el día del asesinato. Ruby pudo incluso haberle dicho a Hunt que un grupo de cubanos anticastristas, disfrazados de cubanos procastristas, iban a montar algún tipo de "incidente" para desacreditar a Castro mientras JFK estaba en Dallas. El propio Ruby podría haber pensado que ese era el plan. (Personalmente creo que Ruby estaba preparando el "segundo Oswald" u "Oswalds" según el caso. En otras palabras, Ruby estaba organizando "incidentes" en torno a Dallas para hacer creer que el verdadero Lee Harvey Oswald era un "agitador procastrista" y un extremista armado).

Ahora bien, todo esto es pura especulación, por supuesto, pero no creo que esté muy lejos de la realidad. Estoy tratando de ponerlo en una perspectiva lógica.

Hemos hablado de iniciación y planificación, coordinación y financiación. El cuarto nivel del complot de asesinato sería la "facilitación". Esto incluiría áreas como las acciones en Nueva Orleans y Dallas, donde Lee Harvey Oswald fue inculpado inadvertidamente y/o inculpado él mismo, según el caso. Operando en esta etapa tenemos a Clay Shaw, Guy Banister, David Ferrie y Jack Ruby, a pesar de que Shaw puede no haber tenido nunca contacto directo con el verdadero Lee Harvey Oswald. También había, por supuesto, exiliados cubanos anticastristas a los que se dio buen uso en esta etapa.

También es probable, como he señalado, que se establecieran varios chivos expiatorios potenciales en diversas ciudades del país. Los facilitadores, en estas ciudades, no tenían ni idea de que estaban siendo utilizados en un complot de asesinato que atrapaba al chivo expiatorio. Probablemente había varias personas en todo el país con perfiles similares al de Lee Harvey Oswald a las que se tendió una trampa en caso de que el asesinato tuviera que llevarse a cabo en su ciudad: Miami, Chicago, Los Ángeles, Billings, Montana.

Parece poco probable que los conspiradores estuvieran preparados para llevar a Lee Harvey Oswald por todo el país esperando el momento oportuno para golpear. No, en su lugar había otros "Oswalds" - otras palomas - en esas ciudades. Y dado que el asesinato no tuvo lugar en esos lugares, los facilitadores no se darían cuenta necesariamente de la verdadera motivación que había detrás de las cosas que se les había pedido que hicieran. Por todo eso, también es muy posible, como he dicho, que hubiera incluso varios otros chivos expiatorios establecidos en Dallas o en otros lugares de Texas.

Sin embargo, no sólo había "facilitadores" alrededor de Lee Harvey Oswald y a su nivel. También había facilitadores trabajando alrededor de la víctima inminente del complot de asesinato. En los círculos que rodeaban a John F. Kennedy, había quienes informaban, con toda seguridad a la CIA, sobre los planes de JFK, tanto en relación con cuestiones internacionales críticas de alto nivel que afectaban inmediatamente a la CIA y al Mossad, como en relación con asuntos tan concretos como el lugar al que JFK pensaba ir durante su viaje a Texas.

Esto era rutinario, por supuesto, ya que la CIA tenía desde hacía tiempo a sus agentes incrustados en todo el poder ejecutivo y estaba cooptando (mediante chantaje y soborno) a personas que no estaban directamente empleadas por la CIA. Evidentemente, estas personas no se dieron cuenta de que estaban siendo utilizadas en la conspiración de asesinato que siguió. Al final, estoy seguro de que fue Angleton, de la CIA, quien obtuvo la información sobre las actividades de JFK. Probablemente fue dejada caer literalmente en el escritorio de Angleton sobre una base diaria.

La CIA puede incluso haber ayudado a dar forma a los planes del Presidente de un modo u otro: asegurándose, por ejemplo, de que su comitiva tomara una ruta determinada a través de Dallas. Utilizo eso como un simple ejemplo para mostrar lo sencillo que era el proceso. Y la persona o personas de las que se aprovechaban no sabían necesariamente que estaban siendo manipuladas, ni siquiera, en retrospectiva, que lo habían sido.

Podríamos añadir que hubo otro elemento esencial en la facilitación. Se trataba del equipo de la CIA, dirigido por David Atlee Phillips, jefe de la oficina del Hemisferio Occidental de la CIA, que fue responsable -en el mes anterior al asesinato- de presentar las "pruebas" de que Lee Harvey Oswald se estaba reuniendo con un experto soviético en asesinatos en Ciudad de México. Este fue otro ladrillo importante en los cimientos de la conspiración - la elaboración de la trampa del chivo expiatorio llevada a cabo a un grado particularmente alto.

Sin la ayuda de todas estas personas, el asesinato y el camuflaje no podrían llevarse a cabo. Sin embargo, todas sus acciones podían llevarse a cabo sin que estas personas sospecharan lo que estaba ocurriendo. Y en muchos casos, sus acciones eran rutinarias y cotidianas.

Y luego, por supuesto, están los asesinos. Es posible que estos asesinos ni siquiera conocieran la ubicación (o la identidad) de los demás tiradores. La coordinación del asesinato puede haber estado tan compartimentada que las operaciones de los diferentes equipos pueden haberse llevado a cabo de forma estrictamente confidencial. Incluso es posible que se enviaran a Dallas otros equipos de asesinos y se establecieran en caso de que se cancelara el atentado de Dealey Plaza. Estos equipos no necesariamente habrían sabido que los otros estaban en el lugar. Obviamente, nunca sabremos toda la historia.

También es interesante el hecho de que el hombre de la CIA Frank Sturgis (también agente del Mossad durante mucho tiempo) dijera más tarde a Marita Lorenz que su equipo estaba implicado en el asesinato. Al parecer, Sturgis nunca afirmó ser uno de los pistoleros, pero la inteligencia cubana, como hemos visto, dijo que estaba implicado en la organización de las comunicaciones entre los equipos asesinos.

Los facilitadores también podían ser utilizados para ayudar a escapar a los verdaderos asesinos. Jack Ruby era un facilitador ideal para manipular a miembros de la policía de Dallas. Unos pocos grandes beneficios aquí y allá harían el truco. El agente J. D. Tippit estaba probablemente implicado y me parece que fue asesinado cuando se negó a hacer su trabajo. Por otra parte, tal vez Tippit estaba destinado a ser ejecutado con el fin de culpar del crimen a Oswald.

El último nivel es el del encubrimiento y el control de daños. Muchos de los implicados en facilitar el asesinato tendrían un gran interés en ocultar no sólo su propio papel, sino también el de sus asociados en la conspiración (una vez que se dieran cuenta de que habían desempeñado un papel en el fomento de la conspiración, aunque fuera involuntariamente). No cabe duda de que participaron personas de la CIA y el FBI, por no mencionar otros organismos gubernamentales, incluida la policía de Dallas. Es posible que la mayoría de los implicados ni siquiera se dieran cuenta de que estaban participando en acciones destinadas a ocultar la verdad.

Sabemos que James Angleton tuvo un invitado interesante en su despacho de Langley el día del asesinato. Era el aliado francés del Mossad, el coronel Georges De Lannurien del SDECE. Está claro que estaban juntos en una reunión cara a cara de control de daños. Se trataba de una operación importante y era esencial que estos dos conspiradores clave estuvieran juntos por si algo salía mal. Obviamente, en este momento crítico, la comunicación por teléfono o paloma mensajera no era lo ideal.

En última instancia, por supuesto, si no hubiera sido por la poderosa fuerza corruptora (y corruptora) de los medios de comunicación estadounidenses -a su vez tan fuertemente influenciados por el lobby pro-Israel y la CIA (por separado y juntos)- el encubrimiento no se habría extendido tanto y no habría durado tanto. Creo que la forma en que los medios de comunicación han reaccionado a las críticas de la Comisión Warren es una señal reveladora de que Israel desempeñó un papel en la conspiración del asesinato.

Prácticamente todos los investigadores importantes del asesinato de JFK han comentado el fenómeno de la colaboración de los medios de comunicación en el encubrimiento.

Sin embargo, nadie menciona nunca la influencia del lobby israelí en los medios de comunicación estadounidenses. No se puede analizar el asesinato de JFK sin examinar seriamente el papel de los medios de comunicación en el encubrimiento. Es crucial y demuestra el vínculo con Israel, tanto si la gente quiere admitirlo como si no.

¿Por qué no pueden unir sus fuerzas todos los investigadores y trabajar juntos para encontrar la solución al misterio? ¿No sería eso más productivo que trabajar con objetivos contrapuestos?

En primer lugar, para ser honesto, creo que he encontrado la solución - y, como he dicho, incorpora todas las principales ideas sobre lo que realmente sucedió en Dallas. He introducido la conexión israelí pasada por alto, porque eso es lo que une a todas las otras teorías.

Sin embargo, el hecho es que, al haber tanta gente con tantos ámbitos de interés y conocimientos, inevitablemente acaban entrando en conflicto unos con otros. Ésa es una de las razones por las que nunca me he relacionado directamente con los investigadores que continuamente celebran conferencias y reuniones. Con todo, estaría tentado de decir que el misterio se ha resuelto hasta el punto de que nunca se resolverá.

Es irónico, pero hay varios grupos de estudio sobre el asesinato de JFK y funcionan esencialmente, de una forma u otra, como "rivales", discutiendo y peleándose entre sí.

Otro factor es que hay mucha gente con conocimientos específicos: balística, patología o fotografía. No pretendo ser un experto en esos ámbitos. Tengo una amplia experiencia en varios campos, pero no pretendo ser un experto en ninguno de ellos. Tengo un buen conocimiento práctico no sólo de la historia de la CIA y del Mossad israelí, sino también de la historia de la delincuencia organizada. Estoy familiarizado con la política estadounidense en Oriente Próximo y con los conflictos de política exterior de la administración JFK. Y en el transcurso de la redacción de *Juicio* Final, me basé en investigaciones publicadas sobre el conflicto francés en Argelia que, como señalé, desempeñó en última instancia un papel crucial en la evolución de la conspiración del asesinato de JFK.

Francamente, diría que es una apuesta segura que no encontrará otro escritor sobre el asesinato de JFK que haya estudiado todas estas áreas como yo. Precisamente por eso pude organizar *Juicio Final* como lo hice.

Después de todo, sinceramente, ¿cuántos investigadores del asesinato de JFK conocen realmente la historia de la relación de JFK con Israel? En su lugar, se han centrado en Vietnam y en el conflicto cubano y, como resultado, se han perdido la visión de conjunto. No los estoy criticando. Sólo constato un hecho. Personalmente, estoy dispuesto a colaborar con otros investigadores en la medida de mis posibilidades, pero, como ya he indicado, muchos de estos "expertos" se han negado a reconocer mi trabajo (por razones que imagino obvias).

No descarto nada y siempre he dicho que es muy posible -y no lo pretendo- que si alguien puede demostrarme que el Vaticano estuvo detrás del complot para asesinar a JFK, manipulando a la CIA y al Mossad, por ejemplo, podría estar dispuesto a creerle. Lo único que pido es que me muestren las pruebas. Es tan sencillo como eso. Y si estoy equivocado, quiero que me muestren dónde estoy equivocado. No es mucho pedir. Lo ideal sería que todos pudiéramos trabajar juntos, pero eso nunca va a ocurrir.

Aquí también hay mucho de política. Muchos investigadores están cegados por un sesgo liberal y tienen intereses creados. Por esta razón, parecen ver a JFK como la víctima de una conspiración republicana, un complot de extrema derecha orquestado por Richard Nixon (aunque los verdaderos "derechistas" ciertamente no piensan que el propio Nixon sea uno de ellos). Estos investigadores están apegados a la imagen de JFK como una especie de icono liberal.

Irónicamente, sin embargo, una de las causas liberales preferidas -el apoyo al Estado de Israel y sus exigencias al contribuyente estadounidense- no fue algo que JFK promoviera durante su presidencia. Por el contrario, JFK estaba en guerra con Israel entre bastidores. Todo está documentado, por supuesto, pero estos investigadores odian admitirlo. Además, debo añadir, tienen a sus amigos del lobby israelí susurrándoles al oído: "No prestes atención a ese hombre detrás de la cortina".

Pero hay dinero en todo esto. El asesinato de JFK ha generado una floreciente mini-industria y autores y editores están en guerra entre sí en la lucha por el reconocimiento y la respetabilidad. Supongo que yo he sido excluido en ambos casos, pero otros investigadores tienen posibilidades de éxito y nunca alcanzarán un éxito financiero significativo si cometen el error de identificar el papel de Israel en el asesinato.

El cineasta Oliver Stone desempeña ahora un papel importante en esta mini-industria, como ya he señalado. Los escritores se pisotean unos a otros tratando de obtener la aprobación de Stone para sus libros y Stone no va a promover nada que se atreva a insinuar la participación israelí, dados los hechos que conocemos sobre Stone y sus asociados israelíes. Stone ha distribuido generosamente dinero entre las filas de los investigadores que ha empleado como "consultores" para su película y esto, también, ha tenido un impacto en el crecimiento de la investigación independiente.

Al mismo tiempo, existe otro factor. La editorial Shapolsky (ya desaparecida), que publicó varios libros sobre el asesinato de JFK, estaba afiliada a una editorial israelí. La gente que espera que se publiquen sus libros no quiere expresar opiniones que puedan impedir que sus obras sean archivadas. La gente sabe lo que le conviene.

Hice dos intentos de llamar la atención de Carroll & Graf *sobre Juicio Final*, tanto antes de la publicación inicial como después de la publicación de la segunda edición. La primera vez ni siquiera me enviaron una carta de rechazo. Simplemente devolvieron el manuscrito. La segunda vez les escribí y recibí una carta del propio Sr. Carroll después de señalar que ni siquiera había recibido una carta oficial de rechazo. Su nota era muy clara: "No podemos explotar su manuscrito en este momento", aunque desde entonces ha publicado varios libros sobre el asesinato de JFK.

Carroll & Graf sabe un par de cosas sobre JFK. El best-seller de Jim Marrs, *Crossfire*, es un producto de Carroll & Graf. También publicaron libros de un escritor bastante inusual llamado Harrison Livingstone (sobre el que escribí en *Juicio Final*) y esos libros fueron éxitos de ventas. Pero Carroll & Graf no tenía ningún interés en *Juicio Final*. Y estoy seguro de que no fue porque el libro fuera un trapo analfabeto.

Así que, al final, hay
1) conflictos de personalidad,
2) conflictos políticos y
3) preocupaciones financieras que impiden a todos los diferentes teóricos del asesinato de JFK trabajar juntos o, en mi área de interés, explorar la tesis expuesta en *Juicio Final*.

Mucha gente cree que la historia del romance de JFK con la actriz Marilyn Monroe es un mito. Sin embargo, usted dedicó un capítulo entero de *Juicio Final* a este tema. ¿No está cayendo en la trampa de los medios de comunicación, que no dejan de repetir el mito de Marilyn Monroe?

El capítulo sobre la conexión Cohen-Monroe-JFK no era esencial para la tesis expresada *en Juicio Final*. El libro podría haberse publicado sin este capítulo y no habría desvirtuado la tesis en su conjunto.

He incluido el capítulo por varias razones:

1) subraya el hecho de que existe esta fuerte influencia judía y proisraelí en el ámbito de la delincuencia organizada, y en particular entre los que están bajo la influencia de Meyer Lansky.

2) Cohen tuvo una larga relación con Marilyn Monroe y es interesante observar que sus memorias, repletas de nombres, nunca mencionan el nombre de ella. También cabe mencionar que el coautor de Cohen, John Peer Nugent, tenía fama de ser agente de la CIA y que el propio Cohen ha sido mencionado como implicado en operaciones anticastristas de la CIA.

3) Cohen y Jack Ruby estaban muy unidos y tenían muchos socios comunes, entre ellos un tal Al Gruber.

Fue Gruber con quien Ruby tuvo contacto por primera vez en diez años, justo después del asesinato de JFK. Gary Wean cree que Gruber fue quien dio a Ruby la orden de "disparar" a Oswald.

Me sorprendió francamente el número de personas que me dijeron que no se creían las historias sobre Marilyn Monroe y John Kennedy, ya que yo siempre me las he creído. Sin embargo, conozco a Gary Wean (mi principal fuente sobre la conexión Marilyn-JFK-Cohen) y le considero una fuente fiable y pensé que era apropiado incluir su información en el libro.

Me han dicho que Jim Marrs, el autor de *Crossfire*, ha cuestionado la fiabilidad de Gary Wean y ha sugerido que sus alegaciones no son creíbles. Mi propia sospecha es que Marrs es reacio a dar credibilidad a las alegaciones de Gary porque el propio Gary no ha dudado en sugerir que hubo implicación israelí en el asesinato de JFK.

Me parece un tanto irónico que Marrs eligiera a Wean porque hay tantas fuentes que han sido utilizadas por Marrs y otros que no sé en qué se basa uno para determinar qué fuente es fiable y cuál no. Ni que decir tiene que Marrs no le hace justicia a Gary Wean.

Es interesante observar que los medios de comunicación utilizaron continuamente el affaire Monroe y otras supuestas aventuras para devaluar la reputación de JFK. Incluso Jacqueline Kennedy Onassis fue demolida por los medios tras la muerte de su marido y su nuevo matrimonio con Aristóteles Onassis. El matrimonio fue calificado de desagradable.

Por otra parte, aunque Jacqueline tuvo una relación adúltera de diez años con un hombre casado, el comerciante de diamantes judío de origen belga Maurice Tempelsman, todo esto se mantuvo discreta y cuidadosamente en secreto durante esos diez años. Sólo después de su muerte se mencionó generalmente (y sólo de pasada) que ambos habían vivido juntos y que Tempelsman no era más que un santo.

Esto puede tener algo que ver con el hecho de que Tempelsman tenía vínculos de larga data con la CIA y el Mossad a través de sus actividades en África, donde ambos servicios de inteligencia han desempeñado un papel importante en los últimos años. Por ello, los medios de comunicación no se hicieron eco de la relación de la viuda con Tempelsman.

¿Por qué no menciona el papel de los masones en el asesinato de JFK y su encubrimiento? ¿No es cierto que todos los miembros de la Comisión Warren eran masones?

No sé si todos los miembros de la Comisión Warren eran masones. Sin embargo, algunos de ellos, en particular Michael A. Hoffman II, un investigador muy brillante, mostraron mucha imaginería masónica en los acontecimientos que rodearon el asesinato. No discuto eso. Es probable que hubiera un gran apoyo masónico para el asesinato, sobre todo teniendo en cuenta que JFK era católico. El sionismo y la masonería son ambos sinceramente anticatólicos y se solapan en muchas áreas de conspiración. De eso no cabe la menor duda. Para entender el asesinato en su forma más básica, basta con mirar los conflictos de JFK con Israel, el crimen organizado y la CIA. Todo está ahí.

El mayor defensor de la idea de que yo debería culpar a los masones es un personaje que atacó con saña a Gary Wean, una de mis fuentes, y después de atacar a

Wean, lanzó una campaña en Internet para mancharme a mí también. Este personaje, entre otras cosas, dice que mi nombre "real" es "Bernard" Piper -no real- y que JFK nunca tuvo relaciones extramatrimoniales. (En serio.) Bueno, teniendo en cuenta todo eso, es interesante señalar que este personaje me reveló en una carta que estaba emparentado con Ferenc Nagy, el húngaro que participó en la operación Permindex en Israel que formaba parte definitivamente de la conspiración de JFK. Esto quizás explique, al menos en parte, sus debates públicos.

¿Por qué no informan sobre el papel de la Corona británica en el asesinato de JFK?

La organización Lyndon LaRouche ha realizado un notable trabajo de investigación sobre el papel de la Corona británica en el menoscabo de la soberanía estadounidense. Publicaron un informe titulado *Why the British Kill U. S. Presidents* as well as *Dope, Inc* (que cité en *Juicio Final*) describen las conexiones de la inteligencia británica con personas como, por ejemplo, el coronel Louis M. Bloomfield, director general de la empresa Permindex, así como con el gerente de negocios de Nueva Orleans Clay Shaw, un viejo anglófilo.

No discuto estas conexiones. Sin embargo, con el debido respeto por el trabajo de la gente de LaRouche (que considero muy valioso), no creo que hayan llevado la conexión con Israel lo suficientemente lejos. Pero ciertamente la enfatizan en sus investigaciones.

El grupo LaRouche sugiere que el Mossad es una rama de la Corona británica. No lo creo, pero al mismo tiempo no creo tener suficiente información para rebatirlo. Sin embargo, creo que hay buenas razones para decir que el Mossad, en sí mismo, como brazo del gobierno israelí, tenía buenas razones (a sus ojos) para participar en la conspiración del asesinato de JFK, precisamente por el conflicto no oficial de JFK con Israel. Así que si los británicos realmente querían a JFK fuera de la Casa Blanca y estaban utilizando a miembros de la CIA, el Mossad y el crimen organizado para llevar a cabo el crimen, ciertamente tenían participantes que tenían sus propias razones para tomar parte, viniera o no la orden de la Reina Isabel.

No siempre estoy de acuerdo con las interpretaciones de LaRouche, pero siempre merece la pena examinar sus investigaciones sobre una amplia variedad de temas. Debo señalar que varios otros investigadores se han basado en los escritos de LaRouche en sus propias investigaciones: Jim Marrs cita el trabajo de LaRouche en *Crossfire*, James Di Eugenio los cita en *Destiny Betrayed* e incluso el propio Oliver Stone en su guión publicado de la película *JFK* (incluyendo comentarios y anotaciones) que cita a la organización de LaRouche para algunos de los datos relativos al Permindex. Así que si alguien quiere criticarme por utilizar datos de LaRouche como fuente, por favor, que esté preparado para hacer lo mismo con estos otros investigadores "dignos de confianza".

¿Y el Consejo de Relaciones Exteriores (CFR)? ¿No había muchos miembros del CFR en la Comisión Warren? El CFR es uno de los grupos de poder más importantes de la clase dominante. ¿Cómo pudiste olvidar mencionar al CFR? Probablemente ordenaron el asesinato de JFK.

Había miembros del CFR en la Comisión Warren. No hay duda de que el CFR es un órgano importante de la clase dominante. Algunos incluso lo llamarían la clase dominante del país. Está financiado en gran parte por los intereses de Rockefeller y sus aliados corporativos. Es un lobby exclusivo de política exterior que ha ocupado prácticamente todos los puestos clave en todas las administraciones presidenciales desde Herbert Hoover, incluida la administración JFK. Y, quizás lo más importante, las figuras del CFR tienen vínculos de larga data con la CIA. He escrito extensamente sobre el CFR a lo largo de los años en otros contextos.

Sin embargo, en cuanto al origen del complot para asesinar a JFK, no creo que el asesinato se ordenara en una conferencia del CFR en su sede de Nueva York. Probablemente había miembros del CFR que estaban al tanto del asesinato, pero no necesariamente en el contexto de su pertenencia al CFR. Por ejemplo, dudo seriamente que David Rockefeller, el jefe del imperio Rockefeller y una figura destacada del CFR, no supiera que Kennedy estaba a punto de ser asesinado. El complot para matar a JFK fue un complot de la clase dominante y Rockefeller era uno de ellos. Yo mismo me referí una vez a la CIA como el "brazo ejecutor" del imperio Rockefeller. El Mossad funciona de la misma manera.

Las principales fuerzas financieras detrás del CFR están muy estrechamente vinculadas a la familia europea Rothschild, que ha sido una fuerza importante detrás del Estado de Israel. Lo mismo ocurre con la familia Bronfman, que surgió del sindicato del crimen Lansky. Hoy en día, la familia Bronfman está extendiendo su influencia en los medios de comunicación estadounidenses y esto no podría hacerse sin la aprobación del imperio Rockefeller.

Se ha sugerido que la familia Rockefeller veía a la potencial dinastía Kennedy como un rival a su influencia, y esto también debe tenerse en cuenta. En ese sentido, entonces, no puede haber duda de que los Rockefeller y sus asociados del CFR no se opondrían a un plan para asesinar a John F. Kennedy. Les interesaba que sucediera. A fin de cuentas, el Mossad y la CIA, a decir verdad, no son más que las armas de ejecución de estos poderosos intereses financieros que también apoyan al Consejo de Relaciones Exteriores. Sin embargo, no me parece que la idea de que el CFR estaba detrás del asesinato de JFK se pueda demostrar con tanta precisión como se pueden demostrar los vínculos de la CIA y el Mossad con los actores implicados en la conspiración.

¿Por qué nunca informan de los hallazgos del ex agente de inteligencia británico Dr. John Coleman, que reveló la existencia de un grupo de alto rango conocido como el Comité de los 300, que según Coleman ordenó el asesinato de JFK? Coleman dice que el Permindex, que usted menciona en *Juicio Final*, era el brazo asesino del Comité de los 300.

En primer lugar, debo decir que la primera vez que encontré una referencia al Comité de los 300 fue en la obra del Sr. Coleman. Después de eso, todas las referencias que he visto son en libros escritos por aquellos que informaron de los escritos de Coleman sobre el Comité de los 300. Así que Coleman es esencialmente la única fuente primaria sobre la existencia de este grupo. El hecho de que muchas personas hayan citado los escritos de Coleman no significa que el grupo exista. Es muy importante recordarlo.

No discuto la posibilidad de que tal comité exista. Existen grandes bloques de poder internacionales como el Grupo Bildeberg (financiado conjuntamente por las familias Rockefeller y Rothschild) y la Comisión Trilateral. He escrito extensamente sobre ambos grupos, incluyendo un informe ampliamente difundido sobre la Comisión Trilateral. Por lo tanto, es concebible que este comité secreto al que se refiere Coleman exista. Pero, que yo sepa, el Dr. Coleman nunca ha mostrado ningún documento que atestigüe la existencia de dicho comité, aunque sí existen documentos sobre el Grupo Bilderberg.

Francamente, creo que enzarzarse en un debate sobre el llamado Comité de los 300 es una distracción de lo básico que la gente puede entender: que la CIA, el Mossad y el crimen organizado tenían intereses distintos en la destitución de JFK y que, como demostré en *Juicio Final*, los tres grupos se entrecruzaban estrechamente en varios ámbitos y tenían los medios y la oportunidad (por no mencionar, claro está, el motivo) de haber cometido el crimen del siglo y su encubrimiento.

Todos estos son intereses que son obvios, que pueden ser documentados y que la gente entiende fácilmente. Introducir un comité de 300 miembros en la ecuación saca el asesinato de JFK del ámbito de la comprensión media y no hace nada por resolver el problema inmediato.

Conozco el trabajo del Dr. Coleman y me parece fascinante. Sin embargo, debo señalar que en su informe sobre el asesinato de JFK, que he reconocido antes, lamento decir que Coleman hizo afirmaciones erróneas que minan su credibilidad.

Por ejemplo, afirma que si a uno de los testigos clave del fiscal de Nueva Orleans Jim Garrison contra Clay Shaw, un tal Perry Raymond Russo, se le hubiera permitido declarar ante el gran jurado, el caso JFK habría quedado totalmente al descubierto. De hecho, Russo testificó y fue su testimonio lo que llevó a la acusación de Shaw. Coleman sugiere que la acusación de Garrison contra Shaw se detuvo antes de que se produjera la acusación del gran jurado. Esto simplemente no es cierto y es un error que podría llevar a la gente a dudar de su credibilidad, teniendo en cuenta que se trata de un hecho fundamental muy conocido. Además, Coleman afirma que Russo se marchó a California antes de que se escuchara su testimonio. Esto no fue así. Lo que ocurrió fue que la gente que estaba intentando sabotear la investigación de Garrison le ofreció a Russo un trabajo en California, pero él lo rechazó y los denunció a Garrison, ¡quien presentó cargos por manipulación de testigos contra ellos! Una vez más, Coleman se equivoca.

Juicio Final no menciona ni una sola vez la evidencia de que en la famosa película de Zapruder del asesinato, hay pruebas visibles de que el chófer del Servicio Secreto del Presidente Kennedy, William Greer, se giró y disparó una bala mortal en la cabeza de JFK con una pistola. Esta pistola es claramente visible en la película Zapruder y ha sido ampliamente mostrada en todo el mundo. ¿Cómo puede ignorar esta prueba vital? ¿Está tratando de ocultar la verdad que tanta gente sabe ahora?

Creo que la acusación de que William Greer disparó el tiro mortal en la cabeza no sólo es una de las cosas más ridículas que he oído nunca, sino también una desvergonzada difamación y una calumnia descarada contra Greer. Me dijeron que Greer había estado absolutamente devastado por el asesinato del Presidente y que se había culpado a sí mismo por no haber movido la limusina del Presidente fuera de la línea de fuego a tiempo para evitar que JFK fuera asesinado. De hecho, Greer probablemente tuvo algo de culpa en la muerte del Presidente porque su tiempo de reacción era lento, por no decir otra cosa; podría haber tenido tiempo suficiente para sacar el coche de la línea de fuego. Pero, ¿quién soy yo para especular?

En cualquier caso, lo que se ve en la película de Zapruder (que he visto en varias versiones) no es - repito NO ES - William Greer o su compañero agente del Servicio Secreto, Roy Kellerman (que estaba sentado en el asiento delantero derecho del pasajero de la limusina de Kennedy) girándose y disparando al Presidente.

Piénsalo por un momento: si Greer lo había hecho, se estaba poniendo en situación de ser visto por varios cientos de espectadores, muchos de los cuales se encontraban a menos de seis metros de la limusina. En segundo lugar, Greer estaba siendo fotografiado por más de un puñado de personas en ese momento. Es inevitable que al menos uno de los testigos presentes en el lugar de los hechos presenciara la actuación de Greer.

Si Greer lo hubiera hecho, también le habrían visto el Gobernador y la Sra. John Connally, que estaban a menos de un metro de él y le miraban literalmente a la cara. Prácticamente habrían estado en la línea de fuego si Greer hubiera disparado el tiro mortal en la cabeza. Y desde luego no estaban mirando al Presidente cuando le explotó la cabeza.

He visto la interpretación de la película de Zapruder por el defensor de esta teoría. He visto el destello de luz que parece ser un arma y puedo entender que alguien que vea la película crea que está viendo lo que le dicen que está viendo. Sin embargo, es un destello de luz. Es obvio que el Sr. Greer gira la cabeza y mira al Presidente justo antes del disparo fatal, pero desde luego no se le ve disparar al Presidente.

Hay que tener en cuenta que, para empezar, la película de Zapruder no es de buena calidad. Está rodada en un ángulo oblicuo; está rodada apresuradamente con una mano muy temblorosa y hay mucho movimiento en la propia película. Sin embargo, la película no muestra a Greer disparando a Kennedy.

Vi la película hace años y he visto versiones sustancialmente mejoradas, con y sin la narración y los gráficos que añadió la persona que defiende esta teoría. Y está muy claro que lo que realmente se ve es un destello de luz. Es el reflejo del sol en el pelo del Sr. Kellerman, el agente del servicio secreto. No es Greer usando un arma. Yo mismo he probado esta teoría usando imágenes sustancialmente ampliadas de la película de Zapruder y está muy claro, si sostienes estas imágenes yuxtapuestas contra la película, que eso es lo que realmente estás viendo: un reflejo de luz en la cabeza del agente.

Sin embargo, cuando alguien ve la película y escucha una narración de audio, acompañada de un círculo alrededor de la "pistola", parecería que eso es exactamente lo que dice la narración: Greer disparando una pistola. Pero me apresuro a asegurarles que no es así.

Los que defienden esta teoría o son muy estúpidos o promueven deliberadamente la desinformación para confundir aún más a los investigadores y, en este caso, hacer que los investigadores serios parezcan lunáticos. Tanto antes de que se publicara *Juicio Final* como después, he recibido un número sorprendente de consultas al respecto y me asombra que el rumor siga siendo moneda corriente.

Sin embargo, debo señalar que una persona que promovió inicialmente esta teoría, un tal Lars Hansen, creyó en un principio que la historia era cierta. Pero él mismo repudió públicamente su propia postura al respecto y declaró que no la creía tras una investigación más profunda. Hansen, que ha desaparecido, está enfadado con William Cooper, la persona más conocida por defender la teoría, que sigue promoviéndola y que distribuyó una copia de la película Zapruder (utilizando la narración de Hansen) sin avisar a la gente de que Hansen había rechazado la teoría.

(Debo mencionar, de paso, que Hansen llevó a cabo una misión de investigación en Iraq tras la Guerra del Golfo, patrocinada en parte por mi propio periódico, *The Spotlight*).

Así que es William Cooper quien promueve esta teoría que Hansen ha repudiado. Cooper dice que es un antiguo oficial de inteligencia y que estaba al corriente del asesinato. Eso puede ser cierto, pero si su "pista" es la historia de que William Greer disparó el tiro fatal, se trata de desinformación y desinformación suministrada por otra persona, tal vez incluso los verdaderos conspiradores.

Distraerse y enfrascarse en esto e investigarlo es una pérdida de tiempo. He dedicado mucho tiempo a discutir esta ridícula historia, aunque sólo sea porque todavía hay mucha gente que se la cree, para mi sorpresa. Debo añadir que, aunque la historia fuera cierta (que no lo es), no descartaría la teoría básica *del Juicio Final*, porque Greer podría haber formado parte de la conspiración que he descrito. Pero, ni que decir tiene, que no lo creo.

Nada de esto quiere decir que no hubiera algún tipo de complicidad del Servicio Secreto o que algunos agentes del Servicio Secreto estuvieran comprometidos, antes o después del asesinato. No tengo pruebas sólidas en uno u otro sentido, pero sí sé que la exposición mediática del Presidente era tal que incluso el propio JFK dijo que si alguien realmente quería matarle, podía hacerlo. En definitiva, los conspiradores no necesitaban realmente la complicidad de los servicios secretos para lograr su objetivo.

¿Por qué *no* reveló en *Juicio Final* que JFK estaba a punto de revelar al pueblo estadounidense la verdad sobre la existencia de fuerzas extraterrestres de otros planetas que habían visitado este mundo? Hay muchas pruebas de que el gobierno mantuvo este secreto durante años y que JFK iba a revelarlo todo sobre este encubrimiento de alto nivel, que condujo a su asesinato.

Me han hecho esta pregunta muchas veces. Tanto que empiezo a preguntarme por qué teorías como ésta son tan ampliamente discutidas, mientras que teorías más mundanas como la que presento en *Juicio* Final no parecen obtener mucho reconocimiento. Me apresuro a añadir que nunca he discutido que haya mucho más que aprender sobre los ovnis y otros fenómenos extraños que no son de nuestro mundo ni de esta Tierra. Personalmente, creo haber visto dos veces objetos en el cielo que no pueden explicarse con las explicaciones oficiales del gobierno (o ninguna explicación, según el caso). Miembros de mi familia también han visto ovnis. Es más, he leído mucho sobre este tema y sé que ha habido investigaciones gubernamentales (y encubrimientos) en esta área.

Sin embargo, debo advertir a aquellos que estén interesados que hay muchos investigadores OVNI de renombre que han descrito una historia ampliamente difundida sobre un informe secreto de alto nivel del gobierno sobre los OVNIs como un engaño. Y es esta historia la que sustenta la afirmación de que JFK estaba a punto de revelar la existencia de visitas extraterrestres de otros mundos y que fue por esta razón por la que le dispararon. A pesar de esto, muchas personas honestas nunca se enteraron de que la historia había sido ampliamente descartada como un engaño y, como resultado, muchas personas honestas siguen dándole credibilidad. Por supuesto, como he sugerido, creo que hubo otras razones más mundanas (sin juego de palabras) para el complot del asesinato de JFK.

Ahora bien, quiero dejar claro que creo que es posible que, si JFK hubiera tenido efectivamente acceso a información secreta del gobierno sobre esto, podría haber tenido la intención de divulgarla al pueblo estadounidense. Pero cuando hablas del asesinato de JFK y empiezas a contar historias como esa, que no solo confunden las cosas sino que también hacen que la gente desprecie a los investigadores, no te da mucha credibilidad en el campo. Ya era bastante difícil convencer a la gente de que JFK había sido víctima de una conspiración y ya era bastante difícil intentar determinar quién estaba detrás del complot. ¿Por qué introducir un área completamente diferente y controvertida como la investigación OVNI y tratar de combinar las dos? (Yo mismo causé bastante revuelo con *Juicio* Final al introducir el elemento del Mossad y tengo pruebas sólidas y fiables que lo respaldan).

Creo que hay gente que inserta deliberadamente esta controversia OVNI en el campo de la investigación del asesinato de JFK con el objetivo deliberado de ridiculizar a los investigadores - y ese es el resultado, siento decirlo. Como es bien sabido, fue el mencionado William Cooper (que es el principal defensor de la teoría de que "el chófer mató a JFK") quien también fue una fuerza importante detrás de la promoción de la teoría de que JFK fue asesinado porque estaba a punto de revelar la existencia de fuerzas de vida extraterrestre que visitaban este planeta.

Cooper dijo que sus fuentes "internas" durante sus años como agente de inteligencia dicen que por eso mataron a JFK y que William Greer, el chófer del Servicio Secreto, fue reclutado por conspiradores que querían que JFK guardara silencio sobre visitantes extranjeros. Y hay mucha gente que acepta este disparate como la verdad. Lamento francamente que el Sr. Cooper haya recibido tanta publicidad. Estas historias no ayudan en nada a averiguar quién estaba detrás del complot para asesinar a JFK y sólo dan motivos a la gente para dudar de cualquier investigación seria. Después de que Cooper recibiera un disparo tras un enfrentamiento con agentes de policía en su ciudad natal, mucha gente lo tomó como una "prueba" de que Cooper había tenido razón todo el tiempo, pero era cualquier cosa menos eso. Lo único que consiguió Cooper fue añadir confusión a las historias sobre el asesinato de JFK.

En *Juicio Final*, usted nunca mencionó el discurso de JFK en la Universidad de Columbia diez días antes de su asesinato, en el que dijo: "El alto cargo de Presidente de los Estados Unidos de América ha sido utilizado para fomentar un complot para destruir la libertad de América, y antes de dejar el cargo, debo informar a los ciudadanos de su situación." Muchas publicaciones han citado este discurso durante años.

He visto esta cita en docenas, si no cientos, de boletines de noticias en los últimos 20 años. Me han preguntado muchas veces por qué no he mencionado esta famosa cita. Hay una razón muy sencilla: nunca he visto una sola fuente que verifique que JFK dijo realmente tal cosa y nunca he visto ninguna prueba documentada de que JFK diera un discurso en la Universidad de Columbia en aquella época.

Francamente, este tipo de retórica ni siquiera suena a JFK y si JFK hubiera tenido la intención de sacar a la luz una conspiración de este tipo e informar a los ciudadanos de su difícil situación, me parece lógico que JFK hubiera esperado hasta entrar en su segundo mandato antes de emprender una iniciativa de este tipo para detener esta conspiración. Además, si JFK lo dijo (cosa que no creo), parece poco probable que los conspiradores pudieran ponerse en acción en diez días para enviar a JFK al más allá simplemente porque hizo ese comentario ambiguo. Nadie cita nunca nada más que la frase de este supuesto discurso. Así que les pediría a estas personas que proporcionaran la fuente. Proporcionen una copia del discurso. ¿Cuál era el contexto de la cita, por no hablar de cuál era el contexto de todo el discurso?

Al final, no creo que la declaración haya sido hecha en un discurso público por el Presidente Kennedy. Y esta cita no hace nada - absolutamente nada - para avanzar en la búsqueda del asesinato de JFK y desearía que la gente la abandonara por completo. Este tipo de cosas hacen mucho dinero. Probablemente hay más gente que conoce esta cita (o "no cita", según el caso) que la que conoce las acusaciones que hago en las páginas de *Juicio Final*.

El hijo de Roscoe White, ex policía de Dallas ya fallecido, ha encontrado pruebas que sugieren que su padre fue uno de los asesinos de Dallas. ¿Qué opinas de sus acusaciones?

No le doy mucha importancia a las acusaciones ni en un sentido ni en otro. Si el padre del Sr. White estuvo implicado en la conspiración del asesinato, no tiene ninguna relación inmediata con la tesis *del Juicio Final*. Roscoe White bien podría haber sido un agente de la CIA, como afirma su hijo, y bien podría haber sido uno de los asesinos y no tengo pruebas que contradigan ninguna de estas afirmaciones.

Podría haber sido uno de los asesinos reclutados por los verdaderos conspiradores. Tengo entendido que algunos investigadores rebaten la historia contada por el hijo de White, pero hay mucha gente que le cree y piensa que es sincera. Si White trabajó para la CIA, esto sugeriría complicidad de la CIA. Sin embargo, por supuesto, que alguien trabajara para la CIA no significa necesariamente que fuera reclutado para el crimen por la CIA. Después de todo, un agente de la CIA podría haber sido reclutado por el servicio secreto islandés para cometer el crimen, si se me permite la ironía. A la larga, sin embargo, el rompecabezas de Roscoe White es sólo una pequeña pieza del gran rompecabezas.

En su análisis del asesinato de JFK, afirma que un asesino francés (o varios) participó en el crimen. ¿Eran estos asesinos miembros de la Organización del Ejército Secreto Francés (OAS) o eran miembros de la mafia corsa? No lo aclara en *Juicio Final*.

En primer lugar, debo decir que la conexión francesa con el complot del asesinato de JFK es muy compleja. Como he indicado antes, no comprendí plenamente la conexión francesa hasta que hube terminado el primer borrador del libro en el que aludía a las alegaciones de dicha conexión. Para analizar los hechos que son importantes, con el fin de aclarar cualquier confusión, es importante analizar qué es la "conexión francesa".

A principios de la década de 1960, el Presidente francés Charles De Gaulle decidió conceder la independencia a Argelia, la colonia francesa al otro lado del Mediterráneo. Muchos colonos franceses en Argelia (por no hablar de los franceses en casa) se opusieron a la decisión de De Gaulle y la consideraron una traición. Temían que la población árabe musulmana autóctona oprimiera a los argelinos franceses y veían la medida de De Gaulle como un golpe a la dignidad nacional francesa. Independientemente de los méritos, se desarrollaron ciertas facciones. Aunque De Gaulle era el jefe del gobierno francés, su propia agencia de inteligencia, el SDECE, estaba muy dividida sobre la cuestión de Argelia. Lo mismo ocurriría con el ejército francés.

Los críticos más radicales de la política argelina de De Gaulle formaron la OEA. Hubo muchos partidarios públicos de la OEA, pero también hubo un apoyo discreto a la OEA dentro del SDECE. Al mismo tiempo, Israel se opuso a la independencia de Argelia -por temor a otro enemigo árabe- y muchos judíos franceses e israelíes apoyaron a la OAS. Incluso se formaron unidades paramilitares judías en Argelia para apoyar a la OAS. Y muchos israelíes de facto se unieron a las filas de la OAS.

Muchos en las filas de la SDECE tenían estrechos vínculos con el Mossad israelí, dada la antigua estrecha relación entre la SDECE y el Mossad, derivada de la temprana estrecha relación de De Gaulle con Israel. Como señalo en *Juicio Final*, fue de hecho Georges De Lannurien, un funcionario de alto rango, quien, a petición del jefe de asesinatos del Mossad, Yitzhak Shamir, subcontrató a uno o más de los asesinos que fueron desplegados en Dallas el 22 de noviembre de 1963.

Este es quizás el origen de la confusión. El SDECE se sirvió del talento de los mafiosos corsos para luchar contra la OAS (no hay que confundir la mafia corsa con la mafia siciliana, mucho más conocida, de la que proceden algunas de las familias del crimen italoamericano conocidas como "la mafia"). Por su parte, los corsos estaban muy implicados en el tráfico internacional de drogas procedentes del sudeste asiático y desempeñaron un papel clave en la consolidación de la red de narcotráfico creada por Meyer Lansky, quien visitó personalmente a las principales figuras de la mafia corsa para realizar los preparativos necesarios.

Los servicios secretos de De Gaulle los utilizaron para luchar contra los rebeldes de la OAS. Es más, estos Franco-Corses también fueron utilizados por la CIA para combatir la influencia comunista francesa en la Europa de la posguerra. Y no era otro que James Angleton, el hombre de la CIA en el Mossad, cuya oficina se encargaba de coordinar las relaciones de la CIA con esos mafiosos corsos.

Una vez más, nos encontramos con la OAS. La OAS estaba formada por franceses leales que eran desleales a Charles De Gaulle. Es más, la propia CIA apoyaba secretamente a la OAS (aunque la CIA lo niega hasta hoy). Esto apunta inevitablemente a James Angleton, que desde hacía tiempo mantenía estrechos vínculos con la inteligencia francesa.

Así que había una configuración particular en la que Israel tenía vínculos tanto con la OEA anti-De Gaulle (que se oponía a la independencia de Argelia) como con la mafia corsa (que formaba parte del Sindicato Lansky vinculado a Israel) que trabajaba para luchar contra la OEA en nombre de De Gaulle. Por supuesto, la CIA estaba vinculada a ambos. En efecto, ¡es complicado! Añádase a esto otro elemento: hay pruebas de que la propia OAS se involucró en el tráfico de drogas del Sindicato Lansky para financiar sus esfuerzos en la lucha contra De Gaulle. Así que tanto la OEA como los corsos estaban involucrados en negocios con los narcotraficantes del Sindicato Lansky, conectados con la CIA y el Mossad.

Finalmente, se produjo una tregua entre De Gaulle y la OAS y la agencia de inteligencia de De Gaulle organizó una operación encubierta internacional para los hombres de la OAS entonces en el exilio. Algunos de ellos fueron incluso desplegados en el marco de operaciones de la CIA en el Caribe, relacionadas con actividades anticastristas cubanas. Esto quizás complique aún más la situación.

Dicho esto, no sólo se encuentran las huellas dactilares de la CIA, el Mossad y el Sindicato de Lansky en las actividades de la OEA (antes y después del conflicto con De Gaulle), sino también en las actividades de la mafia corsa. Se trata de una serie de acontecimientos y personalidades interrelacionados que se derivan directamente del conflicto interno de Francia por Argelia. Como resultado, nadie sabe si fue un asesino de la OAS o un asesino franco-corso el que finalmente se desplegó en Dallas. Su conjetura es tan buena como la mía. Hay tantas conexiones francesas en Dallas, incluyendo, por supuesto, a Thomas Eli Davis III, un traficante de armas estadounidense, que no sólo tenía vínculos con la OAS, sino también con Jack Ruby.

Estudiar la intriga del conflicto francés en relación con Argelia y la inteligencia francesa es estudiar un lodazal de la peor clase. Creo, sin embargo, que en las páginas de *Juicio* Final he reunido una visión más completa de la realidad de lo que fue realmente la intriga francesa y cómo estuvo realmente vinculada al asesinato de JFK. Probablemente nunca conoceremos los detalles precisos, pero absolutamente ningún otro investigador ha examinado la conexión francesa con el detalle que yo lo he hecho. Pero examinar a fondo la conexión francesa es definir la conexión israelí.

En un momento dado, durante la redacción de *Juicio* Final, me sentí tan frustrado por intentar hacer comprensibles todos estos datos complejos que pensé en no hablar de ellos en absoluto. Sin embargo, me di cuenta de que estaba haciendo un flaco favor no sólo a los lectores, sino también a mí mismo. Sabría que había omitido una parte esencial de la historia. Pero todo cuadra. Como han sugerido muchos lectores, el detalle del French Connection es la guinda del pastel.

Usted nunca menciona los archivos Gemstone en *Juicio Final*, sin embargo, esta teoría sobre el asesinato de JFK ha estado circulando durante años.

Francamente, no creo que merezca la pena hablar de los archivos Gemstone, pero como tanta gente ha tocado el tema, me siento obligado a comentarlo. La historia de los archivos Gemstone es complicada y, aunque obviamente los archivos han sido vistos por pocas personas -en contra de lo que he sugerido en ediciones anteriores de *Juicio* Final-, la historia de los archivos es compleja. A pesar de ello, se han dedicado varios libros a los archivos Gemstone, todos ellos escritos en un intento de analizar estos documentos. Debo subrayar que estos escritos, sin embargo, están dedicados a un análisis de lo que se llama "La Llave maestra" de los archivos Gemstone - no los archivos en sí. Es "la Llave" lo que la mayoría de la gente ha visto y de lo que se habla, no de los archivos en sí. Es importante recordar.

La llamada "Llave" es un inventario fantasioso de un gran número de teorías conspirativas interrelacionadas en torno al asesinato de JFK y rebosante de cosas que, o bien son obviamente erróneas, o bien son tan extravagantes que no merece la pena comentarlas. Puede que haya algo de verdad en "La llave maestra", pero nada de gran importancia que merezca la atención que le presto aquí.

Lo interesante de "La llave maestra" es que una de las versiones que conseguí mencionaba un vínculo del Mossad con el asesinato de JFK. Quién lo puso ahí, o quién blanqueó la otra versión para borrar las referencias al Mossad, es una buena pregunta. Por otra parte, algunos "teóricos de la conspiración" que temían mencionar al Mossad por miedo a acusaciones de antisemitismo pueden haber sido los responsables de borrar la referencia.

Conocí "La llave maestra" cuando vi una fotocopia de una fotocopia de una fotocopia en mi mesa hace muchos años. Era un documento mecanografiado a un solo espacio de unas veinte páginas, un relato que sugería que el verdadero jefe del Sindicato Global del Crimen era Aristóteles Onassis y que la familia Kennedy trabajaba con el Sindicato del Crimen.

Al final, según cuenta la historia, los jefes del crimen mataron a JFK y fueron responsables del escándalo de Chappaquiddick en el que se vio envuelto Teddy Kennedy, del Watergate y de otros asuntos.

Como ya he mencionado, "La llave maestra" se reimprimió posteriormente en varias ediciones que contenían numerosos "documentos", artículos periodísticos adicionales que hacían referencia al contenido de "La llave maestra", diversos análisis y comentarios, etc. Uno de estos libros, publicado hace varios años (con gran fanfarria en algunos sectores), desmonta "La llave maestra" línea por línea y proporciona reimpresiones de artículos de revistas y periódicos que hacen referencia al contenido de "La llave maestra". Uno de estos libros, publicado hace varios años (con gran revuelo en algunos círculos), desmonta La llave maestra línea por línea y ofrece reimpresiones de artículos de revistas y periódicos que hacen referencia al contenido de "La llave maestra". Por ejemplo, si hay una referencia a una de las relaciones comerciales de Aristóteles Onassis, puede haber un artículo al respecto. Todo el libro es de esa naturaleza. Y no prueba absolutamente nada, salvo la reimpresión de un montón de artículos antiguos.

Sin embargo, como ya he dicho, existe esta increíble locura por The Skeleton Key. Reto a quienes le han dedicado tanto tiempo a que hagan lo mismo con *Juicio Final*. Agradecería un desafío intelectual de ese calibre. He visto a teóricos debatir sobre el contenido de Gemstone casi hasta la náusea en las páginas de publicaciones centradas en la conspiración.

La famosa Grande Dame de los teóricos de la conspiración, Mae Brussell, ayudó a popularizar la Clave y tenía una especie de club de fans. La Sra. Brussell parecía encontrar un nazi debajo de cada piedra, lo que resulta interesante en algunos círculos. Uno de sus discípulos es un personaje llamado Dave Emory. Hablé de su teoría de que "los nazis mataron a JFK" en el capítulo 15.

Una de las recientes aclaraciones de los archivos Gemstone incluía la acusación patentemente ridícula de que Mark Lane es, de hecho, un agente de la CIA que intentaba frustrar una investigación honesta sobre el asesinato de JFK, aunque, por supuesto, fue Lane quien primero llamó la atención del público sobre el hecho de que el informe de la Comisión Warren era fraudulento y desmontó así públicamente el encubrimiento asistido por la CIA.

Esta falsa acusación sobre Lane (desde entonces retirada y repudiada por el editor) se basaba en información errónea (gran parte de ella generada por la propia CIA) que se ha difundido deliberadamente a lo largo de los años para enturbiar las aguas en la investigación sobre el asesinato de JFK. En cualquier caso, si este es el tipo de "investigación" en torno a los archivos Gemstone, tengo mis reservas a la hora de darles credibilidad, como haría cualquier estudiante serio.

El asunto de los archivos Gemstone, como ya he dicho, es realmente un ejercicio inútil debido principalmente al hecho de que nadie ha visto nunca tales archivos, a pesar de todos los inconvenientes literarios (y no quiero decir "escritos") en relación con los supuestos archivos. Tiendo a pensar que los archivos Gemstone -o más bien "The Skeleton Key" (ya que nadie ha visto los archivos)- son uno de los engaños más persistentes que se han endilgado a la investigación del asesinato de JFK.

Pero, además, dado que mucha gente razonablemente inteligente ha invertido mucho tiempo y energía en el tema (e incluso ha ganado algo de dinero en el proceso), le ha dado vida. Sin embargo, todavía no he visto surgir un debate serio de los archivos Gemstone. En resumen, es una gran pérdida de tiempo. No pierda el tiempo con el tema.

¿No contiene el misterioso documento Torbitt, que ha circulado ampliamente durante los últimos 25 años, información valiosa sobre el asesinato de JFK? Usted nunca lo menciona en *Juicio Final*, ¡y sin embargo este documento toca la conexión Permindex!

El Documento Torbitt -un poco como la Llave de los Archivos Gemstone- fue copiado y vuelto a copiar y circuló por todo el país durante muchos años. Supuestamente escrito por un abogado de Texas con conexiones con figuras políticas de alto rango, el documento ha sido leído por mucha gente. Es un documento informativo que habla de las conexiones de Clay Shaw con Permindex, aunque no menciona ni una sola vez la conexión israelí. Sin embargo, tengo que decir que el documento contiene suficiente información engañosa (u omite información relevante) como para hacerme creer a) que la persona que lo preparó chapuceó en su investigación o no fue lo suficientemente lejos; o b) que se preparó como desinformación deliberada. Tiendo a pensar que es lo segundo.

Se ha dicho que el documento le fue entregado a Jim Garrison en la época de su investigación sobre Clay Shaw y bien pudo haber sido una de las razones por las que la investigación de Garrison a veces parecía ir en direcciones diferentes - lo que fue una de las críticas más frecuentes dirigidas a Garrison por sus críticos en los medios de comunicación de la clase dominante. *El Documento Torbitt* también parece haber influido en la mencionada Mae Brussell, o viceversa. El documento también sugiere que Permindex podría haber sido una operación "nazi", pero, por supuesto, nada más lejos de la realidad.

Un excelente ejemplo de lo alejados que están de la realidad algunos elementos del documento -y sólo por eso a veces me asombra el apego que suscita- es la afirmación de que Jack Ruby era de origen ruso, dando a entender que los rusos anticomunistas (que más tarde se aliaron en muchos casos con los nazis) estaban detrás del asesinato y homicidio de Lee Harvey Oswald. Jack Ruby era de origen puramente judío. La diferencia es muy grande. La cuestión de cómo los seguidores de este documento pudieron pasar esto por alto y no cuestionar la fiabilidad del documento es realmente interesante.

Hay otro error aún más importante en el documento (y creo que probablemente es deliberado) que esencialmente blanquea por completo la conexión israelí. En una edición de 1996 del documento, publicada por Adventures Unlimited Press bajo el título "NASA, NAZIS & JFK", el documento de Torbitt en las páginas 62 a 66 afirma categóricamente que el dinero de la mafia fue blanqueado a través del banco "Credit Suisse" y cita el libro de Ed Reid, *The Grim Reapers*, como fuente. Para empezar, el libro de Ed Reid no hace referencia alguna al Credit Suisse.

En cambio, el libro de Reid (páginas 130-132 en las ediciones de bolsillo de Bantam de 1970) se refiere al International Credit Bank, que, por supuesto, es la versión inglesa del Banque De Credit Internationale (BCI) de Tibor Rosenbaum, figura del Mossad. *El hecho es que Credit Suisse y el BCI eran dos bancos completamente diferentes. Ninguno era una sucursal del otro, y Reid no parece sugerir que lo fueran.*

Sin embargo, la información falsa del *Documento Torbitt* (y la tergiversación de las declaraciones reales de Reid) tiene el efecto de ocultar precisamente qué banco era la principal agencia de financiación del grupo Permindex. Al desviar la atención del BCI de Rosenbaum, el *Documento Torbitt* desvía así la atención de la conexión israelí, mientras trata de encontrar alguna conexión "nazi". Me doy cuenta de que todos estos hechos no convencerán a gente como Kenn Thomas y Dave Emory y otros de que realmente no hubo un complot nazi detrás del asesinato de John F. Kennedy, pero puede que hagan que los pocos investigadores honestos se den cuenta de que el *Documento Torbitt* no es tan fiable. Pero mantiene ocupados a los aficionados, ¡eso seguro!

Debo decir que me quedé estupefacto al comprobar que, en su introducción al *Documento Torbitt* de 1996, Kenn Thomas citaba *Juicio Final* en una nota a pie de página cuando afirmaba que los "vínculos del comandante Louis Bloomfield con el Sindicato del Crimen de Meyer Lansky y su participación mayoritaria en Permindex han sido objeto de estudios más recientes". Todo eso está muy bien -y es absolutamente cierto-, pero Thomas ni una sola vez (ni una sola) se refirió al verdadero tema de mi análisis de Permindex: su conexión israelí.

Así que, en la medida en que el documento original de Torbitt apareció en el momento de la investigación de Garrison, tengo la sensación de que una vez que la investigación estaba en marcha y se hizo evidente que Garrison estaba tocando demasiado de cerca los vínculos de Shaw con Permindex, alguien decidió que era el momento de preparar un "documento misterioso" y hacerlo circular entre las manos de Garrison con el fin de dirigirlo en la dirección equivocada mezclando suficientes hechos reales. Hablando de desinformación a la vieja usanza.

El *Documento Torbitt* estaba de moda. Apareció en las redes informáticas. Y como es uno de esos documentos "clandestinos", desgraciadamente parece tener más credibilidad entre algunas personas que cosas más honestas.

En su libro *Called to Serve (Llamados a servir)*, el coronel Bo Gritz se basa en este documento y, como resultado, muchos de los que han leído el libro o han oído hablar a Gritz han visto sus opiniones moldeadas por este documento de origen desconocido.

El hecho de que el documento tenga un atractivo tan generalizado sigue asombrándome y sorprendiéndome al mismo tiempo. Sin embargo, insto a la gente a que no se fíe de este documento. Esa es una de las razones por las que nunca lo mencioné en las páginas de *Juicio Final*.

¿Existe alguna relación entre los asesinatos de Martin Luther King y John F. Kennedy?

Me gustaría subrayar que no he estudiado en detalle el asesinato del Dr. King. Los interesados en el tema deberían consultar al menos los siguientes libros:

1) *Asesinato en Memphis*, de Mark Lane y Dick Gregory. Mark representó al presunto asesino del Dr. King, James Earl Ray, en varias de sus batallas legales y Gregory, al igual que Mark, investigó los asesinatos de JFK y King;

2) *Orden de matar*, de William Pepper, un abogado que ha representado a Ray durante varios años. Este libro (y su continuación, *An Act of State*) demuestra que en el caso King hay mucho más de lo que parece:

3) El libro de James Earl Ray, *¿Quién mató a Martin Luther King?*

He mantenido correspondencia con Ray durante muchos años y una vez tuve la oportunidad de hablar con él en un programa de radio. Ray es un gran escritor y su libro es absolutamente fascinante. Es uno de los libros más conmovedores que he leído porque está escrito en la propia prosa de Ray.

En cuanto a cualquier relación entre el asesinato de King y el de JFK, parece haber conexiones entre personas vinculadas a Carlos Marcello, el jefe de la mafia de Nueva Orleans, y el asesinato de King. Ni que decir tiene que también hay indicios de la implicación de los servicios de inteligencia estadounidenses a muchos niveles.

Teniendo en cuenta que la Liga Antidifamación (ADL) de B'nai B'rith, el intermediario estadounidense del Mossad israelí, espió ampliamente al Dr. King, uno no puede evitar pensar que existía una intensa hostilidad (secreta) hacia el Dr. King en las altas esferas de la comunidad judía estadounidense. La ADL transmitía al FBI información obtenida ilegalmente sobre el Dr. King, por lo que gran parte del revuelo que oímos sobre la persecución del FBI al Dr. King es en realidad una prueba de su implicación en este escándalo. No debemos descartar la idea de que los israelíes también desempeñaran un papel en el asesinato de King, dada la complicidad de la ADL en la guerra contra el líder negro.

King no fue ciertamente víctima de una conspiración del Ku Klux Klan o de un "grupo de odio". Fue víctima de una conspiración de la clase dominante y probablemente por la sencilla razón de que molestaba a la clase dominante. King (junto con otro líder negro, Malcolm X, también asesinado en circunstancias misteriosas, como King) amenazaba con sacar a la comunidad negra de la opresión de las poderosas fuerzas de la clase dominante que preferían mantener a los negros bajo control, enjaulados, por así decirlo.

Muchos sospechan que el crimen organizado también pudo haber desempeñado un papel en la conspiración del asesinato de King, ya que la mafia, mejor personificada por Meyer Lansky, el barón de la mafia internacional, estaba ganando miles de millones a costa de la comunidad negra a través de las drogas, el juego, la prostitución, el chantaje y otras actividades lucrativas.

El empuje de King en favor de la asertividad negra suponía una amenaza para Lansky y sus amigos, así como para sus cómplices en el Buró Federal de Investigación y la CIA, las dos entidades que hoy conocemos por haber sido corrompidas por la Mafia. Además, el creciente respeto por King entre los líderes del Tercer Mundo amenazaba claramente los tejemanejes internacionales de la CIA. De hecho, la mayoría de las acusaciones de que King y ciertos líderes del Tercer Mundo, blancos y negros, eran "comunistas" o estaban bajo la influencia del comunismo, salieron directamente de las fábricas de propaganda del FBI y la CIA. Todos estos elementos deben ser tenidos en cuenta por quienes tienden a tener una opinión negativa de Martin Luther King. Se puede juzgar a un hombre por sus enemigos.

Sin embargo, añadiría que, de hecho, he descubierto algunos elementos interesantes en los libros de William Pepper que sugieren, tal vez, que existe algún tipo de vínculo con Israel, o, al menos, que hay pistas que no se han seguido (que apuntan, una vez más, hacia algún tipo de conexión israelí. Voy a decir desde el principio que me doy cuenta de que esta afirmación va a hacer que mucha gente diga: "Oh, vamos, vamos. Piper no está satisfecho con encontrar una conexión israelí con el asesinato de JFK. Ahora está tratando de vincular a los israelíes con el asesinato de King" Pero tengan paciencia conmigo. Escuchenme.

En primer lugar, como ya hemos señalado en el capítulo sobre Jack Ruby, en su libro *An Act of State*, William Pepper señaló vínculos entre Jack Ruby y "Raúl", el omnipresente contacto de James Earl Ray, con una operación de contrabando de armas vinculada al Mossad que estaba activa en el momento del asesinato de JFK. Así que es una conexión del Mossad en cualquier caso.

En su primer libro *Orden de matar*, en la página 435, William Pepper describe sus investigaciones sobre el pasado del canadiense Eric S. Galt, siendo James Earl Ray la identidad que adoptó durante sus numerosos viajes por todo el mundo. Esto es lo que dice Pepper

"Me enteré de que Galt, que sabemos que estaba a cargo de la gestión de almacenes en la planta de Union Carbide en Toronto, tenía autorización de alto secreto. El almacén que dirigía albergaba un proyecto de municiones extremadamente secreto financiado por la CIA, el Centro de Armas Antiaéreas de la Marina estadounidense y el Mando de Investigación, Desarrollo e Ingeniería del Ejército estadounidense. El trabajo incluía la producción y el almacenamiento de "espoletas de proximidad" utilizadas en misiles antiaéreos, proyectiles de artillería y misiles LAW (arma antiblindaje)... La empresa participaba en proyectos de investigación de alta seguridad controlados por la matriz estadounidense... La división nuclear de Union Carbide dirigía el Laboratorio Nacional de Oak Ridge, en Oak Ridge (Tennessee)".

(No olviden, por cierto, en referencia a los programas nucleares de Oak Ridge en Tennessee, que según Dick Russell en *El hombre que sabe* demasiado, en la página 361, el 26 de julio de 1963, alguien firmó "Lee H. Oswald, URSS, Dallas Road, Dallas, Texas" en el libro de registro del Museo de la Energía Atómica de Oak Ridge, Tennessee. Sin embargo, según Russell, el FBI determinó más tarde que esa no era la firma de Oswald. Así que me pregunto: ¿existe un vínculo entre el asesinato de JFK y el de King, o no?

En agosto de 1967, según los informes de Pepper, Galt "cooperó en otra operación del 902 [Grupo de Inteligencia Militar] que implicaba el robo de algunos de estos fusibles de proximidad y su entrega secreta a Israel". Según Pepper, obtuvo "un memorándum confidencial emitido por el 902nd MIG el 17 de octubre de 1967 que confirma y discute esta operación, el Proyecto MEXPO, que fue definido como un 'proyecto para explotar equipamiento militar de la División Científica y Técnica (S&T)'... en Israel".

Así que ahí está el enlace. De alguna manera James Earl Ray fue engañado para utilizar la identidad de una persona real que en realidad tenía vínculos con Israel y su investigación "científica y técnica" - que, por supuesto, va en la dirección del desarrollo nuclear. También hay que señalar que el verdadero Galt estaba vinculado a la "división científica y técnica" de Israel. Obsérvese también que la empresa de Galt estaba efectivamente vinculada a la división nuclear de Union Carbide.

Así que no sólo encontramos una conexión israelí con el asesinato de King (aunque fugaz), sino también un vínculo nuclear israelí. Y eso, por supuesto, es muy interesante dado lo que sabemos sobre el conflicto de JFK con Israel por el desarrollo de armas nucleares.

Y aunque parezca mentira, existe incluso una "conexión francesa" -de nuevo con los israelíes- que Pepper describe. Pepper informa (en la página 234) de que se reunió con Pierre Marion, antiguo jefe del SDECE francés, para pedir la ayuda de Francia para descubrir información sobre el asesinato de King. Según Pepper: "Marion insistió en una estricta confidencialidad. Aceptó recurrir a fuentes de los servicios secretos franceses e israelíes. En un momento dado me dijo: 'Corres un gran peligro'". Sobre esta base, Pepper concluyó que el oficial francés había llegado a la conclusión de que parte de la comunidad de inteligencia estadounidense había estado implicada en el asesinato de King, aunque Pepper aparentemente nunca consideró la posibilidad de que la inteligencia francesa e israelí, de hecho, tuvieran alguna conexión con el asesinato (que, por supuesto, es precisamente el caso del asesinato de JFK).

En cualquier caso, según Pepper: "Francia experimentó posteriormente un turbulento cambio de gobierno. Las fuentes internas de Marion se volvieron muy tensas sobre cualquier tema sensible. Sus fuentes israelíes afirmaron no tener información". Francamente, me sigue sorprendiendo que la gente que no sabe más se suscriba a la teoría de que los israelíes afirman no tener "ninguna información", a pesar de que la inteligencia israelí "es la mejor informada del mundo" (como dicen tantos defensores y amigos de Israel). Francamente, Pepper podría haber obtenido más información sobre el asesinato de King si hubiera pedido a sus amigos del servicio secreto francés que pidieran a sus amigos del servicio secreto israelí que pidieran a sus agentes de la Liga Antidifamación que le entregaran sus archivos sobre el doctor King. Si la ADL estaba tan dispuesta a proporcionar información sobre el Dr. King (y otros líderes de los derechos civiles) al FBI, ¿por qué no podían hacer lo mismo con Pepper?

De todos modos, esa es una pregunta que Pepper tiene que responder. Yo no estoy investigando el asesinato del Dr. King, Pepper sí. Así que, si Pepper encuentra interés en seguir estas pistas (especialmente en el contexto de la conexión nuclear israelí), yo digo: bien por él. Pero no cuentes con él para seguir esto.

Cabe señalar que en su libro *¿Quién mató a Martin Luther King?* Ray cuestiona el hecho de que "Raúl", su misterioso supervisor, viajara en compañía de alguien que, según Ray, podría haber sido el financiero David Graiver. Ray menciona la implicación de Graiver en el saqueo del American Bank and Trust Company (ABT) de Nueva York, pero no menciona algo que casi con toda seguridad también sabía: el hecho de que el ABT era el reestructurado Swiss-Israel Trade Bank, fundado originalmente por la figura del Mossad Tibor Rosenbaum. Habiendo hecho su propia investigación, y como lector habitual de *The Spotlight* (el periódico para el que trabajo), Ray sabía que el saqueo del ABT por parte de Graiver fue una clásica "fuga" al estilo mafioso, en la que los fondos robados del ABT se utilizaron para financiar el programa secreto de armas nucleares de Israel.

De hecho, a decir verdad, según fuentes como J. Orlin Grabbe y otros, muchas de las debacles de ahorros y préstamos de la década de 1980 fueron en realidad operaciones encubiertas diseñadas para proporcionar fondos desviados para los programas nucleares y de defensa nacional de Israel.

Aunque la editorial neoyorquina Shapolsky (filial de la israelí Steimatsky) publicó el exhaustivo libro de Pete Brewton, *The Mafia, CIA and George Bush*, que ponía de relieve los vínculos de la CIA con la debacle de las cajas de ahorro y los préstamos, el libro no definía las conexiones del Mossad con ella. En fin, es un tema para que otros lo investiguen, pero es interesante dado que Ray vinculó a David Graiver con el complot para asesinar a Martin Luther King.

Tambien es un hecho establecido (pero raramente mencionado por los investigadores que han investigado el asesinato de King) que antes del asesinato de King, James Earl Ray habia recibido dos numeros de "Raul", con los que Ray podria contactar si fuera necesario como Raul le indico. Uno de los números, en Nueva Orleans, según recordaba Ray, terminaba con las cifras "8757" y recordaba vagamente que empezaba por "866", pero no estaba seguro.

De hecho, Ray establece por sí mismo (en el momento de los hechos) que el número de Nueva Orleans 866-3757 era el número de Laventhal Marine Supply y afirma en su primera apelación de su condena, escrita por él mismo y apenas mencionada, que "el residente que figuraba en Nueva Orleans era, entre otras cosas, un agente de una organización de Oriente Medio en apuros por el supuesto apoyo público de King a la causa árabe-palestina". (No hay ninguna especulación que sugiera que la organización a la que se refería Ray era la Liga Antidifamación de B'nai B'rith).

Más tarde, cuando Ray testificó ante el Comité de la Cámara de Representantes, volvió a aludir a este número misterioso y dijo: "No quiero entrar en el terreno de la calumnia, es decir, hacer un flaco favor a ningún grupo u organizaciones... él (King) pretendía, como Vietnam, apoyar la causa árabe... y decir algo que pudiera resultar embarazoso para alguien de su organización que estuviera en contacto con los palestinos con vistas a una alianza." De nuevo, es evidente que Ray se refería a que King adoptara una postura que enfadaría a la ADL, aunque se anduviera por las ramas sin decir nada directamente al respecto.

En su página web, el investigador del asesinato A. J. Weberman -que ha estado asociado con la Liga de Defensa Judía pro-Israel (que es en realidad un "brazo armado" de la ADL)- sugirió que esto reflejaba el "odio de Ray hacia los judíos" (en palabras de Weberman), pero Weberman concluyó que Ray estaba "culpando al Mossad" del asesinato de King, un hecho del que muy pocos investigadores parecen ser conscientes. Ray era ciertamente reacio a hablar de ello, sabiendo muy bien que tenía suficiente en la mano para empezar a hacer acusaciones contra el Mossad, pero el hecho de que realmente hiciera estas acusaciones debe formar parte del expediente.

El propio Weberman se esforzó en desacreditar las conclusiones de Ray, diciendo que él (Weberman) había establecido que otro "3757" en la zona de Nueva Orleans, que empezaba por "833" -en lugar del "866" que Ray recuerda vagamente- estaba asignado a un motel donde el jefe mafioso Carlos Marcello tenía una oficina. Sin embargo, Ray no recordaba el "833" como número. Sí recordaba (aunque vagamente) el número "866".

Sin embargo, David Ferrie, que estaba vinculado a las circunstancias que rodearon el asesinato de JFK, había llamado al número del motel, lo que en efecto estableció, por decir algo, un vínculo particular entre los dos asesinatos que parece haber pasado bastante desapercibido. Y dados los vínculos del Mossad con el asesinato de JFK en torno a las actividades de David Ferrie, Guy Banister y Clay Shaw en Nueva Orleans, esto sugiere otro "vínculo del Mossad" con el caso de Martin Luther King.

Sabemos que la familia King ha sido objeto de numerosos y contundentes ataques por parte de los medios de comunicación por atreverse a defender a James Earl Ray, lo cual es inusual en sí mismo, dada la favorable cobertura mediática que la familia había recibido anteriormente. No necesitamos volver a evaluar la considerable influencia del lobby israelí en los medios de comunicación estadounidenses, pero en el contexto de la información presentada aquí sobre los posibles vínculos entre Israel y el asesinato de King, podríamos concluir lógicamente que estos ataques mediáticos contra la familia de King pueden estar relacionados precisamente con eso.

¿Cuáles son sus conclusiones sobre la muerte de John F. Kennedy Jr. Hubo algún vínculo con el Mossad como muchos han sugerido?

Las circunstancias que rodearon la muerte de John F. Kennedy Jr. en un extraño accidente aéreo el 16 de julio de 1999 echaron más leña al fuego desatado por *Juicio Final* implicando al Mossad en la muerte del joven padre de Kennedy. Por mi parte, me quedé francamente sorprendido cuando apareció muy abiertamente en la prensa una auténtica "conexión del Mossad" con la tragedia de JFK Jr.

Según un informe ampliamente difundido en la edición del 19 de julio del *New York Post*, JFK Jr. quería publicar un artículo sobre el Mossad en su revista. Como resultado, algunos teóricos de la conspiración sospecharon inmediatamente -pero no yo, debo decir- que el Mossad había ordenado el asesinato de Kennedy para evitar que se publicara el artículo.

Es una teoría interesante, pero poco probable. Muchos periódicos (incluso en los principales medios de comunicación) han publicado artículos críticos con el Mossad. *Sin embargo, hay otro elemento en la perspectiva del Mossad que es mucho más provocativo y que la mayoría ha pasado por alto. Aquí está la historia completa.*

El reportaje *del New York Post* fue escrito por la célebre periodista Cindy Adams y posteriormente fue ampliamente difundido en la prensa nacional, incluido el número del 21 de julio de *USA Today*. Adams informó de que el escritor C. David Heymann le había dicho que diez días antes del fatal accidente, él y JFK Jr. habían hablado, y que JFK Jr. había expresado reservas sobre futuros viajes en avión (aunque, según todos los demás relatos, el joven Kennedy estaba bastante entusiasmado con su nueva ocupación).

Lo que creó el rumor sobre la posible implicación del Mossad fue el informe en el *New York Post* y el *USA Today* de que Heymann era un ciudadano con doble nacionalidad estadounidense-israelí que afirmaba haber contado al joven Kennedy hace algunos años que había trabajado para el Mossad en los años ochenta. Fue por esta razón que Kennedy se había acercado a Heymann para escribir una historia sobre el Mossad para el *George* - según Heymann.

Pero mientras los teóricos de la conspiración en Internet y en otros lugares se centraban en la idea de que JFK Jr. estaba a punto de "soplar el silbato" sobre el Mossad, pasaron por alto lo que de hecho era lo más importante: que las afirmaciones ampliamente difundidas de esta figura del Mossad eran la principal base mediática para insistir en que la muerte de Kennedy fue un accidente latente, ya fuera culpa suya o, de hecho, de su esposa Carolyn.

El New York Post tituló el artículo "John Jr. temía volar a Vineyard" e incluyó la transcripción detallada de Heymann de su conversación. *USA* Today informó de que Heymann afirmó haber tomado extensas notas de sus conversaciones con Kennedy para utilizarlas en posibles futuros libros. Según Heymann, JFK Jr. se sentía inseguro en el aeropuerto de Martha's Vineyard; no quería volar; y sentía que tenía que hacerlo porque su mujer insistía en que dejara allí a su hermana antes de partir hacia el aeropuerto de Hyannis.

La historia del ex miembro del Mossad es que JFK Jr. aparentemente no se sentía cómodo haciendo dos aterrizajes (en Martha's Vineyard y luego en Hyannis), porque -o eso le dijo Heymann a Kennedy- "no soy realmente un piloto experimentado".

Así que resultó que fue un agente del Mossad, convenientemente bien situado, quien propuso la historia ampliamente difundida de que JFK Jr. no debería haber estado en el asiento del piloto en primer lugar y que estaba jugando con fuego: que la tragedia fue definitivamente un accidente, casi inevitable.

De hecho, el *New York Post* enfatizó cuidadosa (e inteligentemente) "la conexión del Mossad", el periódico (que es una voz a favor de los intereses de Israel) estaba efectivamente diciéndole al mundo: "Esto es lo que el Mossad quiere que creas sobre la muerte de JFK Jr. Fue un accidente. Fue culpa de JFK hijo. Fue un accidente inminente. Caso cerrado".

Esto es lo que ocurrió: Cindy Adams, del *New York Post*, que fue la primera en publicar la historia de Heymann, se distanció de éste diciendo que dudaba de su historia. Y el periodista de investigación Andrew Goldman, del *New York Observer*, publicó un informe demoledor en el que ponía en duda que Heymann hubiera tenido algún contacto con JFK Jr.

De hecho, parece que Kennedy ni siquiera había finalizado sus planes de vuelo en el momento en que Heymann afirma que habló con Kennedy. En conclusión, la historia de Heymann era desinformación desde el principio. Sin embargo, ni Adams ni Goldman se atrevieron a sugerir que las afirmaciones de Heymann podrían haber sido desinformación patrocinada por el Mossad.

Así que la pregunta sigue siendo: cuando este "ex" agente del Mossad presentó esta historia falsa sobre los últimos días de JFK Jr, ¿lo hizo con algún propósito perverso o lo hizo como parte de una campaña de desinformación ordenada por el Mossad?

Quizá tampoco sea una coincidencia, como ha señalado el periodista israelí Barry Chamish, que Yoel Katzavman, un conductor israelí que llevaba a JFK Jr. por Nueva York antes de la tragedia, también haya aparecido para describir que el estado físico del joven Kennedy (debido a una pierna rota) era tal que, en palabras de Katzavman, era "verdaderamente suicida" que JFK Jr. hubiera intentado su último y fatal vuelo. De hecho, la versión del piloto israelí encaja bien con la historia de David Heymann, miembro del Mossad. ¿Es una coincidencia o una conspiración?

Como hemos señalado, Chamish sugirió que John Jr. pudo haber oído hablar de *Juicio Final* y que esto estimuló su interés por el Mossad. Probablemente nunca lo sabremos con certeza, aunque, como hemos visto, Chamish escribió una crítica muy elogiosa de *Juicio Final*, lo que puede haber molestado a muchos teóricos de la conspiración JFK que gastaron mucha energía atacando mi teoría sólo para que un periodista israelí venga y diga que la teoría tiene sentido.

Por su parte, Chamish causó un gran revuelo en Israel con su fascinante y bien documentado estudio sobre el asesinato de Isaac Rabin, y en su libro *¿Quién asesinó a Isaac Rabin?* ha pintado un cuadro fascinante que sugiere con fuerza que los servicios secretos israelíes estuvieron implicados en el asesinato de Rabin.

Al mismo tiempo, quizá no fuera tan sorprendente que en su número del 16 de julio, que estaba en los quioscos cuando murió JFK Jr., *Forward* -uno de los periódicos judíos más influyentes de Estados Unidos- publicara un artículo sobre las acciones (50 años antes) del abuelo del joven Kennedy, el difunto embajador estadounidense en Gran Bretaña, Joseph P. Kennedy.

En este contexto, vale la pena señalar que Heymann, el mencionado miembro del Mossad, es una especie de experto en el supuesto "antisemitismo" de la dinastía Kennedy y en el apoyo de la familia a la neutralidad estadounidense y a la no intervención en los días previos a la Segunda Guerra Mundial.

Los lectores atentos de *Juicio* Final se darán cuenta de que en esta edición (y en las anteriores publicadas antes de la muerte de JFK Jr.) los informes de Heymann publicados en su libro sobre Jacqueline Kennedy (que figuran en el capítulo 4) se refieren a la oposición colectiva de la familia Kennedy a la guerra.

Además, en su biografía, en gran parte crítica, del difunto senador Robert F. Kennedy, titulada *RFK*, el mismo Heymann culpa a "varias personas de acusar a RFK de utilizar terminología [antisemita] cuando hablaba de judíos en privado". Heymann también alegó que la esposa de RFK, Ethel, actualmente la matriarca reinante del clan Kennedy superviviente, dijo una vez a un publicista judío: "Sabe, es su gente la que nos lo hace pasar mal; es su gente la que nos lo hace pasar mal", cuando su marido se presentaba a las elecciones al Senado en 1964.

Considerando la venenosa hostilidad hacia la familia Kennedy en algunos círculos influyentes, es interesante observar que el 21 de julio de 1999, John Podhoretz, hijo de Norman Podhoretz, jefe del Comité de Judíos Americanos (y colaborador de la CIA durante mucho tiempo) y editor de la página editorial del *New York Post* (que había publicado la desinformación del miembro del Mossad David Heymann en primer lugar) escribió una columna titulada "Una conversación en el infierno", exponiendo sus puntos de vista.

El ensayo de Podhoretz, que es muy difícil de encontrar - habiendo sido retirado en respuesta a la indignación pública por el veneno visceral de Podhoretz después de que la primera edición del *Post* entrara en imprenta - habla por sí mismo y se publica aquí (abajo) en su histórica y reveladora (y bastante chocante) totalidad. El ensayo de Podhoretz dice en efecto lo que muchos defensores de Israel piensan realmente de la familia Kennedy.

Juzgue usted.

Una conversación en el infierno
New York Post
- 21 de julio de 1999
John Podhoretz

¡JOE! ¡Joe Kennedy! Pasa, pasa. Me alegro de verte. ¿Te gusta el aire acondicionado? Sé que hace bastante calor aquí.

¿Dónde estás ahora, en el octavo círculo o en el noveno? Es una elección difícil en lo que a ti respecta. Después de todo, el octavo círculo es para los ladrones y el noveno para los traidores. Te gustaba mucho el fraude cuando le pediste al alcalde Daley que amañara las elecciones de 1960 para tu hijo Jack, ¿verdad? Y has sido un maldito traidor la mayor parte de tu vida, con tus infidelidades compulsivas y tus dobles juegos.

Pero escucha, eso es lo que me gusta de ti. No sabes lo orgulloso que me hizo conocerte cuando eras embajador de EE UU en Inglaterra, diciendo todas esas cosas bonitas sobre Hitler, haciendo todo lo que podías para detener la emigración judía a la Alemania nazi. Miles de judíos murieron por tu culpa. ¡Qué actuación tan malvada!

Siempre supe que lo llevabas dentro. No recuerdo haber estado tan feliz de conseguir un alma cuando me llamaste en, ¿qué, 1912? Sabías exactamente lo que querías. Querías riqueza, fama y poder, y querías que pasara de generación en generación. Querías ser el creador de una dinastía que gobernara América...

Le hizo bien a mi viejo corazón escuchar lo despiadado que podías ser. Y eras un negociador tan duro que era divertido hacer negocios contigo.

Parecías haber pensado en todo. Querías poder, y para ti eso significaba casarte con la hija del alcalde de Boston. Lo hizo; usted y Rose Fitzgerald se casaron dos años después. Quería seguir siendo atractivo y seductor para las mujeres más glamurosas del mundo. Se convirtió en director de cine y mantuvo relaciones con Gloria Swanson y muchas otras estrellas.

Querías una riqueza más allá de los sueños más salvajes de cualquier irlandés de Boston. Lo conseguiste; has sido millonario muchas veces y no perdiste nada de ello cuando llegó la Gran Depresión. Querías una posición social. Lo conseguiste; te dieron el puesto gubernamental más prestigioso de la época: embajador en la Corte de St. James.

Y tú querías que tu hijo fuera presidente. Pusiste los puntos sobre las íes, hiciste todo lo que estuvo en tu mano para maximizar tu parte del trato y minimizar la mía. Como todos los mortales cuya cualidad más distintiva es su inagotable sentido de la autoestima, creías que tu alma era tan preciosa que valía la pena.

Conseguiste todo lo que querías. Pero cuando hago un trato para un alma como la tuya, tan inflexible en su sentido del derecho, tan segura de que el mundo debe inclinarse ante ella, tan dura, me resulta difícil, como la carne cruda. Tengo que sazonarla, martillarla un poco para que se ablande, dorarla un poco en el fogón antes de meterla en el horno infernal.

Por eso, si hubiera dejado llegar a la Casa Blanca a su hijo, a quien usted quería ver como Presidente, habría significado que la cena que pretendía hacer con su alma habría sido indigesta. Simplemente tenía que irse.

Y dolió, ¿verdad Joe, cuando el avión de tu tocayo se estrelló durante la Segunda Guerra Mundial?

Dijiste tan poco sobre tus chicas en el contrato que me sentí libre para jugar un poco con ellas. Hice a Rosemary un poco lenta, pero maldita sea, ¡no tenías que lobotomizarla Joe!

¡Todo es culpa tuya! Y parecías estar sobrellevando tan bien la muerte del joven Joe que sentí la necesidad de recordártelo enviando a tu hija Kathleen a otro accidente de avión unos años después.

Oh, esta pena es dolorosa. ¡Pero también te puso furioso, porque pensaste que había roto mi promesa! ¿Recuerdas aquella conversación en la playa de Hyannis Port? Te recordé que estaba Jack, el apuesto Jack, al que sacaste a relucir con tanta insistencia. Era tan parecido a ti, tan hambriento de belleza hollywoodiense, tan impulsivo... ¿no sería aún mejor que fuera Jack?

Estabas tan triunfante con la victoria de Jack y todo lo que intenté hacerte entender es que las cosas no iban a salir como habías planeado. Tuviste un nieto que nació en la Casa Blanca en agosto de 1963, ¿recuerdas? ¿El pequeño Patrick? Me lo llevé a los dos días, para prepararte para el 22 de noviembre.

Dije que haría presidente a Jack. No dije que terminaría su mandato. Y no dije que conseguirías otro. Ese es tu error, intentarlo de nuevo con Bobby.

Fue un incumplimiento de contrato. Sólo tenías uno.

Y no escuchaste, no quisiste escuchar, siempre te centraste en la idea de que Teddy podía hacerlo - Teddy, el más joven de tus chicos. Pero tengo noticias para ti. ¿Ese asunto de Chappaquiddick? Me pidió que lo salvara de un cargo por homicidio involuntario. Te hará compañía cuando llegue su hora.

Después de Chappaquiddick se te acabó el tiempo, ¿no? Moriste unos meses después, viniste aquí. ¿Pero sabes qué? Tu alma aún no estaba lista. Aún eras demasiado duro.

Así que cada vez que crees que el trato está hecho, cada vez que crees que tu familia está en camino de volver a la gloria, tengo que hacer algo. Como este fin de semana, con tu nieto John.

Lo entiendes, ¿verdad, Joe? Es porque tengo hambre. Y cuando tengo hambre, Joe, el fin justifica los medios. ¿Ves por qué somos tan parecidos?

Sí, sí. Ah, sí. Creo que ya estás listo.

¿LA ÚLTIMA PALABRA?

El libro que intentaron prohibir
Reflexiones sobre el pasado, presente y futuro de *Juicio Final* y su controvertida tesis

Este libro comenzó con un extenso texto sobre la controversia del *Juicio Final*, por lo que quizá sea apropiado que termine con un texto en profundidad sobre el mismo tema.

Al igual que el texto inicial, es cierto que esta "última palabra" trata más de lo que le ocurrió a Michael Collins Piper por escribir *Juicio Final* que de lo que le ocurrió a John F. Kennedy.

Sin embargo, creo que los lectores seguirán encontrándolo instructivo, ya que realmente demuestra que hay límites a lo que se puede -y no se puede- decir en el debate sobre temas controvertidos como el asesinato de JFK.

Hay mucho más que decir. Lo principal, sin embargo, es que el *Juicio Final* no se detendrá ahí. Aunque el lobby israelí odie admitirlo, el genio ha salido de la botella.

El futuro del *Juicio Final* consistirá en gran medida en una serie de esfuerzos por refutar su tesis, pero por lo visto hasta ahora parece poco probable que nadie sea capaz de hacerlo, y la razón bien podría ser que el libro acertó.

Juicio Final no es en modo alguno una demolición del informe de la Comisión Warren. La Comisión Warren fue desacreditada hace mucho tiempo. *Juicio Final* trata simplemente de completar las piezas que faltan en el rompecabezas -proporcionando el eslabón perdido- demostrando lo que se oculta tras el rompecabezas.

Las metáforas son interminables, pero la cuestión está clara. Sabemos desde hace mucho tiempo que hubo una conspiración en el asesinato de JFK -una gran conspiración- y que alcanzó niveles muy altos. Ahora sabemos qué direcciones *horizontales* alcanzó la conspiración.

Vincent Salandria, un investigador, llegó incluso a sugerir que, desde el principio, "la conclusión del asesino solitario de la Comisión Warren estaba destinada a derrumbarse, a ser inconcebible, a autodestruirse"...

"No se equivoquen, la Comisión Warren y su personal estaban formados por hombres muy competentes. Si estos hombres hubieran querido encubrir la conspiración más eficazmente, podrían haberlo hecho...

"Sugiere que los conspiradores detrás del asesinato querían, en última instancia, que el pueblo estadounidense se desmoralizara y supiera que había perdido el poder sobre su destino. Y francamente, mirando el panorama general, me temo que Salandria tiene razón.

"LA TIERRA OCULTA"

Y mientras algunos están tratando de llegar a un acuerdo con el legado del asesinato de JFK y tratando de entender cómo este crimen afectó a nuestra nación, la gran imagen pintada en *Juicio Final* (y aceptada por un número creciente de personas) deja a muchos críticos del gobierno, por lo demás bombásticos, en silencio. Simplemente se niegan a abordar el hecho de que, en efecto, existen pruebas sólidas (a muchos niveles) de que el "pequeño Israel" y su servicio de inteligencia, utilizando sus propios recursos y colaborando con sus aliados de la CIA, desempeñaron un papel fundamental en el crimen del siglo.

Sé de un editor aparentemente inconformista e independiente de una revista progresista publicada en Oregón que dio instrucciones al autor de un artículo que se le ofreció para que cambiara su referencia a Jack Ruby como un "asesino a sueldo de la mafia judía" por Ruby como simplemente "un asesino a sueldo de la mafia".

Sin embargo, el autor del artículo censurado (un lector de *Juicio Final*) contestó a su redactor jefe con una carta muy interesante, parte de la cual comparto con los lectores de *Juicio Final*, al igual que el autor de la carta compartió conmigo. En su carta (privada) al redactor jefe, resume bastante bien las cosas:

> Cualquiera que haya dedicado gran parte de su tiempo a estudiar el asesinato de John F. Kennedy sabe con certeza tres cosas: Oswald no lo hizo; hay huellas dactilares judías por toda la escena del crimen; y los judíos implicados no podían actuar ni actuaron solos, sino que formaban parte de una conspiración mucho más amplia en la que participaban elementos del Servicio Secreto, la CIA, el FBI, el Departamento de Justicia, la policía de Dallas, la clase dirigente de Texas y la comunidad de exiliados cubanos.
>
> Es precisamente esta implicación judía la que, en mi opinión, ha obstaculizado la investigación del crimen... El resultado ha sido una negación generalizada y persistente de la participación judía en el asesinato, que ha crecido hasta incluir los brutales ataques actuales contra la familia Kennedy.
>
> También hay un terreno oculto bajo el asesinato del que nadie habla - el terreno secreto, el paisaje oscuro y poco conocido detrás de los asesinatos de Kennedy. Una vez iluminado, explicará muchos de los debates y confusiones aparentemente sin sentido que han obstaculizado seriamente la investigación de los asesinatos, si no la han desconcertado por completo...
>
> En mi opinión, es la implicación de Ruby en el asesinato y el miedo judío a un pogromo en América lo que es como un corcho en el recto de la nación.
>
> No nos dejará borrar este crimen y seguir adelante.
>
> ... El miedo indiscriminado a mencionar el judaísmo de Ruby, y a rastrear sus relaciones con Israel y los sindicatos criminales internacionales, así como con la policía y los jueces y políticos de Dallas, ha confundido y dividido a la comunidad investigadora desde el principio.

Yo no podría haberlo dicho mejor. Y, de hecho, esta carta (citada aquí) plantea probablemente la cuestión desde un punto de vista quizá incluso mejor (y con una prosa más vívida) que *Juicio Final*.

Esa era la situación. La lucha para suprimir *el Juicio Final* no sólo está siendo librada por el lobby israelí y sus tropas de choque de primera línea en la Liga Antidifamación (ADL). De hecho, los llamados "investigadores" de la conspiración del asesinato de JFK también están dirigiendo su experiencia a este esfuerzo.

UN "INVESTIGADOR" LUCHA CONTRA LA INVESTIGACIÓN

En el momento álgido de la campaña de la ADL para impedir que me presentara a las elecciones de la Universidad de Saddleback, en el condado de Orange, California (descrita con detalle en el prólogo), Debra Conway era una de las más entusiastas defensoras de la ADL, una investigadora del asesinato de JFK que dirige una organización conocida como JFK Lancer. El 7 de septiembre de 1997, publicó un mensaje en un grupo de noticias sobre JFK en Internet en el que alababa sus esfuerzos por impedirme hablar. Su mensaje decía:

"Llamé a la universidad, al periodista y a otras personas para protestar por el seminario. Escribí una carta al director del [Los Angeles] Times, con copia al presidente de la universidad y al consejo de administración, pero no se publicó. Llamé y escribí a amigos judíos para explicarles mi postura en contra de este seminario y por qué... Vivo en el condado de Orange, California, y también me he comprometido a hacer huelga con los profesores de la universidad y la Liga de Defensa Antijudía [sic] contra el seminario. No apoyaré el antisemitismo con el pretexto de investigar el asesinato de JFK".

Conway también publicó su carta inédita, que añadía, en parte: "Nunca he visto ninguna información creíble sobre una conspiración que implique a Israel o a los nazis. Sabiendo que el presidente Kennedy nos condujo a través de estos tiempos turbulentos, hay muchos grupos, países e individuos que podrían ser acusados de su asesinato. Podrías hacer un caso para ellos si no miras todos los hechos disponibles". Por supuesto, la Srta. Conway nunca ha visto nada que implique a Israel. Y tenemos que dejarlo así. No fue hasta que *Juicio Final* reunió todos los datos, que la gente empezó a pensar que la implicación israelí era una posibilidad real. Así que es interesante observar que, en cierto modo, la señorita Conway está admitiendo indirectamente que podría haber un motivo israelí en el sentido de que, como ella misma dijo, había "muchos grupos, países y personas" que podrían estar implicados. Pero créanme, Debra Conway nunca acusará a Israel.

La reacción de Debra Conway ante *Juicio Final* (que ni siquiera estoy seguro de que haya leído) ilustra hasta qué punto han llegado incluso algunos de los llamados "investigadores" para tratar de sofocar *Juicio Final* y su tesis. Sin embargo, tengo la satisfacción de saber con certeza que muchos partidarios de la operación JFK-Lancer de Conway se han puesto en contacto con ella y le han echado la bronca por adoptar una postura, y estoy agradecido a quienes han tenido la amabilidad de hacérmelo saber. Así que hay algunos investigadores que creen en la Primera Enmienda, a pesar de Debra Conway.

Al final, sin embargo, hubo aspectos reconfortantes en esta desagradable controversia del Condado de Orange, a pesar de la mezquina demagogia de Debra

Conway. En medio de los esfuerzos de la ADL por silenciarme y destruir a Steve Frogue, muchos buenos ciudadanos salieron en nuestra defensa. Nunca he conocido a la gran mayoría de ellos y nunca los conoceré.

Pero hace poco me enteré de la identidad de uno de ellos. Había oído que cierta pareja, "Joe" y Ethel Hunt, había sido muy crítica con los tejemanejes de la ADL, presentándose en reuniones de consejos de universidades públicas para defender la Primera Enmienda y contra la censura.

Resulta que "Joe" Hunt es nada menos que el coronel retirado de los Marines Forest J. Forest. (Joe) Hunt, veterano de las tres guerras y antiguo comandante de todos los Guardias Marines de las embajadas estadounidenses de todo el mundo y de la escuela que los formó en Virginia.

Ese es el calibre de personas que me enorgullece tener de mi lado. La ADL es más que bienvenida a tener a Debra Conway de su lado. El Coronel Hunt no le debe nada a nadie. Pero los americanos le deben mucho a gente como Joe Hunt y su encantadora esposa que luchan por la libertad.

En cualquier caso, los esfuerzos de Debra Conway fueron sólo la punta del iceberg en cuanto a los esfuerzos realizados por los llamados "buscadores de la verdad" para tratar de desacreditarme.

Más tarde, cuando me esforcé poco en participar en el debate sobre la tesis *del Juicio* Final en varios grupos de discusión de Internet dedicados al tema del asesinato de JFK, me encontré constantemente inundado de acusaciones de "antisemitismo", todas ellas lanzadas por supuestos "investigadores" que de todas formas no habían leído mi libro.

CAMBIAR EL RUMBO DEL DEBATE

Quizás mi crítico más dedicado fue un tal Robert Harris, que dirige su propio sitio web sobre el asesinato de JFK. Aunque Harris tiene fama de "testarudo", incluso sus críticos estarían de acuerdo en que, en general, Harris era muy sincero en su dedicación a descubrir la verdad sobre el asesinato del Presidente. Pero cuando abordó el tema de la posible implicación del Mossad, Harris (de quien se dice que es judío) perdió toda objetividad.

Harris ha hecho repetidamente la falsa y maliciosa acusación de que *Juicio Final* culpaba a "los judíos" del asesinato de Kennedy cuando, de hecho, como todo lector sabe perfectamente, el libro rechaza esto por completo.

Constantemente me atosigaba con preguntas relacionadas con JFK como: "¿Crees que los grandes historiadores tienen razón cuando dicen que los nazis masacraron (más o menos al 5%) a 6 millones de judíos?". También hizo referencias a los llamados "cabezas rapadas" que, según él, eran los que encontraban creíble la tesis *del Juicio Final*. En un momento dado llegó a preguntar: "Me pregunto cuántos amigos negros y judíos tendrá en total el señor Piper", y se indignó porque yo me había negado a citarlos por su nombre, como si tuviera que exponerlos a sus calumnias. *Finalmente, sin embargo, me sentí tan frustrado que me derrumbé y le dije a Harris que uno de mis dos ahijados era un niño afroamericano. Nunca respondió a ESO.*

En un momento dado, justo después de los tiroteos de Columbine, Harris intentó relacionarme con esa tragedia, sugiriendo que los dos jóvenes perturbados se habían inspirado en "antisemitas" como yo, sin saber en ese momento que el tirador era judío.

Los constantes y frenéticos insultos de Harris llegaron a tal punto que Dave Reitzes, un participante judío en un foro de debate -que no era en absoluto uno de mis defensores- desafió a Harris señalando que criticar a Israel no es antisemitismo.

Keith Bruner, otro participante en un foro de debate, salió en mi defensa desafiando a Harris diciendo: "Piper no afirma tener pruebas irrefutables de que el Mossad estuviera implicado, pero ha sacado conclusiones de ciertos hechos que ciertamente pintan un cuadro creíble de la implicación del Mossad" y continuó diciendo: "Sea o no Piper un [antisemita] está promoviendo su libro y sus conclusiones y debería ser desafiado desde ese punto de vista" en lugar de con insultos irreflexivos.

En otro mensaje, Bruner decía: "Lee su libro, luego atácale a sus conclusiones y a las pruebas que presenta. Debate con él. Hablemos del asesinato de JFK" (en lugar del Holocausto). Bruner añadió: "Cualquier información que ayude a resolver el crimen es buena información, aunque venga del diablo".

El hecho es que le envié a Harris una copia gratuita del libro -a pesar de todos sus ataques contra mí- y, sin embargo, todavía no ha publicado ni un solo artículo intentando refutar nada de lo que dije en el libro.

"¡EL PEQUEÑO ISRAEL NO HARÍA ESO!"

Tras preguntar por fin directamente a Harris: "¿Por qué cree que la teoría de que el Mossad pudo estar implicado en el asesinato de JFK es 'ridícula', 'descabellada' y 'absurda', etc.?", respondió el 10 de abril de 1999 diciendo:

> **Incluso si Israel hubiera querido la muerte de JFK, no había necesidad de que corrieran el riesgo de participar activamente en ella... si hubiera habido un desliz y se hubiera descubierto su implicación, Israel habría sido condenado, por así decirlo. Habrían perdido toda credibilidad entre las naciones civilizadas, así como a su aliado más fuerte. Incluso podríamos haberles declarado la guerra. Se arriesgaban a perder mucho más de lo que podrían ganar.**

Claramente, este argumento contra la implicación del Mossad en la conspiración simplemente no se sostiene. Como he señalado repetidamente en *Juicio Final*, el Mossad ha estado protegido de la exposición, no sólo por sus amplios contactos con los medios de comunicación, sino también por su colaboración con la CIA, por no mencionar los esfuerzos muy evidentes de la administración Johnson y la Comisión Warren para mantener la verdad bajo control.

Es más, bajo LBJ, Israel tenía un viejo y devoto aliado en la Casa Blanca, un aliado que se había beneficiado directamente del asesinato de JFK. Así que nunca hubo ninguna duda -si estoy en lo cierto de que el Mossad estuvo implicado, como creo que fue- de que la verdad sobre la complicidad del Mossad sería revelada por una investigación oficial estadounidense.

A pesar de todos sus problemas, Harris pasó a la historia al ser demandado por sus ataques a otros blancos de su ira. *El New York Times* del 11 de junio de 1999 publicó un artículo en el que se describía cómo Harris había sido demandado por comentarios incendiarios que había hecho sobre alguien con quien había mantenido un debate en Internet. Sin embargo, Harris se mantiene firme y sigue haciendo sentir su presencia. Me alegro por él. Probablemente le alegrará saber que se le menciona en esta nueva edición de *Juicio Final*.

Otro de mis críticos, Clint Bradford, que dirige un muy buen sitio de datos relacionados con JFK, declaró formalmente que "Personalmente, creo que su libro no es más que un discurso de odio antijudío" en un artículo publicado el 16 de marzo de 1999. Bradford prefirió llamarme intolerante en lugar de responder a cualquiera de las acusaciones específicas formuladas en *Juicio Final*.

Y AQUÍ VIENEN LOS NAZIS DE NUEVO

John Bevilaqua, otro participante en un grupo de debate en Internet bastante agitado, hizo la sorprendente acusación de que el edificio de Capitol Hill en el que se encuentra la oficina de mi editorial fue la sede de la Bund germano-americana durante la Segunda Guerra Mundial.

De hecho, el edificio era propiedad de un empresario chino-americano en aquella época, pero las alegaciones de Bevilaqua reflejan acertadamente la naturaleza del esfuerzo por repudiar mi tesis mediante el retorcido proceso de culpabilidad por asociación, ¡aunque en este caso no hubo tal asociación!

Bevilaqua también gastó mucha energía intentando sugerir que *Juicio Final* era una manifestación moderna de la declaración hecha por el georgiano, Joseph Milteer, al informante de la policía, Willie Somersett, de que en los días siguientes al asesinato de JFK una "resistencia internacional" de la que Milteer decía formar parte orquestaría "una campaña de propaganda" para "demostrar al pueblo cristiano del mundo" que "los judíos sionistas habían matado a Kennedy".

Ninguna campaña de propaganda de ese tipo vio jamás la luz del día. Lo último que oí fue decir al mundo que un lunático solitario -y además comunista procastrista- era el responsable del crimen. En resumen, Bevilaqua estaba dando vueltas en círculos.

Bevilaqua -que tiene predilección por un supuesto papel "nazi" en el asesinato de JFK- cree que el fanático pro-israelí James J. Angleton era de hecho anti-judío y pro-nazi, ¡pero ni siquiera intentaré analizar ese argumento!

Sin embargo, tengo que decir que Bevilaqua aportó un pequeño elemento extraño al debate sobre JFK cuando presentó su tesis (que obviamente comparten varios investigadores) de que Robert Morris, un "conservador" de toda la vida, era el infame "Maurice Bishop" (a menudo considerado David Atlee Phillips de la CIA) visto con Lee Harvey Oswald poco antes del asesinato de JFK.

El hecho es que si Morris era realmente "Maurice Bishop", esto indicaría -una vez más- un posible papel del Mossad en el asesinato de JFK, ya que durante su carrera Morris fue considerado por muchos en los círculos "conservadores" como un aguador de los intereses israelíes y como un agente dentro de la "derecha" para la Liga Antidifamación de B'nai B'rith. Los principales patrocinadores de Morris eran personajes famosos conocidos por su afinidad con los intereses israelíes, entre ellos Roy Cohn (copropietario de Lionel Corporation, que a su vez tenía acciones en Permindex, controlada por el Mossad), Alfred Kohlberg, fundador de la Liga Judía

Estadounidense contra el Comunismo, George Sokolsky, columnista, y Marvin Liebman, antiguo traficante de armas para Israel que más tarde fue mentor del animador israelí William F. Buckley, Jr.

Así que tal vez haya algo ahí después de todo, pero Bevilaqua probablemente no lo entienda. Tres hurras por el pobre Bevilaqua por intentarlo siquiera.

EL PROBLEMA DE ISRAEL CON PERMINDEX

El profesor John McAdams -que dirige un sitio web dedicado a desacreditar las teorías conspirativas sobre el asesinato de JFK- intentó desestimar mis acusaciones (y las de otros) de que la implicación de Clay Shaw en Permindex distaba mucho de ser inocente publicando un artículo sobre Permindex en Internet en el que sugería que las acusaciones sobre Permindex no eran más que "desinformación comunista". (¡Y eso me suena a "macartismo"!)

En cualquier caso, si es cierto que el periódico italiano que publicó algunos de los primeros datos sobre el Permindex era efectivamente una revista comunista, esto no basta evidentemente para descartar la veracidad de los detalles relativos al Permindex y sus polémicos vínculos.

Sin embargo, el propio artículo publicado por McAdams afirmaba, de forma incorrecta, que los orígenes de Permindex estaban vinculados a Clay Shaw y se remontaban a 1948. A pesar de ello, McAdams y sus animadores promovieron el artículo como la refutación definitiva de la teoría de que Permindex estaba implicado en la conspiración de la inteligencia internacional, estuviera o no vinculado al asesinato de JFK.

En una línea similar, el veterano investigador George Michael Evica se refirió a mis datos sobre las conexiones del Mossad del Permindex como parte de los falsos patrocinadores "comunistas" de la desinformación en el asesinato de JFK y describió *Juicio Final* como "en sí mismo un valioso ejercicio de "falsas banderas", chivos expiatorios y conspiración inversa, pero al igual que la investigación de Garrison, una importante salida para las pistas de falsos patrocinadores".

Evica señala con razón que a lo largo de los años ha circulado bastante desinformación sobre el asesinato de JFK, pero obviamente no está dispuesto a admitir la posibilidad de que esos maravillosos agentes de los servicios secretos del Mossad tuvieran algo que ver.

Evidentemente, en opinión de Evica, el Mossad es la única agencia de inteligencia del mundo que ha mantenido las manos limpias en el asesinato de JFK. Como sigo diciéndole a la gente: "Si el Mossad e Israel querían tanto a JFK, ¿por qué no van los investigadores al Mossad y les piden que averigüen qué le pasó realmente a JFK y lo resuelvan de una vez por todas?".

Pero eso arruinaría toda la diversión, ya que, como vimos en el capítulo 16 de *Juicio Final*, ¡el Mossad ya está afirmando que la mafia mató accidentalmente a JFK en un tiroteo dirigido contra John Connally! Sin embargo, los defensores de Israel entre los investigadores todavía no parecen satisfechos con su maravillosa solución final del Mossad. Me pregunto por qué.

EL CUSTODIO FRENTE AL AUTOR

Una tal Virginia McCullough, que se presenta a sí misma como "la guardiana y conservadora de la Colección Mae Brussell", rebatió mi descripción de la señorita Brussell como "excéntrica" y afirmó en un artículo publicado en Internet el 17 de diciembre de 1999 que "Piper tenía su propia agenda y parte de esa agenda era desacreditar a cualquier investigador o escritor que no fuera él mismo", pero luego admitió, contradictoriamente, que "al mismo tiempo Piper muestra su inquebrantable admiración por personas como Mark Lane, Seymour Hersh, Andrew y Leslie Cockburn, Stephen Green, etc.".

Luego, tras describir mi "inquebrantable admiración" por esos otros autores, McCullough vuelve a contradecirse al afirmar que en las páginas de *Juicio Final*, "el señor Piper, es, por supuesto, el único autor que huele a rosas y es puro y limpio." (A McCullough también le preocupa que, según ella, yo "me refiera constantemente" a mí mismo como "el autor". También añade que considera mi libro "escrito para la autopromoción y la desinformación". Pero McCullough aún tiene que refutar todo lo que aparece en *Juicio Final*.

La heroína de McCullough, la señorita Brussell, afirmaba que había ex nazis implicados en el asesinato de JFK y que uno de los supuestos villanos era el ex general nazi Reinhard Gehlen, que había sido reclutado para el servicio occidental contra los soviéticos después de la Segunda Guerra Mundial.

Pero lo que a McCullough no le gusta que la gente mencione es el hecho - documentado por escritores israelíes como Uri Dan y otros (y mencionado en *Juicio Final*) - de que Gehlen también trabajó estrechamente con el Mossad en los años de posguerra, a pesar de su pasado de servicio con el odiado régimen nazi. Es un pequeño hecho incómodo de la historia, por decir lo menos, especialmente para Israel y sus partidarios, pero ilustra muchos de los hechos desagradables sobre Israel que continuamente surgen de un estudio de la administración del presidente Kennedy, su relación con Israel y las circunstancias que rodearon su asesinato.

¿HA LEÍDO SHERMAN EL LIBRO?

Sherman Skolnick, el renombrado investigador de Chicago, aludió a *Juicio Final* en un informe titulado "Asesinatos del siglo XX - ¿Por qué?" y luego comentó que "el libro rechaza, de plano, lo que otros afirman, sin embargo, que los criminales de guerra nazis estuvieron implicados (como documentó la difunta investigadora Mae Brussell). Y el libro no explica cómo el servicio secreto estadounidense, el FBI y la CIA, siendo la clase dirigente protestante y católica, cómo y por qué estos organismos de espionaje podrían haber encubierto todo esto por el *bien de los judíos*." [énfasis añadido por Skolnick]

Francamente, me decepcionaron un poco los comentarios de Sherman. A lo largo de los años, he comprobado que Skolnick va por buen camino en una serie de temas controvertidos, a menudo asumiendo riesgos y atreviéndose a profundizar en temas (incluido el Mossad) que otros investigadores temen abordar. En consecuencia, me sorprendió que Sherman describiera al FBI y a la CIA, por ejemplo, como "la clase dirigente protestante y católica" -cuando está bastante claro que el FBI y la CIA han sido cooptados más de una vez al servicio del Mossad- y que luego pasara a cuestionar mi conclusión de que desempeñaron un papel, por usar su frase, en encubrir el papel del Mossad en el asesinato de JFK "por el bien de los judíos". (Y, por supuesto, "los judíos" es su frase, no la mía). Por el contrario, creo que *Juicio Final* es bastante claro y creo que la mayoría de los lectores estarían de acuerdo. Pero esa es la opinión de Sherman.

LA GRAN ARTILLERÍA FALLA

Tal vez mi mayor decepción, en cierto sentido, fue cuando el único crítico que pensé que probablemente estaba mejor situado y era más capaz de refutar *Juicio Final* no lo hizo.

De todas las personas que he conocido que se han dedicado a recopilar hechos e información para refutar al menos algunos aspectos de una serie de teorías conspirativas sobre el asesinato de JFK, no me cabe la menor duda de que Dave Reitzes es, con diferencia, el más inteligente y elocuente. Reitzes se ha convertido en una especie de celebridad en los círculos de JFK en Internet, donde ha trabajado muy duro para demoler a Jim Garrison y, en particular, defender a Clay Shaw contra las acusaciones de Garrison de que el ejecutivo de Nueva Orleans estaba implicado en el complot del asesinato de JFK.

Algunos han llamado a Reitzes portavoz de la CIA -entre otras cosas-, pero lo sea o no, el hecho es que Reitzes, más que nadie (en mi opinión) ha sido un crítico reflexivo y cuidadoso de Garrison. Me había dicho a mí mismo que la investigación de Garrison era defectuosa en muchos aspectos, y seré el primero en admitirlo. Así que sentí, desde mi primer encuentro con Reitzes en un foro de discusión de Internet, que si alguien podía plantearme dudas sobre mi propia tesis, sería Reitzes. Pero al final me equivoqué.

Envié a Reitzes un ejemplar de *Juicio* final y esperaba con impaciencia (si no con cierto nerviosismo) su reseña pública del libro. Dave ya me había defendido (y yo se lo agradecía) de las acusaciones de antisemitismo (basadas, al menos, en lo que había visto de mis escritos publicados en el foro de debate de Internet) y se reservó un "juicio final" hasta después de haber leído realmente el libro. Lo disfruté.

Sin embargo, una vez que Reitzes hubo revisado el libro, suspiré aliviado de que la única persona que creía que podía darme una razón para reconsiderar mis conclusiones *del Juicio* Final no lo hubiera hecho.

Calificando el libro de "lodazal de cosas sin importancia", Reitzes me sorprendió cuando cuestionó mi afirmación de que lo que yo llamaba "los medios de comunicación controlados por el Estado" habían desempeñado un papel importante en la ocultación de la verdad sobre el complot del asesinato de JFK. Lo calificó de "pura fantasía", rechazando claramente la idea misma de que los medios de comunicación hubieran desempeñado un papel en la promoción de la teoría del "asesino solitario" y en la defensa del informe de la Comisión Warren.

La crítica de Dave era bastante larga y nunca podré hacerle justicia en esta breve reseña, pero básicamente se reducía a la manía de Dave: su defensa de Clay Shaw y su argumento de que la asociación de Shaw con Permindex no sólo era completamente inocente, sino que no había pruebas de que Permindex tuviera vínculos con el Mossad o la CIA, o cualquier conspiración de inteligencia en absoluto.

Citó la entrevista de Clay Shaw en *Penthouse* en la que Shaw afirma: "Nunca tuve ninguna conexión con la CIA". El hecho de que Reitzes incluso repita la afirmación de Shaw de que "nunca tuvo ninguna conexión con la CIA" es sorprendente, aunque sólo sea por el hecho de que está plenamente demostrado en archivos no clasificados de la CIA que Shaw sí proporcionó -como mínimo- unos 30 informes a la CIA durante un período de al menos ocho años, que supuestamente terminó alrededor de 1956. Por lo tanto, Shaw tenía una "conexión" con la CIA. Pero Shaw estaba mintiendo claramente a *Penthouse*, aunque por supuesto los hechos sobre la conexión de Shaw con la CIA no salieron a la luz hasta algunos años después de la muerte de Shaw.

En cualquier caso, Reitzes ha adoptado claramente la postura de que hay que creer lo que Shaw le haya dicho, a pesar de las pruebas. Shaw dijo a *Penthouse* que no sabía nada de las actividades de Permindex y Reitzes le cree, pero como le dije sarcásticamente a Reitzes: "Por supuesto. Clay Shaw admitiría que Permindex estaba implicado en todo tipo de conspiraciones".

Supongo que Reitzes querría hacernos creer que Permindex, en el mejor de los casos, era una pequeña y agradable empresa que exportaba alabastro italiano que Shaw utilizaba para renovar casas en el Barrio Francés y que todos sus vínculos con el Mossad y la familia Bronfman no eran más que detalles insignificantes sin importancia.

Reitzes procedió entonces a realizar un notable ejercicio de prevaricación en el que luego cegó a sus lectores con una detallada exposición en la que resumía una serie de diversos informes sobre transacciones financieras internacionales en las que estaba implicada Permindex. En su reseña y en otras partes del debate sobre Permindex en nternet, Dave citaba diversas fuentes que afirmaban que se habían transferido diferentes cantidades de dinero (100.000 o 200.000 dólares) entre las cuentas de Permindex y varias otras empresas, incluido el banco israelí Hapoalim.

Aunque el microanálisis realizado por Reitzes pudo demostrar una cosa, a saber, que alguien en algún lugar tecleó la tecla "1" en su máquina de escribir cuando debería haber tecleado la tecla "2" al escribir sobre las transferencias de dinero, Reitzes no refutó el hecho de que Permindex formaba parte, efectivamente, de las operaciones mundiales de blanqueo de armas y dinero del Mossad.

Dave se puso un poco desesperado en un momento dado cuando cuestionó mi sugerencia de que era "bien sabido" que el Banco Hapoalim (al que se hace referencia en *Juicio Final*) estaba asociado con Histadrut, el sindicato de trabajadores israelíes. Quizá no sea "bien sabido" para el hombre de la calle, pero Reitzes sabe muy bien que cualquiera con un mínimo de conocimientos de investigación puede documentar fácilmente estos hechos totalmente inocentes -aunque el hecho pierde su inocencia cuando se empiezan a examinar los múltiples vínculos del Mossad israelí con los círculos que rodeaban a Lee Harvey Oswald en Nueva Orleans en el verano anterior al asesinato de John F. Kennedy.

CLAY SHAW - MÁS MOSSAD QUE CIA...

Como le dije a Reitzes en respuesta: "A fin de cuentas, usted puede sostener que Clay Shaw era un agente del Mossad en 1963, mientras que no puede sostener que Clay Shaw era un agente de la CIA en ese año. Sigues citando documentos de la CIA que dicen que la CIA puso fin a sus relaciones con Shaw, pero", añadí, "no puedes citar documentos del Mossad, ¿verdad?".

En resumen", dije a los lectores de mi respuesta, "mientras Dave dice que nadie puede afirmar que Clay Shaw tuviera vínculos con la CIA en 1963, Dave tampoco puede demostrar que Clay Shaw no tuviera contactos con el Mossad en 1963, a menos que presente documentos del Mossad que digan: 'No tenemos ningún contacto con Clay Shaw' (como si de todos modos estuvieran disponibles).

Esto plantea otra cuestión: Reitzes se muestra inflexible a la hora de defender no sólo a Clay Shaw, sino también a Guy Banister y David Ferrie (también de Nueva Orleans) de cualquier papel en el asunto JFK, a pesar de la abundante información (que Reitzes descarta arbitrariamente) de que estos tres estaban efectivamente vinculados no sólo entre sí, sino a la red de conspiraciones que rodeaban a Lee Harvey Oswald aquel fatídico verano.

UNA VEZ MÁS, LA PEQUEÑA E INDEFENSA ISRAEL...

La guinda del pastel fue cuando Reitzes fracasó estrepitosamente, al igual que lo había hecho antes el mencionado Robert Harris. En respuesta a mi mensaje a Reitzes de que "Por mucho éxito que tenga usted en desacreditar a Garrison y exculpar a Clay Shaw (e incluso al Permindex), no podrá usted eludir el hecho de que Israel tenía el motivo y los medios y que el actor clave de la CIA en el asesinato y el encubrimiento era el hombre del Mossad dentro de la CIA" (refiriéndose a James J. Angleton), Reitzes respondió:

"Eso es basura. Aunque Israel tuviera 'el motivo', se habría arriesgado a una aniquilación total a través de Estados Unidos si se hubiera revelado su papel." En otra ocasión, Reitzes dijo: "Es completamente absurdo. Los países pequeños que viven en situaciones precarias no trabajan para asesinar a los líderes de las superpotencias mundiales... Israel no habría tenido tal excusa. No se mata al líder progresista de una superpotencia mundial que es uno de tus mayores aliados políticos. Y punto".

Le dije: "Bueno, Dave, ahí es donde te estás equivocando. No pensé que esto pasaría. Pero ahora estás tratando de desacreditar la posibilidad de la participación israelí".

Antes de esto, Reitzes no había intentado realmente refutar la implicación israelí. Su enfoque había sido simplemente reivindicar a Clay Shaw y sugerir que la asociación de Shaw con Permindex no tenía nada que ver ni con el asesinato de JFK ni con ninguna conspiración de los servicios de inteligencia.

Sorprendentemente, Reitzes incluso afirmó: "Angleton, por su parte, difícilmente podría haber sido menos importante para el escenario de Piper. ¿Qué hace él en la historia?", ignorando el hecho cuidadosamente documentado de que Angleton fue de hecho un actor clave, por decir lo menos, ¡en el encubrimiento de la Comisión Warren!

Continué diciéndole a Reitzes: "Lógicamente has ido tan lejos como has podido al decir que Israel era un país tan pequeño que nunca podría haber hecho algo tan horrible... Ahora estás mostrando a todo el mundo de Internet algunas debilidades. Israel sabía que podía hacer lo de JFK (con la ayuda de la CIA), igual que la CIA sabía que podía hacerlo con la ayuda de Israel, precisamente porque un viejo aliado de la CIA y del Mossad, LBJ, iba a hacerlo."

DISCUTIR LO QUE EL LIBRO NO DICE

Dave se equivocó. Terminó su reseña sugiriendo que "Piper se siente más cómodo discutiendo los posibles vínculos del asesinato de JFK con los ovnis, los masones, la Corona británica, los archivos Gemstone y la muerte de Marilyn Monroe".

Esto, por supuesto, parecería bastante condenatorio para la mayoría de los lectores de la reseña de Reitzes que no hubieran leído *Juicio Final*, pero el hecho es que en *Juicio* Final refuté cuatro de esas teorías, y en el caso de Marilyn Monroe (que en realidad murió un año antes que JFK) sólo informé de la acusación de que Mickey Cohen, el trucnd de Los Ángeles vinculado a Israel, había orquestado su muerte. Así que lo que Reitzes estaba haciendo era tratar de distraer a los lectores de su reseña de lo que realmente digo sobre el asesinato de JFK y tratar de hacerles creer que creo que probablemente los marcianos mataron a JFK.

Al final, aunque consiguió contenerse de forma admirable, Dave no pudo evitarlo. Tras entablar un debate serio -al principio-, acabó publicando material diverso que atacaba las opiniones políticas de mi jefe, en lugar de abordar los detalles de mi libro.

UNA REVISIÓN DECENTE...

Sería negligente por mi parte si no mencionara la exhaustiva reseña de Clark Wilkins sobre *Juicio* Final, publicada en varias partes en Internet. Su reseña fue objetiva en el mejor sentido de la palabra y, aunque nunca llegó a concluir que estuviera de acuerdo con mi tesis, en un momento dado comentó que "Un novato podría salir de allí creyendo que Piper tenía pruebas contra Israel". Y eso es precisamente lo que molesta al lobby israelí.

Wilkins planteó la muy buena pregunta de por qué el traficante de armas israelí Arnon Milchan habría financiado la película de Oliver Stone, *JFK*, que resultó en "aumentar la conciencia pública y la sospecha" sobre el asesinato de JFK si el Mossad estaba realmente involucrado en el asesinato de JFK, comentando: "Creo que estaban dispuestos a no despertar al gato dormido".

Sin embargo, respondí que "mi sensación es que la película *sobre JFK* fue diseñada para ofrecer al público un "consenso" sobre el asesinato -una especie de consenso vago- y que actuó como válvula de escape para que todos los investigadores vieran por fin una "gran teoría" llevada a la pantalla."

Wilkins aparentemente ve la conspiración del asesinato de JFK como un escenario impulsado más por el dinero que por la política, como lo demuestra su comentario de que "un punto que Piper ha pasado totalmente por alto es que este poderoso movimiento no está impulsado por la política y eso enturbia aún más las aguas. Está impulsado por el dinero. La política simplemente lo dirige. Piper ha agarrado al tigre por la cola y entiendo por qué le han mordido. Se ha aventurado donde pocos se atreverían a pisar".

Sobre la figura del Mossad Tibor Rosenbaum, Wilkins hizo un comentario astuto: "Tibor Rosenbaum no es un criminal. No es un mafioso. A nuestro entender, es como Benjamin Franklin cuando fue a Francia en busca de apoyo militar contra los británicos. Rosenbaum, como Franklin, fue en busca de ayuda para que Israel obtuviera apoyo militar contra los árabes y, como Franklin, lo consiguió... Este hombre es un héroe en Israel y merece serlo". Sin embargo, Wilkins añadió la advertencia: "Lo que nadie sabe, o al menos nadie habla de ello, es cómo consiguió Rosenbaum el dinero".

Cuando Wilkins había leído aproximadamente una cuarta parte de *Juicio Final*, comentó, en respuesta a las acusaciones de que el libro era antisemita: "A estas alturas, Piper todavía no me ha convencido de una conspiración en la que estén implicados Israel o el Mossad. Sin embargo, aunque el libro fracase en su premisa, me habrá convencido de otra cosa: y es del enorme poder que tiene en Estados Unidos la acusación de antisemitismo, que puede inspirar tanta indignación contra un libro que en realidad está escrito como cualquier otro."

Wilkins señaló que "lo he visto ocurrir en este foro de noticias. En cuanto surgió el tema de su libro, le siguieron acusaciones de antisemitismo, junto con el argumento o la afirmación o lo que fuera, de que era una especie de revisionista del Holocausto. Piper describe este mismo intento de desacreditarlo en su libro con una exactitud vergonzosa"

Clark Wilkins nunca ha apoyado mi tesis sobre la implicación del Mossad en el complot del asesinato de JFK, pero al menos ha reconocido que la siempre controvertida empresa Permindex sí estaba vinculada al Mossad y a operaciones de conspiración internacional israelíes, y eso es más de lo que cualquiera puede decir. En este contexto, dirigiéndose a James Olmstead, uno de mis críticos que había dicho que *Juicio Final* se basaba únicamente en lo que Olmstead describió como mi "odio al Estado de Israel", Wilkins dijo: "Verás que Piper tiene razón. Sé que piensas que es Darth Vader, pero sabe lo que hace".

Me gustaría dar las gracias a Clark Wilkins por su compromiso honesto y sincero con la verdad, lleve a donde lleve.

ALGUNAS CRÍTICAS AMISTOSAS...

Todo lo anterior no quiere decir que las críticas de *Juicio Final* hayan sido uniformemente dudosas o agresivas. Todo lo contrario. Ya hemos mencionado la crítica muy positiva del periodista israelí Barry Chamish. De hecho, además, ha habido varias críticas amistosas que han aparecido en varios lugares, y merece la pena destacarlas.

Una de estas reseñas apareció en *Psychotropedia: A Guide to Publications on the Periphery*, un compendio de libros y literatura "alternativos" y "underground" que a menudo son difíciles de encontrar en la llamada "corriente principal". Editada por Russ Kick, *Psychotropedia* fue publicada en forma de libro por Headpress/Critical Vision de Manchester (Inglaterra) en 1998 e incluía esta reseña eminentemente justa que dice así:

> *Juicio Final* es un libro sobre el complot de JFK que probablemente nunca verás mencionado, ni siquiera por otros investigadores del magnicidio. La tesis de Michael Piper es que Israel, en particular su agencia de inteligencia, el Mossad, orquestó el asesinato de Kennedy.
> Piper lleva mucho tiempo trabajando para Liberty Lobby, una organización muy conservadora y populista que publica el semanario *The*

Spotlight. Sus detractores dicen que Liberty Lobby es antisemita, pero se dice que simplemente es muy crítico con Israel. Menciono esto como información de fondo y no para tomar partido en la cuestión. Usted puede decidir por sí mismo.

Otra reseña en Internet de *Juicio Final* procede de una fuente muy interesante: Daniel Brandt, veterano y célebre figura del movimiento de la llamada "Nueva Izquierda" de los años sesenta.

Más recientemente, Brandt ha colaborado con el boletín NameBase Newsline y con Public Interest Research, que clasifica e informatiza un índice maestro de datos publicados de interés para investigadores que estudian temas como el ejército y los servicios de inteligencia, la historia política, etc. La reseña de *Juicio* final dice lo siguiente (en su totalidad):

> Justo cuando nuestra suscripción de dos años al periódico *Spotlight* de Liberty Lobby llegaba a su fin, apareció este libro del escritor de *Spotlight* Michael Collins Piper. Reimprimimos muchos de sus artículos de investigación para NameBase durante este periodo, y ya no nos sentíamos a la defensiva cuando nuestros críticos de izquierdas condenaban *Spotlight* por antisemita. Los raros casos de excesivo celo antisionista de *Spotlight* son compensados con creces por su información fiable y coherente sobre otras cuestiones.
>
> Cuando vimos la publicidad anticipada *de Juicio Final*, que afirmaba que el libro ofrecería "pruebas asombrosas" de que el Mossad había desempeñado un papel en el asesinato de JFK, nos pusimos un poco nerviosos. Resulta que los vínculos con el Mossad que Piper presenta son más circunstanciales que concluyentes, pero merece la pena tenerlos en cuenta. Otros aspectos del atolladero de JFK, como la conexión Mafia-CIA-Israel (protagonizada por Meyer Lansky y James Angleton), Charles De Gaulle y sus problemas con la OEA, y el escalofriante asunto Permindex, que Piper analiza, rara vez se tratan en otras publicaciones sobre JFK.
>
> Por ello, nos complace incluir este libro en NameBase, sobre todo porque carece de índice.

[Nota: las ediciones primera y segunda de *Juicio final* no están indexadas. Las ediciones posteriores sí están indexadas.

El mero hecho de que el Sr. Brandt (que procede de la llamada "izquierda") haya escrito lo que es evidente y justamente una crítica abierta es interesante en sí mismo y es coherente con lo que dije desde el principio: este juicio final no tiene ninguna tesis u orientación "de derechas".

La reseña más reciente de *Juicio Final* apareció en *Amok Fifth Dispatch: Sourcebook of the Extremes of Information* (Los Ángeles, Amok Books, 1999). Editado por Stuart Swezey, *Amok* se describe a sí mismo como una guía de "los libros más extraños, controvertidos y provocativos disponibles en cientos de editoriales de todo el mundo". La reseña *de Juicio* final dice así en su totalidad:

Este libro dará que pensar incluso a los más viejos devotos del desorden y el misterio. En este extraño giro de los acontecimientos, se hace hincapié en el papel de Israel en el asesinato de JFK. El autor lleva al lector directamente al reino de Meyer Lansky, Mickey Cohen y el Mossad, argumentando que Israel y sus servicios secretos tenían una razón para oponerse a JFK; y que los aliados de Israel en la mafia y la CIA, a su vez, interactuaron entre sí y se opusieron a JFK; por lo tanto, estas fuerzas se aliaron juntas en la conspiración de JFK.

Así que, mientras algunos seguirán desprestigiándome y atacando *Juicio Final* en beneficio propio, hay unas cuantas almas valientes dispuestas a decir que el libro tiene más mérito del que algunos de mis críticos estarían dispuestos a admitir. Se lo agradezco.

GUARNICIÓN SIGUE SIENDO DENIGRADA.

Desde el estreno de la *película JFK* de Oliver Stone (que dio un nuevo impulso al interés público por las teorías conspirativas sobre el asesinato de JFK), se ha producido un renovado esfuerzo por desacreditar todas las conspiraciones sobre el asesinato de JFK que apuntan a la implicación de la CIA, y la investigación de Jim Garrison en particular.

El esfuerzo más notable por desacreditar a Garrison se produjo con la publicación en 1998 del libro de Patricia Lambert *False Witness (Falso testigo)*, dedicado en gran parte a la idea de que Jim Garrison era un lunático delirante irresponsable y que Clay Shaw no era más que un inocente hombre de mundo víctima de un peligroso demagogo.

Aunque ha habido muchas críticas notables al libro de Lambert, una publicada en *The Baltimore Sun* el 14 de marzo de 1999 por Joan Mellen -autora de 12 libros y profesora del programa de escritura creativa de la Universidad de Temple- resume bien el trabajo de Lambert, diciendo que el libro "distorsiona los hechos, suprime una enorme cantidad de datos y ofrece una imagen tan distorsionada que le da poco mérito histórico". Mellen también señala que, aunque la sobrecubierta del libro de Lambert la describe como "escritora/editora", nunca se cita ningún libro, revista o artículo de periódico escrito por Lambert.

Haría falta otro libro para tratar las muchas evasivas de la señorita Lambert, pero merece la pena citar aquí la más memorable. En sus esfuerzos por refutar que Clay Shaw fuera realmente un agente de la CIA, Lambert emprendió una serie de notables giros en las páginas 204 y 205 de su libro en un intento de explicar y justificar los archivos de la CIA que documentan los antiguos vínculos de Shaw con la CIA. La asombrosa contorsión de Lambert dice lo siguiente (con énfasis añadido):

> "Sin embargo, el verdadero alcance de la asociación [de Shaw] con la agencia *no está claro en la actualidad*. Lo que ahoga el pez es un proyecto de la CIA de los años sesenta conocido como QK/ENCHANT. *Al parecer,* la CIA aprobó a Shaw (*quizá* sin saberlo) para este proyecto que, según un *relato no oficial,* no era más que un programa de información rutinaria de los implicados en el comercio internacional. A estas alturas, lo que

QK/ENCHANT era en realidad, *si* se materializó *o no*, y lo que Shaw sabía al respecto, si es que sabía algo, *también sigue siendo una incógnita*. Pero el trabajo de Shaw para la CIA, *fuera lo que fuera*, no prueba nada. Dado que Garrison nunca le relacionó con el asesinato, relacionarle con la CIA hace treinta años no significaba nada, y tampoco significa nada hoy."

Nótese el juego de palabras: "la verdadera escala... no está clara por el momento... lo que está ahogando a los peces... aparentemente... quizás... según un relato no oficial... o no... también sigue siendo desconocido... sea lo que sea".

Luego Lambert nos dice que como (en su opinión) Garrison no logró vincular a Shaw con el asesinato, la conexión de Shaw con la CIA no significaba nada de todos modos.

Lambert revela involuntariamente que Shaw no era sólo otro hombre de negocios estadounidense que tuvo una breve asociación con la CIA en el curso de sus viajes internacionales. En la página 325 de su libro, Lambert señala que los documentos de la CIA revelan que Shaw fue contactado por primera vez por la CIA en 1948 y que la CIA se puso en contacto con él un total de *treinta veces* a lo largo de los ocho años siguientes. Lambert espera que demos por sentado que todos los documentos de la CIA que cita son los *únicos* documentos de la CIA relacionados con el trabajo de Shaw para la agencia: es un acto de fe, sin duda.

A pesar de todo esto, la señorita Lambert (por supuesto) no aborda la posibilidad de que Shaw también estuviera trabajando en concierto con el Mossad israelí durante el mismo período. La señorita Lambert no cita ningún documento del Mossad a este respecto. Pero el hecho es que sí sabemos que Shaw estaba estrechamente asociado con el Mossad a través de Permindex.

En la página 285 de su libro, Lambert añade: "No hay pruebas de que la conexión de Shaw con [el Permindex fuera] parte de una vida secreta como agente de inteligencia internacional de alto nivel [...]. Shaw ciertamente no hizo ningún esfuerzo por mantener en secreto su asociación con el grupo: en 1962 lo incluyó en la información biográfica publicada en *Who's Who*. Si hubiera sido consciente de la conexión de los servicios de inteligencia con el grupo, parece poco probable que lo hubiera hecho."

Por supuesto, esto presupone, en primer lugar, que en 1962 Shaw sabía que Permindex desempeñaría un papel en el asesinato de JFK y que en 1963 Permindex estaría de hecho vinculada al crimen. Después de todo, la intención de los conspiradores no era relacionar a Shaw -o a Permindex- con la conspiración del asesinato de JFK. Pero eso no significa mucho para Lambert.

No es sorprendente que Lambert también se esfuerce en refutar la idea de que Lee Harvey Oswald tuviera alguna relación con el agente de la CIA David Ferrie. En la página 61 de su libro, describe una foto de Oswald y Ferrie juntos en una barbacoa de la Patrulla Aérea Civil como algo que "sólo establecía una asociación solapada con esa organización", otra notable prevaricación lingüística. Sin embargo, gracias a una amplia variedad de investigaciones de larga data, junto con los nuevos descubrimientos del productor independiente Daniel Hopsicker (véase el Apéndice 3), sabemos que Oswald y Ferrie estaban estrechamente asociados.

Lambert también afirma que no hay testimonios "fiables" de un romance entre Oswald y el agente de la CIA Guy Banister. El uso que hace del término "fiable" no es más que otra forma de decir que simplemente no se puede creer a aquellos - incluidas la propia amante de Banister, Delphine Roberts, y su hija, entre otros- que han testificado sobre la asociación de Oswald con Banister. Al final, el libro de Lambert simplemente no puede ser creído.

TODA LA NUEVA DESINFORMACIÓN, AL ESTILO CIA-MOSSAD.

Los medios de comunicación de todo el mundo dieron gran relevancia a la publicación de un nuevo libro que afirmaba "probar" que el KGB soviético había urdido la historia de que la CIA estaba detrás del asesinato de John F. Kennedy.

El libro afirma ser la historia interna de las operaciones secretas de inteligencia del KGB en Estados Unidos. La Espada y el Escudo, del profesor de Cambridge Christopher Andrew, descrito como "una de las principales autoridades mundiales en historia de los servicios de inteligencia", se basa en lo que se dice que son notas y transcripciones (recopiladas en secreto durante un periodo de 12 años) de un gran número de expedientes de los archivos del KGB. Las propias notas fueron supuestamente sacadas de contrabando del cuartel general del KGB y enviadas a Gran Bretaña.

Según Andrew, su libro es un resumen anotado y ampliado de los archivos facilitados por el antiguo archivero del KGB Vasili Mitrokhine, que se retiró del KGB en 1984 y huyó a Gran Bretaña en 1992 tras ser rechazado por la CIA.

Se dice que Mitrokhine pasó de contrabando sus notas de los archivos de la oficina del KGB a sus zapatos y bolsillos, y luego las enterró -hasta que desertó- bajo las tablas del suelo de su casa de campo.

Sin embargo, incluso el *Washington Post*, que rara vez critica a la CIA o a los servicios de inteligencia británicos, publicó el 6 de diciembre de 1999 un resumen del libro de Andrew, editado por el veterano crítico de los servicios de inteligencia David Wise, quien afirma: "Un libro patrocinado por una agencia de inteligencia debe abordarse con cautela."

Uno de los principales problemas del libro de Andrew es que, aunque tiene notas a pie de página bastante detalladas, con cientos de referencias a un conjunto muy amplio de datos, no siempre queda claro (de hecho, la mayor parte del tiempo) si Andrew pretende citar los archivos Mitrokhine como su fuente o si la información que presenta es la propia interpretación de Andrew, basada en los datos de otros. Así que, desde este punto de vista, aunque el libro está escrito de forma muy inteligente, de tal manera que parece presentar la información expuesta como procedente del archivo supuestamente amañado del KGB, no es necesariamente así. Por lo tanto, el lector debe estar prevenido.

Parece que el libro de Andrew presenta el archivo Mitrokhine como una especie de iniciativa para contrarrestar las nuevas historias oficiales del KGB que está publicando el SVR, el sucesor del KGB de la era postsoviética. Por ejemplo, Andrew ataca a Lolly Zamoysky, la editora de la nueva historia oficial en varios volúmenes del SVR, por ser "muy conocida" dentro del KGB "por creer en una conspiración masónica y sionista mundial" y por haber publicado anteriormente, en 1989, un libro titulado *Tras la fachada del templo masónico* "que culpaba a los masones del estallido de la Guerra Fría".

Según Andrew, Zamoysky afirmaba que "los masones siempre han controlado las altas esferas del gobierno en los países occidentales...". De hecho, la masonería dirige, "controla a distancia" la sociedad burguesa... El verdadero centro del movimiento masónico mundial está en el país más "masónico" de todos, Estados Unidos..."

Así que el libro de Andrew es efectivamente un intento de contrarrestar las acusaciones de complots sionistas de alto nivel que han sido descritos por la inteligencia oficial rusa post-KGB.

¿DÓNDE ESTÁ ANGLETON? ¿DÓNDE ESTÁ ISRAEL?

A este respecto, es bastante sorprendente que en la totalidad de este libro de 700 páginas, ampliamente investigado e indexado, sólo figure una referencia a Israel y ni una sola al Mossad, a pesar del hecho bien conocido de que el Mossad desempeñó un papel central junto a la CIA en sus operaciones en Europa Occidental durante todo el período que Andrew supuestamente describió a partir de los archivos de Mitrokhin.

En la misma línea, sólo hay dos referencias en la lista a James Jesus Angleton, durante mucho tiempo jefe de contrainteligencia de la CIA. Esto es interesante -y mucho- dado que Angleton, que era más conocido por su virulenta postura antisoviética, pasó décadas buscando un "topo del KGB" en las altas esferas de la CIA y topos del KGB en las agencias de inteligencia aliadas occidentales- era también un ferviente lealista israelí que guardaba celosamente su papel como contacto de la CIA con el Mossad.

Sin embargo, a pesar de todo esto, las insinuaciones de Andrew sobre Angleton se refieren a un tema que ha sido tratado en docenas, si no cientos, de otros libros de conspiraciones de inteligencia. De alguna manera, el papel del Mossad y su aliado de la CIA, Angleton, pasó desapercibido en esta enorme narrativa de conspiración de la KGB que, como las historias oficiales querían hacernos creer, caía directamente bajo las operaciones diarias de contrainteligencia de Angleton en la CIA.

Quizá la prueba más flagrante de fraude descarado en la puesta en escena de Andrew y Mitrokhine sea el pobre y bastante límpido intento de absolver a la CIA de cualquier implicación en el asesinato de John F. Kennedy y, al mismo tiempo, hacer creer que las supuestas "teorías" que vinculaban a la CIA con el crimen eran exclusivamente desinformación del KGB.

De hecho, cuando el anuncio del libro de Andrew apareció por primera vez en los principales medios de comunicación, la mayor parte de la cobertura se centró -a veces exclusivamente- en la supuesta revelación de que era en realidad el KGB quien estaba detrás de la teoría de que la CIA estaba implicada en el asesinato del Presidente. La mayoría de las personas que leyeron la cobertura informativa de la publicación del libro probablemente no se habían enterado de mucho más que eso, dada la naturaleza de las historias en cuestión.

El libro de Andrew afirmaba que los datos del KGB que Mitrokhine había ocultado revelaban que una carta, supuestamente escrita por Lee Harvey Oswald antes del asesinato y dirigida a un tal "Sr. Hunt" (presumiblemente E. Howard Hunt, de la CIA), era en realidad una falsificación del KGB. Según Andrew, la carta fue falsificada a mediados de los años 70, después de que el nombre de Hunt saltara a la luz pública por su implicación en el escándalo Watergate, y enviada posteriormente a investigadores independientes que investigaban el asesinato de JFK.

Como parte de este esfuerzo por defender a la CIA, basándose en la historia de las supuestas falsificaciones del KGB, Andrew gasta una gran cantidad de energía tejiendo una red literaria en torno a la acusación de que el investigador pionero del asesinato de JFK, Mark Lane, fue una herramienta involuntaria o involuntaria del KGB en su redacción de *Rush to Judgment*, la crítica pionera de Lane al informe de la Comisión Warren sobre el asesinato del presidente Kennedy.

Andrew relaciona a Lane con la teoría de que "la CIA mató a JFK", pero no advierte a sus lectores de que en *Rush to Judgment* Lane nunca afirma que la CIA estuviera implicada en el asesinato del Presidente.

Y el libro de Lane nunca se refirió en modo alguno a la carta aparentemente falsificada "Estimado Sr. Hunt" tan ampliamente difundida en los comunicados de prensa sobre el libro de Andrew.

Aunque los argumentos de Lane a favor de la implicación de la CIA se destacaron en su libro de 1993, *Negación plausible*, basado en parte en información procedente de la defensa que Lane hizo en 1985 del periódico *The Spotlight* contra una demanda por difamación interpuesta por E. Howard Hunt, la carta "Estimado Sr. Hunt" tampoco desempeñó *ningún papel* en el escenario descrito en *Negación plausible*.

Además, en *Plausible Denial*, Lane desarrolla pruebas sólidas para demostrar que la propia CIA fabricó un escenario que vinculaba a Oswald con un oficial de la KGB en México.

Dado que esta operación de la CIA tuvo lugar más de un mes antes de la muerte del presidente Kennedy, esta prueba por sí sola demuestra que la CIA no sólo estuvo implicada en el encubrimiento posterior al asesinato, sino también en la planificación del propio crimen y en la búsqueda de chivos expiatorios. Huelga decir que Andrew no aborda ninguna de estas cuestiones.

De hecho, lo más probable es que la carta "Estimado Sr. Hunt" fuera una falsificación, pero la cuestión de "quién" urdió la falsificación sigue abierta, a pesar de las afirmaciones de Christopher Andrew.

Andrew, por supuesto, mantiene que el KGB fue el responsable, pero en *Final Judgement* sugiero muy claramente que la carta era una falsificación y que las pruebas apuntan de hecho a James J. Angleton, el alto funcionario de la CIA, como presunto autor, señalando que Angleton también desempeñó un papel importante en la divulgación (más o menos en la misma época) de lo que se suponía que era un memorando interno de la CIA que sugería que Hunt estaba en Dallas el día del asesinato del Presidente.

Todo ello quizás explique por qué Andrew está tan decidido a encubrir los hechos atacando a Mark Lane que, singularmente, ha hecho tanto por revelar la verdad sobre la complicidad de la CIA.

Andrew afirma categóricamente que Lane recibía financiación del KGB en la época en que escribía *Rush to Judgment*, dejando a los lectores la conclusión de que su trabajo formaba parte esencialmente de una iniciativa de desinformación del KGB.

Sin embargo, al mismo tiempo, enterrado en la enorme nota a pie de página del libro, el propio Andrew admite que cuando Lane supuestamente recibió la exigua suma de 1.500 dólares de la oficina del KGB en Nueva York, "no hay pruebas de que Lane se diera cuenta de dónde procedía la financiación", aunque, en el texto del propio libro, Andrew afirma que el KGB "sospechaba que él podría haber adivinado de dónde procedía".

De hecho, Lane nunca ha recibido una contribución sustancial de esta magnitud de nadie, y en ningún momento en relación con su trabajo sobre el asesinato de JFK. Su mayor contribución en aquel momento fue una donación puntual de 50 dólares del famoso cómico Woody Allen.

Andrew afirma que "el mismo intermediario" pagó 500 dólares por un viaje que Lane hizo a Europa en 1964. Esto no es cierto.

Además, Andrew afirma que durante su estancia en Europa Lane intentó viajar a Moscú para hablar de sus descubrimientos sobre el caso JFK. De nuevo, esto es falso. Durante este viaje, Lane denunció la censura soviética y los abusos de los derechos humanos durante una visita a Bulgaria, donde había sido invitado a hablar en una conferencia internacional de abogados. Lane ofendió tanto a sus anfitriones con sus comentarios antisoviéticos que le dijeron que su mejor opción era abandonar el país inmediatamente, un consejo poco habitual en alguien apreciado por el KGB.

Lo más revelador de la evidente campaña de desinformación de Andrew contra Lane, (digna de lo mejor del KGB) es el hecho mismo de que ninguno de los libros de Lane (sobre el asesinato de JFK o cualquier otro tema) ha sido traducido y publicado bajo la égida soviética.

Literalmente docenas de autores estadounidenses recibieron enormes beneficios de las publicaciones de sus libros patrocinadas por los soviéticos detrás del Telón de Acero, pero no Mark Lane. Si los soviéticos hubieran estado realmente interesados en promocionar a Lane, podrían haber publicado abiertamente cualquiera de los siete libros de Lane (dos de los cuales fueron bestsellers) igual que publicaron otros libros, sin pestañear.

Sin embargo, Christopher Andrew ha hecho falsas acusaciones sobre la llamada "conexión KGB" de Lane. Las acusaciones son un intento deliberado de manchar la reputación de Lane y un intento de refutar las pruebas de la complicidad de la CIA en el asesinato del presidente Kennedy.

Por lo tanto, no es injusto señalar que la enseñanza y las conferencias de Andrew han sido, de hecho, en parte subvencionadas por la CIA, un hecho que no se menciona en la sobrecubierta de la biografía de Andrew, pero que se menciona en términos elogiosos en los materiales promocionales que han sido distribuidos por su editor. Las motivaciones de Andrew (y sus vínculos con la comunidad de inteligencia) deben ciertamente ser motivo de reacción a la luz de los elementos que hemos examinado aquí.

EL PLACER DE LOS GIROS

El 21 de diciembre de 1998, la ADL emitió un comunicado de prensa (que también se publicó en Internet) en el que atacaba a un grupo conocido como Consejo de Ciudadanos Conservadores (CCC). El comunicado de prensa de la ADL señalaba que yo había intervenido en la reunión de la sección de la capital nacional del CCC en Washington D.C. y luego me acusaba de hacer "comentarios antisemitas" en mi discurso (lo cual, por cierto, es sencillamente falso). En fin, he aquí los hechos:

El 12 de diciembre de 1998 me invitaron a hablar en un foro público en Arlington, Virginia, patrocinado por la CRL. No tenía ninguna relación previa con la CCC, ni entonces ni después. Poco después, sin embargo, la CCC saltó a los titulares nacionales porque varios congresistas republicanos también se habían dirigido al grupo y sus críticos lo habían calificado de "racista".

La verdad es que el CCC, en mi opinión, está obsesionado con las cuestiones raciales, pero ese no era el tema de mi discurso ante el CCC, como tampoco tenía previsto hablar sobre "el Holocausto" cuando la ADL utilizó esa cuestión para echar por tierra mi discurso previsto en California en otoño de 1997. Mi postura es que hablaré ante *cualquier* grupo que me invite.

En cualquier caso, cuando hablé ante el CCC, un "investigador" del Southern Poverty Law Center (SPLC) -aliado de la ADL- estaba presente (de incógnito) en la reunión, y poco después el SPLC publicó un informe sobre el evento que incluía los siguientes comentarios sobre mi actuación ese día:

> **El siguiente es Michael Collins Piper, corresponsal del tabloide antisemita *The Spotlight*, que explica que Israel estuvo de hecho detrás del asesinato de Kennedy. Piper se enfurece progresivamente cuando habla de los judíos que, según él, controlan Hollywood... Piper está acompañado por un guardaespaldas negro, miembro de la supremacía negra Nación del Islam, sentado tranquilamente en un segundo plano, con los ojos y la identidad protegidos por unas gafas de sol oscuras. Piper dice a su público que no es anti-negro, señalando a su guardaespaldas, que sonríe y asiente en el momento oportuno. Es la única persona de color presente... Piper concluye explicando lo cansado que está de oír hablar del Holocausto y que no le importa cuántos judíos murieron.**

Cuando llamé por teléfono al SPLC y luego les escribí una carta informándoles de que habían publicado varias mentiras descaradas sobre mis acciones y palabras aquel día, puedo asegurarles que se sintieron especialmente incómodos al saber que yo tenía un vídeo del suceso que demostraba lo mentirosos que eran.

En primer lugar, mi guardaespaldas -mi amigo afroamericano- no era ni ha sido nunca miembro de la Nación del Islam y ni él ni yo hemos dicho nunca que lo fuera. De hecho, mi guardaespaldas era el padre de un niño que resulta ser mi ahijado. En segundo lugar, aunque mi guardaespaldas lleva gafas de sol, ello se debe a que es un dormilón crónico, lo que hace que sus ojos sean vulnerables a la luz brillante. En tercer lugar, nunca dije al público que "no era antinegro". De hecho, fue otra persona en la reunión la que utilizó esas palabras y señaló a mi guardaespaldas. No fui yo en absoluto. Sin embargo, el SPLC hizo creer a sus lectores que mi guardaespaldas era una especie de "Stepin Fetchit" que miraba al público como un simplón Tío Tom.

Por último, no me enfadé progresivamente hablando de "los judíos que controlan Hollywood". De hecho, no hablé de ello en absoluto. Como muestra la cinta de vídeo del acto, sí me enfadé progresivamente al hablar de cómo los investigadores encargados del caso JFK trataron de suprimir mi libro. Sin embargo, cuando un miembro del público hizo un comentario sobre la influencia judía en Hollywood, dejé de lado el comentario, comentando entre risas: *"Usted* lo dice. No lo digo yo". ***Probablemente no por casualidad, la persona que hizo el comentario sobre la influencia judía en Hollywood se convirtió más tarde en informante del SPLC y del FBI.***

Sin embargo, el informe del SPLC fue publicado en Internet -para que todo el mundo lo viera- no sólo por el SPLC, sino también por otras partes interesadas en difamarme. Curiosamente, una vez que me atreví a enfrentarme al SPLC con los hechos, cambiaron rápidamente sus acusaciones.

Con razón, el SPLC temía el evidente circo que habría estallado si mi guardaespaldas les hubiera llevado a los tribunales en Washington, donde este grupo autoproclamado "antirracista" se habría visto obligado a explicar a lo que casi con toda seguridad sería un jurado predominantemente negro por qué habían abusado maliciosamente de un afroamericano inocente cuyo único delito fue actuar como guardaespaldas de su amigo (el padrino de su hijo) que había sido amenazado por la Liga de Defensa Judía.

Lo que es particularmente fascinante sobre este evento del CCC tan falsamente conmemorado por el SPLC es que uno de los líderes nacionales del CCC, Jared Taylor, boicoteó el evento, claramente ofendido por mis sugerencias de que Israel y la CIA habían hecho algo desagradable.

No me sorprendió. Hacia finales de agosto de 1993, un amigo de Taylor, Theodore J. O'Keefe, me había contado que en una ocasión, cuando estaba visitando al Sr. Taylor y a su esposa en su casa, los Taylor habían recibido una llamada de Irwin Suall, entonces Director de Investigación de la ADL. *El miembro medio de la CCC* debería preguntarse por qué Taylor recibía llamadas de la ADL en su casa, lo que por cierto difama *al miembro medio de la CCC.*

Resumiendo: me parece que aunque la ADL trafica extraoficialmente con personas que son percibidas como "racistas", en realidad no les importa ser "racistas" mientras apoyen la línea propagandística de la ADL sobre Israel.

Tal vez la ADL (que también se opone a la discriminación positiva, al igual que la CCC) tenga en marcha un proyecto mayor. Al fin y al cabo, se sabe desde hace años que el FBI permitía a sus informadores del Ku Klux Klan participar en actividades contra los negros, pero al mismo tiempo existía desde hacía tiempo la orden de que no podían criticar a los judíos ni a Israel. Así que eso es muy revelador.

En cualquier caso, cuando el periódico CCC publicó una brevísima reseña de *Juicio Final*, nunca mencionó el hecho de que el libro vincula al Mossad con el asesinato de JFK, haciendo sólo una oscura alusión a "otras agencias" junto al Sindicato de Lansky que podrían haber estado implicadas.

He aquí la gracia: *desde entonces me he enterado de que el organizador de la CCC que organizó la reunión en la que hablé era muy probablemente algún tipo de oficial de inteligencia, probablemente de la inteligencia británica, lo que plantea interrogantes sobre por qué me invitaron a hablar.*

LA REACCIÓN MEDIÁTICA ACTUAL

La forma en que los medios de comunicación han informado sobre el asunto JFK en los últimos años queda bien ilustrada por dos informes similares publicados en el "conservador" *Washington Times* el 5 de junio de 1998 y al día siguiente en el *Washington Post*, el homólogo "liberal" del *Times* en la capital de la nación.

El artículo *del Times*, titulado "Garrison's idea of accomplice rejected by Oswald widow", fue escrito por Hugh Aynesworth, un antiguo entusiasta de la Comisión Warren, que ahora trabaja para el *Times*. El artículo informaba de que una transcripción de 79 páginas del testimonio de la Sra. Oswald en 1968 ante un gran jurado convocado por el fiscal del distrito de Nueva Orleans, Jim Garrison, acababa de ser publicada por la Comisión de Revisión de Registros de Asesinatos de Washington y que la transcripción revelaba que la Sra. Oswald creía que su marido actuó solo en el asesinato.

Al día siguiente, el 6 de junio de 1998, el *Washington Post* informó esencialmente de la misma historia bajo el titular: "La viuda de Oswald rechaza la conspiración, los documentos la apoyan". El lector casual concluía que la Sra. Oswald aceptaba la afirmación de la Comisión Warren de que su marido fue realmente el asesino de JFK y que actuó solo.

Sin embargo, de los dos artículos, el del *Post* era técnicamente el más honesto. El último párrafo *del* informe del Post desvelaba lo siguiente: "Con los años, sin embargo, cambió de opinión sobre la culpabilidad de Oswald y llegó a aceptar las teorías de la conspiración."

Durante este mismo periodo, la revista *Parade* se sumó al viejo adagio de que el crimen organizado era responsable del asesinato de JFK. Un comunicado de prensa de *Parade* fechado el 4 de junio de 1998 anunciaba que "Bobby Kennedy creía que la mafia había matado a JFK", citando como fuente a Jack Newfield, antiguo socio de RFK.

Merece la pena recordar que Newfield escribió el artículo del 14 de enero de 1992 en el *New York Post* (ilustrado en la sección de fotos de *Juicio Final*) en el que se presentaba la altamente improbable historia de que el jefe de los Teamsters, Jimmy Hoffa, había utilizado sus conexiones con la "mafia" para organizar el asesinato de JFK.

Que *Parade* se haya unido a la procesión de disfraces no es ninguna sorpresa. El suplemento dominical es una voz mediática para la poderosa familia Newhouse (encabezada por S.I. 'Si' Newhouse) y Stephen Birmingham, el columnista de sociedad afirma que son la segunda familia judía más rica de América. En su edición de marzo/abril de 1995, la desaparecida revista *Spy* publicó un sorprendente artículo titulado "Espía revela conexión Kennedy-Newhouse", escrito por el abogado neoyorquino John Klotz. He aquí un extracto:

¿Sabe Newhouse algo sobre el asesinato de Kennedy?

Durante más de 30 años, Newhouse y su imperio mediático han desempeñado un papel único en la controversia en torno a los sucesos de Dealey Plaza...

Una investigación sobre el asesinato de Bobby Kennedy fue curiosamente secuestrada por el imperio Newhouse. *En The Assassination of Robert F. Kennedy*, los autores presentan pruebas convincentes de una conspiración.

Según el coautor y ex agente del FBI William Turner, después de que la editorial del libro, Random House, fuera adquirida por Newhouse, la empresa tomó medidas enérgicas para retirar su publicación...

Más recientemente, Random House publicó *Case* Closed, que apoya la teoría de la Comisión Warren de que Oswald actuó solo. Dado que el autor, Gerald Posner, recurre a "fuentes confidenciales de inteligencia", algunos han sugerido que *Case* Closed es propaganda típica de la CIA.

Por último, en junio [de 1995] Random House publicará un nuevo libro de Norman Mailer, en el que se espera que se retracte de su creencia, tantas veces expresada, de que una conspiración mató a JFK.

Según el biógrafo de Newhouse, Thomas Maier, el hombre que presentó a Mailer a Newhouse y Random House fue Roy Cohn. ¿Qué motivó el encaprichamiento de Newhouse con Kennedy?

"¿Qué sabe Si Newhouse y cuándo lo supo?"

De hecho, "el encaprichamiento de Newhouse con el encubrimiento de Kennedy" puede haber sido estimulado por su vieja amistad con Roy Cohn, quien, como mencionamos antes, era un inversor privado en Permindex, la operación del Mossad.

Y seríamos negligentes si no señaláramos que fue un periódico de Newhouse, *The New Orleans Times-Picayune, el que* dominó la prensa en la ciudad natal de Clay Shaw, miembro de la junta de Permindex, quien exigió la cabeza de Jim Garrison en una bandeja cuando el fiscal del distrito de Crescent City no condenó a Shaw por su papel en el complot para asesinar a JFK.

Así que no es de extrañar que la prensa de Newhouse se apresure a presentar la última versión de Jack Newfield sobre la teoría de que "La Mafia mató a JFK", sugiriendo que ésta era la opinión de Robert Kennedy.

Newfield también surgió como una de las voces que promovían la idea de que los hermanos Kennedy estaban enamorados de Israel. Justo cuando *Parade* destacaba "*Bobby y la Mafia*" de Newfield, el *Jewish Bulletin of Northern* California publicó un artículo el 29 de mayo de 1998 proclamando que "El pro-semita RFK superó su educación, según un periodista".

El artículo citaba a Newfield diciendo que el asesinato de JFK afectó tanto a RFK que "se identificaba con cualquiera que haya sido golpeado, herido o afligido de alguna manera... [y que RFK] tenía un lugar especial en su corazón para los judíos e Israel... Con el tiempo Bobby se volvió muy pro-semita y se desvivió por rodearse de judíos".

En su biografía crítica de RFK, David Heymann, un autoproclamado ex agente del Mossad, tenía una opinión diferente: "Varias personas han acusado a RFK de utilizar terminología [antisemita] cuando hablaba de judíos en privado. Según Truman Capote, "a menudo se refería a los judíos como 'kikes' o 'feujs'.

Según una de mis fuentes, que mantenía una estrecha relación laboral con un amigo íntimo y político de la familia Kennedy, RFK era conocido, cuando hablaba de los judíos en restaurantes y otros lugares donde se le podía oír, por llamar "liberales" a los judíos.

En cualquier caso, sugiere que existe ahora un esfuerzo concertado por parte de los medios de comunicación -desde la publicación de *Juicio Final* y el creciente conocimiento de sus revelaciones sobre la difícil relación de JFK con Israel- para presentar a los hermanos Kennedy como fervientes sionistas, cuando nada podría estar más lejos de la verdad.

Esta campaña de propaganda alcanzó su punto álgido cuando, el 3 de junio de 1998, durante una semana de celebración del 50 aniversario del nacimiento de Israel en la Union Station de Washington D. C., hubo un programa especial titulado "Recordando a Robert Kennedy", patrocinado por la Liga Antidifamación. C., hubo un programa especial: "Recordando a Robert Kennedy", patrocinado por la Liga Antidifamación. El programa afirmaba que "este acto es un homenaje al fuerte vínculo entre la familia Kennedy y el Estado de Israel".

Resulta tentador burlarse de la desfachatez y la historia revisionista en juego aquí, pero está claro que los hechos sobre la familia Kennedy e Israel son realmente incómodos para Israel.

LOS KENNEDYS, ESOS ENFANTS TERRIBLES...

Al mismo tiempo, los medios de comunicación dieron un nuevo giro al asesinato de Kennedy, sugiriendo que Jack y Bobby Kennedy eran básicamente responsables de sus propios asesinatos por atreverse a involucrarse en el complot de la CIA contra Castro y otros durante la administración de JFK.

También se acusa a la familia Kennedy de contribuir a estimular las teorías conspirativas relacionadas con JFK tras el asesinato.

En un artículo de opinión publicado en *Newsweek* el 12 de octubre de 1998, Gerald Posner, el crítico favorito de la CIA, dijo que "los Kennedy alimentaron inadvertidamente la máquina de la conspiración" afirmando que el principal resultado de la publicación de miles de documentos relacionados con el asesinato de JFK por parte de la Comisión de Revisión de Registros de Asesinatos "demuestra que efectivamente hubo encubrimiento, pero no del asesinato." El encubrimiento, dijo Posner, se debió a las fechorías de los hermanos Kennedy antes del asesinato de JFK.

En la misma línea, Max Holland, autor de una nueva (y relativamente favorable) historia de la Comisión Warren, propuso la idea en el Boston Sunday Globe del 6 de diciembre de 1998 de que "la CIA no era un elefante solitario, sino más bien el instrumento personal del presidente Kennedy, por suerte o por desgracia, durante la Guerra Fría".

El primer libro que expuso la teoría de que la manipulación de la CIA por parte de los hermanos Kennedy fue la responsable última de la tragedia del asesinato de JFK apareció en el libro de Gus Russo, *Live by The Sword (Vivir por la espada)*, publicado en 1998. La tesis de Russo, si puede resumirse así, es esencialmente ésta:

• John F. Kennedy y su hermano, el fiscal general Robert Kennedy, estaban vinculados y decididos a matar a Fidel Castro. Los hermanos Kennedy se hicieron con el control total de la CIA y la agencia se convirtió en un auténtico bastión de la familia Kennedy, con el propio Bobby actuando como jefe de asesinos responsable de los complots para matar a Castro.

• Según Russo, los elementos anticastristas relacionados con la CIA en Nueva Orleans en torno a David Ferrie, socio de Oswald, trabajaban en realidad para Bobby Kennedy, ¡un giro fascinante!

• Mientras tanto, Lee Harvey Oswald -que era un fiel seguidor del dictador cubano Castro y no estaba en absoluto bajo el control de la CIA- estaba ocupado promoviendo la causa de Castro.

• Entonces, por extraño que parezca, Oswald el marxista decidió convertirse en Oswald el asesino. Si Oswald actuó en nombre de Castro (o con la silenciosa ayuda del dictador cubano), Russo no está del todo seguro.

- Después de la muerte de JFK, Bobby Kennedy y la CIA hicieron todo lo posible para cubrir sus huellas y ocultar el hecho de que Jack y Bobby Kennedy estaban conspirando para matar a Castro.

- John Foster Dulles -el director de la CIA destituido por JFK tras el fiasco de Bahía de Cochinos- aparece en el libro de Russo como un hombre decente cuyo principal interés en ocultar la verdad sobre el asesinato era proteger a sus buenos amigos Jack y Bobby Kennedy y su guerra secreta contra Fidel Castro. (Esto no es ninguna broma. Russo pintó a Dulles como un leal a Kennedy).

- Como resultado de todos estos rumores de la CIA y del posterior encubrimiento de la Comisión Warren, según Russo, los teóricos de la conspiración se volvieron locos y asumieron que el encubrimiento era una iniciativa de la CIA para ocultar su propia complicidad en el crimen cuando, en realidad, la CIA estaba intentando proteger a los Kennedy.

En general, desde el punto de vista de Russo, Jack Kennedy vivió por la espada y, por tanto, murió por la espada, de ahí el título de la confusa fantasía de Russo. "Si los presidentes eligen vivir peligrosamente, como hizo John F. Kennedy", concluye Russo, "puede costarles la vida".

Así que, al final, JFK tuvo exactamente lo que se merecía - o más bien, Russo quiere que creamos. Y esa es la línea continua de propaganda sobre JFK (y Bobby también) que nos espera de los "medios dominantes" que tanto se deleitan con las fechorías de la familia Kennedy.

Sin embargo, lo revelador del libro de Russo es que parece haber conseguido encontrar "testigos" ocultos desde hace mucho tiempo (en particular, agentes de la CIA cuyos nombres permanecen en el anonimato) que, de alguna manera, parece que nunca antes habían sido contactados por ningún autor. Y eso en sí mismo recuerda al otro querido defensor de la Comisión Warren, Gerald Posner. Así que tenemos que preguntarnos si el libro de Russo no es en realidad una desinformación de la CIA cuidadosamente elaborada de la mayor clase.

Me apresuro a hacer una puntualización sobre el libro de Russo, dado que afirma que Bobby (y Jack) Kennedy fueron de hecho los instigadores de las maquinaciones anticastristas de David Ferrie y los demás agentes de la CIA que circulaban alrededor de Lee Harvey Oswald en Nueva Orleans :

Lo único que Russo nunca abordó fue la posibilidad de que el propio Bobby Kennedy hubiera orquestado una provocación contra Castro en forma de un "falso" intento de asesinato (posiblemente por Lee Harvey Oswald, un "agitador procastrista") contra su propio hermano (utilizando a los agentes de la CIA que Russo dijo que trabajaban para Bobby) y que este intento "ficticio" fue usurpado por otros -y me refiero a aliados del Mossad dentro de la CIA como James Angleton y Frank Sturgis- y que al final este asesinato "ficticio" pudo haberse convertido en realidad.

Considerando todo lo que hemos descubierto en las páginas de *Juicio Final*, este aterrador escenario no está tan lejos de los reinos de la posibilidad. Así que, en ese sentido, Bobby Kennedy pudo haberse llevado una verdadera sorpresa el 22 de noviembre de 1963.

LA VERSIÓN OFICIAL

En cualquier caso, la guerra para defender el informe de la Comisión Warren aún no ha terminado. El disparo inicial en la defensa contra esta farsa se produjo el 22 de noviembre de 1964 cuando, como se señala en el Apéndice 4, el *Washington Post* publicó una elogiosa reseña del informe de la Comisión Warren, acompañada de análisis negativos de varios libros críticos con el informe. El autor era Eugene Rostow, entonces decano de la Facultad de Derecho de Yale -y una figura importante en los grupos de presión israelíes-, que escribió:

> **El informe es un documento de Estado magistral y convincente. Tiene el gran barniz de la escritura jurídica en todo su esplendor, cuidadosamente compuesta, escueta, sobria y meticulosa. En un tono desapegado y juicioso, aborda todos los aspectos del caso, examinando y evaluando la base de las conclusiones a las que llegó la Comisión y rechazando las diversas teorías contrarias presentadas.**

A pesar de todo este amor, ¡ni el *Washington Post* ni Rostow mencionaron que *fue el propio Rostow quien sugirió por primera vez al presidente Johnson la creación de una comisión como la Comisión Warren!*

Como se señaló anteriormente, Rostow y el *Post* pudieron salirse con la suya con esta farsa en su momento, al menos, ya que el papel central de Rostow en la creación de la Comisión Warren no fue investigado hasta muchos años después del asesinato de JFK. Pero dice mucho sobre cómo la prensa promueve la línea "oficial" sobre el asesinato de JFK, especialmente si se tiene en cuenta el alto papel de Rostow en el lobby israelí en Estados Unidos, que tiene una influencia considerable sobre los medios de comunicación estadounidenses.

Esto es aún más relevante aquí porque, como hemos señalado, el lobby israelí hizo un esfuerzo concertado para suprimir *Juicio Final*, mientras que los principales medios de comunicación estadounidenses estaban decididos -en la medida de lo posible- a no dar a la tesis del libro más cobertura de la necesaria.

De hecho, una reciente polémica en torno al *Juicio* Final ha vuelto a poner de actualidad la tesis del libro, y también ha sacado a la luz un arduo (aunque fallido) esfuerzo por refutar la teoría del libro.

EL CASO SCHAUMBURG

Durante los cinco primeros meses de 2000, el tranquilo y lujoso barrio de Schaumburg, en Chicago, se vio envuelto en un acalorado debate sobre la censura y la libertad de expresión, centrado en *el Juicio Final*, que recordaba a la disputa que se desató durante más de un año en Orange County, California (descrita en el prólogo), después de que me invitaran a hablar de mi libro en un seminario universitario sobre el asesinato de JFK.

El frenesí de Schaumburg comenzó en enero, cuando Christopher Bollyn, un bibliotecario local, quedó tan impresionado con el libro que decidió donar un ejemplar a la Biblioteca Pública del Municipio de Schaumburg (STDL). Pensó que el libro sería una adición admirable a la biblioteca, que ya tenía varias copias de un libro muy difundido de Gerald Posner que dice que no hubo "conspiración" y se hace eco de la teoría desacreditada desde hace tiempo del informe de la Comisión Warren de que Lee Harvey Oswald era un "loco solitario".

El apoyo de Bollyn fue significativo: formado en estudios sobre Oriente Medio y antiguo residente en Israel (donde estuvo casado con una israelí), Bollyn habla hebreo y árabe con fluidez. Además, su difunta madre fue una de las fundadoras de la biblioteca, su mujer era voluntaria y el propio Bollyn había trabajado en la biblioteca de joven.

Aun así, la biblioteca rechazó la donación, alegando que no podía encontrar ninguna reseña "profesional" del libro. Me atrevo a decir, sin embargo, que si los bibliotecarios hubieran comprobado si existía una reseña del informe de la Comisión Warren, habrían encontrado la de Eugene Rostow en el *Washington Post.*

Supongo que eso habría justificado la inclusión de El Informe Warren en la biblioteca. Pero mi libro no recibió ese tipo de críticas favorables, y la verdad es que no me sorprende.

LA ADL, UNA VEZ MÁS

En cualquier caso, en una audiencia del consejo de administración de la biblioteca, estalló un escándalo cuando Bollyn señaló que varios directores eran partidarios de Israel, sugiriendo que el libro había sido rechazado por las fervientes objeciones del lobby israelí.

Cuando Bollyn expresó su preocupación por la Primera Enmienda, Debbie Miller, partidaria de Israel, lo rechazó, afirmando sin rodeos: "La Primera Enmienda nos pertenece", pero sin decir quiénes eran "nosotros", aunque cualquiera que conociera la realidad de la "libertad de expresión" moderna en Estados Unidos podría haber sacado sus propias conclusiones.

Ya implicada extraoficialmente, la oficina de la ADL de Chicago intervino públicamente, con el portavoz de la ADL Richard Hirschhaut diciendo: "Creemos que se trata de una estratagema cínica, un intento de crear un problema en torno a la Primera Enmienda como subterfugio para explotar la buena voluntad y la imparcialidad del sistema de bibliotecas públicas. La biblioteca no debe verse obligada a ser un almacén o una dirección central para todos los intolerantes con una misión".

Anteriormente destinado en la oficina de la ADL en San Francisco, Hirschhaut no mencionó a la prensa que tenía cuentas pendientes conmigo y con mi entonces empleador, *The Spotlight.* Hirschhaut, de hecho, había sido uno de los funcionarios de la ADL investigados penalmente por el FBI y la policía de San Francisco en 1993 por espionaje nacional ilegal.

En aquel momento, el alto espía de la ADL Roy Bullock reveló que un artículo de *Spotlight* que yo había escrito el 30 de junio de 1986 había puesto en marcha los acontecimientos que desembocaron en el escándalo de la ADL. Hirschhaut fue trasladado a Chicago por la ADL cuando la agencia de espionaje estaba ocupada tratando de limpiar el desorden causado por el asunto.

Sin embargo, el alboroto resultante atrajo la atención de los medios de comunicación, y no menos de cinco periódicos regionales y la filial radiofónica de

PBS informaron sobre la controversia, que se prolongó durante los cinco meses siguientes.

Bollyn intentó que la llamada "Oficina de Libertad Intelectual" (OIF) de la American Library Association (ALA) se pronunciara, pero la directora de la OIF, Judith Krug, se negó a condenar la censura.

No me sorprendió. Siete años antes, Krug se había puesto del lado de la ADL cuando el lobby israelí protestó después de que un bibliotecario de Chicago patrocinara una resolución -aprobada por la convención nacional de la ALA- que condenaba la censura israelí. Con el apoyo de Krug, la resolución fue retirada.

Mientras que los periódicos locales más pequeños se pusieron en contacto conmigo, Carri Karuhn, la periodista del "gran" *Chicago Tribune*, se negó a devolverme las llamadas. El *Tribune* también se negó a publicar una carta que escribí al director en respuesta a su cobertura.

A pesar de la presión, Bollyn no cambió de opinión. Esto planteó un problema a la junta de la STDL (Schaumburg Township District Library), que ordenó un nuevo proceso de selección de libros, en virtud del cual el director de la biblioteca nombró un equipo de tres bibliotecarios para estudiar *Juicio final*. El consejo de administración tuvo entonces la oportunidad de actuar en función de la recomendación del trío.

El asunto ya estaba zanjado: el equipo estaba dirigido por Uri Toch, traductor de hebreo de la STDL, la lengua oficial de Israel. Toch urdió una reseña difamatoria de cinco páginas altamente incendiaria sobre *Juicio Final*.

Esta "reseña" se filtró a la prensa con el anuncio, aparentemente contradictorio, de que la biblioteca iba a archivar el libro de todos modos, a pesar de la reseña negativa.

El trío de la STDL dijo que, dado que el debate sobre el libro era "en gran medida una cuestión política", recomendaban que *Juicio Final* se añadiera a la biblioteca, aunque afirmaban que el libro estaba, entre otras cosas, "mal escrito, era repetitivo [y] se basaba en métodos de investigación y fuentes cuestionables". Acusaron a Piper de citar fuentes fuera de contexto, afirmando que citaba selectivamente las fuentes que encajaban con su tesis e ignoraba las que no.

El trío respaldó la tesis de la Comisión Warren de que sólo los "aficionados" creen que hubo una conspiración en el asesinato de JFK.

Aunque me hizo gracia la acusación de que el libro estaba "mal escrito", las otras acusaciones eran mucho más graves y, en respuesta, elaboré una respuesta bien documentada (y creo que demoledora) de 88 páginas, que destripaba las críticas malintencionadas.

En el título de mi respuesta, bauticé (con razón) la reseña de la biblioteca como "El juicio de la Inquisición", en referencia a los tribunales ingleses del siglo XVII que se reunían en secreto, explorando medios violentos de castigo arbitrario para quienes se atrevían a desafiar el poder de la corona británica. La analogía era acertada.

Lo interesante (aunque no sorprendente) es que el traductor al israelí y su equipo han hecho todo lo posible por refutar la tesis del libro.

MÉTODOS DEL ESTADO POLICIAL

Mientras tanto, los partidarios proisraelíes de la junta de la biblioteca emitieron un comunicado en el que afirmaban que los bibliotecarios habían sido "profesionales" y "elegantes" en su malicioso ataque contra mí y el libro.

En un momento dado, el traductor israelí intentó que Bollyn se detuviera. Hablando con Toch por teléfono, Bollyn le preguntó (en hebreo) dónde había vivido Toch en Israel. Toch llamó a la policía, gritando que se sentía "amenazado".

Ya era suficiente. El 21 de mayo de 2000, decidido una vez más a enfrentarme a mis críticos, viajé a Schaumburg y hablé en la biblioteca ante unas 150 personas.

Cabe señalar que los tres bibliotecarios estaban ausentes, pero tenían al menos un partidario incondicional que se había presentado. Justo cuando Christopher Bollyn declaró abierta la reunión, se produjo un pequeño alboroto cuando alguien identificado como miembro de la comunidad judía local intentó interrumpir el acto, gritando airadamente: *"Caso cerrado*, de Gerald Posner, cuenta la verdad sobre el asesinato de JFK. Está disponible aquí en la biblioteca". El admirador de Posner salió de la reunión orgulloso y satisfecho, aunque nunca se quedó a defender su premisa ni a debatir mi tesis.

Resulta que la ADL ya se había puesto en contacto con la policía de Schaumburg para "informarles" sobre mí. En respuesta a la sesión informativa de la ADL, el jefe de policía de Schaumburg, Richard Casler, informó de que uno de los nazis más importantes de Estados Unidos iba a venir a la ciudad y que ese pez gordo nazi había invitado a "sus partidarios" a acudir a su mitin. Para mantener la paz, el jefe Casler ordenó que cinco policías más estuvieran de servicio para evitar que yo perturbara la pequeña Schaumburg y posiblemente causara otro Holocausto.

Cuando me enteré de que este duro policía estaba haciendo la pelota a la ADL, telefoneé a su oficina para hablar con él, pero Casler no contestó. En su lugar, envió a su adjunto, el capitán Thomas Ostermann, que se negó a admitir o negar que su oficina estuviera en contacto con la ADL, diciendo que yo era "sólo una voz al teléfono". "Richard Hirshhaut, de la ADL, también era sólo una voz al teléfono, y usted escuchó todo lo que tenía que decir sobre mí".

Sin duda Ostermann, que estaba acostumbrado a dar órdenes a los revoltosos peatones de Schaumburg y a que estos malhechores le apodasen "señor", se quedó un poco sorprendido y exasperado por la forma en que le estaba tratando y acabó diciendo que era "un policía normal y duro".

Le dije que no lo dudaba, pero que haría un servicio mucho mejor a la gente de Schaumburg vigilando a los violadores y asesinos que procesando a "un gordo con gafas cuyo único delito fue escribir un libro". El agente no contestó y entiendo por qué.

¿Cuándo (y por quién) se determinó que la LDA no sólo era el árbitro último que decide a quién se permite hablar en cualquier lugar sobre cualquier tema, sino también el contacto policial oficial que decide qué métodos debe utilizar la policía para proteger a las comunidades de las que es responsable? Si alguien tiene la respuesta a esa pregunta, me gustaría oírla ahora.

En fin, hablando con la biblioteca, me fui a casa con lo siguiente:

- La crítica de los bibliotecarios fue, de hecho, el intento más enérgico jamás realizado para demoler la tesis del *Juicio Final*, pero cayó patéticamente plana ya que los bibliotecarios recurrieron a pobres mentiras y engaños.

- Los contribuyentes de Schaumburg deberían preguntarse por qué sus bibliotecarios se mostraron tan entusiastas y siguieron claramente las órdenes de la ADL.

- La ADL se niega a debatir conmigo, pero se apoyaron en los bibliotecarios para intentar refutar el libro, pero el trío hizo una chapuza.

También señalé que, a pesar de mi refutación de la reseña de los bibliotecarios, puede estar seguro de que la ADL citará esta reseña malintencionada en el futuro como "prueba" de que "bibliotecarios serios" de una de las bibliotecas más prestigiosas del país consideraron el libro "dudoso", "engañoso", "de mal gusto" y "carente de interés", por utilizar las palabras que ellos eligen.

Los bibliotecarios de la STDL obviamente reconocieron (con razón, debo añadir) que el tema del conflicto entre JFK y Ben-Gurion sobre las ambiciones nucleares de Israel era muy delicado, y por lo tanto, en su reseña, hicieron un pobre intento de desacreditar la tesis general de mi libro tratando de retratar el conflicto como menos importante de lo que realmente era. Los bibliotecarios escribieron lo siguiente:

> **Piper afirma que la "razón principal" de la dimisión de David Ben-Gurion como Primer Ministro de Israel fue su "incapacidad para presionar a JFK para que aceptara las exigencias de Israel". Cita como prueba la obra de Seymour Hersh The Samson Option. Como aclara Hersh, y esto es claramente evidente en la cita que Piper produce para probar que "la opción nuclear" fue la "razón principal", fue sólo "otro factor".**

Para los no iniciados -lo que incluye a la mayoría de los que lean la reseña de la biblioteca, sin haber leído *Juicio Final* (o el libro de Hersh)- esto puede parecer una acusación condenatoria.

Pero lo cierto es que, aunque otros factores influyeron en la dimisión de Ben-Gurion, el enfrentamiento final con JFK sobre la bomba nuclear fue la famosa "gota que colmó el vaso" y, claramente, la "razón principal" de la dimisión de Ben-Gurion.

Como afirman todos los relatos "serios" y "dominantes" sobre el programa de la bomba nuclear israelí, el deseo de construir una bomba nuclear no sólo era uno de los principales objetivos de la política de defensa israelí (quizá incluso su fundamento), sino también un interés particular de Ben-Gurion.

El hecho es que las revelaciones de Seymour Hersh sobre JFK y Ben-Gurion fueron fácilmente eclipsadas por un libro más reciente sobre el mismo tema, escrito por Avner Cohen, un académico israelí.

Cuando Cohen publicó su libro *Israel and the Bomb* (Nueva York: Columbia University Press) en 1999, causó tal sensación en Israel que el periodista Tom Segev, escribiendo en el periódico israelí *Ha'aretz*, declaró que "el libro de Cohen obligará a reescribir toda la historia de Israel".

En este punto, antes de entrar en lo que Cohen tiene que decir, me corresponde advertir a los lectores que Cohen dijo en privado a un entrevistador (que más tarde me lo dijo a mí) que él (Cohen) se sorprendió al descubrir *Juicio Final* mientras hacía una búsqueda en Internet para obtener información sobre su propio libro.

El Sr. Cohen también le dijo a otra persona, mi ya mencionado crítico James K. Olmstead -que publicó el comentario del Sr. Cohen en Internet en un foro de debate dedicado a JFK- que a él (Cohen) le parecía "inconcebible" que el Primer Ministro israelí David Ben-Gurion tuviera algo que ver con la muerte de JFK.

Dicho esto, echemos un vistazo a lo que Cohen tiene que decir sobre Ben-Gurion y su relación más difícil con JFK sobre la cuestión de la bomba nuclear israelí.

En las primeras páginas de su libro, Cohen escribe extensamente sobre el particular interés de Ben-Gurion en construir una bomba nuclear israelí y el razonamiento que había detrás de ello.

Las siguientes son citas relevantes de las páginas 10-14 del libro de Cohen, pero tenga en cuenta que he reordenado las citas para que fluyan mejor en el contexto de lo que escribió Cohen. Cohen escribe:

> **Impregnado de las lecciones del Holocausto, Ben-Gurion temía por la seguridad de Israel...**
>
> En sus discursos y escritos públicos como Primer Ministro, Ben-Gurion rara vez habló del Holocausto. Sin embargo, en conversaciones privadas y comunicaciones con líderes extranjeros, volvía constantemente a las lecciones del Holocausto. En su correspondencia con el presidente John F. Kennedy en 1963, estableció un vínculo entre la hostilidad árabe hacia Israel y el odio de Hitler hacia los judíos:
>
> "Como judío, conozco la historia de mi pueblo, y llevo conmigo los recuerdos de todo lo que ha soportado durante tres mil años, y los esfuerzos realizados en este país durante las últimas generaciones... Señor Presidente, mi pueblo tiene derecho a existir, tanto en Israel como dondequiera que viva, y esta existencia está en peligro"...
>
> La ansiedad por el Holocausto se extendía más allá de Ben Gurion y había impregnado el pensamiento militar israelí. La destrucción de Israel definía el horizonte último de la amenaza contra Israel. Los planificadores militares israelíes siempre previeron un escenario en el que una coalición militar árabe unida lanzara una guerra contra Israel con el objetivo de liberar Palestina y destruir el Estado judío. Esto se conocía a principios de la década de 1950 como el mikre hkol, o "escenario de desastre". Este tipo de planificación era exclusivo de Israel, ya que pocos países cuentan con planes militares de contingencia para evitar el apocalipsis.
>
> Ben-Gurion no tenía reparos en que Israel necesitara armas de destrucción masiva... Ben-Gurion consideraba que la hostilidad árabe hacia Israel era profunda y duradera... El pesimismo de Ben-Gurion... influyó en la política exterior y de defensa de Israel durante años. La visión del mundo de Ben-Gurion y su estilo de gobierno decisivo determinaron su papel fundamental en el lanzamiento del programa nuclear israelí...
>
> Ben-Gurion creía que la ciencia y la tecnología tenían dos funciones en la realización del sionismo: hacer avanzar al Estado de Israel espiritual y materialmente, y proporcionar una mejor defensa contra sus enemigos exteriores..."

La determinación de Ben-Gurion de lanzar un proyecto nuclear fue producto de una intuición estratégica y de un miedo obsesivo, no de un plan bien pensado. Creía que Israel necesitaba armas nucleares como seguro si ya no podía competir con los árabes en una carrera armamentística y como arma de último recurso en una emergencia militar extrema. Las armas nucleares también podrían persuadir a los árabes de aceptar la existencia de Israel, lo que conduciría a la paz en la región.

El 27 de junio de 1963, once días después de anunciar su dimisión, Ben-Gurion pronunció un discurso de despedida ante los empleados de la administración de desarrollo de armamentos en el que, sin referirse a las armas nucleares, justificó el proyecto nuclear:

"No conozco ninguna otra nación cuyos vecinos digan que quieren acabar con ella, y no sólo lo digan, sino que se preparen para ello con todos los medios a su alcance. No debemos hacernos ilusiones de que lo que se declara cada día en El Cairo, Damasco e Irak son sólo palabras. Este es el pensamiento que guía a los dirigentes árabes... Estoy seguro... de que la ciencia es capaz de proporcionarnos el arma que garantizará la paz y disuadirá a nuestros enemigos".

Para resumir esta larguísima cita: *"La opción nuclear" no sólo estaba en el centro de la visión **personal** del mundo de Ben-Gurion, sino que era el fundamento mismo de la política de seguridad nacional de Israel.* Los israelíes estaban fundamentalmente dispuestos, si era necesario, a "volar el mundo" -incluidos ellos mismos- si tenían que hacerlo para destruir a sus odiados vecinos árabes.

Seymour Hersh señala que esto es lo que los funcionarios nucleares israelíes veían como la "opción Sansón" - como el Sansón de la Biblia, después de ser capturado por los filisteos, que derribó el templo de Dagón en Gaza y se suicidó con sus enemigos. Como dice Hersh en la página 137 de su libro: "Para los defensores nucleares de Israel, la opción Sansón se ha convertido en otra forma de decir 'nunca más' (en referencia a evitar otro Holocausto)."

Luego vinieron los bibliotecarios de la STDL que querían debatir si la presión de JFK sobre Israel respecto a las armas nucleares fue "la" razón principal o "una" razón principal o "una" (de varias) de las razones de la dimisión de Ben-Gurion. Sugirieron que yo había citado a Hersh fuera de contexto (y que lo había hecho deliberadamente) porque se daban cuenta, con pleno conocimiento de causa, de que todas las pruebas, tomadas en su conjunto, demuestran claramente que fue, en efecto, un decidido esfuerzo de JFK por desactivar la "opción Sansón" la causa principal de la dimisión de Ben-Gurión.

La cuestión es que en 1963 la cuestión del conflicto de JFK con Ben-Gurion era un secreto para el público israelí y estadounidense, y lo siguió siendo durante al menos 20 años y lo sigue siendo en gran medida, a pesar de la publicación del libro de Hersh, seguido de *Juicio Final* y luego del libro de Avner Cohen.

De hecho, en el *New York Times* del 31 de octubre de 1998, Ethan Bronner describió el libro de Cohen sobre el conflicto entre JFK y Ben-Gurion y la cuestión general del programa de bombas nucleares de Israel como "un tema ferozmente oculto".

Ahora que la verdad está saliendo a la luz, algunas personas están haciendo esencialmente la misma interpretación que yo. Los bibliotecarios quieren hacer creer que soy el único que tiene esta interpretación. No es así en absoluto. Por ejemplo, el Dr. Gerald M. Steinberg, profesor de Ciencias Políticas en el Centro BESA de Estudios Estratégicos de la Universidad Bar-Ilan de Tel Aviv, ha escrito sobre el conflicto entre JFK y Ben-Gurion en torno a las ambiciones nucleares de Israel.

Su ensayo "*Israel and the United States: Can the Special Relationship Survive the New Strategic Environment?*" se publicó en el número de diciembre de 1998 de la revista *The Middle East Review of International Affairs*, editada en Bar-Ilan. Steinberg escribió:

> **Entre 1951 y 1963, la administración Kennedy ejerció una gran presión sobre Ben-Gurion para obtener la aceptación de una inspección internacional de Dimona y la abdicación israelí de la opción de las armas nucleares. Aparentemente, esta presión no cambió la política israelí, pero contribuyó a la dimisión de Ben-Gurion en 1963. [Énfasis añadido por Michael Collins Piper].**

He leído lo que dice el Dr. Steinberg: la presión de JFK sobre Israel en relación con la bomba nuclear fue un "factor que contribuyó a la dimisión de Ben-Gurion". Sin embargo, para repetirme, la "gran presión de JFK sobre Ben-Gurion" (según Steinberg) no fue conocida por el gran público (ni en Israel ni en Estados Unidos) hasta la publicación del libro de Seymour Hersh, que se centró bastante en el conflicto. Pero eso no es todo.

El conmovedor nuevo libro de Avner Cohen esencialmente confirmó todo lo que Hersh había escrito, de una manera u otra, pero fue aún más lejos y revisaremos lo que Cohen dijo en detalle más adelante. Pero por ahora, sigamos con la disección de lo que los bibliotecarios de la STDL hicieron para distorsionar las palabras de Seymour Hersh. Ellos escribieron:

> **De hecho, Hersh sostiene que los factores nacionales... parecían más que suficientes para convencer a Ben-Gurion de que abandonara la vida pública... y la salud de Ben-Gurion... era igual o más importante.**

¡Los críticos de STDL acusaron a Hersh de decir cosas que no dijo! Hersh nunca dijo que los factores nacionales citados "fueran tan importantes o más". La forma en que los bibliotecarios estructuraron esa frase en su crítica dio un giro diferente a lo que Hersh dijo en realidad. Hersh nunca dijo que esos otros factores "fueran tan importantes o más importantes". Esas son las palabras de los bibliotecarios, no las de Seymour Hersh.

ISRAEL "AMENAZADO" POR JFK

He aquí lo que Avner Cohen añade a la historia de la dimisión de Ben-Gurion en *Israel y la bomba*. Cohen describe cómo el conflicto entre JFK y Ben-Gurion llegó a un punto crítico en 1963 y cómo, el 16 de junio de ese año, JFK envió una carta al líder israelí que, según Cohen en la página 134 de su libro, fue "el mensaje más duro y explícito" hasta la fecha. Cohen añadió:

El propósito de la carta era consolidar los términos de las visitas estadounidenses [a Dimona] para que se cumplieran las condiciones mínimas exigidas por la comunidad de inteligencia.

Para forzar a Ben-Gurion a aceptar las condiciones, Kennedy ejerció la palanca más útil de que dispone un presidente estadounidense para tratar con Israel: la amenaza de que una solución insatisfactoria comprometería el compromiso y el apoyo del gobierno estadounidense a Israel...

El enfrentamiento que Ben-Gurion había intentado evitar parecía ahora inminente. Ben-Gurion nunca leyó la carta. Fue telegrafiada a [el embajador estadounidense en Israel, Walworth Barbour] el sábado 15 de junio, con instrucciones de entregársela en mano a Ben-Gurion al día siguiente, pero ese domingo Ben-Gurion anunció su dimisión.

En palabras de Cohen, "una confrontación [entre JFK e Israel] parecía inminente". Cohen pasa entonces a la pregunta: "¿Jugó la presión de Kennedy sobre Dimona un papel en la dimisión de Ben-Gurion?". En la página 135, escribe:

Ben-Gurion nunca dio ninguna explicación de su decisión, aparte de "razones personales". Ben-Gurion dijo a sus colegas del Gabinete que "tenía" que dimitir y que "ningún problema o acontecimiento en el Estado era la causa".

Esto es interesante, en sí mismo, porque -si el relato de Cohen es correcto- Ben-Gurion nunca especificó ninguna razón en particular, extranjera o doméstica. Eso no refuta *el Juicio Final*, pero tiene el efecto de disminuir el argumento de los bibliotecarios de la STDL de que el conflicto con JFK sobre la bomba fue sólo "otro factor". Cohen añadió:

El biógrafo de Ben-Gurion sugirió que no había ninguna razón política específica, sino que fue su estado mental general -manifestado en una serie de acciones alarmistas, incluso paranoicas- durante las diez semanas anteriores lo que llevó al líder de setenta y seis años a dimitir.

El hecho de que Cohen, como hice yo en *Juicio Final*, hable de la aparente paranoia de Ben-Gurion es interesante. Los paranoicos hacen cosas inexplicables. Incluso cometen asesinatos.

Cabe señalar en este punto que, sobre la base de lo que acabamos de considerar, Avner Cohen dijo muy claramente que la construcción de una bomba nuclear para Israel fue, de hecho, un problema muy personal de David Ben-Gurion durante muchos años.

Ben-Gurion creía que el acceso de Israel a las armas atómicas era crucial para la supervivencia de Israel, y Ben-Gurion era el "gran hombre" de Israel. Cohen señala que muchas personas cercanas a Ben-Gurion pensaban que la dimisión no tenía nada que ver con la cuestión nuclear. Pero Cohen continúa señalando que :

> Otros, sin embargo, incluyendo ministros del gabinete de Ben-Gurion... creían que la decisión de Ben-Gurion estaba en parte relacionada con la presión de Kennedy sobre Dimona. Israel Galili, jefe de la facción "Unidad del Trabajo" de *Achdut Ha-Avodah*, estaba convencido de que la sensación de fracaso y frustración de Ben-Gurion en sus tratos con Kennedy sobre la cuestión de Dimona fue una de las razones que le llevaron a dimitir.
>
> Este es también el punto de vista de Yuval Ne'eman, [el principal especialista nuclear de Israel], que en 1963 estuvo... implicado en consultas relativas a las respuestas a las peticiones de Kennedy. El embajador Barbour también sugiere que las cartas de Kennedy y la dimisión de Ben-Gurion pueden haber estado relacionadas. En su telegrama sobre la dimisión de Ben-Gurion, señaló: "Aunque probablemente no fue una causa importante de disensión, el asunto no estuvo exento de controversia cuando Ben-Gurion lo presentó a sus colegas antes de enviar su carta el 27 de mayo."

Página 136 Cohen añadió que Ben-Gurion había "llegado a la conclusión de que no podía decir la verdad sobre Dimona a los dirigentes estadounidenses, ni siquiera en privado". Y eso dice mucho, dados los esfuerzos de los críticos *del Juicio* Final por decir que Israel y Estados Unidos eran tan "estrechos aliados" que a los israelíes nunca se les ocurriría hacer nada mezquino a un presidente norteamericano, aunque éste estuviera decidido a impedir que Israel estableciera un sistema de defensa nuclear que los dirigentes de la nación consideraban esencial para su supervivencia.

Por desgracia, nuestros amigos bibliotecarios de la STDL aún no habían terminado con ese punto. Continuemos con lo que los bibliotecarios tenían que decir...

> Hersh también señala que "la persistente presión de Kennedy sobre Israel provenía de su creencia de que Israel aún no había desarrollado armas nucleares. Hay pruebas de que una vez que Israel empezó a construir bombas -como habían hecho los franceses- el Presidente estaba dispuesto a ser tan pragmático como fuera necesario."

En este punto, los bibliotecarios de la STDL se permitieron una especie de interpretación histórica propia, citando un breve pasaje del libro de Hersh fuera de contexto... No cabe duda, basándose en la enorme cantidad de datos del libro de Hersh (y en el estudio más reciente del ya mencionado Avner Cohen) de que JFK estaba decidido sobre todo a impedir que Israel construyera una bomba nuclear.

Los bibliotecarios de la STDL intentaban predecir lo que JFK habría hecho si hubiera vivido. Básicamente, decían que como JFK fue indulgente con los franceses en la cuestión nuclear, seguramente sería igual de indulgente con los israelíes una vez que siguieran a los franceses en la producción de bombas nucleares (contra la oposición de JFK). Pero como veremos, esto no es cierto.

JFK SE CENTRÓ EN ISRAEL...

En *Juicio* Final, señalé que JFK había adoptado una nueva política respecto a la campaña francesa de armamento nuclear, que se describía en un memorándum entonces "alto secreto" fechado el 22 de noviembre de 1963.

Pero los bibliotecarios no tienen forma de sugerir que porque JFK cambió su política hacia Francia también cambiaría su política hacia las ambiciones nucleares de Israel.

Puede que JFK hubiera sido "pragmático" (como dice Hersh), pero eso no significa que no intentara impedir que Israel construyera una bomba nuclear, *y eso es lo que pretendían Ben-Gurion e Israel en primer lugar*.

El hecho es que cualquier relación que JFK tuviera con Francia sobre la cuestión nuclear era insignificante comparada con la amargura entre JFK e Israel sobre la misma cuestión. Al introducir esta cuestión de los franceses, los bibliotecarios de la STDL intentaban enturbiar las aguas.

El hecho es que Israel era uno de los objetivos favoritos de JFK en lo que se refiere a la proliferación nuclear. En la página 99 de su libro, Avner Cohen destaca la especial presión de JFK sobre Israel:

> **Ningún presidente estadounidense estaba más preocupado por el peligro de la proliferación nuclear que John Fitzgerald Kennedy. Estaba convencido de que la proliferación de armas nucleares haría del mundo un lugar más peligroso y perjudicaría los intereses de Estados Unidos. Consideraba que su papel consistía en situar el control de las armas nucleares y la no proliferación nuclear en el centro de la política exterior estadounidense... Kennedy recordó a sus asesores que había más en juego que un trozo de papel: sin un acuerdo, la carrera armamentística continuaría y las armas nucleares proliferarían en otros países.** *El único ejemplo que Kennedy puso fue Israel.* **[Énfasis añadido por Michael Collins Piper]**

Fíjate bien en las palabras de Cohen: "El único ejemplo que Kennedy ponía era Israel". Ni los franceses ni los árabes. *Sólo Israel*.

El libro de Cohen también deja muy claro que los franceses, que habían sido los principales facilitadores extranjeros del programa secreto de armas nucleares de Israel, retiraron su apoyo después de que el ex presidente francés Charles De Gaulle volviera al poder en 1958. Cohen escribe en las páginas 73-74:

> **En junio, De Gaulle había tomado conciencia de lo que más tarde llamaría "la inapropiada colaboración militar establecida entre Tel Aviv y París tras la expedición de Suez, que situó definitivamente a los israelíes en todos los niveles de los servicios franceses", y estaba decidido a ponerle fin. De Gaulle quedó estupefacto cuando se enteró de la forma poco ortodoxa en que se llevaban a cabo las relaciones... Fueron necesarios casi dos años para traducir la determinación de De Gaulle en una nueva política nuclear francesa hacia Israel.**

Cohen señala, sin embargo, que el amigo de Israel en Francia, el Ministro de Energía Atómica Jacques Soustelle, dimitió y De Gaulle se enteró de que la ayuda francesa a Israel había continuado a pesar de sus órdenes. Así que en 1960, "De Gaulle volvió a pedir que se pusiera fin a esta cooperación", añade Cohen:

> La decisión francesa causó consternación entre los allegados a Ben-Gurion. El fin de la ayuda francesa ponía en peligro todo el proyecto de Dimona. La decisión de De Gaulle supuso una ruptura radical con las obligaciones escritas y no escritas de sus predecesores... De Gaulle reconoció lo inédito del acuerdo [entre Israel y Francia] y, por esa razón, se negó a aceptarlo, reacio a ofrecer a Israel una opción nuclear. *Francia intentaba recuperar su lugar en el mundo árabe y la cooperación nuclear con Israel no era útil en este sentido.* [Énfasis añadido].

Según Cohen, se llegó a un compromiso. Israel anunció formalmente "intenciones pacíficas" (aunque Israel tenía la clara intención de construir una bomba nuclear) y De Gaulle permitió que las empresas francesas siguieran trabajando con los israelíes, pero el gobierno francés retiró su apoyo directo.

Por supuesto, el giro de 180 grados de De Gaulle sobre la cuestión de lo que era claramente indispensable apoyo francés a las ambiciones nucleares de Israel es muy significativo, especialmente a la luz de lo que se documenta en *Juicio Final* sobre el Permindex patrocinado por el Mossad, que salió a la luz durante la investigación del asesinato de Jim Garrison y que había sido vinculado públicamente con al menos un intento de asesinato de De Gaulle antes del asesinato del presidente Kennedy.

CONTINÚA LA PRESIÓN DE JFK SOBRE ISRAEL...

Sin embargo, la dimisión de Ben Gurion no puso fin al conflicto entre JFK e Israel. Lo que ocurrió entre JFK y el nuevo Primer Ministro israelí, Levi Eshkol, es quizá aún más interesante.

Inmediatamente después de la sucesión de Eshkol, JFK escribió una carta al nuevo Primer Ministro que era obviamente aún más virulenta (al menos desde el punto de vista israelí) que las anteriores comunicaciones de JFK con Ben Gurion. En la página 155, Avner Cohen escribe:

> **Desde el mensaje de Eisenhower a Ben-Gurion en plena crisis de Suez, en noviembre de 1956, ningún presidente estadounidense había sido tan directo con un primer ministro israelí. Kennedy dijo a Eshkol que el compromiso y el apoyo de EE.UU. a Israel "podrían verse seriamente comprometidos" si Israel no permitía a EE.UU. obtener "información fiable" sobre sus acciones nucleares... Las exigencias de Kennedy no tenían precedentes. Eran, en efecto, un ultimátum.** [Énfasis añadido].

Cohen señaló en la página 159 que, desde el punto de vista [de Eshkol], las demandas de Kennedy parecían diplomáticamente inapropiadas; eran inconsistentes con la soberanía nacional. *No había base legal o precedente político para tales demandas",* (énfasis añadido por Michael Collins Piper.) Cohen también señala que "la carta de Kennedy precipitó una situación de crisis en la oficina del Primer Ministro".

La presión de Kennedy sobre Israel no terminó con la dimisión de Ben-Gurion. Por lo tanto, los esfuerzos de los bibliotecarios de la STDL para determinar si la presión de JFK sobre Ben-Gurion fue la razón "principal" de la dimisión del líder israelí o si sólo fue un factor entre otros fueron, de hecho, insignificantes en su conjunto. *Por el contrario, la presión de JFK sobre Israel se intensificó.*

En la página 172, Cohen describe una "reunión secreta" celebrada en Washington D.C. ocho días antes del asesinato de JFK (13-14 de noviembre) entre israelíes y estadounidenses, señalando que Israel "tenía un objetivo más ambicioso"... que el que Estados Unidos estaba dispuesto a discutir". Sin embargo, señala Cohen en la página 173, "Dimona nunca se mencionó en estas conversaciones. Ambas partes se comportaron como si el problema de Dimona no existiera".

En resumen, la cuestión nuclear era tan delicada que durante las reuniones secretas entre funcionarios estadounidenses e israelíes, cuando trataban otros asuntos entre ambos países, no se planteaba el tema de la bomba nuclear israelí. La cuestión era así de polémica. Se dejó de lado -de hecho, nunca se sacó a colación- para futuras discusiones. Pero JFK fue asesinado ocho días después, y la dinámica de las relaciones entre Estados Unidos e Israel cambió radicalmente como consecuencia de ello.

Cohen concluye su análisis de los años de JFK en la página 174 de la siguiente manera:

> **En cualquier caso, a finales de 1963, Israel y Estados Unidos, Kennedy y Eshkol, tropezaron en el camino de la opacidad nuclear. ¿Habrían continuado los dos países bajo Kennedy como lo habían hecho bajo Johnson? ¿Qué habría hecho Kennedy respecto al programa nuclear israelí si hubiera vivido y hubiera sido reelegido, y cuán diferente habría sido la historia nuclear de Israel? Estas preguntas nunca podrán responderse con certeza.**

Ni Avner Cohen, ni Michael Collins Piper, ni los bibliotecarios de la STDL pueden responder a estas preguntas con certeza. Pero la reacción en Israel a las revelaciones de Cohen sobre la guerra secreta de JFK con Israel por la cuestión nuclear fue realmente interesante.

"SI KENNEDY HUBIERA VIVIDO..."

El periódico israelí *Ha'aretz* publicó una reseña del libro de Cohen el 5 de febrero de 1999, calificándolo de "libro bomba". (Y la reseña puede verse íntegra en inglés en el sitio web de Cohen en el Archivo de Seguridad Nacional de la Universidad George Washington. La reseña *de Ha'aretz*, de Reuven Pedatzur, es bastante interesante. Dice en parte lo siguiente:

> **El asesinato del presidente estadounidense John F. Kennedy puso fin abruptamente a la presión masiva ejercida por la administración estadounidense sobre el gobierno israelí para que pusiera fin a su programa nuclear.**

Cohen demuestra ampliamente la presión ejercida por Kennedy sobre Ben-Gurion. Proporciona el fascinante intercambio de cartas entre ambos, en el que Kennedy deja claro al Primer Ministro israelí que bajo ninguna circunstancia consentirá que Israel se convierta en un Estado nuclear.

El libro da a entender que, si Kennedy hubiera sobrevivido, es poco probable que Israel hubiera tenido hoy una opción nuclear. Cohen también concluye que la decisión *de Ben Gurion de dimitir en 1963 se tomó en gran parte en el contexto de la enorme presión que Kennedy estaba ejerciendo sobre él por la cuestión nuclear.* [Énfasis añadido por Michael Collins Piper].

Yo mismo no podría haberlo hecho mejor. El periodista israelí Reuven Pedatzur ha resumido las explosivas revelaciones del libro de Avner Cohen. Si esto fuera un juicio, podría decir, en este momento, que la defensa se retira".

BIBLIOTECARIOS MENTIROSOS

Pero los críticos de la STDL no se limitaron a citar *Juicio Final* fuera de contexto (o a citar a Seymour Hersh fuera de contexto). Los bibliotecarios mintieron abiertamente al afirmar: "Piper también afirma que tras el asesinato de Kennedy, Johnson revirtió 'inmediatamente' la posición de Kennedy sobre el programa de bombardeos israelíes."

Los registros muestran que los críticos mentían. En la página 59 de *Juicio Final*, escribí que Johnson "revirtió rápidamente la política de Kennedy en Oriente Medio". [El énfasis está aquí, no en *Juicio Final*]. No dije en *Juicio Final*, como afirman los críticos, que Johnson revirtió "inmediatamente" la posición de Kennedy sobre el programa de bombardeos israelíes.

La postura del presidente Kennedy contra las armas nucleares israelíes fue sólo una de las muchas posturas políticas que Israel consideraba contrarias a sus intereses y esto está documentado en *Juicio Final*. La política de Kennedy en Oriente Medio era mucho más importante que el programa de bombas nucleares de Israel y *Juicio Final* lo deja claro, a pesar de las críticas de STDL.

Esto se confirma también por el hecho de que en la reunión secreta de mediados de noviembre, descrita anteriormente, ni siquiera se habló de la cuestión nuclear. Había muchos otros temas que discutir. Así pues, los críticos de la STDL son efectivamente los mentirosos que he descrito.

Los críticos también han intentado sugerir que Lyndon Johnson ejerció la misma presión sobre los israelíes para que redujeran su programa de bombas nucleares, citando una referencia de Seymour Hersh. *Pero lo que no señalan es lo que Hersh también dijo en su libro* en la página 143 en referencia a la actitud de LBJ hacia Israel y las armas atómicas:

A mediados de la década de 1960, la partida estaba decidida: el presidente Johnson y sus asesores afirmaban que las inspecciones estadounidenses [de la planta de armas nucleares israelí de Dimona] eran la prueba de que Israel no estaba construyendo la bomba, con lo que Estados Unidos reafirmaba su apoyo inquebrantable a la no proliferación nuclear.

En las páginas 188-189, Hersh ofrece también un esclarecedor relato del decidido esfuerzo de Johnson por evitar enfrentarse a la cuestión. Hersh describe cómo el psicoanalista de la CIA Carl Duckett había llegado a la conclusión de que Israel había construido finalmente una bomba nuclear y lo puso en conocimiento del director de la CIA Richard Helms, quien respondió a Duckett que él personalmente transmitiría la información al presidente Johnson. Según Hersh:

> **Helms llevó la información de Duckett al Despacho Oval y se la proporcionó al Presidente. Helms le dijo después a Duckett que Johnson había explotado, y exigió que se enterrara el documento: "No se lo digas a nadie más, ni al [Secretario de Estado] Dean Rusk ni al [Secretario de Defensa] Robert McNamara". Helms hizo lo que le dijeron, pero no sin aprensión: "Helms sabía que tendría problemas con Rusk y McNamara si se enteraban de que lo había ocultado".**
>
> **El propósito de Johnson al perseguir a Helms -y a su inteligencia- era claro: no quería saber lo que la CIA intentaba decirle, porque una vez que aceptara esa información, tendría que actuar en consecuencia. En 1968, Helms, Duckett... y algunos otros miembros del gobierno estadounidense se habían dado cuenta de que el Presidente no tenía intención de hacer nada para detener la bomba israelí.**

Obviamente, el presidente Johnson sabía lo candente que era el tema del programa de bombas nucleares de Israel, y no quería verse obligado a tomar medidas que le pusieran en la misma situación que a su predecesor, JFK. Según Hersh, Johnson "explotó" sobre el tema y exigió que se mantuviera en secreto incluso a dos miembros del gabinete.

LBJ era el negociador político por excelencia, el político del político, pero estaba claro que le asustaba el tema de la confrontación con Israel por la bomba nuclear. Aunque el programa de la bomba nuclear israelí era una gran preocupación (como debería haber sido), la administración estadounidense dirigida por Johnson nunca tomó ninguna medida concreta para impedir que Israel persiguiera su viejo objetivo de crear un arma de destrucción masiva. Claro, hubo declaraciones privadas, pero NINGUNA ACCIÓN. Por lo que sabemos que se presentó en *Juicio Final*, sin duda podemos entender por qué.

También podríamos hacernos una idea de otra razón por la que Lyndon Johnson decidió no presentarse a las elecciones de 1968. Quizás la cuestión nuclear israelí fue -me atrevo a decir- "otro factor", quizás incluso la razón "principal", por la que LBJ decidió retirarse.

Tal vez los "factores nacionales", como los disturbios causados por la guerra de Vietnam, eran sólo los temas de interés público de los que oíamos hablar en la prensa, porque desde luego nunca oímos hablar de Israel y la bomba. Es especulación, por supuesto, pero es una especulación perfectamente razonable.

ISRAEL Y LA BOMBA: DE JFK A LBJ

Pero dejémonos de especulaciones. Veamos lo que el escritor israelí Avner Cohen tenía que decir más recientemente sobre la transición de JFK a LBJ y su impacto en el programa de armas nucleares de Israel: En la página 195, Cohen escribe:

> El 22 de noviembre de 1963, John F. Kennedy fue asesinado y Lyndon B. Johnson se convirtió en Presidente. La transición de Kennedy a Johnson recordó a los israelíes la transición de Ben-Gurion a [su sucesor] Eshkol.... También benefició al programa nuclear israelí".

En la página 196, Cohen añade que Johnson "no tenía el interés de Kennedy en la proliferación nuclear además de sus razones personales y políticas para apoyar a Israel", subrayando que "una confrontación con Israel por las armas nucleares era por tanto menos probable de lo que había sido durante los años de Kennedy". Cohen también señala en la página 177 que "la transición de las administraciones Kennedy a Johnson cambió significativamente el carácter y la función de [las inspecciones de la central nuclear israelí de Dimona]". En la página 193 lo describe con más detalle:

> El presidente Johnson también fue más flexible que Kennedy en cuanto a las normas para las inspecciones en Dimona. Los israelíes pudieron determinar las normas para las visitas, y la administración Johnson optó por no enfrentarse a Israel sobre la cuestión, temiendo que Israel pusiera fin al acuerdo. El [inspector] Culler recuerda que en aquel momento supuso que las restricciones habían sido acordadas al más alto nivel en ambos países. Kennedy amenazó tanto a Ben-Gurion como a Eshkol con que el incumplimiento de su petición podría "poner en peligro el compromiso estadounidense con la seguridad y el bienestar de Israel", pero Johnson no quería arriesgarse a una crisis israelo-estadounidense por esta cuestión... A diferencia de Kennedy, Johnson buscó un compromiso que sirviera a los intereses de ambas naciones." [Énfasis añadido por Michael Collins Piper]

Como hemos visto más arriba, lo que dijo Hersh (citado por los bibliotecarios de la STDL) no contradice la tesis *del Juicio Final*. Otros documentos publicados en el libro de Hersh coinciden ciertamente con hechos descubiertos por el historiador israelí Avner Cohen y no contradicen en absoluto lo que los bibliotecarios llamaron mis "teorías conspirativas".

En resumen: JFK estaba firmemente decidido a impedir que Israel construyera una bomba nuclear. LBJ simplemente hizo la vista gorda. La muerte de JFK sí benefició las ambiciones nucleares de Israel, y las pruebas lo demuestran.

Hasta aquí los esfuerzos de los bibliotecarios por refutar lo que consideraban, con razón, la base de la tesis *del Juicio* Final -que la negativa de JFK a apoyar los esfuerzos de Israel por desarrollar la bomba atómica- condujo a la implicación del Mossad en el complot para asesinar a JFK. La única acción contundente emprendida para refutar la tesis fracasó estrepitosamente.

Aunque Tom Holmberg, uno de los críticos de STDL, publicó más tarde una desagradable calumnia anónima sobre el autor en amazon.com, finalmente tuvo el valor de firmar la reseña con su nombre. Sin embargo, las críticas favorables *de Juicio final* superan con creces los desvaríos de Holmberg, Uri Toch y sus amigos.

LAS MENTES NO CORROMPIDAS PESAN EN LA BALANZA

Con todo esto en mente, podemos entender por qué el lobby israelí está tan decidido a suprimir *el Juicio Final*. Es realmente un libro "peligroso", al menos desde su punto de vista. Al lobby israelí le preocupa que la gente pueda creer que la teoría presentada en *Juicio Final* tiene sentido.

El hecho es que cuando he podido presentar mi tesis sin trabas, a personas que no habían leído el libro, la gente dice que la teoría tiene sentido. Un buen ejemplo es que en la primavera de 1999 (un año antes del asunto de Schaumburg), me invitaron a dar una charla en un curso acelerado de ciencias políticas para alumnos de último curso del instituto Thomas Worthington, cerca de Columbus, Ohio. Aunque Tom Molnar, el profesor que me invitó, era consciente del frenesí previo que había estallado en el sur de California, Molnar, para su crédito, se mostró imperturbable. A pesar de toda la controversia -o quizá debido a ella-, Molnar me invitó a hablar.

En años anteriores, la ADL se había opuesto a los otros oradores que Molnar había invitado. Sin embargo, cuando Molnar ofreció a la ADL la oportunidad de participar en el debate con estos oradores, se negó a debatir. También se negó a "desinvitar" a los oradores. La ADL desistió.

Las críticas escritas de los alumnos a mi presentación contrastaban fuertemente con los desvaríos antiintelectuales de la ADL y sus compinches en la biblioteca municipal de Schaumburg. He aquí una muestra de lo que cuatro de estas mentes inteligentes, jóvenes, sinceras y honestas tenían que decir:

> **Michael Piper... parece culto y conocedor de la historia. Ha adoptado sus convicciones a partir de conexiones que ha establecido en el curso de su investigación.**
>
> **El Sr. Piper parece una buena persona y no parece tener malas intenciones hacia los judíos o los extranjeros. Muchas de sus ideas parecen tener sentido, pero creo que algunas de sus conexiones parecen demasiado complicadas para ser ciertas. También admite que no hay pruebas contundentes y que quizá nunca sepamos la verdad que se esconde tras la conspiración más notoria de Estados Unidos.**

> *Es evidente que Michael estaba bien informado para crear en su libro un compendio de acontecimientos tan minucioso, exhaustivo y creíble. Me interesaron mucho el discurso y las ideas de Michael. La sola idea de que su historia pudiera ser cierta me hizo dudar de todas las demás versiones que había oído. Aprecié su intento de revelar la verdad sin dañar injustificadamente la reputación de las personas. Espero leer el libro Juicio final y leerlo con atención.*

> **El Sr. Piper fue muy honesto y dijo que toda su teoría es sólo una teoría y que probablemente nunca sabremos toda la verdad. De hecho, tuve la sensación de que cabía la posibilidad de que el Mossad fuera culpable, porque**

está muy vinculado a todos los que aparentemente participaron en el asesinato.

Al principio me costó entender su razonamiento para la acusación del Mossad, pero pronto empecé a ver la posibilidad de su interpretación del asesinato de JFK. Explicó cómo mucha gente había interpretado el suceso y cómo su versión era más relevante, y estuve de acuerdo. Me gustaba el Sr. Piper. Era muy inteligente y su teoría era totalmente posible y comprensible.

Precisamente por las amables críticas de estudiantes inteligentes como éste, la ADL estaba tan decidida a silenciarme. Y me complace decir que, según el Sr. Molnar, muchos de los estudiantes leyeron realmente el libro, a pesar de las objeciones de la ADL.

En última instancia, este tema tan incómodo de las armas nucleares israelíes es algo que nunca desaparecerá. El 2 de mayo de 2000, Hugh Dellios, corresponsal en el extranjero del *Chicago Tribune*, informó de que "cansados de adivinar el alcance de la capacidad nuclear de Israel, Egipto y otros países árabes han lanzado una decidida campaña para desenmascarar de una vez por todas el programa nuclear secreto de Israel. En Nueva York, los líderes de Oriente Próximo están presionando a la conferencia de desarme nuclear de la ONU que se celebra esta semana para que identifique oficialmente a Israel potencia nuclear y le obligue a abrir sus instalaciones a los inspectores internacionales."

El *Tribune* describió la situación como "incómoda" para EE.UU., que ha estado intentando desalentar una carrera armamentística entre India y Pakistán pero ignorando la acumulación nuclear de Israel, señalando que el asunto "podría avergonzar a Israel como único país de la región que se niega a firmar el Tratado [de No Proliferación Nuclear]". "Funcionarios israelíes, que por primera vez se negaron a asistir a la conferencia como observadores, afirman que no cambiarán su política, que sostienen es la piedra angular de la supervivencia de Israel en una región hostil", afirmó el *Tribune*.

En el *Boletín de Científicos Atómicos* de septiembre/octubre de 1998 (antes de la publicación de su libro, *Israel y la bomba*), Avner Cohen resumió la naturaleza del impulso nuclear israelí cuando dijo: "El programa nuclear fue probablemente el proyecto más complicado de Israel. El programa nuclear fue el proyecto sionista por excelencia, diseñado para garantizar la existencia física del Estado de Israel."

Ahora, sin embargo, "este proyecto sionista definitivo" (que desempeñó un papel tan importante en la conspiración del asesinato de JFK) es el centro de la atención mundial.

BILL CLINTON OPINA - AL ESTILO JFK

Por su parte, el viejo admirador de JFK, el presidente Bill Clinton, se atrevió a provocar la ira del lobby israelí en la primavera de 1999 al hablar públicamente de la bomba "secreta" de Israel.

El 14 de mayo de 1999, el influyente semanario judío *Forward* publicó un artículo en el que expresaba su indignación y preocupación: "El Presidente Clinton plantea por primera vez cuestiones de interés público sobre el programa nuclear israelí". El artículo señalaba que unos 35 miembros del Congreso estadounidense habían escrito una carta a Clinton expresando su preocupación por el ingeniero nuclear israelí encarcelado Mordechai Vanunu, que fue el primero en exponer públicamente el programa de bombas nucleares de Israel.

En una carta fechada el 22 de abril de 1999 y dirigida al representante Lynn Rivers (demócrata de Michigan), el presidente Clinton hizo algo más que expresar su preocupación por la difícil situación de Vanunu. Clinton también dijo que "comparto su preocupación por el programa nuclear israelí. Hemos instado repetidamente a Israel y a otros Estados que no son parte del Tratado de No Proliferación de Armas Nucleares a que se adhieran al Tratado y acepten las salvaguardias integrales del Organismo Internacional de Energía Atómica."

Forward informó de que "los líderes judíos se habían escandalizado ante la noticia de que el Sr. Clinton había intervenido sobre el Sr. Vanunu y el programa nuclear de Israel", y citó la reacción del director de la ADL, Abe Foxman (un crítico declarado *del Juicio Final*), que también atacó a Clinton, diciendo: "No puedo creer que el Presidente enviara una carta así. Son temas muy delicados. Es tan reprobable".

Sin embargo, el disgusto de Foxman con el Presidente Clinton no fue el único. Malcolm Hoenlein, vicepresidente ejecutivo de la Conferencia de Presidentes de las Principales Organizaciones Judías Americanas, declaró: "La referencia del Presidente al programa nuclear de Israel es sorprendente e inquietante, por lo que sabemos no tiene precedentes.

Inaudito, en público. Pero no en privado. Por adoptar una postura privada similar, el héroe de Clinton, John F. Kennedy, pagó con su vida.

EL CASO LEWINSKY

Irónicamente, el propio Bill Clinton pudo haber sido víctima del complot del Mossad durante el famoso asunto Lewinsky que condujo a su destitución.

Muchos conservadores estadounidenses que odiaban a Bill Clinton se sintieron francamente perturbados cuando escribí en el número del 23 de febrero de 1998 del semanario *Spotlight*: "Hillary Clinton puede tener razón, hay una 'conspiración de la derecha' para destruir a su marido.

Sin embargo, ciertamente molesté a los partidarios de Israel cuando añadí: "Pero no cuenten con Hillary para decirles qué "ala derecha" está detrás de esta conspiración - y cómo se está utilizando el escándalo para manipular la política estadounidense en Oriente Medio."

El argumento de Hillary Clinton de que una "conspiración de derechas" en Estados Unidos estaba detrás del escándalo sexual y de perjurio que podría derrocar a su marido era profundamente erróneo: Después de todo, fueron los principales medios de comunicación estadounidenses -encabezados *por el Washington Post* y *Newsweek*, a los que se unieron *el New York Times* y la revista *Time*, así como las principales cadenas de televisión- los que estuvieron detrás del escándalo y sugirieron que sería el fin de Bill Clinton.

Newsweek contrató a George Stephanapolous, antiguo confidente de Clinton, para que escribiera sobre la "traición" de Clinton, y el joven Stephanapolous, ahora comentarista bien pagado de ABC, llegó incluso a plantear en antena las posibilidades de dimisión e impugnación.

Y nadie había acusado nunca a ninguna de estas grandes voces mediáticas de ser la voz de la "derecha", o al menos de la "derecha" en Estados Unidos.

¿CUÁL ES SU "DERECHO"?

Sin embargo, la Primera Dama puede haber puesto el dedo en la llaga cuando afirmó que una "conspiración de la derecha" estaba alimentando el escándalo Monica-gate. Pero la Primera Dama no se atrevió (al menos públicamente) a plantear la sospecha de que no fueran sólo ciertos elementos de la derecha estadounidense los que habían contribuido a sacar el escándalo a la luz pública.

De hecho, en pleno escándalo Lewinsky, fue fácil encontrar una conexión entre la "derecha" extremista de Israel y el "Monica-gate" de Washington D. C.

Así que quizá no sea una coincidencia que mientras los partidarios estadounidenses de derechas de Israel -el bloque Likud- estaban lanzando una importante (y amarga) campaña de relaciones públicas contra la Presidenta Clinton, los principales medios de comunicación estadounidenses tomaran la iniciativa y empezaran de repente a hacer acusaciones sobre otra "escapada sexual" de Clinton.

He aquí algunos hechos clave (recogidos por los propios medios de comunicación) que se han colado de algún modo en el frenesí por las tan publicitadas acusaciones.

En primer lugar, aunque los medios de comunicación se centraron en la ex empleada de la Casa Blanca Linda Tripp y en su amiga activista neoyorquina Lucianne Goldberg como principales instigadoras del "Monica-gate", el 28 de enero el *Washington Post* señaló de forma bastante tortuosa en un artículo oculto al final del periódico que los abogados de Paula Jones, la joven que demandó al presidente por acoso sexual] "recibieron varias pistas anónimas de que Lewinsky supuestamente había mantenido una relación sexual con el presidente."

Al parecer, fue después de esto cuando los abogados de Paula Jones se pusieron en contacto con la señorita Lewinsky, informando al Presidente de que su relación con Lewinsky había sido revelada.

Podemos suponer que ni Tripp ni Goldberg eran las fuentes, ya que tenían otros intereses que explotar en el asunto Clinton-Lewinsky. En su lugar, Tripp habló directamente con el fiscal especial Kenneth Starr. Así que la gran pregunta era: ¿quién informó a los abogados de Paula Jones de que podía haber pruebas "irrefutables" de la relación del Presidente con Monica Lewinsky?

Monica Lewinsky era una leal a Clinton y obviamente no fue la señorita Lewinsky quien filtró la historia a los abogados. *Así que alguien cercano al Presidente -o que espiaba a los cercanos al Presidente- debió de comunicar a los abogados de Jones que la relación del Presidente con la señorita Lewinsky había sido revelada a los abogados de Jones.*

Aunque Michael Isikoff, de *Newsweek* (publicado por el imperio Meyer-Graham, propietario también del *Washington Post*) fue el primer periodista en "indagar" oficialmente en la historia, ahora resulta, según el *Post*, que informaba el 28 de enero de pasada, que William Kristol -descrito habitualmente como "editor del *Weekly Standard*"- fue uno de los primeros en "mencionar públicamente" las acusaciones.

El papel de Kristol como uno de los "primeros" en hacer pública la historia es esencial para comprender el panorama general. Kristol no sólo es el jefe del multimillonario magnate de los medios de comunicación Rupert Murdoch, un importante aliado del Likud radical de Israel, sino que Kristol es hijo del periodista Irving Kristol y de la historiadora Gertrude Himmelfarb, dos autoproclamados "ex marxistas" que desde hace tiempo se han erigido en figuras "neoconservadoras" con estrechos vínculos con la "derecha anticomunista" de Israel.

El joven Kristol es, como sus padres, un "Likudnik" y ha sido muy crítico con la decisión del presidente Clinton de "dar la espalda" a Israel. También es importante señalar que Kristol, al igual que Clinton, se inició en el Grupo Bilderberg, el cónclave de élite de alto nivel sobre política exterior dominado por las familias Rockefeller y Rothschild, aunque Kristol (obviamente) se identifica con el partido "republicano" de Bilderberg.

Y el 26 de enero, cuando el asunto Lewinsky empezaba a hincharse y a envolver a Clinton, Kristol publicó una carta dirigida a Clinton, instando al Presidente a lanzar un ataque militar contra el odiado enemigo de Israel, Irak. Una multitud de otros destacados partidarios estadounidenses de la "derecha" israelí firmaron la carta con Kristol.

Dada la conexión entre Kristol y Murdoch, es interesante observar que el canal Fox de Murdoch era esencialmente el que mandaba en los medios de la clase dominante, obligando a los otros canales a competir.

Fox News Channel difundió la historia casi sin parar las 24 horas del día. Incluso cuando se emitían otros reportajes, podían interrumpirse debido a los avances en el escándalo Clinton, independientemente de lo triviales que fueran.

PRESIÓN MEDIÁTICA SOBRE CLINTON

En una ocasión, un programa de la Fox llegó a traer a un experto en "lenguaje corporal" para que viera un vídeo del encuentro de Clinton con la señorita Lewinsky en una cola de recepción, tras lo cual el supuesto experto declaró que Clinton trataba a la joven como si fuera "la primera dama".

Y, como era de esperar, algunas de las historias más sórdidas que destaparon el escándalo aparecieron en el *New York Post*, así como en otros periódicos de Murdoch. Pero el hecho es que no era sólo la "prensa sensacionalista" la que lo impulsaba. Los elementos "responsables" de la prensa "convencional" -incluidos *el New York Times* y el *Washington* Post- también formaron parte de la lucha contra Clinton.

Mientras tanto, en su esfuerzo por "apoyar a su hombre", la primera dama nombró al predicador televisivo Jerry Falwell y a su amigo, el senador Jesse Helms (republicano de Carolina del Norte), entre quienes formaban parte de la "conspiración de la derecha" que pretendía derrocar a su presidente.

Lo que Hillary no mencionó fue que Falwell y Helms eran especialmente cercanos -una vez más- al Likud, el bloque de extrema derecha israelí, y que ambos se oponen categóricamente al supuesto apoyo del presidente Clinton al Partido Laborista de Israel, mucho más favorable al proceso de paz.

Clinton no apoyó a Binjamin Netanyahu, del Likud, en las elecciones israelíes que llevaron al poder a la coalición extremista del Likud y, por tanto, se sintió políticamente avergonzada cuando Netanyahu ganó al derrotar a los liberales liderados por el aparentemente más moderado Shimon Peres. Peres predicaba la paz; Netanyahu era intransigente.

De hecho, incluso antes de su reunión oficial con el presidente Clinton, el primer ministro israelí ya se había reunido con el reverendo Jerry Falwell, uno de los críticos más vehementes de Clinton, y ya había asistido con él a un mitin pro-Likud. Incluso el *Washington Post* reveló el 22 de enero que "un alto funcionario de Netanyahu dijo que el líder israelí estaba dispuesto a responder a la oposición de la Casa Blanca haciendo gala de su 'propia munición' en los círculos políticos estadounidenses", a saber, Falwell y la derecha cristiana prosionista.

En el propio Israel, según el *Post* del 24 de enero, la prensa se había "hecho eco de las acusaciones de Clinton". El *Post* dice que "el interés parecía especialmente vivo porque Monica Lewinsky es judía".

En la edición del 22 de enero de 1998 del diario israelí *Yedioth Aharonoth*, Nahum Barnea comentaba con ironía: "Pensábamos que el destino del proceso de paz estaba en manos de una judía nacida en Praga, Madeleine Albright. Aparentemente, el destino del proceso de paz está, en no menor grado, en manos de otra judía, Monica Lewinsky, de 24 años, de Beverly Hills, que pasó un feliz verano hace tres años como becaria en la Casa Blanca."

Lo interesante es que cuando las palabras de Barnea se reprodujeron en el número del 2 de febrero de 1998 de *Newsweek*, que dedicaba un número especial al escándalo, *Newsweek* había editado cuidadosamente las palabras de Barnea para que dijeran: "Resulta que el destino del proceso de paz depende de otra mujer".

De hecho, el escándalo obligó al Presidente a dar marcha atrás respecto a Israel. El 27 de enero de 1998, el *Washington Post* volvió a dar la cara al informar de que "la semana pasada, Clinton demostró que no podía obligar a los israelíes a aceptar la responsabilidad de una nueva retirada militar. Esta semana [a raíz del escándalo] es aún menos capaz de hacerlo, aunque sólo sea porque la gente de su propio partido, por no hablar de los republicanos, no apoyará una política de mayor presión sobre Israel."

¿CHANTAJE DEL MOSSAD?

Quizás no fue tan sorprendente cuando, el 3 de marzo de 1999 -justo cuando estallaba el escándalo Lewinsky- el periódico radical sionista *New York Post* puso el grito en el cielo con el titular: "Monica's Pink Phone Scoop", anunciando que un nuevo libro, *Gideon's Spies*, del respetado y experimentado autor Gordon Thomas, había revelado que "Israel estaba chantajeando a Bill con los vídeos de Monica".

La historia, que aparece en el libro de Thomas, afirma que el Mossad había tenido acceso a sesiones de sexo grabadas en vídeo entre el Presidente y la Sra. Lewinsky y utilizó la información para obligar a Clinton a suspender una investigación prioritaria del FBI sobre un topo del Mossad al más alto nivel de la seguridad nacional.

Bien o mal, la publicación de la historia fue utilizada por los críticos de Clinton (para regocijo de sus enemigos en Israel) para justificar la alegación de que los pecadillos personales de Clinton eran una amenaza potencial para la seguridad nacional y otra razón para su destitución.

¿LA NAVAJA DE HILLARY?

Sabiendo todo esto, ¿es realmente extraordinario preguntarse si, en medio de la polémica Lewinsky, la razón por la que la Primera Dama Hillary Clinton pidió la creación de un Estado palestino fue su forma de advertir a los israelíes de lo que podría ocurrir si no dejaban de apoyar a los elementos que intentaban expulsar a su marido del poder?

El mundo de los tipos duros de la política es un mundo sucio, y Hillary puede jugar con los mejores, como demuestra su aparente desafío a Israel. Fue casi como si Hillary sacara una navaja en una fea (y muy pública) pelea callejera.

Al final, por supuesto, Bill Clinton sobrevivió al juicio de destitución, pero no hay duda de que el complot israelí estaba detrás de las circunstancias que condujeron a su destitución. Así que hemos visto a otro presidente estadounidense, en este caso Bill Clinton, enfrentarse a otra forma de "asesinato" por parte de Israel.

Esto no es en absoluto una defensa de Clinton, sino un resumen de hechos relevantes que ofrecen una interesante visión de los modos de la política de poder en Washington, en lo que se refiere a la influencia de Israel.

EL MENTOR DE CLINTON

El propio Bill Clinton fue protegido del senador J. William Fulbright de Arkansas, y esto, en sí mismo, puede decirnos algo más sobre Clinton. Cuando Fulbright se posicionó en contra de la guerra de Vietnam, los principales medios de comunicación aclamaron a Fulbright por su "franqueza". Sin embargo, cuando adoptó una postura similar contra la agresión israelí en Oriente Medio, fue tachado de "antisemita". El 15 de abril de 1973, Fulbright declaró al programa *Face the Nation* de la CBS:

> **Israel controla el Senado estadounidense. El Senado es servil, demasiado servil; deberíamos preocuparnos más por los intereses de Estados Unidos, en lugar de hacer lo que Israel quiere. La gran mayoría del Senado estadounidense -alrededor del 80%- está totalmente a favor de Israel; todo lo que Israel quiere, Israel lo consigue. Esto se ha demostrado una y otra vez, y ha dificultado [la política exterior] de nuestro gobierno.**

Tras la gran cobertura mediática de las declaraciones del senador, grandes cantidades de dinero judío afluyeron a Arkansas y Fulbright fue derrotado para la reelección. Y probablemente no sea coincidencia -teniendo todo en cuenta- que 1) los mayores recaudadores de fondos judíos ayudaran a financiar al oponente republicano de Hillary Clinton en su carrera al Senado en 2000, y 2) Hillary ganara por poco el voto judío al mismo tiempo que su aliado demócrata, Al Gore, ganaba el voto judío por un abrumador 80% sobre George W. Bush. **Tenga la seguridad de que el lobby israelí nunca confiará en Hillary Clinton.**

Sin embargo, al mismo tiempo, la creciente conciencia del poder de Israel entre los estadounidenses de a pie, que no temen hablar del tema, es una realidad a la que Israel y su lobby estadounidense deben enfrentarse. El hecho de que *Juicio Final* haya salido a la luz y llegue a un número cada vez mayor de estos estadounidenses -y a muchos más- es un ingrediente añadido a la mezcla.

EL RABINO contra EL GENERAL

No cabe duda: las noticias sobre *el Juicio* Final están cada vez más extendidas. El 29 de octubre de 1998, el *Washington Jewish Week* informaba de que el rabino Abraham Cooper, autoproclamado "decano asociado" del Centro Simon Wiesenthal de Los Ángeles, se había quejado en uno de sus interminables comunicados de prensa de que "en una entrevista con la televisión siria, el ministro de Defensa sirio, general Mustafa Tlas, afirmó que el "sionismo internacional" era responsable del asesinato del presidente estadounidense John F. Kennedy."

El rabino exigió a los sirios una aclaración oficial "sobre si estas opiniones expresadas por una de las figuras más poderosas de Siria reflejan o no la visión oficial siria de la historia de Estados Unidos", aunque hasta ahora los sirios no se han apresurado a disculparse. En cualquier caso, uno de mis amigos sirios me dijo que el general Tlas le había dicho que él (el general) había leído *Juicio Final* y que estaba de acuerdo con sus conclusiones.

Anteriormente, el rabino Cooper había atacado a quienes salieron en mi defensa cuando fui atacado por la Liga Antidifamación del sur de California. Cooper dijo: "No tienen que demostrar que los israelíes estuvieron implicados en el asesinato de JFK; sólo tienen que sembrar la sospecha de que pudo ser así".

Juicio Final ha sembrado la sospecha, pero sólo porque los hechos recogidos en este libro describen un escenario plausible que es tan creíble como otras teorías presentadas sobre este tema tan controvertido. Por eso el rabino Cooper, la ADL y otros se sienten tan incómodos.

EL ÚLTIMO HERMANO...

Justo cuando la quinta edición de *Juicio Final* estaba a punto de ir a la imprenta, ocurrió algo extraño. Yo estaba trabajando en la versión final, y a última hora de la noche del 14 de junio de 2000 (sobre las 23:30), recibí una llamada de un amigo que me dijo que el senador Edward M. Kennedy y un grupo de personas estaban "tonteando" en las mesas exteriores del Hawk & Dove, un popular club nocturno cerca de mi oficina en Capitol Hill, en Washington. Mi amigo se ofreció a regalarle un ejemplar *de Juicio* Final al senador. "¿Por qué no? "Seguro que ha oído hablar de él de alguna manera".

Firmé el libro para el senador Kennedy y se lo entregué a mi amigo, que luego se acercó cautelosamente al senador. Mirando al hombre afroamericano alto con gafas de sol oscuras que se le acercaba, Kennedy preguntó: "¿Puedo ayudarle, señor?". Mi amigo le entregó el libro a Kennedy y le dijo: "Un amigo mío me pidió que le diera este libro. Es sobre el Mossad". El último hermano de Kennedy sostuvo el libro entre sus manos, mirando la portada (mientras sus compañeros se esforzaban por ver de qué trataba).

Al cabo de un rato, entregándole el libro a mi amigo, Kennedy dijo: "Gracias, pero no gracias. Que Dios te bendiga y que pases una buena noche". Mi amigo aceptó el libro, diciendo: "Que Dios le bendiga a usted también", y se marchó. Esta pequeña y triste historia dice tanto que me siento un poco culpable por someter al senador a esta experiencia, porque después de todo, estamos hablando del asesinato de su hermano mayor.

Pero el hecho es que *Juicio Final* presenta una tesis que muchos estadounidenses consideran correcta, y eso es algo que el senador y su familia tienen que aceptar.

Si alguien sabe lo plausible que es este escenario, ése es Ted Kennedy. Sencillamente, no puede decirnos que desconocía los esfuerzos de su hermano por impedir que Israel construyera una bomba nuclear, o que ignoraba el rencor que surgió. Por mucho que Ted Kennedy proclame que él y su familia han sido fervientes partidarios de Israel, los hechos demuestran lo contrario. Y los israelíes también lo saben.

Entendemos por qué el Senador Kennedy se siente obligado a decir y hacer estas cosas, pero también esperamos que el Senador entienda por qué no creemos realmente que lo diga en serio.

Pero les dejo con esto: uno de los partidarios más entusiastas *del Juicio* Final es cierto caballero que es amigo íntimo de la familia de una de las figuras más conocidas del círculo íntimo de JFK en la Casa Blanca. Y aunque no puedo revelar su nombre, dice mucho.

EL LIBRO QUE NO DESAPARECERÁ

¿Cuál es mi análisis final de *Juicio Final*? En particular, espero que *Juicio Final* reciba el reconocimiento que merece y que las personas que hayan leído el libro se esfuercen más por investigar las acusaciones que en él se hacen. Espero que la gente pueda proporcionar documentos u otra información que confirme cosas sobre las que yo sólo podía especular.

Tal vez, al final, la publicación de *Juicio Final* traiga nuevos testigos que puedan contarnos cosas que antes no sabíamos. No pretendo ser el árbitro final del asesinato de JFK (a pesar del título quizá presuntuoso de mi libro), pero sí creo que se acerca a resumir toda la conspiración. Estoy deseando ver cómo los futuros esfuerzos de investigación sobre el tema se verán afectados por lo que he descrito *en Juicio final.*

Ya lo he dicho antes, pero merece la pena repetirlo. Creo que he echado un nuevo vistazo a un gran rompecabezas que muestra una imagen extraordinariamente compleja y algo borrosa. En cuanto al rompecabezas, tienes ante ti a todos los diversos grupos e individuos que participaron en el complot para asesinar a JFK: un cuadro extremadamente confuso.

Sin embargo, cuando se da la vuelta al rompecabezas, se encuentra una imagen completa, y es una imagen grande y clara de la bandera israelí. Todas las demás banderas de la parte delantera del rompecabezas son, en la jerga de los servicios de inteligencia, "banderas falsas", y *el Juicio Final* es la prueba.

Juicio Final puede llamarse, con razón, "el libro que intentaron prohibir". Pero lo más importante es que, al final, *Juicio Final* encierra una tesis que no pueden desacreditar. El genio ha salido de la botella y ni *Juicio Final* ni la tesis que presenta están a punto de pasar de moda.

- **MICHAEL COLLINS PIPER**

Aquí tienes un modelo de carta que puedes escribir a tu periódico local para ayudar a promocionar "*Juicio Final*".

Al editor :

Un nuevo libro explosivo acusa al Mossad, la agencia de inteligencia israelí, de colaborar con la CIA y el hampa en el asesinato de John F. Kennedy porque JFK se oponía a los esfuerzos de Israel por construir un arsenal nuclear.

"Juicio Final", de Michael Collins Piper, no está disponible en las librerías, pero siempre se ha considerado un "bestseller underground". Esto es lo que contiene "Juicio Final":

Cuando el fiscal de Nueva Orleans Jim Garrison acusó al empresario Clay Shaw de participar en el complot para asesinar a JFK, Garrison se topó con la conexión entre el Mossad y el asesinato del presidente Kennedy.

Shaw formaba parte del consejo de administración de una empresa fantasma conocida como Permindex, que operaba como tapadera del Mossad para la adquisición de armas vinculada a las operaciones de blanqueo de dinero con sede en Suiza de Meyer Lansky, el jefe del Sindicato Internacional del Crimen que cooperaba estrechamente en muchos frentes con la CIA estadounidense.

En "Juicio Final", la conexión entre Israel y el asesinato de JFK se expone de forma aterradora - y totalmente documentada. Por ejemplo, ¿sabía usted que :

- JFK estaba inmerso en un amargo conflicto secreto con Israel sobre la política estadounidense en Oriente Próximo y el Primer Ministro israelí dimitió disgustado por la postura de JFK, que amenazaba la propia supervivencia de Israel?
- El sucesor de JFK, Lyndon Johnson, dio marcha atrás inmediatamente en la política estadounidense hacia Israel?
- ¿las principales figuras de la Mafia acusadas a menudo de estar detrás del asesinato de JFK no eran más que testaferros de Meyer Lansky?
- ¿Estuvo James Angleton, oficial de enlace de la CIA con el Mossad, detrás del encubrimiento del asesinato de JFK?

¿Por qué Oliver Stone no mencionó esto en su película "JFK"? Resulta que el principal financiador de la película de Stone fue Arnon Milchan, el mayor traficante de armas de Israel y antiguo miembro del Mossad.

Activista pacifista judío israelí aprueba *el Juicio Final*

He aquí el notable y claramente sentido mensaje de apoyo *al Juicio Final* publicado en *amazon.com* el 5 de septiembre de 2000 por David L. Rubinstein, el americano israelí de Tel Aviv, Israel.

La maravillosa reseña del Sr. Rubinstein destruye el viejo mito -propagado por la radical Liga Antidifamación (ADL) de B'nai B'rit- de que *Juicio Final* es de alguna manera "propaganda de odio antisemita". La reseña es la siguiente:

El terrorismo de Estado israelí al descubierto - Un libro sorprendente

"Un libro de referencia para la historia moderna de Estados Unidos que debería estar en la biblioteca de todo historiador serio, así como de todo estadounidense preocupado. Permítanme darles mis razones.

"Este libro es una extraordinaria proeza del periodismo de investigación. La información y los hechos que Piper desvela se utilizan de forma extremadamente poderosa para revelar toda una serie de acciones judeo-israelíes que culminaron en el asesinato de JFK (que era un implacable opositor al programa de armas nucleares de Israel a principios de los años 60 y 50).

"La profundidad y minuciosidad del periodismo de investigación de Piper es impresionante. El libro es a la vez muy fácil de seguir y de entender a medida que Piper construye metódicamente su tesis condenatoria para demostrar la profundidad de la implicación israelí en el asesinato de JFK.

"Una vez que empecé a leer este libro, literalmente no pude parar hasta terminarlo. Recomiendo encarecidamente este libro como una forma de expandir la mente más allá de los confines de los medios de comunicación modernos que han reprimido severamente este libro, de hecho es casi un tabú para las librerías convencionales tenerlo en stock.

"Como activista por la paz estadounidense-israelí, acojo con satisfacción este libro. Este libro es aún más relevante hoy en día, mientras continúa la búsqueda de la paz en Oriente Medio. Como israelíes y judíos de todo el mundo que se preocupan por nuestro país, creo que es correcto y apropiado entablar un debate informado y vigoroso sobre las malas acciones de nuestro gobierno de una manera abierta e informada. Esta es la única manera de frenar los peores excesos del sionismo. Este libro nos ofrece a todos esa oportunidad".

David L. Rubinstein
Tel Aviv, Israel

¿Por qué rechaza el lobby israelí cuarenta años de investigaciones bien intencionadas por los investigadores del asesinato de JFK?

Aunque algunos investigadores del asesinato de JFK, como Debra Conway y John Judge, se apresuraron a condenar *Juicio Final* y a prestar su apoyo personal a los esfuerzos de la Liga Antidifamación (ADL) de B'nai B'rith para hacerlo, lo cierto es que la ADL no ha recibido más que comentarios sarcásticos de investigadores sinceros que han trabajado para sacar a la luz la verdad sobre el asesinato.

Por ejemplo, en un informe de otoño de 2003 titulado *Desentrañando las teorías de la conspiración antisemita del 11-S* -que no tenía nada que ver con el asesinato de JFK- la ADL comparaba las actuales cuestiones planteadas sobre los atentados del 11 de septiembre con las cuestiones planteadas sobre el asesinato de JFK. La ADL señaló a los investigadores como unos de esos "teóricos de la conspiración" -un término irrisorio en el léxico de la ADL- que están perturbando la sociedad. Según la ADL :

> Un informe inicialmente erróneo que luego se corrige se convierte en una "historia real" que posteriormente ha sido "encubierta". Además, prácticamente cualquier aspecto inexplicable o contradictorio de un suceso puede utilizarse como "prueba". En el caso del asesinato de John F. Kennedy, los conspiracionistas creían que los disparos efectuados contra JFK se habían producido juntos con demasiada rapidez para haber sido efectuados por una sola persona.

En resumen, en unas pocas (pero muy seriamente intencionadas) frases, la ADL está rechazando 40 años de duro trabajo de quizás cientos - si no miles (Debra Conway y John Judge incluidos) - de personas que se atrevieron a desafiar la línea de la Comisión Warren/ADL sobre el asunto JFK.

En la retorcida versión de la historia de la ADL, las únicas dudas sobre el asesinato de JFK se derivan del hecho de que "los teóricos de la conspiración creían que los disparos contra JFK se habían producido juntos demasiado rápido para haber sido efectuados por una sola persona". Esto es insultante y absurdo - un ataque malicioso tanto a los investigadores sinceros como a los millones de personas que están convencidas de que la teoría oficial de la Comisión Warren/ADL del "loco solitario" es una mentira.

Sin embargo, para la persona media expuesta a las mentiras de la ADL -incluidos muchos periodistas, profesores de instituto, líderes cívicos y otros- la tergiversación de la ADL de las pruebas muy reales del asesinato de JFK podría ser muy engañosa.

Y eso, por supuesto, plantea la cuestión de por qué la ADL está tan decidida a apoyar el encubrimiento del asesinato de JFK. *Debra Conway y John Judge deberían averiguar por qué.*

¿"Otra coincidencia" que involucra a Israel? El rabino de Jack Ruby y la Comisión Warren.

Resulta que el rabino de Jack Ruby, Hillel Silverman, fue la principal "fuente" para que la Comisión Warren dictaminara finalmente que Jack Ruby era un simple guardia de discoteca -un poco loco- que mató a Lee Oswald por compasión hacia la familia de JFK. Y ahora sabemos por qué la Comisión Warren se tomó a pecho las afirmaciones de Silverman.

La historia de la conexión entre la Comisión Warren y Silverman la cuenta Dave Reitzes, que fue elogiado por el prestigioso periódico judío *Forward* el 28 de noviembre de 2003 por ayudar a establecer lo que *Forward* denominó las "disparatadas" teorías sobre el asesinato de JFK, describiendo la teoría *del Juicio* Final -aunque sin mencionar el libro por su nombre- como "de lo más siniestra".

En su sitio web **jfk-online.com**, Reitzes cita las páginas 35 a 37 de *Final Disclosure*, las memorias de David Belin, el principal abogado de la Comisión Warren y principal defensor de la teoría de que Oswald era un "lunático solitario" y que Ruby no formaba parte de una conspiración. Según Reitzes:

> **El rabino Silverman fue uno de los confidentes de Ruby después de su detención, reuniéndose con él por primera vez el 25 de noviembre y, a partir de entonces, una o dos veces por semana hasta que Silverman se trasladó a Los Ángeles en julio de 1964.**
>
> *Silverman también se hizo amigo de David W. Belin, un joven abogado de la Comisión Warren. Ambos se conocieron en el verano de 1963, durante una misión de investigación en Israel.*
>
> **En uno de los primeros viajes de Belin a Dallas en nombre de la comisión, pidió a Silverman su opinión sobre si Ruby formaba parte de una conspiración. Jack Ruby es absolutamente inocente de cualquier conspiración', respondió Silverman sin vacilar. [Énfasis añadido.]**

Esta "rareza" no "prueba" nada. SIN EMBARGO, ¿cuáles son las probabilidades *de que, durante un período en el que pocos estadounidenses viajaban a Israel,* un rabino de Dallas y un abogado judío de Des Moines acabaran juntos en Israel en una "misión de investigación" y que, en el plazo de seis meses, uno de los miembros de la congregación rabínica asesinara al presunto asesino de un presidente estadounidense y que uno de los abogados que investigaba ese crimen, de entre todos los abogados, y no digamos los abogados judíos, del país, fuera el abogado de Des Moines?

Los críticos dirán que plantear esta cuestión es "antisemita", pero el hecho es que nadie se ha atrevido nunca (por miedo a ser tachado de "antisemita") a señalar el evidente conflicto de intereses de David Belin como consecuencia de su relación religiosa anterior al asesinato con el asesor religioso personal de una de las figuras clave en la controversia sobre JFK.

Cómo el Mossad se escondió hábilmente a plena vista: "La huella ineludible" en el complot JFK

El difunto G. K. Chesterton (1874-1936) proporcionó un medio para comprender el papel del Mossad en el complot JFK en la historia de su detective de ficción, *el Padre Brown*, frustrando un crimen en una cena en un elegante hotel. *En The Queer Feet*, el villano se infiltraba en la fiesta y se llevaba los cubiertos en presencia de un puñado de camareros y distinguidos invitados. Como los camareros y los invitados iban vestidos de etiqueta, el ladrón se vistió de la misma manera. Su habilidad para actuar y posar en consecuencia, a pesar de su singular disfraz, hizo posible su crimen.

En el comedor, el delincuente adoptó la pose de un camarero experto, moviéndose con rapidez y precisión -un "empleado servil"-, manteniendo las distancias, con la mirada perdida. En otros lugares, el ladrón adoptaba los gestos fáciles y las maneras desenfadadas -la "insolencia distraída"- de un plutócrata de sociedad, ignorando al criado cuando se movía entre ellos.

Afortunadamente, el padre Brown se encontraba en el hotel y, mientras se producía el crimen, oyó "los extraños pasos": el repentino cambio en los pasos del bandido cuando entraba y salía del comedor, cambiando su carácter con la velocidad del rayo de un "camarero" de andar rápido a un tranquilo aristócrata. El padre Brown capturó al criminal y fue el héroe del día.

El padre Brown explicó: "Un crimen es como cualquier otra obra de arte. Toda obra de arte, divina o diabólica, tiene una marca ineludible: el centro de la obra es simple, por complicada que sea la realización. Todo crimen inteligente se basa en última instancia en un hecho bastante simple, un hecho que no es en sí mismo misterioso. La mitificación se consigue ocultándolo, apartando de él los pensamientos de los hombres".[335] *Lo mismo ocurre con el asesinato de JKF.*

Debido a su capacidad para infiltrarse y/o manipular o colaborar con grupos tan diversos como la CIA, el crimen organizado, ciertos individuos y organizaciones de la "derecha" estadounidense, exiliados anticastristas, haciéndose pasar por ello, haciéndose eco de los temores que estos elementos albergaban sobre JFK, el Mossad adquirió un color protector, operando detrás de los demás conspiradores y, sin embargo, actuando eficazmente a plena luz del día, oculto a plena vista, como suele decirse.

De este modo, el papel y el motivo del Mossad en la acción contra JFK -su esfuerzo por impedir que Israel construya armas nucleares- se ha perdido en las múltiples teorías conspirativas, aparentemente inconexas y en pugna, que han surgido a raíz del asesinato.

Llámese el "eslabón perdido" o la "imagen oculta en la parte posterior del rompecabezas" o la "huella dactilar ineludible" que señala al autor del crimen, la

---

[335] Estoy de acuerdo con George O'Toole, que fue el primero en citar las observaciones del Padre Brown en el contexto de la conspiración de JFK, aunque, por supuesto, O'Toole no se refirió al Mossad.

conclusión, por incómoda que resulte para algunos, es que la conexión del Mossad con el asesinato de JFK es ineludible.

¿Fue el efímero grupo de exiliados cubanos una tapadera del Mossad? La extraña historia de Paulino Sierra y Peter Dale Scott

Un examen detenido del exiliado cubano Paulino Sierra, que surgió en abril de 1963 con los bolsillos llenos, ofreciendo "unir" las facciones del exilio bajo la bandera de una nueva organización de su propia creación, la Junta del Gobierno Cubano en el Exilio (JGCE), bien puede proporcionar una posible explicación al misterio de cómo el Mossad utilizó las "falsas banderas" del exilio cubano en la conspiración de JFK. Muchos investigadores se han referido a las acciones de Sierra, al igual que la Comisión de Investigación de los Asesinatos de la década de 1970. Como veremos, hay mucho más que decir.

Una cosa es cierta: según el libro de Warren Hinckle *Deadly Secrets*, Sierra de Chicago era "un desconocido para los exiliados de Miami". Según Sierra, "las comunidades del juego de Las Vegas y Cleveland" le financiaron y, de hecho, una cantidad "considerable" de dinero se canalizó a través del empleador de Sierra en Chicago, la Union Tank Car Company, aunque la Union negó conocer el origen *real* de los fondos.

Mientras que el FBI mostró poco interés por el acaudalado Sierra, *dos días antes del asesinato de JFK* la CIA señaló que Sierra "sigue siendo un hombre misterioso en cuanto a sus medios de vida, pero también en cuanto a sus objetivos a largo plazo. Quizás sus misteriosos patrocinadores financieros le proporcionan suficiente dinero para mantener la olla hirviendo por el momento." [Énfasis añadido].

Aunque Sierra distribuyó fondos a muchos exiliados, se decía que "el dinero se esfumaba sin que nadie supiera exactamente dónde". Esto no era necesariamente cierto. De hecho, Sierra y sus "misteriosos patrocinadores" financiaron el campo de entrenamiento del exilio cubano en Nueva Orleans, dirigido por Frank Sturgis, un antiguo agente del Mossad, donde fueron vistos en 1963 los asesinos de JFK Guy Banister, David Ferrie y Lee Oswald y/o su "doble". Resultó que, poco más de un mes después de los sucesos de Dallas, Sierra cerró el negocio en enero de 1964 y, como dice Hinckle, "nunca más se supo de él". Parece que el objetivo de Sierra se cumplió.

De hecho, fue Sierra quien financió el negocio de armas -mencionado en la primera página del prefacio de *Juicio* Final- sobre el que un informante federal dentro de los grupos cubanos (un tal Thomas Mosley) le había dicho: "Ahora tenemos mucho dinero -nuestros nuevos patrocinadores financieros son los judíos- en cuanto se ocupen de JFK".

Hoy, como mostramos en *Juicio Final,* la mayoría de los escritores suprimieron cuidadosamente la frase 'los judíos' al describir este incidente, y/o cambiaron la palabra 'ellos' por 'nosotros' o esquivaron el tema señalando que no estaba claro si era 'nosotros' o 'ellos' quienes 'cuidarían' de Kennedy, la totalidad de los misterios que rodean a Sierra - junto con los documentos de *Juicio Final* - apuntan de nuevo a un probable 'nosotros'. He aquí por qué:

Dado que Sierra estaba financiado por "las comunidades de jugadores de Las Vegas y Cleveland", esto nos lleva en la dirección de Morris Dalitz (anteriormente afincado en Cleveland), el principal contacto de Lansky en Las Vegas, que era accionista del agente del Mossad Tibor Rosenbaum de Permindex que, como hemos visto, desempeñó un papel central en la conspiración de JFK.

En otras palabras, si -como afirmamos aquí- la organización sin salida de Sierra era una "tapadera" del Mossad diseñada para financiar y manipular las operaciones de Nueva Orleans utilizadas para orquestar el asesinato de JFK a través de las actividades de Frank Sturgis, Guy Banister y David Ferrie, por no mencionar al miembro del consejo de administración de Permindex Clay Shaw, el dinero fue proporcionado por las empresas de juego del Sindicato Lansky, que, como se ha señalado, estaban vinculadas a Permindex del Mossad.

Es más, como muestra el ex miembro del Consejo de Seguridad Nacional Roger Morris en *The Money and the Power*, su historia de los chanchullos de Las Vegas -en la que destaca las múltiples conexiones israelíes de las figuras implicadas en el crimen-, los casinos Lansky y Dalitz estuvieron muy implicados en el blanqueo de dinero vinculado a las actividades encubiertas de la CIA y también -aunque Morris no lo diga- a las del Mossad, que se cruzaban con las maquinaciones de la CIA en muchos países de Oriente Próximo.

Peter Dale Scott parece particularmente preocupado por las circunstancias que rodean la historia de que "nuestros nuevos patrocinadores son los judíos" y afirma que esto fue inventado como parte de un plan de los verdaderos conspiradores detrás del asesinato (a quienes Scott nunca nombra) para lanzar una campaña de relaciones públicas culpando a "los judíos" del asesinato de JFK. *El problema, por supuesto, es que aunque los antisemitas han hecho tales alegaciones, ¡nunca se ha dado credibilidad a sus comentarios ni se han promovido fuera de los círculos antisemitas! No hubo interés público en la teoría de que "los judíos" estaban detrás del asesinato.* Huelga decir que Scott -y otros que hacen esta acusación- ignoran este hecho tan pertinente.

Sin embargo, como suele decirse, la trama se complica. Hay mucho más en la historia. Scott afirma además que la historia que sugiere que el grupo de Sierra -supuestamente financiado por "judíos"- estuvo involucrado en el asesinato era parte de un complot más sutil de los verdaderos conspiradores (que Scott nunca nombra) para forzar a Robert Kennedy a bloquear cualquier investigación seria sobre el asesinato de su hermano.

A este respecto, Scott afirma que Sierra fue de hecho un facilitador de las operaciones anticastristas llevadas a cabo "paralelamente" por Robert Kennedy (en nombre de su hermano) al mismo tiempo que JFK emitía recomendaciones de buena conducta a Castro. De hecho, la operación de Sierra *puede haber sido* parte de la acción emprendida - se dice que un tal Enrique Ruiz Williams fue el punto de contacto entre RFK y Sierra. La clave de la hipótesis de Scott es que la posibilidad de que el grupo de Sierra estuviera implicado en el asesinato obligó a RFK a renunciar a investigar el asesinato de JFK porque podría resultar contraproducente, exponiendo los complots de la familia Kennedy contra Castro.

Sin embargo, como señala Scott, en abril de 1963, cuando estaba creando su sospechosa "Junta", Sierra conoció a Allen Dulles, ex director de la CIA, a Lucius Clay, socio principal de Lehman Brothers, la famosa firma bancaria judía "Our Crowd" y al abogado Morris Liebman. Lo que Scott no menciona es que Liebman desempeñó un papel importante en varias de las principales instituciones relacionadas con los servicios de inteligencia que forman parte integrante de lo que hoy se conoce como la red "neoconservadora", conocida por su determinación de situar la seguridad de Israel en el centro de todas las preocupaciones de la política exterior estadounidense. Así pues, los contactos de Sierra iban mucho más allá de su papel como agente de RFK.

Lo que Scott se esfuerza por evitar es la probabilidad de que el Mossad fuera el verdadero cerebro detrás de Sierra, o que el Mossad cooptara a agentes de bajo nivel en un complot secreto de asesinato contra Castro patrocinado por Kennedy y los utilizara para el propósito del Mossad, a saber, el asesinato de John F. Kennedy.

El Mossad sin duda habría visto la brillantez de utilizar un negocio de alto secreto (y potencialmente escandaloso) de la familia Kennedy como "tapadera" de su propio plan para sacar a JFK de la Casa Blanca.

Se dice que Peter Dale Scott se mostraba ferozmente hostil hacia quienes se atrevían a mencionar *el Juicio Final* en su presencia. Podemos entender por qué. *Juicio Final* reúne las piezas que faltan en el rompecabezas de JFK, aquellos aspectos que Scott (y otros como él) prefieren evitar o suprimir *por razones que sólo ellos conocen*.

La relación del Mossad con los servicios de inteligencia de Nueva Orleans; la historia largamente ocultada de Fred (Efraim) O'Sullivan

A los críticos que afirman que *Juicio Final* es "propaganda antisemita y antiisraelí" les resultará difícil explicar las revelaciones aparecidas en el número del 3 de diciembre de 2004 de la edición internacional del *Jerusalem Post*, en un artículo escrito por Arieh O'Sullivan, corresponsal militar del *Post*, uno de los periódicos más destacados de Israel. En su artículo, "Los secretos de Dallas: 41 años después de JFK, lo que mi padre sigue sin decirme", nos enteramos de que el autor es hijo de Fred O'Sullivan, quien, entonces con 26 años y detective de la brigada antivicio de la policía de Nueva Orleans, testificó el 7 de abril de 1964 ante la Comisión Warren.

El mayor de los O'Sullivan había crecido a una manzana de distancia de Lee Harvey Oswald y se sentaba frente a Oswald en clase, sus apellidos empezaban ambos por la letra "O", y más tarde reclutó a Oswald para que se uniera a una unidad de la Patrulla Aérea Civil (CAP) en Nueva Orleans en la época en que David Ferrie dirigía la CAP.

En retrospectiva, el testimonio y las declaraciones de O'Sullivan al FBI y a la Comisión Warren y a los investigadores de la investigación del asesinato parecen un tanto (y quizás deliberadamente) vagos en algunos aspectos, en cuanto a los vínculos precisos entre Ferrie y Oswald. Y dentro de un momento comprenderemos por qué es así.

Escribiendo en el *Jerusalem Post*, el O'Sullivan más joven afirma que su padre -que ahora se encuentra en una residencia de ancianos en Mississippi, con el cerebro debilitado por los derrames cerebrales- expresó la opinión de que "Lee" había matado a JFK "él solito", pero añadió que "bueno, tengo mi pequeña idea de quién le ayudó". O'Sullivan dice: "Mi padre siempre insinuó que era una larga historia y que los complots para matar a JFK y al activista de los derechos de los negros Martin Luther King Jr... se cruzaron en Nueva Orleans". Aquí es donde todo se pone interesante, al menos en cuanto a la probabilidad de un vínculo del Mossad con el asesinato de JFK y su encubrimiento.

Resulta que el detective Fred O'Sullivan acabó como Comandante de la Inteligencia General de la Policía en Nueva Orleans, y más tarde, como escribe el joven O'Sullivan, "tiramos nuestro árbol de Navidad, encendimos la gran menorá de latón y volamos a la tierra de Sión". En otras palabras, O'Sullivan se convirtió al judaísmo y se trasladó con su familia a Israel, donde se convirtió en "Efraim", ya no en "Fred".

El joven O'Sullivan describe cómo su padre "guardaba secretos mejor que nadie". Escribe: "Una vez encontré un permiso de conducir libanés a su nombre, con su foto, en el cajón de su escritorio. Lo ignoró, diciéndome que era por mi bien que no lo supiera. Me educaron para no repetirme".

Evidentemente, el antiguo jefe del Escuadrón de Inteligencia de Nueva Orleans, Fred O'Sullivan, se ha ido a trabajar para el Mossad israelí. O'Sullivan lo explica sin decírnoslo directamente. Y hoy, el hijo de, este fiable policía irlandés católico estadounidense que se convirtió al judaísmo, se instaló en Israel y trabajó para la agencia de inteligencia israelí, se ha convertido en corresponsal militar -sin ningún cargo oscuro- del periódico más prestigioso del país.

¿Prueba algo todo esto? No, pero es otra pieza extraña del rompecabezas de JFK que tiene una conexión particular con Israel. La cuestión es hasta qué punto O'Sullivan era amigo del Mossad y/o reclutado por el Mossad y qué hizo, si es que hizo algo, como oficial de inteligencia de alto rango para obstruir, por ejemplo, las investigaciones de Jim Garrison sobre David Ferrie y Clay Shaw, vinculados al Mossad.

El hecho de que la misma persona que reclutó a Lee Harvey Oswald en la Patrulla Aérea Civil (donde Oswald conoció a David Ferric, su primer contacto importante en la comunidad de inteligencia) pasara a trabajar para la inteligencia israelí es realmente provocador.

Penn Jones, un investigador experimentado y respetado, dijo: Mossad "un tema completamente descuidado" en el asunto JFK

El difunto periodista tejano Penn Jones, duro y sensato editor del *Midlothian Mirror* y uno de los primeros y más abiertos críticos del informe de la Comisión Warren, ha sido venerado durante mucho tiempo como una torre de integridad por muchos investigadores independientes. Incluso el omnipresente Justice John -que fue un odioso crítico *del Juicio Final* y de su autor- calificó a Jones de "periodista honesto" que "realizó una gran cantidad de investigaciones inéditas sobre el caso".

Lo cierto es que ya en 1968, dieciséis años antes de que se publicara por primera vez *Juicio Final*, Penn Jones sugería a los investigadores encargados del caso JFK que empezaran a investigar los vínculos del Mossad con el complot JFK.

Sí, es cierto. Lo dijo *Penn Jones*, no Michael Collins Piper. Es un punto que aquellos que admiran a Jones - pero tienen miedo de mencionar "el Mossad" en relación con el asesinato de JFK - encontrarán difícil de reconocer, ya que puede sugerir, después de todo, que el *Juicio Final* puede estar en el camino correcto.

En una columna del *Midlothian Mirror* (fechada el 18 de enero de 1968) y publicada en la página 51 de la edición de 1969 del volumen III de la serie de Jones "*Forgive My Grief*", Jones escribió:

Jack Ruby era cercano a miembros de la policía de Dallas y de otros cuerpos de seguridad estadounidenses, así como de la organización israelí de contraespionaje. Su antigua empleada, Nancy Zeigman Perrin Rich, también estaba cerca de estas mismas fuerzas. La identificación de Ruby y Nancy como colaboradores de los servicios secretos israelíes abre un campo completamente desatendido en relación con el asesinato del presidente Kennedy.

La revelación de Jones parece haberse perdido de alguna manera en todos los detalles que rodean a las investigaciones sobre el asesinato de JFK Algunos años más tarde, en una columna del *Midlothian Mirror* (fechada el 24 de febrero de 1972) y publicada de nuevo en la página 54 de la edición de 1974 del volumen IV de la serie "*Forgive My Grief*" de Jones, Jones escribió algo más:

Ruby puede haber sido utilizado por el FBI como parte de una operación de recopilación de información a pequeña escala, pero parece haber sido un agente más importante para otra agencia u otro país...

Hay muchos indicios en las audiencias de la Comisión Warren y en otros lugares de que Ruby, y "Honest Joe" Goldstein eran de alguna manera agentes de inteligencia para alguien. Y el Colony Club de Abe Weinstein parece haber servido a veces de "piso franco" para agentes.

Y dado lo que ahora sabemos sobre las múltiples conexiones israelíes en Dallas y Texas (como se indica en los nuevos datos de las primeras páginas de *Juicio Final*), es muy probable que estos tres contratistas judíos trabajaran efectivamente para el Mossad, del mismo modo que Jones insinuó con respecto a Ruby.

Debemos mucho al difunto Penn Jones, un intrépido investigador, que no dudó en mencionar a "Israel" en un contexto más bien negativo, en este caso, la implicación en el asesinato de John F. Kennedy. Una vez más, encontramos en los libros sobre JFK una "conexión israelí" poco tenida en cuenta que, de alguna manera, se ha "extraviado". "Y nos recuerda que incluso el fiscal del distrito de Nueva Orleans Jim Garrison también había tropezado con la conexión del Mossad, pero incluso a los admiradores de Garrison no les gusta admitirlo.

Si parece que no podemos dejar de hablar de la conexión israelí, es porque eso es lo que estamos haciendo. Es porque *nadie más lo hará, a pesar de todas las pruebas que existen.*

UN RETO PARA LOS LECTORES...

Una vez expuestas todas las pistas ante los lectores, los autores de las novelas policíacas de Ellery Queen lanzaban un "reto al lector" para que encontrara la solución al crimen antes de que el detective reuniera a todos los sospechosos en el salón para desvelar al asesino.

Mi reto a los lectores es un poco diferente. Ahora que han leído el libro y están familiarizados con todo mi discurso, reto a los lectores a que me muestren cualquier error factual o razonamiento retorcido o citas sacadas de contexto o interpretaciones erróneas que puedan (una vez expuestas) refutar la teoría expuesta en este volumen.

Hasta la fecha tengo conocimiento de los siguientes quince errores de hecho o inexactitudes que aparecieron en ediciones anteriores de *Juicio Final* y que han sido corregidos. Estos errores anteriores eran (para que conste):

(1) En la primera y segunda ediciones, cité una fuente que informaba erróneamente de que no había muerto ningún judío cuando el Mossad israelí orquestó el atentado contra el restaurante Goldenberg de París el 9 de agosto de 1982. Este error fue corregido en la tercera edición, momento en el que señalé que el error había sido señalado a mi atención por una amiga (que resulta ser judía) cuya tía estaba de visita en París en el momento del crimen del Mossad y que lo había evitado por los pelos. Mientras que su compañera (que era judía) había ido al restaurante y había muerto en el atentado, la tía de mi amiga había ido a otro sitio y había sobrevivido. Ahora se ha corregido este error, aunque no tenía nada que ver con la tesis *del Juicio Final* ni siquiera con el asesinato del propio JFK.

(2) En la tercera edición de *Juicio* Final cité el libro del ex agente del FBI William Roemer *War of the Godfathers* como fuente de mi afirmación de que Morris Dalitz, antiguo sindicalista de Lansky, había sido tiroteado en las calles de Las Vegas y envenenado hasta la muerte en su habitación del hospital. De hecho, Dalitz no murió como se describe en el libro de Roemer. Dalitz, aparentemente, murió de causas naturales.

A modo de explicación, parece que aunque Roemer había escrito algo de "no ficción" sobre la historia del crimen organizado, su libro, que contenía esta descripción (falsa) de la muerte de Dalitz, también incluía una libertad literaria por parte de Roemer. Según Roemer, *La guerra de los padrinos* era "una obra compuesta principalmente de hechos", pero que "en las limitadas porciones que se ficcionalizan, la base subyacente es la realidad o una proyección inferencial de la misma".

En cualquier caso, recordando que Dalitz efectivamente había muerto - y recordando, mientras preparaba la tercera edición de *Juicio Final*, que el libro de Roemer había proporcionado una descripción gráfica de su muerte - me basé erróneamente en una parte del libro que Roemer describiría como "ficcionalizada". Pido disculpas por haberme basado en la reputación de Roemer como autoridad en materia de mafia. Sin embargo, mi error (basado en la fantasía de Roemer) ha sido corregido a partir de la cuarta edición de *Juicio Final*. Me apresuro a añadir, sin embargo, que este error no tenía nada que ver con la tesis de *Juicio Final* ni con el asesinato del propio JFK.

(3) y (4) El tercer y cuarto errores aparentes (que yo mismo descubrí) se refieren a la afirmación (en las tres primeras ediciones de *Juicio Final*) de que al traficante de armas de Texas Thomas Eli Davis III, socio de Jack Ruby, se le encontraron documentos que contenían el nombre de Lee Harvey Oswald en su persona en el momento en que él (Davis) fue detenido en Argelia por participar en el contrabando de armas a la OAS francesa.

De hecho, según un nuevo estudio publicado en 1996 en el libro *Oswald Talked*, de Ray y Mary LaFontaine, resulta que la referencia a "Oswald" en posesión de Davis era una carta de recomendación al traficante de armas Victor Oswald, afincado en Madrid. También parece que Davis estuvo preso en una cárcel marroquí, y no en una argelina, como dije. Mi fuente para los datos incorrectos sobre el paradero de Davis fue Jim Marrs en *Crossfire*.

A pesar de los dos errores, el hecho es que Davis estaba vinculado a Jack Ruby y que, efectivamente, estaba implicado en los asuntos israelíes de la OAS francesa en el norte de África. Así que, una vez más, diré lo siguiente: estos errores no refutan *la tesis del Juicio Final*. En cualquier caso, fue un error de Jim Marrs, no mío.

(5) En la primera impresión de la cuarta edición, me referí accidentalmente a John Foster Dulles como el director de la CIA destituido por JFK. Sabía, por supuesto, que era su hermano, Allen Dulles, el director de la CIA en cuestión.

(6) En la primera impresión de la cuarta edición, dije que John Connally, ex gobernador de Texas, murió en 1995. En realidad, murió en 1993.

(7) En las dos ediciones de la cuarta, dije que un escándalo había obligado al senador Gary Hart a retirarse de la carrera por la candidatura presidencial demócrata de 1984. En realidad, fue en la campaña de 1988.

(8) En ediciones anteriores, al hablar de la estrecha relación entre el agente de la CIA Guy Banister y A. I. Botnick, el autodenominado "supercazador de comunistas" de la oficina de Nueva Orleans de la Liga Antidifamación (ADL), yo no sabía que Botnick había dejado Nueva Orleans para ocupar un puesto en la oficina de Atlanta de la ADL (antes de que Oswald llegara a Nueva Orleans) y no regresó a la oficina de Nueva Orleans de la ADL hasta 1964. Fue Jerry Shinley, uno de mis críticos, quien me llamó la atención sobre este hecho.

Esto no tiene ninguna relación con la tesis básica de *Juicio Final*, ni resta valor a mi especulación (que se señala claramente como tal) de que es posible que las actividades de Lee Harvey Oswald como investigador para Banister hayan sido contratadas para los asociados de Botnick en la ADL por Banister, que se unió a la ADL en la "investigación" de grupos de izquierda como Fair Play for Cuba, el Comité de Ayuda a Cuba, con el que Oswald decía estar afiliado.

(9) En ediciones anteriores, informé de que el ex detective de Los Ángeles Gary Wean se reunió en Dallas con el ex senador John Tower (republicano de Texas). La reunión tuvo lugar en Ruidoso, Nuevo México.

(10) En la cuarta edición, al hablar de la relación de Clay Shaw con la CIA, dije que "en la medida en que Shaw sirvió más tarde, sin duda, como contacto internacional privilegiado de la CIA, informando a la agencia sobre sus operaciones en el extranjero, es seguro que los informes de Shaw habrían acabado finalmente en la mesa de James J. Angleton".

Eso es muy cierto. Sin embargo, exageré cuando dije que "Shaw, de hecho, era uno de los agentes de Angleton". Aunque no hay pruebas de que Shaw fuera "uno de los agentes de Angleton" per se, es casi seguro que los informes de Shaw pasaron por la oficina de Angleton o sus subordinados en un momento u otro. Me complace hacer esta aclaración, después de que el investigador del asesinato de JFK Clark Wilkins me señalara esta exageración.

(11) En la 4ª edición hice referencia a una fotografía (ampliamente discutida en la investigación sobre JFK) que pretendía mostrar a Clay Shaw con David Ferrie. Desde entonces, otros han determinado (para mi gran satisfacción) que la persona que está con Shaw no es Ferrie. Sin embargo, hay otras pruebas de que ambos se conocían. Así que, de nuevo, este error no tiene ninguna relación con la tesis *del Juicio Final*.

(12) En ediciones anteriores, cité la afirmación errónea de Robert Morrow de que un paquistaní-estadounidense fue la "segunda arma" en el asesinato de Robert F. Kennedy. Es indudable que el acusado ha demostrado su inocencia, pero eso no cuestiona la tesis fundamental de Morrow de que el SAVAK iraní (una creación de la CIA y el Mossad) cometió el asesinato de RFK.

(13) En ediciones anteriores, he citado a autoridades que sugerían que el asesino a sueldo de la CIA QJ/WIN podría haber sido el francés Michael Mertz. Desde entonces, QJ/WIN ha sido identificado y esto se ha aclarado. Sin embargo, este hecho obviamente no tiene ninguna relación con la tesis básica de *Juicio Final*.

(14) En ediciones anteriores, incluida la primera impresión de esta 6ª edición, sugerí que nadie había visto nunca los famosos archivos Gemstone y que la gente sólo había visto la "Llave maestra" (el pase) de los archivos. De hecho, algunas personas han visto los archivos. Sin embargo, este error -de nuevo- no tiene absolutamente nada que ver con la tesis *del Juicio Final*.

(15) En la primera impresión de esta 6ª edición, en la sección "Bric à Brac" sobre Jack Ruby, escribí que la ciudad de Dallas era "difícilmente un puesto avanzado de la cultura judía". En cambio, como muestran los nuevos datos de la segunda edición de la 6ª, Dallas era, en 1963, un importante puesto avanzado del poder judío, un punto crítico que confirmó la tesis *del Juicio Final* y debilitó las demás teorías en torno al asesinato de JFK.

Estos son los errores (y los de menor importancia) que aparecen en ediciones anteriores. ¿Hay algún otro? ¿He citado mal las fuentes publicadas o las he sacado de contexto? ¿Soy culpable de un razonamiento retorcido? ¿He tergiversado las opiniones o los hechos presentados por otros? Dígamelo, por favor. Quiero saberlo de verdad.

Como se señala en el epílogo, el *Washington Jewish Week*, en su edición del 28 de abril de 1994, me acusó de "citar fuentes secundarias fuera de contexto, establecer conexiones tenues e improbables y afirmar repetidamente falsedades como si su repetición les confiriera validez por arte de magia". Un diplomático israelí calificó mi teoría de absurda. Otros la consideraron "escandalosa" y una mujer, Marcia Milchiker, llegó a decir que mi teoría era "científicamente imposible", como si yo hubiera sugerido que podía demostrarse científicamente. Eso es lo que dicen los críticos.

De ahí mi reto a los lectores: muéstrenme dónde me equivoco.

MICHAEL COLLINS PIPER

Ahora te toca a ti decidir...

Estimado lector,

Las revelaciones *del Juicio Final* han salido a la luz, para consternación del lobby israelí. El libro y su tesis no van a desaparecer. La atención del mundo se centra ahora en las armas nucleares de Israel, y *Juicio Final* ha desempeñado un papel en la consecución de ese objetivo.

Aunque ha habido muchos esfuerzos públicos para silenciarme o denunciarme, tenga la seguridad de que mis enemigos han trabajado maliciosa y hábilmente contra mí entre bastidores.

En un momento dado, "ellos" desplegaron un activo para infiltrarse en la oficina de mi editor: ¡destruirme personalmente, socavar al famoso investigador Mark Lane (abogado de mi editor) y tomar el control de la propia editorial! La historia nunca ha sido contada, aunque algún día podría serlo.

En vista de lo sucedido, no puedo evitar llegar a la conclusión de que he conseguido algo importante con *Juicio* Final, porque estas fuerzas corruptas, perversas y malignas se han empeñado en hacerme daño y en intentar descarrilar la distribución de este libro.

Así que ya ven por qué agradezco el apoyo constante de la buena gente.

Siempre espero recibir cartas y críticas constructivas de mis lectores. ¡Sigan así!

Sincerely,

MICHAEL COLLINS PIPER

OTRAS PUBLICACIONES

Omnia Veritas Ltd presenta:

HISTORIA PROSCRITA
I
LOS BANQUEROS Y LAS REVOLUCIONES

POR

VICTORIA FORNER

Los procesos revolucionarios necesitan agentes, organización y, sobre todo, financiación, dinero.

LAS COSAS NO SON A VECES LO QUE APARENTAN...

Omnia Veritas Ltd presenta:

HISTORIA PROSCRITA
II
LA HISTORIA SILENCIADA DE ENTREGUERRAS

POR

VICTORIA FORNER

"El verdadero crimen es acabar una guerra con el fin de hacer inevitable la próxima."

EL TRATADO DE VERSALLES FUE "UN DICTADO DE ODIO Y DE LATROCINIO"

Omnia Veritas Ltd presenta:

HISTORIA PROSCRITA
III
LA II GUERRA MUNDIAL Y LA POSGUERRA

POR

VICTORIA FORNER

Distintas fuerzas trabajaban para la guerra en los países europeos

MUCHOS AGENTES SERVÍAN INTERESES DE UN PARTIDO BELICISTA TRANSNACIONAL

www.ingramcontent.com/pod-product-compliance
Lightning Source LLC
Chambersburg PA
CBHW071955220426
43662CB00009B/1134